国家级一流本科专业建设配套精品教材

旅游经济学

主　编 ◎ 赵福祥
副主编 ◎ 谢洪忠　尹　戟　陈中科

中国旅游出版社

前 言

"旅游经济学"是旅游管理专业的一门必修课，属于经济学和旅游学的交叉学科，课程具有很强的理论性和实践性。自党的十八大召开以来，旅游业日益成为新兴的战略性支柱产业和具有显著时代特征的民生产业和幸福产业。党的二十大报告强调，实现高质量发展是全面建设社会主义现代化国家的首要任务。在这一新时代背景下，旅游业的发展不仅对国家经济繁荣至关重要，还与社会文化的进步、生态文明的构建以及人民生活质量的提升紧密相联。因此，深入探究旅游行业的经济规律、旅游市场的发展趋势以及如何实现旅游经济的可持续发展，对推动旅游业的高质量发展具有重要意义。本书正是在这样的时代背景和实际需求下编写的，目的是向读者提供一个全面、系统、深入的旅游经济学知识框架，帮助读者深入理解旅游经济的发展趋势，并为旅游行业的决策者和从业者提供理论依据和实践指导。本书在编写过程中，融入了思想政治教育的元素，以实现知识传授、能力提升和价值观塑造的综合教学目标，从而落实立德树人的教育理念。

在本书的编撰过程中，编者广泛参考并借鉴了国内外众多学者在相关领域的研究成果。在此向本书所有引用文献的作者表示衷心的感谢！

本书由云南财经大学旅游与酒店管理学院"旅游经济学"课程教学团队完成，由赵福祥担任主编，负责对全书内容进行策划、组织、修改和统稿，谢洪忠负责全书审稿工作。全书内容共分为十章，具体编写分工如下：第一章、第四章为尹戬负责编写；第二章、第五章、第六章、第七章为赵福祥负责编写；第三章为赵福祥、谢洪忠负责编写；第八章、第九章、第十章为陈中科、赵福祥负责编写。

由于编者水平有限，书中难免存在不足之处，恳请读者批评指正。

赵福祥
2024 年 10 月

目 录

第一章 旅游经济与旅游经济学 1
 第一节 旅游经济 2
 第二节 旅游经济学 23

第二章 旅游产品及开发 39
 第一节 旅游产品的概念与特征 40
 第二节 旅游产品的构成 48
 第三节 旅游产品的生命周期 55
 第四节 旅游产品的开发 59

第三章 旅游需求与供给 65
 第一节 旅游需求分析 66
 第二节 旅游供给分析 90
 第三节 旅游供求矛盾及其平衡 103

第四章 旅游市场及开拓 116
 第一节 旅游市场概述 117
 第二节 旅游市场细分 128
 第三节 旅游市场竞争 133
 第四节 旅游市场开拓 141

第五章 旅游价格及策略 150
 第一节 旅游价格的内涵和分类 151
 第二节 旅游定价的影响因素 159

　　第三节　旅游定价的方法和策略 ·· 162
　　第四节　旅游价格的管理与监督 ·· 169

第六章　旅游消费及评价 ·· 177
　　第一节　旅游消费概述 ·· 178
　　第二节　旅游消费结构 ·· 188
　　第三节　旅游消费效果及评价 ··· 194

第七章　旅游收入与分配 ·· 203
　　第一节　旅游收入概述 ·· 205
　　第二节　旅游收入分配 ·· 220
　　第三节　旅游乘数效应 ·· 223
　　第四节　旅游收入漏损 ·· 227

第八章　旅游产业发展 ··· 236
　　第一节　旅游产业概述 ·· 237
　　第二节　旅游产业结构 ·· 241
　　第三节　旅游产业发展 ·· 252

第九章　旅游投资与决策 ·· 261
　　第一节　旅游投资概述 ·· 262
　　第二节　旅游投资可行性 ··· 266
　　第三节　旅游投资决策 ·· 276

第十章　旅游经济效益与评价 ·· 286
　　第一节　旅游经济效益概述 ·· 287
　　第二节　旅游微观经济效益与评价 ··· 295
　　第三节　旅游宏观经济效益与评价 ··· 301

参考文献 ·· 313

第一章 旅游经济与旅游经济学

🔍【学习目标】

1. 知识目标：理解旅游经济的产生和发展，旅游服务贸易的内涵，了解国内外旅游经济研究的产生与发展历程以及旅游经济学的研究对象、研究内容、学科特点和主要研究方法。

2. 能力目标：能归纳和提炼旅游经济产生和发展的条件，旅游经济学的理论体系和结构，分析旅游经济学与其他相关学科之间的区别与联系。

3. 思政目标：旅游活动具有显著的社会责任性质，需要承担文化传承、环境保护和社会示范的责任，通过对旅游活动的认识，引导学生关注相关问题，并深刻领悟旅游业发展过程中体现的人民性。

✅【导入案例】

2023年9月27日，国务院办公厅印发了《关于释放旅游消费潜力推动旅游业高质量发展的若干措施》。为深入贯彻落实习近平总书记关于文化和旅游工作的重要论述和中央政治局会议精神，丰富优质旅游供给，释放旅游消费潜力，推动旅游业高质量发展，进一步满足人民群众对美好生活的需要，发挥旅游业对推动经济社会发展的重要作用，提出以下措施：一是加大优质旅游产品和服务供给；二是激发旅游消费需求；三是加强入境旅游工作；四是提升行业综合能力；五是采取相关保障措施。党中央、国务院高度重视旅游业发展，习近平总书记多次作出重要指示批示，强调发展旅游业是推动高质量发展的重要着力点。旅游业涉及面广、带动力强、开放度高，是推动经济社会高质量发展、构建新发展格局的强大动力，是满足人民美好生活需要的重要内容。

（资料来源：文化和旅游部.关于贯彻落实《关于释放旅游消费潜力推动旅游业高质量发展的若干措施》的通知［ED/OL］.https://zwgk.mct.gov.cn/zfxxgkml/cyfz/202310/

t20231017_949174.html，2023-10-17.）

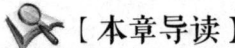〔本章导读〕

旅游经济活动伴随着商品经济的成熟而逐渐兴起，而旅游经济学作为一门新兴学科，随着旅游经济的出现和发展而诞生，它对旅游经济活动进行了理论上的概括和总结。本章主要阐述了旅游经济活动的起源和发展过程，旅游服务贸易及其特性，旅游经济学的产生与发展历程，旅游经济学的研究对象、研究内容、学科特点和研究方法。从总体上介绍了旅游经济学的基本概念、理论框架和结构，并分析了旅游经济学与其他相关学科之间的差异与联系。

第一节 旅游经济

一、旅游经济的概念及运行

（一）旅游经济的概念

旅游经济作为一种社会经济现象，是社会生产力发展到一定阶段的产物。它是源于商品生产和商品交换的长期演进，并随着旅游活动的兴起而形成的一种经济现象和关系。旅游经济是指在旅游产品交换过程中所形成的各种经济现象和经济关系的总和。

在旅游产品交换过程中，旅游需求与旅游供给之间的经济关系至关重要。旅游者代表旅游需求方，旅游经营者代表旅游供给方，旅游经济活动本质上是旅游者与旅游经营者之间互动的结果。同时，旅游需求与旅游供给双方交换的核心在于旅游产品，这使得旅游产品成为连接旅游需求与旅游供给的焦点。

（二）旅游经济的运行

旅游经济的运行是一个复杂而多方面的过程，涉及众多参与者和环节。在这些环节中，旅游产品的购买与旅游产品的销售构成了旅游经济活动运行的基本环节，对于旅游经济的顺畅进行至关重要。旅游产品的购买是指旅游者在旅游过程中，为了满足其旅游需求而进行的各种消费行为。通过这些消费活动，旅游者能够享受到多样化的旅游服务，从而实现其旅行目标。而旅游产品的销售，则是指旅游企业或相关机构通过多种渠道和方法，将旅游产品推向市场，吸引游客进行购买的行为。旅游企业通过实施有效的销售策略，能够更好地满足游客的需求，提升其在市场中的竞争力。

旅游经济的运作并不仅限于旅游产品的购买与销售这一基本环节,它还涵盖了旅游产业链的各个部分,包括旅行社、导游服务、酒店业、餐饮业、交通服务以及购物等。这些环节之间的协调与合作至关重要,因为任何一个环节出现问题都有可能影响整个旅游体验质量。因此,确保旅游业的健康运行,需要各方的共同努力和协作。

二、旅游经济的形成与发展

(一)旅游经济的形成与发展

旅游经济的形成体现着旅游活动向商品化演进的过程。自古代旅行阶段起,随着旅游活动的逐步发展和物质条件的成熟,旅游经济的萌芽便开始出现。因此,旅游经济活动的起源可追溯至原始社会末期至奴隶社会初期。纵观旅游经济的发展历程,现代旅游经济的起始主要可归因于18世纪的工业革命,当时机器大工业取代了工场手工业,奠定了社会化大生产的基石,促进了社会生产力的飞速提升,并推动了资本主义商品生产和交换的快速发展。这一系列变革为旅游经济的形成和发展奠定了坚实的物质技术基础,准备了充分的经济条件。旅游经济的形成与发展大致可以分为以下三个阶段。

1. 旅游经济的萌芽阶段

根据人类社会发展的历史进程,结合对旅游活动的历史考察,旅游活动的起源可追溯至原始社会末期,人们因宗教、贸易或身体原因进行的空间移动活动。随着社会生产力的发展和社会分工的深化,商品经济发展迅速,围绕以商品生产、商品交换及各种商业活动为中心的商务旅行逐渐产生和发展;同时,各种以观光览胜、航海旅行、探险考察、帝王巡游、宗教朝觐、学习交流为内容的旅行和游览活动也大量产生,为旅游经济的形成和发展奠定了重要的基础。但是,古代社会的生产力水平较为低下,经济社会发展相对落后,人们收入水平普遍较低,使得古代社会的这些旅行和游览活动只是帝王将相、达官贵人、商人艺人等阶层的行为,因此,旅游经济作为一种现象,仅存在于少数人空间移动和商品交换的过程中,没有成为一种普遍的社会化经济活动,也没有促使旅游活动完全商品化,还不能称为现代意义上的旅游经济,只是孕育了旅游经济的萌芽。

2. 旅游经济的形成阶段

通过对世界旅游发展历史的研究,发现具有现代意义的旅游经济是在19世纪中期逐渐形成的。英国的托马斯·库克创建了世界上首个旅行社,为公众提供了全面的异地旅游服务,涵盖了餐饮、住宿、交通和游览活动,标志着有组织地为旅游者提供专业化服务的开始。产业革命极大地促进了社会生产力的提升,导致交通运输工具的迅速发展。这些变革不仅扩大了社会化大生产的规模、拓展了市场空间,而且为人们有目的的大规模、远距离旅游活动提供了便利条件，同时也极大地推动了商品生产和交换的发展，促进了市场经济的繁荣。随着人们收入水平的持续提升和生活条件的不断改善，旅游活动得到了物质基础和产业发展的有力支撑，这进一步推动了旅游活动的广泛开展，标志着旅游活动迈入了一个全新的阶段。随着人们旅游需求的日益多样化，各类住宿、餐饮、交通、游览、娱乐以及旅游服务企业应运而生。围绕旅游活动的接待、游览设施和服务项目持续完善，逐步构建起以提供专业旅游服务为核心的部门。这些发展为旅游活动的兴起提供了关键的产业支持，使得旅游活动逐渐转变为商品化的经济和社会活动，成为现代经济社会中不可或缺的一部分。

3. 旅游经济的发展阶段

在19世纪中叶到20世纪50年代的百年历程中，旅游经济的发展始终保持着相对缓慢的态势。第二次世界大战结束后，旅游经济迎来了一个飞速增长的时期。在战后，世界各国纷纷投入经济的复苏与建设，这极大地推动了社会生产力的飞速发展。技术的革新为交通工具的速度提升和载客量增加开辟了新的可能性，特别是在国际航空、远洋运输以及铁路运输领域。随着人们收入水平的持续增长和生活质量的不断提升，全球范围内的旅游活动也迅速兴起。旅游和度假逐渐成为更多人追求的生活方式。旅游活动不仅成为人们重要的生活消费活动，还兼具文化审美、社会交往等多重属性，已然成为人们物质文化生活的一个重要方面。第二次世界大战结束以来，全球旅游业经历了持续的增长和扩张，对国家经济的贡献显著，其新增价值超过了农业、金属工业等传统行业。作为劳动密集型产业，旅游业在吸纳就业方面表现突出，超过了农业、纺织业和汽车工业等行业。从旅游业对经济的影响力来看，它在国民经济中具有强大的综合带动作用，不仅能直接创收外汇，促进就业，还能推动相关产业的发展，增加间接收入，并促进旅游目的地国家和地区的对外开放和经济增长。旅游经济已经发展成为一个高附加值、高就业率、高外汇收入和高效益的新兴产业，在世界各国的经济发展中扮演着越来越重要的角色。建立在发达的商品经济基础之上的现代旅游活动，能够整合多种生产要素和旅游要素，有效满足人们的旅游消费需求。因此，它也是一种以旅游产品生产和交换为特征的综合性经济社会活动。

（二）旅游经济形成和发展的条件

纵观旅游经济发展的历程和阶段，其形成和发展既是社会生产力发展和社会分工深化的必然结果，也离不开科技进步和技术革新的推动，更与人们渴望探索世界、增进对世界的了解的动机紧密相联，与现代社会化大生产的发展与进步相协调、适应。根据现代旅游经济的形成机制和发展特点，可以总结出其形成和发展的条件。

1. 社会生产力进步是旅游经济形成和发展的物质条件

社会生产力的进步是人类社会发展的内在动力，是旅游经济形成和发展的物质条件。一方面，随着社会生产力的提高，物质产品的生产不断增多，物质生活水平不断改善和提高，人们的可自由支配收入不断增加；另一方面，社会生产率的提升缩短了人们的劳动时间，带薪假期也逐渐增多，这都为人们的旅游需求产生奠定了经济基础。大量旅游需求的产生，必然要求有与之相适应的各种旅游产品和服务提供，于是致力于提供食、住、行、游、购、娱等与旅游需求相对应的各种要素的专门的旅游服务机构就应运而生，并逐步发展结合成为一个具有共同服务对象的部门集合——旅游业。因此，旅游经济的形成和发展是社会生产力进步的必然产物，是随着社会生产力提高，人们物质生活改善和闲暇时间增多而逐渐形成和发展起来的。

2. 社会分工深化是旅游经济形成和发展的产业条件

社会分工深化为旅游经济形成和发展提供了产业条件。随着生产力的提高，社会分工不断深化，各行各业的专业化和细化程度不断提高。这种分工的深化不仅使得各行业之间的协作更加紧密，也为旅游经济的形成和发展奠定了坚实的产业基础。在旅游业中，各种旅游服务如酒店、餐饮、交通、旅行社等逐渐从其他行业中分离出来，形成了独立的旅游服务产业。这些旅游服务产业不仅为旅游者提供了更加便捷、舒适和个性化的服务，也推动了旅游经济的快速增长。同时，随着旅游需求的不断变化和升级，旅游业也在不断创新和拓展，形成了更加多元化和综合性的旅游产业体系。因此，社会分工深化不仅为旅游经济提供了产业条件，也推动了旅游经济的不断发展和升级。

3. 科技进步是旅游经济形成和发展的技术条件

科技进步是现代产业部门形成的重要推动力和主要途径之一，其对旅游经济的形成和发展同样具有十分重要的推动作用。现代交通运输技术的突破性发展和应用，不仅为游客的远距离出行提供了条件，也为游客提供了安全舒适、方便快捷的交通运输工具和服务，从而推动了国内和国际旅游需求的不断增长，为旅游经济的形成和发展奠定了技术基础。科技进步在促进旅游需求迅速扩大的同时，还为旅游服务提供了大量现代化的技术和手段，促进了旅游景区景点的开发、住宿餐饮设施的建设、多元化旅游产品的发展、在线产品预订和销售、旅游信息技术服务等，从而推动了旅游经济的规模化和大众化发展。

4. 相关产业完善是旅游经济形成和发展的保障条件

旅游经济是综合性很强的经济活动，旅游业是与其他相关产业的关联性和依存性很强的产业，其存在必须以其他产业的支持为前提，其发展也必须以其他产业的发展为条件。发达的交通运输业为旅游业提供了方便快捷的旅游通达条件，建筑业为旅游业提供

了良好的住宿设施，现代农业的成熟为旅游业提供了丰富多样的食品，发达的加工业为旅游业提供了各种各样的旅游商品，发达的信息产业为旅游业提供了大量的旅游信息，完善的服务业为旅游业提供了优质的综合性旅游服务等。旅游经济的形成和发展与国民经济中许多相关产业之间联系十分密切，这些产业的存在是旅游经济形成的重要前提条件，而这些经济产业的发展和发达又为旅游经济的持续发展提供了重要的条件。

（三）旅游经济形成的标志

旅游经济，作为一项依托技术进步而兴起的产业经济，其形成与否可以通过以下基本特征来衡量和判断：经济活动的集中化、产品生产的专业化、经济运行的规范化以及生产经营的规模化。因此，通过深入分析旅游经济的形成过程及其特征，可以明确旅游经济形成的主要标志，具体表现在以下几个方面。

1. 旅游活动的大众化

随着现代社会生产力的提高，经济快速发展和人们可支配收入不断增加，以及工作时间缩短，带薪假日增多和交通条件日益改善，许多人不仅具备了旅游消费的能力，也具备了外出旅游的时间条件和方便快捷的通达条件，从而推动了现代旅游活动的大众化发展。而现代旅游活动的大众化发展，一方面创造了大量的旅游需求，促进了旅游经济的快速增长；另一方面又带动了旅游资源开发和旅游接待设施建设，为旅游者提供更为方便的旅游硬／条件和旅游服务，使旅游活动成为人们生活中必不可少的内容。

2. 旅游供给的专业化

旅游活动的大众化发展，促使旅游业逐渐从商业和服务业中分化出来，形成以旅游产品交换为核心，把多个部门和行业集合起来，向旅游者提供旅游活动过程中所需要的各种专业化服务的新兴产业，旅行社业、旅游饭店业和旅游交通业的专业化发展，使其成为旅游业的三大支柱，这不仅标志着旅游业的发展和成熟，而且对旅游经济的形成和发展具有十分重要的促进作用。其中，旅行社业通过自己的经营活动把旅游者和旅游经营者联结起来，促成旅游经济活动的有效进行；旅游饭店业不仅专门为旅游者提供住宿、餐饮、娱乐和其他服务，而且是一个国家或地区发展旅游经济必不可少的物质基础；旅游交通业作为旅游经济的重要组成部分，与其他旅游要素共同构成了综合性的旅游产品提供给旅游者，并保证旅游活动的正常运行。

3. 旅游经济运行的规范化

在市场经济体系中，旅游经济涵盖了旅游者与经营者之间的产品交换，涉及旅游产品的购买和销售活动。一方面，旅游者通过支付货币购买旅游产品，以获得旅游过程中的各种体验和享受；另一方面，旅游经营者销售旅游产品给旅游者，以赚取经济收益。

因此，在旅游经济的发展过程中，逐渐形成了一套规范化的运行模式。规范化的旅游经济能够确保旅游市场的公平竞争，维护旅游者和旅游经营者的合法权益。为实现旅游经济运行的规范化，需要制定和实施一系列相关的法律法规和政策措施，以明确旅游市场的规则，规范旅游经营者的行为，保障旅游经济的健康运行，确保旅游业的可持续发展。正是旅游经济运行的规范化发展，进一步促进了旅游活动的普及化和全球化。

4. 旅游产业发展的规模化

国民经济作为一个有机整体，要求各产业部门之间保持一定的比例关系。各产业部门在国民经济中的地位，取决于其发展规模和运行状况。旅游经济在国民经济中的地位，主要由旅游产业的发展规模和运行状况决定。从旅游产业的发展规模来看，人们的消费水平随着社会经济的发展而不断提升。随着收入的增加，用于精神需求和享乐方面的支出相应增长，这进一步推动了以精神和享乐需求为核心的旅游经济的快速发展，其产业规模持续扩大，并在国民经济中占据了重要地位。从旅游经济运行状况看，旅游产业的服务性和绿色发展趋势符合世界经济发展的总潮流，其强劲的发展动力正展现着良好的发展态势，成为国民经济中的战略性支柱产业。从经济发展实际看，当今世界上经济发达的国家，同时也是旅游产业发达的国家，即经济越发达，旅游产业在国民经济中的地位就越高。

三、旅游经济的性质和发展特点

（一）旅游经济的性质

1. 旅游经济是一种商品化的旅游活动

人类社会早期的旅游活动并不普及，缺乏旅游产品的生产和交换，主要依赖旅行者个人力量来满足其需求，现代旅游经济则是在商品经济的基础上发展起来的。它以生产和交换旅游产品为核心目的。这种基于交换的旅游经济自然催生了供求关系和旅游产品的市场交易。一方面，旅游需求的规模数量、消费水平、旅游目的、游览内容、出行方式等不仅决定着旅游经济活动能否有效地进行，而且对旅游经济发展的规模和水平具有决定作用；另一方面，只有市场上存在着相当规模的旅游活动的供给主体，才有可能为旅游者提供多种多样的旅游产品，满足旅游者的多元化需求。此外，现代商品生产和交换的发展还为旅游活动的商品化提供了相应的媒介和手段。以旅游产品为交换对象，以旅游者和旅游经营者为市场主体，以货币为交换媒介，使旅游活动真正成为一种商品化的社会经济活动。

2. 旅游经济是一种具有消费属性的旅游活动

生产和消费是经济活动的两个基本领域。在生产领域，生产活动的核心在于将投入的生产要素转化为产出，向消费者提供具有价值的产品或服务，以满足市场需求并实现盈利。而在消费领域，消费活动则涉及为了维持个体生存、确保劳动力的持续再生以及促进个人和社会的发展，对物质和精神生活资料的消耗。换言之，消费是人们通过使用产品或服务来满足自身需求和欲望的经济行为。在旅游活动中，旅游者在旅游过程中需要购买并消费各种旅游产品和旅游服务，以满足其观光游览、休闲度假、文化娱乐、探亲访友、医疗健康、商务或其他目的的需求欲望，旅游经营者为满足旅游者的多元化需求而向市场提供旅游产品和服务。因此，旅游经济活动明显带有消费属性，但其独特之处在于大多数旅游产品的消费与生产是同步进行的。

3. 旅游经济是一种综合性的服务经济

在旅游活动中，形成了多元化的经济关系，整个活动过程以经济活动为基础，涉及交通、住宿、餐饮、娱乐、购物、保险、通信、医疗等各种经济关系和综合服务。这些经济关系和综合服务是旅游活动得以开展的支撑体系，既包括基础设施支撑体系，如交通、通信、信息等，也包括核心服务支撑体系，如住宿、景区、餐饮、娱乐等。从旅游经济活动的支撑系统来看，旅游经济是一种由多行业、多部门分工与协作形成的综合性服务经济。这一系统既包括基础设施支撑体系，如交通、通信、信息等，这些基础设施为旅游活动提供了必要的物质基础和信息支持，也包括核心服务支撑体系，如住宿、景区、餐饮、娱乐等，这些核心服务直接满足了游客的基本需求和精神享受。旅游经济的综合性体现在它不依赖于单一行业或部门，而是需要多个行业和部门的紧密配合和协同发展。

4. 旅游经济是以市场为基础的法制经济

旅游经济是外向度较高的产业经济，也是我国与国际市场接轨较早的经济产业，其发展需要具有符合市场经济要求的法制体系，形成规划有序、优胜劣汰的市场机制，为旅游经济的健康发展提供法制保障。按照现代市场经济的要求，结合旅游经济发展的实际，一是要建立健全国家的旅游法规体系，建立和完善地方旅游立法和政府规章，使旅游经济的运行做到有法可依；二是要增强旅游执法的权威性，发挥旅游质量监督和各有关部门的联动作用，加大旅游执法的力度；三是要针对现代旅游发展的实际，按照国际惯例和要求整治旅游市场秩序，形成良好的旅游环境，维护旅游的消费权益，创造公平竞争的市场条件，使所有旅游经营者能够真正实现公平竞争，推进旅游经济的法制化，为旅游经济的健康良性发展保驾护航。

（二）旅游经济的发展特点

1. 旅游需求的多样性

世界各国的经济社会发展、人们的收入水平提高和生活条件的不断改善，促使人们的旅游消费日益增长，旅游需求呈现出多样性发展态势。全球旅游从传统的观光游览、消遣娱乐、探亲访友、宗教朝觐等为主，进一步向休闲度假、商务会展、生态旅游、文化体验、康体养生、老年旅游、研学旅行、户外运动、科考探险、康复疗养、体育竞赛、农业休闲、乡村旅游、海洋旅游、航空旅游、自助自驾游等多样性、个性化旅游发展，从而为旅游经济的发展提供了广泛的市场需求。随着旅游需求的多元化发展，又进一步促进了旅游的多层次化发展，推动全球旅游进入休闲度假新时代。

2. 旅游服务的全球化

随着现代科学技术的飞速进步和经济全球化的深入发展，特别是交通运输条件（如民用航空、铁路）的显著改善以及信息技术手段的现代化，人们现在可以在较短的时间内，以较低的经济成本周游世界各地，从而获得更佳的旅游体验满足。旅游活动已不再局限于国内或近距离旅游，而是跨越了地域、国界、洲际的界限，迅速发展成为一种全球性的经济社会活动，这促进了旅游服务贸易的全球化发展。这不仅推动了全球国际旅游的快速发展，也增进了各国政府、企业及人民之间的广泛交流与联系，从而促进了世界和平。

3. 旅游经济增长的波动性

旅游经济是一种敏感性较强的产业经济，其持续健康增长既依赖于经济社会发展和人们收入水平的不断提高，也需要安定的政治经济形势、安全的社会治安环境及国家或地区之间的友好往来。虽然第二次世界大战后全世界的国际旅游保持了持续快速的发展态势，但由于人们对各种政治经济形势和社会安全状况非常敏感，因此动荡的政治经济形势或不安全的社会环境必然使旅游者的流向、流量迅速发生变化，从而使世界旅游经济呈现出波动性增长的态势。例如 2020 年初暴发的全球新冠疫情，对旅游业造成了前所未有的冲击，直至 2023 年，旅游业才开始逐步恢复并呈现增长态势。由于旅游经济增长的不稳定性，旅游目的地国家必须密切关注国际形势的变动，并致力于打造安全的旅游环境，以保障旅游经济的持续、健康增长。

4. 旅游产业的融合性

现代科技进步、技术创新、竞合发展和放松产业管制，尤其是现代信息技术的飞速发展，促进了"互联网+"的产业融合发展。旅游业既是一个综合性产业，又是一个关联带动性较强的产业，在市场需求的拉动、创新动力的推动以及产业政策的支持下，旅

游业实现了与其他产业的相互渗透、交叉和重组，从而催生了新的旅游产品和业态。旅游产业融合的模式和路径多种多样：从旅游业的综合特性来看，可以细分为产业重组融合、产业渗透融合和产业交叉融合等；从旅游业的关联特性来看，可以划分为产业链的前后向延伸融合、产业间功能性的嵌入融合，以及同时包含上述两种模式的多元化联动融合等；从旅游业与相关产业融合的深度来看，可以分为完全融合、部分融合和功能融合等。

5. 旅游经济的可持续性

自20世纪50年代以来，直至新冠疫情暴发之前，全球旅游经济一直保持着持续且快速的增长势头。与世界经济及全球工业的增长速度相比，旅游经济始终展现出一种显著的高速增长趋势，并且迅速崛起成为全球最大的产业之一。与此同时，随着旅游活动的广泛普及和旅游经济的迅猛发展，人们开始更加关注生态环境的保护，以及对环境污染问题的治理。在这种背景下，低碳旅游方式和旅游循环经济的理念逐渐深入人心。人们努力寻求一种方式，使得旅游活动与自然环境、文化遗产以及人类的生存环境能够和谐共存，融为一体。通过这种方式，旅游经济的发展不仅能够带来经济效益，还能促进社会的全面进步，实现旅游与经济社会的可持续发展。

四、旅游服务贸易及其特征

（一）旅游服务贸易的概念

旅游服务是旅游产品的核心组成部分，从现代服务经济的角度看，旅游产品实质上是以旅游服务为主体的服务产品，而旅游经济的本质就是基于旅游产品交换而产生的现象和关系的总和。随着经济全球化的发展，旅游活动迅速从国内扩展到国外，不仅促进了国际旅游的迅速发展，也使旅游服务从国内扩展到国外，形成了国家之间的旅游服务贸易。所谓旅游服务贸易，就是指旅游服务在国家之间的有偿流动和交换过程，即国家之间相互为旅游者进行国际旅游活动所提供的各种旅游服务的交易过程。可以从以下几个方面认识和理解旅游服务贸易的概念和内涵。

1. 旅游服务贸易是国家间的旅游服务交换活动

国际旅游是指人们为了特定目的而离开居住国，前往其他国家作连续不超过1年的短暂停留，其主要目的不是从访问地直接获得经济报酬。通常，国际旅游不仅包括本国居民到其他国家的出境旅游，也包括其他国家居民到本国的入境旅游。旅游服务贸易是为进行国际旅游的入境旅游者和出境旅游者所提供的服务，而针对本国居民在国内旅游提供的旅游服务一般不纳入旅游服务贸易的范畴。因此，旅游服务贸易是国家之间有偿提供旅游产品和旅游服务的交换活动,并与国际货物运输服务、国际金融保险服务共同构成现代国际服务贸易的三大核心内容。

2. 旅游服务贸易包括旅游服务的出口和进口

旅游服务贸易作为现代服务贸易的组成内容,必然也包括旅游服务的出口和进口。旅游服务的出口是指在本国向国际入境旅游者提供的旅游服务,或本国旅游企业在国外以其他形式提供的各种旅游服务,并相应获得旅游服务的出口收入;旅游服务的进口则是指本国居民在国外旅游消费或在国内消费外国旅游经营者提供的旅游服务,以及进口服务所必需的配套设施、原材料等支出,并相应形成旅游服务的进口支出等。

3. 旅游服务贸易要遵循国际规则和国际惯例

由于旅游服务是一种综合性服务,涉及大量对旅游者提供的直接服务和间接服务。因此旅游服务贸易基本涵盖了《服务贸易总协定》所定义的四种服务贸易形式,不仅包括直接对旅游者进行国际旅游所提供的境外服务,同时也包括以跨境交付、境外消费、商业存在和自然人流动的形式提供的各种旅游服务,使旅游服务贸易的范围广泛而内容复杂。因此,旅游服务贸易作为一种现代服务贸易方式,其整个交易活动也必须遵循服务贸易的有关国际法律法规和运行机制,要求各国对旅游服务贸易的政策规定都以《服务贸易总协定》和有关的国际协议文件为依据,整个旅游服务贸易的业务也必须符合服务贸易的国际规则和要求,并与服务贸易的国际惯例相适应。

(二)旅游服务贸易的形式

1. 跨境交付

跨境交付是从某一缔约方境内向任何其他缔约方境内消费者提供不涉及人员、资本和物资移动的以中间媒介方式提供的服务,是典型的跨国服务交易,其特点是服务提供者和消费者分别处于不同的国家,充分体现了国际贸易的一般特征。从旅游服务贸易看,跨境交付贸易主要体现在通过国际电信、计算机网络等方式,为境外旅游者提供各种旅游信息、旅游咨询、远程预订服务、旅行支票在境外的支付、国际电子商务和部分旅行社服务等。随着现代通信技术、计算机技术和国际互联网络的迅速发展,以跨境交付为形式的旅游服务贸易内容日益丰富,领域更加广泛,交易数量不断扩大,成为旅游服务贸易的重要形式之一。

2. 境外消费

境外消费是指从某一缔约方境内向任何其他缔约方境内消费者提供服务,其特点是消费者跨国移动而服务提供者不移动,如交通运输服务、旅游服务、医疗服务等,也是服务贸易的基本方式和重要内容。从旅游服务贸易看,境外消费是旅游服务贸易的主要形式之一，因为大多数国际旅游活动都是消费者在境外的旅游活动，因此为外国消费者提供各种旅游服务就成为旅游服务贸易的主要内容，其包括了旅游交通服务、住宿餐饮服务、观光游览服务、娱乐休闲服务、旅游购物服务等多方面的内容。随着国际旅游的进一步发展，以境外消费方式为主的旅游服务贸易将不断扩大和发展。

3. 商业存在

商业存在是指某一缔约方在其他任何缔约方境内通过设立商业机构或专业机构，直接为其消费者提供服务，即服务提供者通过在国外建立商业机构为消费者服务，其特点是服务提供者跨国移动而消费者一般不移动，由于这种服务贸易往往与对外直接投资联系在一起，具有规模大、范围广、发展潜力大的特征，因此是国际服务贸易中最敏感、最活跃、最主要的形式。从旅游服务贸易看，外国投资者到一国投资建设旅游饭店和接待设施，成立旅行社和航空公司，开发旅游景区等直接提供旅游服务，或设立银行、保险公司、律师事务所等间接提供旅游服务都属于旅游服务贸易的内容。随着经济全球化和区域一体化的发展，以商业存在为基础的旅游服务贸易将进一步得到发展。

4. 自然人流动

自然人流动是指某一缔约方的服务提供者以自然人身份在其他任何缔约方境内向消费者提供服务，一般规模较小、时间有限，其特点是服务提供者和服务消费者均可能跨国移动。从旅游服务贸易看，自然人流动方式主要表现为外国的技术人员、管理人员到一国提供有关的旅游服务和管理，如国外从事旅游规划开发、旅游饭店管理、旅行社经营和导游服务的人员，到一国的有关旅游机构向旅游者或其他消费者提供相关旅游服务等。由于自然人流动实质上是生产要素流动的主要内容之一，因此随着世界贸易组织各成员国之间的谈判，发展中国家积极要求把各种旅游服务人员的流动也纳入服务贸易框架之中。

（三）旅游服务贸易的分类

1. 直接旅游服务和派生旅游服务

按照国际旅游者出游动机和需求分析，旅游服务贸易可以划分为直接旅游服务和派生旅游服务两大类。直接旅游服务是指对国际旅游者以纯旅游为主要目的而产生的国际旅游活动，如观光旅游、度假旅游、文化旅游、生态旅游、娱乐旅游等提供的各种旅游服务，其构成了旅游服务贸易的主要内容。派生旅游服务是指对依附于其他各种国际活动而派生的国际旅游，如国际商务、会展、修学、科考等活动而提供的旅游服务，是构成旅游服务的重要内容之一。随着全球经济的发展和国际技术、经济、文化交流的广泛进行，不仅直接旅游服务进一步持续增长，派生旅游服务也不断扩大和发展。

2. 基本旅游服务和附加旅游服务

按照旅游产品构成和旅游消费分析，旅游服务贸易可以划分为基本旅游服务和附加旅游服务两大类。基本旅游服务通常是指旅游者在国际旅游活动中购买和消费的基本旅游产品，包括食、住、行、游、购、娱等方面的旅游服务，是任何旅游活动都离不开的旅游服务内容。附加旅游服务是指伴随着基本旅游服务而发生的如邮电通信、外汇兑换、医疗保险、教育培训等方面的服务，这些服务是为了提高旅游服务贸易竞争力，以获得更多国际旅游市场份额而采取的重要手段，其与基本旅游服务相辅相成，共同构成旅游服务贸易不可分割的有机体。

3. 要素旅游服务和非要素旅游服务

按照旅游生产要素是否跨国移动分析，旅游服务贸易可划分为要素旅游服务和非要素旅游服务。要素旅游服务是指有关旅游服务中各种劳动力、技术和资本等生产要素跨国界移动的旅游服务贸易，包括劳动力要素国际流动而形成的旅游劳务输出及输入，旅游技术、管理、知识产权的国际转让，旅游投资者的资本输入或输出等。非要素旅游服务是指不涉及生产要素跨国移动的旅游服务贸易，如旅游者在目的地国家的消费活动，包括食、住、行、游、购、娱等方面的旅游服务。非要素旅游服务更多地关注旅游目的地国家的旅游产品和服务的提供，以及旅游者在目的地的消费体验。这类服务通常与旅游目的地的基础设施、文化特色、自然景观等因素密切相关，是旅游目的地吸引游客的重要因素之一。

4. 劳动密集型旅游服务、资本密集型旅游服务和技术—知识密集型旅游服务

按照旅游服务贸易与生产要素的构成关系，旅游服务贸易可划分为劳动密集型旅游服务、资本密集型旅游服务和技术—知识密集型旅游服务三种类型。劳动密集型旅游服务是指主要依赖大量人力资源来提供服务的旅游相关业务，包括导游服务、旅游咨询服务、旅游规划设计服务等。资本密集型旅游服务是指涉及大量资本投入的旅游服务贸易，包括旅游基础设施的建设、高端酒店和度假村的开发、大型旅游项目的投资等。技术—知识密集型旅游服务是指以提供技术和各种专门知识为主的旅游服务，包括旅游信息服务、金融保险服务、旅游管理服务和电子商务服务等。

（四）旅游服务贸易的基本特征

1. 生产与消费的同步性

与一般物质性商品的生产不同，旅游服务具有价值不可存储性，这意味着旅游服务不能像其他商品那样先进行生产，然后再进行销售。因此，因此，旅游服务的消费过程与服务的生产过程是不能分离的。鉴于旅游服务的这一特性，消费者通常需要直接前往

旅游目的地进行消费。因此，旅游服务市场的开放性也应涵盖对外来消费的政策平等，例如，不应限制外国消费者仅能在"涉外场所"进行消费，也不应实行国内外消费者两种不同的价格体系，以确保所有消费者都能在公平的条件下享受旅游服务。

2. 国际性

国际旅游与国内旅游相比，最大的差别在于旅游活动的跨国性，即不论是出境旅游还是入境旅游，都是必须跨越国界的，否则就不能称为国际旅游。国际旅游的跨国性特点，决定了旅游服务贸易必然是国家之间相互提供的一种旅游服务，其不仅要求为国际旅游者提供食、住、行、游、购、娱等方面的旅游服务，而且还必须提供相关的出入境手续方面的服务，如护照与签证、卫生检疫、货币兑换等。因此，旅游服务贸易不同于一般的国内旅游服务，而是具有内容丰富、手续复杂、程序较多等国际性特点。

3. 不确定性

旅游服务贸易对于交易双方而言，既存在许多利益上的一致性，又不排除双方之间存在利益冲突的可能性，从而要求旅游服务贸易的双方，即旅游服务的消费者和提供者之间必须相互信任和友好接触，才能保证旅游服务贸易的顺利实现。但在旅游服务贸易中存在着旅游需求的变化性和旅游供给的相对固定性，导致交易双方所处地位的不平等，即旅游消费者通常是按照自身的消费偏好主动选择旅游服务提供者，而旅游服务提供者则是被动地向旅游消费者提供服务，从而使旅游服务贸易存在着明显的不确定性，这就要求旅游服务人员必须努力提高旅游服务的质量和水平，并针对不同的旅游消费需求及变化，提供相应的旅游服务给旅游消费者。

4. 高效益性

相较于国内旅游，国际旅游通常涉及更远的距离，游客在目的地的停留时间也更长。此外，国际旅游者在处理各种出入境手续时，会面临一系列的复杂流程，这增加了他们在交通、住宿、餐饮等基本需求上的开销，而且这些开销通常会远高于国内旅游的费用。因此，积极地发展国际入境旅游并吸引大量的国际游客，不仅可以显著地提升外汇收入和旅游经济效益，而且通过向国际旅游者提供各种服务，还能有效地促进国内劳动力的就业，推动与旅游相关的各个产业的发展。这不仅能够带来直接的经济效益，还能产生一系列积极的社会经济效益。

5. 财富转移性

通常，在不考虑旅游对其他产业带动效应的情况下，国内旅游消费对一个国家而言并不增加经济的总量，只是促使国内财富再分配。但国际旅游则完全不同。从旅游接待国方面看，入境国际旅游者的消费支出构成外来经济的"注入"，从而必然促进旅游接待国的经济总量增长；从旅游客源国方面看，出境国际旅游者的消费支出会引起旅游客源国经济的"漏出",从而引起旅游客源国经济总量的减少。因此,旅游服务贸易必然造成国家之间财富的转移。

【拓展阅读1】

2013年秋,习近平总书记提出共建"丝绸之路经济带"和"21世纪海上丝绸之路"。从提出共建"一带一路"倡议和"五通"设想,到通过相关规划、确立共商共建共享原则;从三次召开相关座谈会,到两次举办"一带一路"国际合作高峰论坛;从党的十九大报告提出"要以'一带一路'建设为重点""形成陆海内外联动、东西双向互济的开放格局",到党的二十大报告提出"推动共建'一带一路'高质量发展"……在习近平总书记的亲自谋划、亲自部署、亲自推动下,中国秉持共商共建共享原则,坚持开放、绿色、廉洁理念,努力实现高标准、可持续、惠民生目标,共建"一带一路"取得丰硕成果。

十年来,我国已与150多个国家、30多个国际组织签署了200多份共建"一带一路"合作文件,形成3000多个合作项目,拉动近万亿美元投资规模,打造了一个个"国家地标""民生工程""合作丰碑",为共建国家发展注入强劲动力,成为最受欢迎的国际公共产品和最大规模的国际合作平台。十年来,习近平总书记关于共建"一带一路"的重要论述,不断丰富发展共建"一带一路"倡议的深刻内涵,强调坚持以和平合作、开放包容、互学互鉴、互利共赢为核心的丝路精神,将"一带一路"建成和平之路、繁荣之路、开放之路、绿色之路、创新之路、文明之路,推动共建"一带一路"走深走实、行稳致远。

2023年10月17日至18日,备受瞩目的第三届"一带一路"国际合作高峰论坛在北京举行。本届论坛是共建"一带一路"倡议提出十周年之际的重要活动,迎来了140多个国家、30多个国际组织的代表,还有1200多名国外媒体记者。十年来,"一带一路"在各参与方共同努力下,已成为实现共同发展的重要合作平台,激荡起日益广泛的全球共鸣。

(资料来源:习近平总书记关于共建"一带一路"重要论述综述[ED/OL].中国政府网,2023-10-16;文明因交流而多彩 因互鉴而丰富[ED/OL].文化和旅游部.2023-10-18.)

【拓展阅读2】

随着入出境市场的持续回暖,旅游服务贸易再度成为拉动我国服务贸易增长的主引擎。

2023年，在整体处于后疫情恢复期的情况下，我国旅游服务贸易强势回暖，全年旅行服务进出口额为2108.2亿美元，同比增长65.7%，成为增长最快的服务贸易领域。细分来看，2023年旅行服务贸易进口额为1962.6亿美元，同比增长66.8%，恢复至2019年的78.2%；旅行服务贸易出口额为145.6亿美元，同比增长52.0%，恢复至2019年的42.2%，旅行服务贸易进口规模、增速和恢复程度均大于出口。根据商务部最新数据显示，2024年1—4月，旅行服务进出口额为929.3亿美元，同比增长43.5%，占服务贸易比重达27.1%，再度成为服务贸易最大领域。

据世界旅游组织（UNWTO）发布的数据，自2006年以来，我国旅游贸易进口额增速一直大于出口额增速，直到2009年出现首次逆差，在此之后，逆差额呈现逐年递增的态势，至2019年达到峰值。而2020—2023年这四年来，由于跨境旅游业务的中断，我国旅游服务贸易进出口差额呈现倒"V"形变化，在2021年差额收窄至最小，而后伴随入出境市场的恢复又逐渐增大。

（资料来源：姚晓芳.中国旅游服务贸易发展新特征及问题探析［ED/OL］. https://mp.weixin.QQ.com/s/LDM1QwnpB0sVYQm5LhnPOw，2024-06-28.）

五、旅游经济的地位和作用

（一）旅游经济在国民经济中的地位

旅游经济作为国民经济的一个重要组成部分，扮演着不可或缺的角色。国民经济作为一个有机整体，要求各个部门之间保持协调的比例关系，以确保整个经济体系的平稳运行。每一个部门在整个国民经济中的地位和重要性，不仅取决于其自身的性质、规模，还取决于其运行状况和对整体经济的贡献程度。因此，旅游经济在国民经济中的地位如何，主要取决于旅游业的性质、发展规模及运行状况。

从旅游业的性质看，旅游业是一个以提供服务为主的综合性服务行业。通过为人们提供食、住、行、游、购、娱等各种服务，旅游业不仅为物质资料生产部门的简单再生产和扩大再生产提供了实现的途径和方式，即满足人们对基本物质生活和精神生活的需求，而且也是社会总产品实现的重要环节，促使社会产品和社会劳动进行合理分配，并不断创造新的需求。

从旅游业的发展规模看，随着社会生产力的提高和社会经济的发展，旅游业在国民经济中日益占据重要地位。随着人们收入的增多，用于精神需求、满足享乐方面的开支就相对增加，从而促进以满足人们精神、享乐需求为主的旅游业的迅速发展，规模也不断扩大，进而在国民经济中占据重要的地位。

从当前旅游业的运行状况来看，旅游业不仅与当今世界经济发展的总体趋势相契合，而且与推动"绿色产业"的发展理念高度一致。此外，旅游业还被誉为一种"朝阳产业"，因为它正展现出强劲的发展潜力和良好的增长势头。随着人们生活水平的提高和对休闲娱乐需求的增加，旅游业的市场需求持续扩大，吸引了大量投资和创新，进一步推动了其蓬勃发展。

（二）旅游经济在国民经济中的作用

旅游经济在世界各国经济发展中占有越来越重要的地位，不仅直接对国民经济做出贡献，而且在带动相关产业发展，促进经济结构改善和优化，促进欠发达地区经济发展等方面都具有十分重要的作用。因此，许多国家特别是发展中国家都积极推进旅游经济产业化进程，把旅游业作为经济发展的重点产业积极扶持和发展。旅游经济在国民经济中的作用，主要表现在以下几方面。

1. 促进经济发展，增加外汇收入

经济社会发展，人们可支配收入增多，生活水平显著提升，必然促使人们的消费结构升级，从而有更多的可支配收入用于旅游活动。因此，大力发展旅游经济，激发人们的旅游动机，促进各种旅游活动的进行，既是刺激和扩大旅游需求，适应消费结构升级，更好地满足广大人民群众的旅游需求，促进经济繁荣和发展的客观要求；同时也是缓解市场压力、降低风险、加速货币回笼、促进市场稳定和健康发展的关键途径。此外，与传统行业相比，旅游业是一个低投入、高产出、高效益的行业。旅游经济的蓬勃发展不仅为自身和整个经济体系积累了资金，还对经济的总体发展做出了显著贡献。

任何国家想要扩大对外经济合作，都必须增加外汇收入，而外汇收入的增加主要依赖对外贸易，获得商品贸易和服务贸易外汇收入。在当前全球贸易竞争日益激烈的环境下，旅游业作为服务贸易外汇收入的重要来源，作用尤为显著。由于旅游业是一个开放的国际性产业，通过旅游经济发展，我国不仅能参与国际市场竞争，吸引国际闲置资金，改善对外经济关系；还能够吸引大量国际入境旅游者，增加服务贸易外汇收入。因此，人们把旅游创汇称为"无形出口"收入，特别是由于旅游业创汇能力强、换汇成本低，又很少受各国税制限制，因而已成为各国创汇的重要手段。

2. 带动产业发展，优化经济结构

旅游业虽然是一个非物质生产部门，但它的关联带动功能很强，不仅能带动第三产业的迅速发展，而且能带动其他物质生产部门的发展。一方面，旅游业的发展必须建立在物质资料生产的基础之上，没有一定的物质生产条件，就不可能为旅游经济发展提供作为国民经济中面向最终消费的综合性产业，其生存和发展与其他行业，尤其农业种植、轻纺食品加工、装备制造、建筑地产、商业服务、邮电通信、金融外贸等相关产业的发展密切相关。

此外，旅游业的发展还能带动消费结构、产品结构和产业结构的优化升级。随着旅游业的繁荣，相关产业链如酒店业、餐饮业、交通运输业等亦将得到进一步推动。这不仅能够激发消费者的购买欲望，还能引导消费结构向更高层次发展。同时，旅游业的多元化需求也推动产品结构持续调整与创新，以适应不同游客的个性化需求。在产业结构方面，旅游业的兴旺可以促进相关产业链的延伸和升级，推动产业结构向更加合理和高效的方向发展。

3. 增加就业机会，促进贫困地区脱贫

旅游业既是一个综合性服务行业，也是一个劳动密集型产业，它能够为社会创造大量就业机会。特别是旅游业本身就包含多种服务内容，且许多服务项目无法仅依靠现代技术手段来替代人力，因此旅游业对就业人数的需求相较于其他产业更为显著。这为整个社会新增劳动力、农村剩余劳动力转移及下岗职工再就业等提供了较多的就业机会。

贫困问题是全人类共同面对的重大挑战，世界许多国家都十分关注并提出许多解决问题的对策。从现实看，大多数欠发达地区恰是旅游资源极为丰富的地带。因此，积极开发这些地区的旅游资源，大力发展旅游经济，不仅有利于发挥贫困地区旅游资源禀赋的优势，开发特色鲜明、品位较高的旅游产品，提高旅游目的地的吸引力和竞争力。还能带动当地居民脱贫致富，进而促进欠发达地区的全面开发和经济社会的持续发展。

（三）旅游经济的其他作用和影响

1. 旅游经济对社会发展的作用

旅游经济与社会发展是相互作用和影响的，一方面，旅游经济运行离不开一定的社会环境，因为社会环境从微观层面影响人们对旅游产品的选择和消费，从宏观层面影响旅游经济增长与发展；另一方面，旅游经济发展又从多方面作用于社会发展，有利于促进人类社会进步和社会环境改善，促进不同国家人们之间的友谊与世界和平的发展。

（1）促进人类社会进步

现代社会学表明，社会交往是人类社会的普遍现象，缺乏适当的社会交往，人的身心将无法得到充分的发展。因此，旅游活动在促进社会交往方面发挥着积极作用，特别是随着大规模旅游活动的兴起和旅游经济的全球化，不同国家和地区之间的经济、文化和信息交流得到了显著加强。这不仅有助于传播现代文明，还促进了国家间、民族间以及人民间的社会关系协调与进步。即便是在一些经济较为落后的国家，旅游经济的推动力也促使它们摒弃陈旧观念的限制，积极推行开放政策，吸收现代文明和科技，加强与现代科技、经济和文化的交流，进而推动了整个人类社会的共同进步和发展。

（2）促进社会环境的改善

对于旅游目的地国家或地区而言，当其他国家或地区的旅游者进入时，会因为这些旅游者的消费需求"示范效应"，促进旅游目的地国家或地区社会环境的改善，如交通条件、住宿设施、餐饮特色，乃至社会治安等方面，以有效地满足旅游者的需求。同时，还会引起旅游目的地国家或地区人们的价值观念、生活方式和道德准则的变化，引起经济社会结构的变化，特别是旅游业的收入较高、女性就业较多等特点，会使旅游目的地国家或地区的经济结构、就业结构等发生相应的变化。

（3）促进世界和平发展

在当今这个多元化的世界中，国际旅游已经逐渐成为一种重要的全球现象，它不仅仅是一种休闲娱乐的方式，更是一种促进世界和平与发展的强大工具。国际旅游在推动全球文化交流、增进各国人民之间的相互理解和友谊方面发挥着不可替代的作用。通过旅游活动，不同国家和民族之间的沟通和交流得到了加强，这不仅有助于消除文化隔阂，还能够促进对不同文化的了解和尊重。通过加强国际旅游合作，各国可以共同推动全球旅游业的繁荣，为构建一个更加和谐、稳定的世界做出积极贡献。

在认识到旅游经济发展对社会发展的积极作用的同时，也必须正视由于世界各国经济社会发展的不平衡性，大量的旅游活动也会产生一些消极的社会影响。例如，旅游目的地国家或地区把过多的基础设施和良好的旅游条件提供给国外旅游者消费，会使国内民众产生被不平等对待的社会心理；而国外旅游者的挥霍消费，把富裕展现于贫穷之中，也会造成对人们的价值准则、心理压力的负面影响；尤其是少数旅游者不健康的思想和行为，会造成不良的社会影响。因此，要注意分析旅游经济对社会发展的积极作用和消极影响，制定正确的对策措施，发挥旅游经济对社会发展的积极作用，避免和消除消极的影响因素，促进旅游目的地国家或地区经济社会的健康发展。

2. 旅游经济对文化发展的作用

文化是社会发展的产物，包括物质和精神财富。文化作为一种社会现象，是随着经济社会的发展而发展的，其内容不仅丰富而且具有广泛性特点，与旅游经济发展紧密相关。旅游经济与文化发展的作用是相互促进的，一方面，旅游活动中的各个过程及内容，都涉及文化，文化是旅游发展的重要基础和灵魂；另一方面，旅游活动促进了不同文化间的交流。旅游经济发展对文化的积极作用主要表现在以下几个方面。

（1）促使各民族文化弘扬发展

文化是民族的血脉，是人民精神家园的重要组成部分。在旅游活动中，旅游者神往的是各民族优秀独特的文化，这些文化不仅是各国发展旅游经济的宝贵资源，更是需要

倍加珍惜和充分利用的财富。随着旅游经济的蓬勃发展，许多原本面临衰退甚至消失的优秀传统文化得到了新的生机，这些文化得以被发掘、传承、弘扬和光大。这不仅丰富了旅游产品的内涵，提升了旅游活动的文化品位，还进一步促进了各民族文化的弘扬和发展，使得这些文化得以在现代社会中继续传承和发扬光大。

（2）促进各民族文化交流发展

现代文明的发展，促进了世界各民族文化的交流，在文化交流中必然有选择和淘汰。旅游活动是推动世界各民族文化交流中最广泛、最深刻的方式，既是了解其他国家和民族文化的重要途径，也是学习借鉴各个民族优秀文化的重要方式。在旅游活动中对各种物质文化、非物质文化的广泛交流，使各民族的优秀文化得到锤炼、保留及弘扬，而落后的东西则将逐步淘汰，从而使各民族文化的个性更加突出，增强了民族文化特色对旅游者的吸引力，同时也加深了各民族之间的相互了解及友谊，促进了国家之间、民族之间的科技、文化交流，从而促进整个人类精神文明的进步。

（3）促进国家文化软实力提升

随着全球多极化和经济全球化的深入发展，现代科学技术日新月异，使各种思想文化交流、交融、交锋更加频繁。文化在国家竞争力中的重要性日益增加，各国因此更加关注保护文化安全、增强文化软实力和提升国际影响力。特别是随着旅游活动的广泛开展和旅游经济的蓬勃发展，人们对于不同国家和民族文化的理解更加深入，充分认识到文化是民族凝聚力和创造力的关键源泉，是经济社会发展的坚实支撑，也是综合国力竞争中的重要因素。这促使人们更加迫切地追求经济社会的改革与发展，积极倡导文化建设，丰富精神文化生活，提高文化开放程度，保护国家文化安全，并持续增强和提升国家文化软实力。

旅游经济对文化发展同样存在消极的影响。一方面，随着众多外国游客的涌入和外来文化的冲击，一些珍贵的民族传统文化可能面临变迁、衰退，人们甚至可能引入一些不良的生活习惯，这威胁到民族传统文化的持续健康发展；另一方面，为了迎合旅游经济的发展需求，许多具有价值的民族传统文化元素可能被转化为商业化的娱乐项目，导致其失去原本的文化深度和意涵。因此，在推进旅游经济的同时，必须深入分析民族传统文化，并采取适当的保护措施，以确保民族传统文化的独特魅力和核心价值能够随着旅游经济的发展得到进一步的传承和弘扬。

3. 旅游经济对生态环境的作用及影响

生态环境是影响人类生存和发展的所有自然因素的总和，它维持着人类的生命，是人类赖以生存和发展的客观条件，也是旅游经济发展不可缺少的重要组成部分。旅游经济发展与生态环境保护是密切相关的，一方面，任何旅游活动都离不开良好的生态环境，都是人类与周围环境进行物质和能量交换的过程，没有良好的生态环境就没有旅游活动；另一方面，旅游活动的开展有利于促进生态环境的保护和改善，并为建设良好的生态环境提供条件。

（1）生态环境是旅游活动的重要条件

生态环境作为一种舒适性资源，是人们进行观光游览、休闲度假等旅游活动的主要对象和客体，也是发展旅游经济的重要条件。在人类的生存和发展中，客观上存在着人们对自然美的眷恋和追求。例如，喷薄的红日、雄伟的高山、清澈的流水、无边的大海、芬芳的花朵、葱翠的森林，以及各种珍禽异兽、古树名花、怪石飞瀑，无一不令人赏心悦目、流连忘返，使人们既惊叹大自然神奇的创造力量，又沉浸在对自然美的眷恋之中。因此，优美的生态环境是有效开展旅游活动，发展旅游经济的重要条件。生态环境越优美，对旅游者的吸引力就越强，旅游活动就越能够广泛地进行，从而促进旅游经济可持续发展。

（2）增强人们的生态环境保护意识

旅游活动是以旅游资源、生态环境为条件的活动，除了旅游资源的特色与品位对旅游者有较强吸引力外，优美的生态环境对旅游者的动机及行为也有十分重要的激发作用。通常，旅游者在旅游活动中，总是要追求优美的生态环境氛围和舒适的生态环境条件，而许多有特色的旅游景观也是由生态环境所决定的。因此，为了满足旅游者的消费需求、适合旅游者的行为目的、开发出更多有特色的旅游景点，旅游目的地国家和地区必然需要增强生态环境保护意识，重视生态环境平衡，注重旅游目的地、旅游景区的美化，从而推动生态环境保护和生态文明的建设。

（3）促进人们加强生态环境保护

从生态环境保护角度看，发展旅游经济的实质，就是利用优美的生态环境条件，按照人们审美要求对旅游资源进行开发、整修和提高，对生态环境进行科学保护和合理利用，从而形成各种各样的旅游景区景点，满足人们的旅游消费需求。因此，发展旅游经济必须坚持保护优先的原则，在加强生态环境保护和生态文明建设的前提下，制定科学的旅游资源开发和景区景点建设规划，合理有效地促进旅游开发和建设，为人们提供更多优质的旅游产品和优美的生态环境，推动形成绿色发展方式、低碳生活方式和低碳旅游方式，以旅游经济发展促进生态环境的改善，实现旅游经济的可持续发展。

在认识到旅游经济发展对生态环境保护具有积极影响的同时，我们也不能忽视旅游开发和旅游业发展可能对环境造成的负面影响。特别是，如果旅游发展规划、旅游产品开发和旅游业管理不当，可能会给生态环境带来极为严重的消极影响。不当的旅游规划可能损害自然景观的吸引力，导致基础设施与旅游景点的承载力不匹配，引起海滨和地下水污染，以及由于过度娱乐和游客过量造成的噪声污染。同样，旅游业管理不善可能导致游客在风景区随意丢弃垃圾，造成垃圾污染，以及对旅游设施的不当使用，进而对生态环境造成损害。因此，旅游经济的发展必须与生态环境保护同步进行。通过加强生态环境保护，为旅游经济的发展提供更优质的环境；同时，通过旅游经济的发展，促进生态环境保护，提升和改善生态环境质量，这将确保达到发展旅游与生态保护的双重目标，实现旅游经济的可持续发展。

【同步案例】

嘉兴桐乡乌镇以全域旅游带动共富增收

乌镇位于浙江省嘉兴市桐乡市，地处江浙沪"金三角"之地、杭嘉湖平原腹地，距杭州、苏州均为60公里，距上海106公里。全镇总面积71.2平方公里，总人口约5.9万人，全镇辖13个社区居委会和18个行政村。截至2022年，全镇实现地区生产总值（GDP）101.53亿元。年末城镇居民人均可支配收入70286元，较上年增长3.1%；农村居民人均可支配收入46509元，较上年增长6.4%。目前，乌镇作为世界互联网大会永久会址，乌镇戏剧节已成为业内知名的世界三大戏剧节之一。依托重大活动的溢出效应，乌镇不断挖掘景区内涵，成为集文化体验、休闲度假、商务会展为一体的国际性、综合性旅游目的地。乌镇在推进全域旅游的发展过程中，具体采取了以下三个方面的措施。

首先，创新旅游资源，多元开放新模式。全国首创"管线地埋"等景区高标准建设保护开发模式，实行旅游资源整体产权开发，发挥核心景点的带动效应，西栅（乌村）培育高端业态，与东栅中端业态错位发展，并将互联网、红色、戏剧等新元素融入旅游。西栅景区直接吸纳就业人员超4500人，景区内的船工基本为原先附近渔业村村民，月收入可达8000元左右。景区民宿房东优先考虑本地居民，吸纳经营者500余人，一家由夫妻经营的民宿年收入可达35万元左右。在东栅景区内设置商业长廊供原居民免费经营，解决了原东栅150个家庭的就业问题。

其次，拓宽配套产业，带动就业新渠道。将旅游业与新型城镇化有机融合，实施"镇区景区化、景区全域化、全域智慧化"，累计投入各类城镇基础设施建设资金约80亿元，实现5G网络全覆盖，"乌镇管家"长效服务走深走实，水乡风情和城镇功能实现完美融合。住宿、餐饮等富民行业快速发展，以品质度假经济吸纳就业创业，成功打造"乌镇人家"民宿品牌，现有民宿床位2万余张，餐饮酒店500余家，阿丽拉、希尔顿等高端酒店入驻乌镇，辐射带动周边南浔、练市、吴江等地劳动力进入乌镇就业。

最后，探索全域旅游，探索城乡融合新路径。增强对周边乡村游的带动效应，如横港村、陈庄村抱团组建乡村旅游公司，挖掘竹编、蓝印花布等非遗资源，"水乡寻梦研学路"有声有色，"竹芸工房"每年参与竹编研学体验的人数达15000人次，带动每户竹编村民增收2.5万元以上；带动周边河鲜、果蔬等农业生产销售，乌镇旅游每年从周边农户购入食材超2亿元，培育形成了董家茭白等7大农业产业，有效拓宽农户致富渠道。

桐乡市以全域旅游富民增收的"乌镇模式"，有效推动区域资源有机整合、产业融合发展、社会共建共享，为周边群众创造了大量就地就近就业创业的机会，成为推动就业增收、共同富裕的重要引擎。目前，乌镇年接待游客超1000万人次，旅游总收入超20亿元，带动就业超过5万人，在全国复制推广建设乌镇模式项目10个。"乌镇模式"已在北京、贵州、山东等地复制推广，国家发展改革委发文向全国推广"乌镇模式"。

（资料来源：嘉兴桐乡乌镇以全域旅游带动共富增收［ED/OL］. https://mp.weixin.QQ.com/s/MxOIuwpopMATyYZ3W6nFlQ，2024-03-27.）

思考：根据以上案例，分析乌镇发展全域旅游所产生的影响。

第二节　旅游经济学

旅游经济学是一门专门研究和探讨旅游经济活动本质及其内在规律性的学科。它是在旅游经济活动逐渐产生并不断发展壮大的基础上建立起来的。这门学科的主要任务是对旅游经济活动中出现的各种经济现象、经济关系以及经济规律进行深入的分析和理论概括，以形成一套系统的科学体系。旅游经济学旨在为旅游业的持续健康发展提供理论依据和实践指导，进而推动经济的繁荣和社会的进步。

一、国外旅游经济研究的产生与发展

国外旅游经济研究的发展历程，以第二次世界大战为分水岭，可以划分为两个阶段：第一个阶段包括19世纪后期至第二次世界大战，第二个阶段是从第二次世界大战后一直延续至今。这一划分与旅游经济活动发展的两个时期大致吻合。

（一）19世纪后期至第二次世界大战的旅游经济研究

在19世纪中叶，英国人托马斯·库克创立了世界上第一家旅行社，标志着有组织的旅游活动的开端。随后，西方国家的旅游活动逐渐兴起，并对经济社会的发展产生了积极的影响。从研究的起点来看，与其他社会科学研究相同，旅游经济研究也是从对现

象发展的实际统计分析开始的，其中旅游人数、逗留时间和消费能力等经济指标是早期旅游经济研究关注的焦点。关于旅游经济问题的讨论，最初散见于一些国外学者的研究论文中。1885年，法国学者A·巴博在其出版的《从文艺复兴到大革命以来在法国的旅游者》的经济史著作中最早提出了旅游者的消费问题；1896年苏黎世的A·J·弗朗莱在其发表的《关于旅游者支出统计》的文章中，以及1899年意大利国家统计局局长博迪奥（L.Bodio）发表的《外国人在意大利的流动及其花费》的文章中，开始对旅游消费行为进行具体的研究分析。1903年西班牙的M·B·阿蒙佳尔发表了有关旅游业的《外国人的产业》的论文，1909年西班牙的贝兰伯爵发表了《西班牙发展旅游业所带来的收益》的文章，提出了把旅游业作为经济产业来研究的思想。1923年意大利人尼切福罗（A.Niceforo）发表的《外国人在意大利的流动情况》和1926年贝尼尼（R.Benini）发表的《关于旅游者流动计算方法的改良》均是从统计角度对旅游者流动和旅游消费问题进行的进一步研究。随着早期关于旅游活动中经济问题的研究论文和著作的出版，旅游经济问题研究的序幕被拉开，并为旅游经济学的形成和发展奠定了坚实的基础。

第一次世界大战结束后，欧洲各国急于重建和发展因战争而遭受重创的经济，旅游活动被广泛认为具有重要的经济价值，同时也深刻地影响了理论研究和学术发展。1927年，意大利罗马大学的马里奥蒂教授（A.Mariotti）出版了《旅游经济讲义》，首次从经济学角度对旅游现象做了较为全面和系统的剖析和论证，对旅游活动的形式、结构和相关内容进行了分析，明确提出了旅游活动属于经济性质的社会现象，并围绕旅游代理商、旅游产业组织、旅游资源以及旅游中心地等相关内容进一步扩展了旅游经济学的研究领域，从而标志着旅游经济学的初步形成。在这一阶段，还有许多专家、学者从不同的研究角度对旅游经济学的性质、作用和内容进行了研究。1927年，法国的L·奥夏在一份《致国家经济委员会的报告》中认为旅游已从个人或集体的消遣领域全面地转变为总的经济领域；1933年，法国学者莫日内在她的学术论文《有利于旅游业的集体行动》中表达了旅游业对经济发展所起的推动作用，认为旅游业是母产业，是具有关键性的产业，其发展在国家繁荣中影响到国家活动的各个部门并使这些部门增加收益。1931年德国学者鲍尔曼（A.Bormann）发表了《旅游论》，1933年，英国爱丁堡大学的政治经济学教授F·W·欧吉尔维，在其出版的《旅游活动：一门经济学科》一书中阐述了旅游需求和旅游消费的理论，1935年，德国柏林商业大学旅游研究所所长格里克思曼发表了《一般旅游论》一书，不仅从经济学角度，而且从社会学角度对旅游经济发展进行了研究。1942年，瑞士圣加伦大学的克拉普夫（Krapf）和伯尔尼大学的汉泽克尔（Hunziker）出版了《旅游学总论》一书，提出旅游现象涉及经济社会的多个方面，需要从多学科角度进行研究等新的观点和理论。

综上所述，在这一阶段的旅游经济研究中，国际学者普遍认同发展旅游业能够带来显著的经济利益。因此，他们主要关注并深入研究了旅游经济的特性、重要性及其影响，从多个视角对旅游经济的相关方面和内容进行了探讨。这些研究成果不仅推动了旅游经济学科的建立，而且为该领域的研究与进步奠定了坚实的基础。然而，由于20世纪30年代欧美国家遭遇的经济大萧条以及第二次世界大战的冲击，旅游经济学的理论研究在这一时期经历了停滞。

（二）第二次世界大战之后的旅游经济研究

第二次世界大战结束后，西方国家的经济迅速复苏并实现了增长，这使旅游活动得以广泛开展。起初，旅游主要局限于国内，但随后迅速扩展至国际领域。旅游不仅被视为一种恢复经济的手段，也被认为是推动目的地经济发展的有效途径。随着时间的推移，旅游业逐渐演变成许多国家和地区国民经济中的新兴产业和支柱产业。为了满足旅游经济发展的需求以及教育的需要，欧美国家的专家和学者在总结全球旅游经济和本国旅游业发展的经验后，对旅游经济理论和方法进行了全面而深入的研究。他们发表和出版了一系列高水平的论文和著作，这些成果不仅推动了旅游经济学的理论研究和进步，而且对全球旅游经济的发展起到了指导和推动作用。

在20世纪60—70年代，一系列旅游经济研究的著作相继问世。同时，大量关于旅游经济的研究论文也得以发表。1969年，美国的迈克尔·彼德斯出版了《国际旅游业》一书，分析了世界旅游业的发展特点和趋势；1972年，巴雷特热和德勒尔特合著出版的《旅游业的经济概貌》一书，研究了旅游业在经济中的地位和作用；1974年，英国的博卡特和梅德里克教授合著出版了《旅游业的过去、现在和未来》一书，成为西方研究旅游业发展的经典著作；1975年，世界旅游组织出版了《国际旅游业对发展中国家经济发展的影响》一书；1976年，西班牙旅游研究院出版了《西班牙旅游经济的投入—产出表》一书；1978年，原南斯拉夫贝尔格莱德大学的翁科维奇教授出版了《旅游经济学》一书；1979年，巴雷特出版了《旅游需求论》，法布尔出版了《发展中国家的国际旅游业和合作项目》等著作。上述这些研究成果的出版和发表，进一步促进了旅游经济学的研究和发展。尤其是翁科维奇教授出版的《旅游经济学》一书，运用科学的经济理论分析和丰富的数据资料，全面阐述了旅游经济的性质、原则、作用和内容，分析了旅游市场的特点和旅游接待国的政策，预测了现代国际旅游业的发展趋势，成为国外具有代表性和影响力的旅游经济学专著。

自20世纪80年代以来，随着全球旅游业的迅猛发展，世界各国关于旅游经济研究的论文和专著如雨后春笋般涌现。特别是在探讨旅游需求与供给、旅游市场与产业、区

域旅游发展与目的地建设、旅游流动与空间分布、旅游资源与产品开发、旅游投入与产出分析、旅游乘数效应与经济影响、国际旅游分工与合作、旅游经济分析与决策、旅游人力资源开发与管理、发展中国家旅游经济发展与政策、生态旅游与可持续旅游发展等领域，进行了深入的实证分析和理论研究。这些研究不仅推动了旅游经济学的丰富和完善，也为全球旅游经济的发展提供了重要的理论支持。

二、中国旅游经济研究的产生与发展

中国的旅游经济研究起步较晚。尽管早在20世纪20年代，国内经济学者已经开始探讨旅游经济的性质和作用等问题，但由于当时中国旅游业的发展水平有限，深入研究受到限制。直到20世纪70年代末，随着中国经济活力的释放和对外开放政策的实施，中国旅游业迎来了强劲的发展动力。旅游业的快速发展不仅推动了中国旅游经济的繁荣，也为旅游经济学的理论研究和体系构建提供了丰富的实证资料。中国旅游经济研究的发展历程大致可以划分为三个阶段。

（一）起步阶段（20世纪70年代末—80年代末）

1978年，对外开放政策的实施使中国商务旅游和观光旅游快速推进，以旅游目的地为主体、入境旅游为特征的旅游产业在主要旅游城市迅速发展。与蓬勃发展的旅游产业实践相比，旅游理论却相对缺乏。因此，中国旅游经济的初期研究建立在引进国外研究成果以及对世界旅游情况介绍的基础上，由政府倡导、高等院校作为主力完成，研究内容主要集中在中国旅游业产业定位、旅游业经济效益、旅游业体制改革和旅游发展模式等方面。1980年，沈杰飞、吴志宏发表的论文《建立适合我国实际的旅游经济学科》在介绍国外旅游经济理论研究发展现状的基础上，从建立一门学科的逻辑始点出发，对旅游经济的研究对象、研究内容展开了深入探讨。1982年，王立刚和刘世杰合著出版了《中国旅游经济学》一书，1986年，林南枝和陶汉军主编出版了《旅游经济学》一书，标志着我国旅游经济学研究全面拉开。1987年，我国著名经济学家孙尚清主持了《中国旅游发展战略研究》的重大课题，该项研究提出了后来支配我国旅游业发展的"旅游业需要适度超前发展"的重要战略，不仅促进了中国旅游经济学的理论研究，而且把中国旅游经济的研究从理论推向实践。

（二）快速发展阶段（20世纪90年代—20世纪末）

进入20世纪90年代后，随着中国旅游产业体系的逐步建立和完善，以及国内外旅游需求的不断增长，旅游经济研究逐渐展现出从单一视角向多学科综合视角转变的趋势。研究领域从主要以经济学、管理学为基础，扩展至经济学、管理学、社会学、市场学、地理学、环境学、人类学等多个学科的交叉融合，构建起了一个较为全面的旅游研究体系。在此阶段，一批旅游经济学教材和大量旅游经济研究的论文相继问世。其中，有代表性的包括：1990年黄辉实和张汝昌分别主编出版的《旅游经济学》、1993年魏小安与冯宗苏共同撰写的《中国旅游业：产业政策与协调发展》、1994年罗明义出版的《现代旅游经济》以及1998年王大悟和魏小安主编的《新编旅游经济学》等著作。这些旅游经济学教材的研究内容广泛，包括旅游发展战略、区域旅游开发建设与区域旅游发展、旅游产业地位的定性及计量统计、旅游企业集团化发展与跨国经营、旅游经济效应、旅游消费效果等多个方面，极大地促进了中国旅游经济学理论体系的构建和发展。同时，学术界对旅游经济理论进行了广泛而深入的探讨和研究。众多专家和学者从不同视角出发，围绕旅游经济学的核心问题发表了大量研究论文。这些关于旅游经济问题的学术成果不断涌现，显著推动了旅游经济理论研究以及旅游经济学科的建设和发展。

（三）全面发展阶段（21世纪以后）

自21世纪起，中国旅游经济的迅猛发展促使政府将旅游业定位为国民经济的战略性支柱产业，并加以重点培育。这激发了学术界对旅游经济实践的总结和理论研究，使其达到了空前的活跃程度。随着旅游经济学领域的学术著作与研究论文大量涌现，中国在旅游经济研究领域已全面进入深入发展阶段。随着旅游实践的不断丰富，中国入境旅游、国内旅游和出境旅游的蓬勃发展为旅游经济研究提供了大量素材和多样的研究视角。研究者们开始集中探讨如何利用主流经济学的研究方法，构建一个更贴合旅游经济发展实际的旅游经济学体系。通过从多个角度研究旅游市场化发展与政府行为、旅游管理体制改革、全域旅游与智慧旅游、乡村旅游与旅游扶贫、生态旅游与可持续旅游发展、高质量旅游发展等问题，促进了不同学科领域知识的相互交融，推动了旅游经济研究体系的科学化和持续发展。

三、旅游经济学的学科特征

旅游经济学作为现代经济学的一个分支，以现代经济学的基础理论为指导，以旅游活动为核心，分析旅游者、旅游经营者和旅游组织等参与方在旅游产品交换过程中产生的各种经济现象、经济关系和经济规律。相较于其他学科，旅游经济学展现出一些特点。

（一）旅游经济学是经济学理论应用在旅游经济实践中的一门应用性学科

作为一门应用性学科，旅游经济学与经济学之间既存在差异也紧密相联。经济学，作为研究人类社会不同发展阶段中经济活动、经济关系以及经济规律的学科，将经济社会视为一个整体，旨在通过分析生产、交换、分配和消费等环节的内在联系及其矛盾运动，揭示整个经济社会发展的普遍规律，它属于理论经济学的范畴。相对而言，旅游经济学则专注于将经济学的基础理论、知识和原理应用于旅游经济活动的研究，专注于探讨旅游领域特有的经济现象和关系。其目的是揭示旅游经济发展的内在规律及其作用的条件、范围和表现形式，进而指导旅游活动和旅游经济的健康发展。因此，旅游经济学不仅是经济学的一个重要分支，而且因其显著的产业经济特性和应用性，被归类于应用经济学的范畴。

（二）旅游经济学是旅游管理专业的核心基础性学科

作为旅游管理专业的核心基础课程，旅游经济学与旅游学、旅游管理学等学科既相互联系又存在差异。旅游学主要以旅游活动为研究对象，深入探讨其产生、发展过程及其内在规律，旨在揭示旅游活动的本质、特点以及未来的发展趋势。旅游经济学则基于旅游学的研究成果，专注于探讨旅游活动在经济领域内的矛盾运动、经济关系和经济规律。而旅游管理学则是在旅游学和旅游经济学的理论指导下，着重研究如何合理组织旅游活动和旅游经济运行，以及如何进行科学管理，从旅游活动的空间组织形式、产业组织结构等不同视角进一步深化对旅游经济学的研究。因此，旅游经济学不仅是旅游管理专业的基础学科，也是经济学和旅游学在旅游经济活动领域相结合的产物和拓展。

（三）旅游经济学是一门综合性学科

旅游活动的综合性特点，使旅游经济学同其他学科相比较，具有新兴的综合性特征。这一特性要求旅游经济学研究必须汲取多种学科的理论、成果和方法，以丰富其研究内容和手段。研究者需以经济学和旅游学的理论为基础，全面分析和考察旅游活动在经济领域中的各种表现。同时，还应运用心理学、社会学、文化人类学、地理学等领域的理论和方法，深入探讨旅游需求的产生、旅游消费决策、旅游供给规律、旅游产品开发以及旅游经济结构优化等问题。此外，统计学、市场学、价格学等理论和方法的应用，有助于分析和掌握旅游经济运行的内在规律及其机制。通过这些研究，我们能够加深对旅游经济内在规律及其运行机制的理解，掌握旅游经济的产生、发展和运行规律。因此，旅游经济学实际上是一门综合性学科。

四、旅游经济学的研究对象和内容

旅游经济学的研究是围绕旅游经济活动的进行而展开的，通过深入分析旅游经济活动的各个层面、进行旅游经济活动的条件、影响旅游经济活动的因素，以及旅游经济活动与社会经济活动乃至世界经济活动之间的关系，揭示旅游经济活动中各种经济现象和经济关系的本质，并探索其规律性。确定旅游经济学的研究对象是构建旅游经济学研究范式的核心和基础，对研究内容和方法具有重要的指导意义。

（一）旅游经济学的研究对象

旅游经济学的研究对象是旅游经济活动中旅游产品的需求与供给的矛盾。这一矛盾贯穿于旅游经济活动的全过程，它决定了旅游经济学的研究对象既区别于其他经济学科，也不同于旅游学科中的其他分支。

旅游产品在需求与供给的矛盾运动中，必然引发各种经济现象，涉及众多经济关系，并存在支配这些矛盾运动的规律。旅游活动中的经济矛盾主要包括以下几个方面。

1. 旅游需求者方面的矛盾

旅游需求者方面的矛盾是指由于旅游者自身限制而不能产生旅游需求所造成的矛盾。旅游需求者方面的矛盾主要体现在几个方面。

（1）旅游需求与个人可自由支配收入之间的矛盾。人们有可自由支配的收入才有可能具备产生旅游需求的经济条件，如果人们有旅游的愿望却没有充裕的可自由支配收入，旅游需求就不可能实现。

（2）旅游需求与闲暇时间的矛盾。闲暇时间是人们实现旅游活动的必要条件之一。如果没有闲暇时间，即使人们有出游的愿望和充足的可自由支配收入，旅游需求也无法实现。

（3）旅游需求与旅游者个人的文化背景及身体素质之间存在矛盾。例如，对于身体状况欠佳或年龄较大的旅游者，前往极地、高原等特殊旅游地可能会受到身体条件的限制。此外，相同的文化背景和不同的文化背景均可能对旅游需求产生不同程度的抑制效应。

（4）旅游"热线"与"冷线"之间存在矛盾。例如，由于不同地区、不同旅游目的地和不同线路的旅游资源和设施存在差异，会形成旅游热线和热点，导致旺季时旅游者争夺这些热门地点和线路的矛盾。

2. 旅游供给者方面的矛盾

旅游供给者方面的矛盾是指由于旅游供给者在提供旅游产品和服务的过程中可能出现的各种问题和冲突所造成的矛盾。这些问题和冲突主要源于旅游供给者之间的竞争、资源分配不均、服务质量参差不齐以及市场需求与供给之间的不匹配等方面。旅游供给者方面的矛盾也主要体现在三个方面。

（1）旅游供给者之间的矛盾。由于在大多数情况下，旅游业处于买方市场的状态，这意味着市场上供大于求，旅游企业之间的竞争非常激烈。旅游企业不仅在客源的争夺上存在矛盾，还会在市场份额的划分以及收入分配等方面存在客观上的矛盾。

（2）旅游供给者收益与成本之间的矛盾。旅游供给者在保证旅游产品质量和服务水平的前提下，希望能以最少的成本实现最大的收益。

（3）旅游业宏观经济效益和微观经济效益的矛盾。旅游供给者可能会因为自己的微观和局部利益，做出损害整个旅游行业的声誉、形象等牺牲宏观利益的行为。

3. 旅游需求者和旅游供给者之间的矛盾

旅游需求者和旅游供给者之间常常存在一些矛盾。一方面，旅游需求者希望以最低的成本获得最优质的服务和体验；另一方面，旅游供给者则需要在保证服务质量的同时，追求利润最大化。这种差异导致了双方的矛盾。旅游需求者和旅游供给者之间的矛盾主要体现在以下几个方面。

（1）旅游需求者的支付能力与旅游价格之间的矛盾。在旅游市场中旅游需求者在选择旅游产品和服务时，会面临一个矛盾：旅游产品和服务的价格往往超出了他们的经济承受范围，这会影响他们的购买决策。

（2）旅游需求者的需求与旅游供给者提供的旅游产品之间的矛盾。旅游需求者对旅游体验的期望与旅游供给者实际提供的旅游产品可能存在差距。旅游供给者在规划和执行旅游项目的过程中，可能会出现服务标准不一致、信息沟通不畅等问题，进一步加剧了需求者与供给者之间的矛盾。

（3）旅游需求的高度灵活性与旅游供给的相对稳定性之间存在的矛盾。旅游者的需求具有灵活性和多样性，而旅游供给则具有相对稳定性和局限性。例如，酒店和交通工具的配置及安排需要长时间规划，难以快速适应游客需求变化。这种供需矛盾使得旅游业在满足个性化需求方面面临挑战。

4. 旅游经营者和当地政府、当地居民之间的矛盾

政府和旅游经营者之间是管理和被管理的关系，也是服务和被服务的关系。这中间既有经济利益关系，也包括了非经济利益的联系。在旅游业发展中，处理好政府和企业的关系，有利于旅游业的健康稳定发展，也有利于国民经济的健康有序发展。

总之，旅游经济活动是由众多的矛盾和复杂因素交织而成的。因此，旅游经济学的任务是对这些矛盾进行深入研究，揭示旅游产业发展的内在规律，为实现旅游业的可持续发展提供理论支撑和实践指导。

（二）旅游经济学的研究内容

旅游经济学的研究内容既要从微观旅游经济角度研究旅游者、旅游经营者等供需双方的旅游产品交换行为，又要从宏观旅游经济的角度研究整个旅游经济运行和整体经济行为，从总体上揭示旅游活动的商品化过程和客观规律，分析旅游经济的形成条件以及旅游经济在经济社会发展中的重要地位、作用和影响。因此，旅游经济学的主要研究内容可以从以下两个层面把握。

> **→ 同步思考**
>
> **微观经济学和宏观经济学**
>
> 微观经济学，主要研究市场经济中单个经济单位的经济行为，以及相应的经济变量的单项数值如何决定的理论体系，其包括价格理论、生产理论、厂商理论、分配理论和消费理论等内容，是现代西方经济学基本理论的主要组成部分。
>
> 宏观经济学，也是构成现代西方经济学基本理论的主要组成部分，主要以整个国民经济的运行为研究对象，从总量水平上研究社会整体的经济行为，以及分析与国民经济运行相适应的各种经济变量的理论体系，其包括国民经济的总产出、总收入、总储蓄、总投资和总消费理论等，其核心变量是国民生产总值。
>
> **问题**：根据微观经济学和宏观经济学研究对象和内容的差别，谈谈你对旅游经济学研究内容的理解。

1. 微观层面的旅游经济活动

微观层面的研究主要围绕旅游供给与需求在旅游产品交换过程中产生的各种经济关系、经济现象和经济规律进行，包括旅游产品开发研究、旅游需求与供给研究、旅游市场及价格研究、旅游消费及效果研究以及旅游企业投资研究。

（1）旅游供求与价格。旅游经济活动是以旅游产品的需求和供给为出发点的，旅游价格及供求关系是贯穿整个旅游经济运行的主要矛盾，决定了旅游经济运行中的其他一切矛盾。因此，要运用经济学的分析研究方法，结合旅游经济运行的特点，在旅游供求研究的基础上，分析影响旅游供求平衡的各种因素和实现旅游供求平衡的条件，特别是通过对旅游价格这一决定因素的分析，进一步揭示旅游供求弹性、旅游供求短期均衡和长期平衡的内在机制和规律性等。对旅游需求的研究包括旅游需求的概念与特征、旅游需求层次关系、旅游需求规律及其弹性和旅游需求模型；对旅游供给的研究包括旅游供给的概念与类型、供给特征、影响因素以及旅游供给的规律及其弹性。在此基础上，还需进一步探究旅游供需之间的矛盾与特征、供需平衡规律以及实现旅游供需平衡的途径。

（2）旅游产品及服务。旅游活动是以旅游产品的需求和供给为出发点的，但由于旅游产品具有不同于其他物质产品的属性和特点，首先，必须研究旅游产品的科学含义及构成，分析旅游产品的特征和类型；其次，要掌握现代旅游产品的发展特点和趋势，并围绕旅游产品的核心，研究旅游服务的特征和主要内容，旅游服务是旅游产品的重要组成部分，它直接影响到游客的体验和满意度。最后，要掌握旅游服务贸易的形式和内容，有助于更好地参与国际旅游市场的竞争，推动旅游业的全球化发展。

（3）旅游市场及其开拓策略。在对旅游市场的研究中，明确旅游市场的基本概念，对旅游市场进行细分，识别不同类型的旅游市场，分析旅游市场的特征，探讨旅游市场的功能，研究旅游市场机制的表现形式，以更好地理解旅游市场的运作方式。同时，探讨如何有效地开拓旅游市场，制定科学合理的市场策略，以提升我国旅游产业的整体竞争力。此外，分析如何利用现代科技手段，如大数据和人工智能，优化旅游市场的营销和管理，提高运营效率。最终目标是推动旅游业的持续发展，实现经济效益和社会效益的双赢。

（4）旅游消费及效果。旅游消费是旅游微观经济活动研究的重点领域，一直以来都备受关注。对旅游消费的研究涵盖了多个方面，包括旅游消费的概念、类型、作用以及其特点。此外，研究还深入探讨了影响旅游消费的基本因素，可以更好地理解旅游消费的内在机制。同时，研究还关注旅游消费的结构及其合理化和优化的途径。合理的消费结构有助于提升旅游目的地的经济效益，优化的途径则可以为旅游业的发展提供指导。总之，通过对旅游消费的深入研究，可以更好地理解其在微观经济活动中的作用，为旅游业的可持续发展提供有力支持。

（5）旅游企业投资。旅游企业投资在推动一个国家或地区的旅游经济发展中扮演着至关重要的角色。它是旅游业得以持续发展和扩大再生产的物质基础，为旅游业的繁荣提供了必要的资金支持。对旅游企业投资的研究包括基本概念、特点与类型、主要融资渠道，还包括旅游建设项目可行性分析的主要内容，旅游投资的风险评价、投资项目的经济效益和宏观效益评价的基本方法。对这些内容的深入探讨，可以为旅游企业的投资决策提供科学依据，促进旅游业的健康和可持续发展。

2. 宏观层面的旅游经济活动

在宏观层面上，旅游经济活动的研究主要集中在旅游产业发展、旅游收入与分配以及旅游经济效益与评估等多个方面。

（1）旅游产业发展。旅游产业发展研究包括研究旅游产业构成、产业组织以及它们之间的区别和联系；旅游产业结构的高级化、合理化发展，进而推动旅游业产业结构转型升级，实现旅游产业高质量发展；以及从旅游经济活动整体出发，研究旅游产业概念、性质和特征，乃至在市场经济环境下旅游产业的成长模式，分析旅游产业发展对国民经济发展的作用。

（2）旅游经济收入与分配。既要研究旅游收入的形成及影响因素，旅游收入的分配与再分配、旅游经营成本及降低成本的途径等；也要研究旅游收入乘数及漏损，探讨造成旅游收入和财富在地区间实现转移的路径和原因，从而把握旅游经济运行和增长的状况及特点，寻找提高旅游目的地旅游收入和地区财富的有效手段。

（3）旅游经济效益及评估。追求旅游经济效益，既是旅游经营者从事旅游经营活动的主要目标，也是旅游目的地国家或地区发展旅游经济的基本出发点。旅游经济效益的评估要按照旅游经济活动的评价方法，测量旅游经济活动的微观和宏观影响，建立旅游经济影响的评价指标和方法，探究提高旅游经济效益、减少旅游经济负面影响的措施。

（三）旅游经济学的研究任务

1. 厘清旅游经济关系

旅游经济学研究的首要任务是厘清旅游参与方的经济关系，具体包括以下几方面。

第一，旅游需求者与旅游供给者之间的经济关系。旅游者支付费用，旅游企业提供旅游产品和旅游服务，进而形成经济关系。如何在满足旅游者的需求的同时实现旅游企业的利润是这一关系的焦点。

第二，旅游需求者与旅游目的地居民之间的经济关系。旅游者到旅游目的地旅游，涉及食、住、行、游、娱、购等必要的活动，旅游者一方面要获得新的旅游经历和体验，另一方面会给旅游目的地居民带来经济、社会和环境的影响，这些影响的程度决定了旅游目的地的居民对待旅游者的态度和行为，从而决定两者之间的关系是否融洽和谐。目的地居民与旅游者之间和谐融洽的关系是旅游者获得高质量旅游体验和促进旅游目的地可持续发展的重要条件。

第三，旅游需求者与目的地政府之间的经济关系。目的地政府如何通过旅游规划、旅游营销等手段吸引旅游者前来旅游，旅游者到达目的地之后，政府如何通过旅游法律法规营造良好安全的旅游环境等，是旅游者与目的地政府之间关系发展的重点。

第四，旅游供给者之间的经济关系。各旅游企业之间既相互依赖，又相互竞争。在旅游活动中，旅游者旅途中涉及的各个要素都需要得到旅游供给者之间的相互配合和支持，随着旅游者对旅游供给的要求越来越高，对旅游目的地的选择越来越多，为争取更多的客源，旅游供给者之间必然在旅游设施、服务质量、服务水平、服务价格等方面展开相互合作和竞争。

2. 揭示旅游活动中的经济规律

在厘清旅游经济活动参与各方之间的经济关系后，旅游经济学的研究要能够揭示旅游经济活动中的经济规律并通过其促进旅游经济协调、稳定和持续发展。在旅游经济活动中发挥主要作用的经济规律主要有以下几种。

第一，价值规律。旅游活动中旅游产品的价值取决于社会必要劳动时间、商品等价交换的规律，必然会出现随着供求关系的变化，旅游产品的价格围绕着价值上下波动的现象。

第二，供求规律。一方面，旅游供求状况影响旅游产品的价格变动；另一方面，旅游产品的价格变动也会影响旅游供求状况。研究供求规律在旅游活动中的作用有利于人们利用供求规律调节旅游经济的平衡发展。

第三，竞争规律。竞争规律是商品经济的一个客观规律，是指在商品交换过程中通过市场有效竞争进行比较、较量而优胜劣汰的一种内在必然性。掌握旅游经济活动中的竞争规律，可以更好地引导旅游活动中的恶性竞争趋于良性转变，使整个经济活动朝着健康有序的方向发展。

3. 解决旅游活动中的经济矛盾

贯穿旅游经济活动的主要矛盾是旅游需求和旅游供给之间的矛盾，主要包括旅游需求者的支付能力与旅游产品价格之间的矛盾、旅游需求者的需求与旅游供给者提供的旅游服务之间的矛盾、旅游需求的高度灵活性与旅游供给的相对稳定性之间的矛盾等，它决定了旅游经济活动中的其他一切矛盾。此外，旅游需求者和旅游供给者本身也存在诸多矛盾。从旅游需求者方面来看，主要表现为旅游需求与个人可自由支配收入之间的矛盾、旅游需求与闲暇时间的矛盾以及旅游需求与旅游者自身文化、身体素质之间的矛盾等；从旅游供给者方面来看，主要体现在旅游供给者之间的竞争矛盾、旅游供给者收益与成本之间的矛盾以及旅游业宏观经济效益和微观经济效益的矛盾等。旅游经济活动就是由许许多多的矛盾运动变化推动的，旅游经济学的任务就是对这些矛盾进行深入研究，以便更好地解决这些矛盾。

五、旅游经济学的研究方法

旅游经济学是一门综合性的应用经济学，不仅研究内容十分广泛，而且涉及多个学科的内容，它的研究方法必须以经济理论为指导，尊重旅游活动的特点和旅游经济发展规律，运用多个学科的研究方法，对旅游经济学进行科学、系统的研究。

> **☑ 知识链接**
> **实证方法和规范方法**
> 现代经济学的研究方法分为实证方法和规范方法，按照不同方法分析经济问题，形成了实证经济学和规范经济学。
> 实证经济学，是对现实经济中的事实、情况和关系的分析和描述，揭示经济事物之间和各种经济变量关系的规律性，以客观地解释经济社会的运行状况。规范经济学，是根据个人的价值观来为经济社会提供规范，其是以价值判断为基础分析和处理问题，即考虑社会的是非、好坏、当否等问题，这些问题大到社会的经济制度，小到日常的生活。

（一）理论联系实际的方法

旅游经济学是基于经济学的理论基础，对旅游活动中的经济问题进行科学分析和理论概括的一门科学，因此研究旅游经济学要坚持采用理论联系实际的方法，从旅游活动和旅游经济发展的客观实际出发，运用经济理论分析旅游活动中的各种经济现象和经济关系，通过大量的实证分析和研究，揭示旅游经济运行和变化的客观规律性，解决旅游经济发展中的实际问题，并上升为科学的旅游经济理论，用以指导旅游经济的发展。此外，要把对旅游经济现象、经济关系及经济规律的科学分析和理论概括应用到旅游经济发展的实践中进行反复检验，并根据旅游经济发展的实际情况，不断对旅游经济理论进行修正、提炼和充实，才能使旅游经济学的理论体系得到不断丰富和完善，并对实际旅游经济运行发展起到指导作用。

（二）定性研究与定量分析相结合的方法

旅游活动中的各种经济现象、经济关系不仅具有质的规定性，也具有量的规定性，是质和量的统一。一方面，对旅游经济学中的许多概念、范畴应具有质的规定性，才能区别旅游活动中各种不同经济现象、经济关系的本质特征；另一方面，旅游经济学的许多概念、范畴同时又具有量的规定性，能够反映旅游经济的变化规律和趋势。因此，在旅游经济学的研究中，要把定性分析和定量分析有机结合起来，既要通过定量分析，揭示旅游活动中各种经济现象、经济关系之间的变动特点及发展趋势，为定性研究提供科学依据，又要通过定性研究，准备界定旅游活动中各种经济现象、经济关系的本质和属性，为定量分析提供指导，才能不断提高旅游经济理论研究的能力和水平。

（三）静态分析与动态分析相结合的方法

对旅游经济活动的研究，首先要分析它的一般特征，也即在规定的理论前提下，运用抽象思维造就分析的纯粹条件，目的是揭示各变量本身的相互依存系，这称为静态分析。动态分析是指纳入时间等变量，分析的结果随时间等变量的变化而变化的方法，也就是在发展运动中研究的方法。旅游经济的运行是静态结构与动态过程的统一。旅游经济现象内部各要素之间和旅游经济活动与其他活动之间存在相互依存、相互制约的关系，由此形成横向结构的状况，需要运用静态分析的方法对其进行结构研究；同时，旅游经济现象又是处于运动变化过程中的动态变化系统，旅游经济系统内部各要素的变化以及其他社会因素的变化，都会引起旅游经济系统的变化，因而需要运用动态分析的方法对其发展变化进行过程研究。

（四）微观分析与宏观分析相结合的方法

微观分析即对旅游企业经营管理的分析，宏观分析指对旅游经济整体运行状况的分析。在对旅游经济内部各要素进行研究时，运用微观分析的方法，有利于把握其特点，进行有的放矢的具体决策研究。但是旅游经济研究也不能仅仅停留在微观研究的层次上，更重要的是从整体出发，去研究和分析旅游经济运行规律，这就需要我们重视运用宏观分析的方法。所以，只有把宏观分析方法与微观分析方法结合起来运用，我们才能正确地认识旅游经济发展变化和运行的规律性。

（五）综合运用多学科知识的方法

旅游经济活动是一项综合性的社会经济活动，其研究涉及经济学、旅游学、心理学、社会学、统计学、会计学等领域和学科知识，因此，在旅游经济学研究中应拓宽思路、开阔眼界，注意学习和了解其他相关学科的理论研究及发展趋势，充分运用其他学科的最新研究成果和方法，全面、系统、综合地将这些学科的理论成果、方法体系运用到旅游经济学的研究中，不断丰富旅游经济学的内容，提高旅游经济学的研究水平和对实践的指导性。

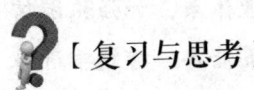[复习与思考]

一、重点概念

旅游经济　旅游经济学　旅游服务贸易

二、思考题

1. 简述旅游经济形成和发展的条件。
2. 旅游经济形成的标志有哪些？
3. 简述旅游服务贸易的内容和主要特征。
4. 简述旅游经济学的研究对象和内容。
6. 研究旅游经济学应坚持哪些方法？

三、案例分析与讨论

国务院于2021年12月22日印发实施《"十四五"旅游业发展规划》（以下简称《规划》），提出了旅游发展的目标：展望2035年，旅游需求多元化、供给品质化、区域协调化、成果共享化特征更加明显，以国家文化公园、世界级旅游景区和度假区、国家级旅游休闲城市和街区、红色旅游融合发展示范区、乡村旅游重点村镇等为代表的优质旅游供给更加丰富，旅游业综合功能全面发挥，整体实力和竞争力大幅提升，基本建成世界旅游强国，为建成文化强国贡献重要力量，为基本实现社会主义现代化做出积极贡献。

《规划》强调，要坚持以习近平新时代中国特色社会主义思想为指导，以推动旅游业高质量发展为主题，以深化旅游业供给侧结构性改革为主线，注重需求侧管理，以改革创新为根本动力，以满足人民日益增长的美好生活需要为根本目的，立足构建新发展格局，在疫情防控常态化条件下创新提升国内旅游，在国际疫情得到有效控制前提下分步有序促进入境旅游、稳步发展出境旅游，着力推动文化和旅游深度融合，着力完善现代旅游业体系，着力推进旅游治理体系和治理能力现代化，加快旅游强国建设，努力实现旅游业更高质量、更有效率、更加公平、更可持续、更为安全的发展。

《规划》提出七项重点任务。一是坚持创新驱动发展，深化"互联网＋旅游"，推进智慧旅游发展；二是优化旅游空间布局，促进城乡、区域协调发展，建设一批旅游城市和特色旅游目的地；三是构建科学保护利用体系，保护传承好人文资源，保护利用好自然资源；四是完善旅游产品供给体系，激发旅游市场主体活力，推动"旅游＋"和

"+旅游",形成多产业融合发展新局面;五是拓展大众旅游消费体系,提升旅游消费服务,更好满足人民群众多层次、多样化需求;六是建立现代旅游治理体系,加强旅游信用体系建设,推进文明旅游;七是完善旅游开放合作体系,加强政策储备,持续推进旅游交流合作。

《规划》明确"以文塑旅、以旅彰文,系统观念、筑牢防线,旅游为民、旅游带动,创新驱动、优质发展,生态优先、科学利用"的原则。到2025年,旅游业发展水平不断提升,现代旅游业体系更加健全,旅游有效供给、优质供给、弹性供给更为丰富,大众旅游消费需求得到更好满足。国内旅游蓬勃发展,出入境旅游有序推进,旅游业国际影响力、竞争力明显增强,旅游强国建设取得重大进展。文化和旅游深度融合,建设一批富有文化底蕴的世界级旅游景区和度假区,打造一批文化特色鲜明的国家级旅游休闲城市和街区,红色旅游、乡村旅游等加快发展。

(资料来源:"十四五"旅游业发展规划[ED/OL].360百科. https://baike.so.com/doc/30094338-31715653.html.)

思考:

1. 结合案例和本章学习内容,谈谈为什么党中央、国务院高度重视旅游业的发展?
2. 根据《规划》提出的重点任务,分析旅游经济的本质特征和发展特点。

第二章 旅游产品及开发

[学习目标]

1. 知识目标：理解旅游产品的概念和特征，熟悉旅游产品的构成关系和生命周期，了解旅游产品的价值及构成关系，旅游产品开发的原则和内容。

2. 能力目标：运用所学旅游产品的知识，策划并设计旅游线路。结合实际情况，深入分析旅游产品的生命周期各个阶段的特点和需求，并提出切实可行的旅游产品创新策略。

3. 思政教育目标：通过调研红色旅游产品，深入理解红色历史文化，从而增强学生文化自信，培育爱国主义精神。同时，让学生深刻认识到创新是推动发展的首要动力，唯有创新才能有效提升旅游产品的品质，增强旅游企业的市场竞争力。

[导入案例]

2024年春节假期，南北旅游交流呈现出明显增强的趋势。南方游客纷纷北上到哈尔滨、长春、沈阳等地体验冰雪乐趣，而北方游客则选择到三亚、海口、广州等地避寒。据统计数据显示，跨省游订单占比高达57%，同比翻番增长，冰雪游和避寒游成为热门选项。高品质文旅产品的需求呈现出明显增长趋势，消费者对自由、个性化的定制游体验越来越感兴趣。根据携程发布的《2024年春节旅行报告》，定制游订单同比增长超过5倍，定制游人均价格同比增长20%。消费者对文化和旅游产品的需求日益多样化，推动了包括淄博、景德镇、大同等多地的旅游市场快速增长。人们对于旅游的需求不再局限于传统的观光，而是越来越注重文化体验和个性化服务。数字化预订、虚拟现实体验、智能化服务等科技应用的普及，为消费者提供了更加便捷、丰富的旅游体验。随着消费者需求的持续升级和科技应用的不断创新，旅游业将迎来更广阔的发展空间和更多样化的发展机遇。

（资料来源：合纵酒店顾问.从2024年春节数据看旅游行业的十大发展趋势[ED/

OL］．https://mp.weixin.QQ.com/s/uraXJApz5YDOru1Mas77UA，2024-02-28.）

【本章导读】

旅游产品是旅游经济运行中重要的组成部分，是旅游业存在和发展的基础。开发旅游产品，既能够带动旅游的综合消费，又能提升旅游目的地文化产业的附加值、拓展产业空间，真正实现产业之间的互融与共荣。通过本章的学习，在正确认识和理解旅游产品概念的基础上，掌握旅游产品的特征、构成、生命周期以及开发策略，将有助于推动旅游业的繁荣与持续发展。

第一节　旅游产品的概念与特征

一、旅游产品的概念

旅游产品是整个旅游开发活动的核心，是驱动旅游业所有经营活动的主体。从不同的学科背景、研究方法和研究目的出发，对旅游产品概念的认识有所不同，主要从以下三个维度来界定这一概念。

（一）从旅游市场角度的定义

从旅游市场角度看，旅游产品是指旅游者和旅游经营者在市场上交换的，旅游活动中所消费的各种物质产品和服务的总和。具体来说，这些产品和服务包括了交通、住宿、餐饮、娱乐、导游等多个方面，它们共同构成了旅游者在旅游过程中所消费的全部内容。

在旅游市场中，根据旅游者与经营者之间的交换情况，旅游产品可以细分为单项旅游产品、组合旅游产品以及整体旅游产品。单项旅游产品主要指旅游者在旅游过程中购买和消费的各类物质产品或服务，如住宿、餐饮、交通、游览和娱乐等。单项旅游产品通常只能满足旅游者某一方面的旅游需求。组合旅游产品主要指旅游经营者根据旅游者需求，把食、住、行、游、购、娱等多种要素组合而成的产品，又称为旅游线路产品。在旅游活动中，单项旅游产品只是组合旅游产品的一个部分，只有通过旅行社将各种单项旅游产品组合起来形成组合或旅游线路产品，才能更好地满足旅游者的综合性旅游需求。整体旅游产品是指在旅游经济活动中，某一旅游目的地所提供的所有物质产品和服务，亦称为旅游目的地产品。它不仅包括了多个单项旅游产品，还涵盖了多条旅游线路产品，能够全面满足旅游者多样化的旅游需求。

（二）从旅游需求角度的定义

从旅游需求角度看，即从旅游者的角度出发，旅游产品是指旅游者花费一定的时间、精力和费用所获得的一段旅游经历和感受。这个经历和感受包括旅游者从离开居住地开始，到达旅游目的地旅游，旅游结束又回到居住地的全部过程中，所接触的各种事物和所接受的各种服务的整个经历、体验和感受。

由于人们的旅游需求是不断变化的，因此旅游产品不同于一般物质产品具有稳定的形态，而是必须随着旅游者需求的转变而相应地进行动态调整。旅游产品的这种动态特性，一方面，体现了旅游产品满足旅游者需求的适应性，即在旅游产品的内容、组合结构、服务质量上存在着一定的差异性，才能满足旅游者不断变化的旅游需求；另一方面，也增加了旅游产品质量管理的复杂性。因此，为了确保整个旅游活动的顺畅进行，要求构成组合旅游产品或整体旅游产品的各个单项旅游产品和服务，在质量上必须保持一致性，并在结构上相互协调。这样，才能确保旅游过程中各环节的无缝对接与合作，进而让旅游者体验到愉悦的旅程、难忘的体验以及满意的游后感受。

（三）从旅游供给角度的定义

从旅游供给角度看，即从旅游经营者角度出发，旅游产品是指旅游经营者凭借一定的旅游资源、旅游设施和其他媒体，向旅游者提供的、满足旅游者需求的各式各样的物质产品和劳务的总和。旅游产品不仅包括了酒店住宿、餐饮、交通、景点门票等有形物质产品，还涵盖了导游服务、旅游咨询、行程规划等无形劳务服务。这些产品和服务相互交织，共同构成了旅游产品的丰富内涵。旅游产品的核心在于通过其生产和销售，旅游经营者实现盈利的目标。旅游产品最终表现为活劳动的投入，即旅游服务的提供。旅游服务是旅游业的员工凭借旅游资源、旅游设施以及其他必要的劳动资料，在旅游活动中为旅游者提供各种服务，目的是满足旅游者在旅游过程中的各种需求。旅游产品的质量和服务水平是影响旅游者满意度和忠诚度的重要因素。因此，旅游经营者必须不断提升服务质量和专业技能，以获得旅游者的信任和正面评价。

☑ **知识链接**

旅游业态与旅游产品的概念辨析

1. 旅游业态的概念

"业态"一词源于流通领域的零售业，目前被学者广泛认可的"业态"概念源

自日本，并最先应用于零售业。而"旅游业态"，在国内外还是一个比较新的概念。邹再进认为，旅游业态是对旅游业和旅游企业的组织形式、经营方式、经营特色和经济效率等的一种综合描述，具有复合性、动态性和特色性的特点。杨玲玲和魏小安认为，旅游业态是指旅游企业及相关部门根据旅游市场的发展趋势，以及旅游者的多元化消费需求，提供特色的旅游产品和服务的各种营业形态的总和。张文建认为，旅游业态是指旅游组织为适应市场需求变化进行要素组合而引致的经营形式。可以看出，旅游业态具有综合性、地方区域性、动态性、多样性、时代性、多元性，以及定制化和规模化的特点。

近年来，旅游新业态不断涌现。在旅游市场竞争愈加激烈的情况下，旅游业态中的旧有经营模式、组织形态以及旅游产品等已经无法适应市场需求变化。在产业融合的大背景下，为了满足消费者日渐高要求、多层次的消费需求，旅游企业通过优化经营模式、完善组织形态以及创新旅游产品等方式引导消费者需求，提高旅游企业的市场竞争力和影响力，促使旅游业态的创新发展成为必然发展趋势。

2. 旅游产品的概念

国内旅游学术界对旅游产品的定义仍存在很大的分歧。目前比较有代表性的观点是旅游产品要素观和旅游产品核心观。从旅游产品要素观来看，魏小安、冯宗苏认为旅游产品是提供给旅游者消费的各种要素的组合，其典型和传统的市场形象表现为旅游线路。林南枝、陶汉军认为旅游产品是指旅游经营者凭借着旅游吸引物、交通及旅游设施，向旅游者提供的用以满足其旅游活动需求的全部服务。维克多·密德尔敦认为旅游产品是为了满足消费者某种需求而精选组合起来的一组要素。就旅游者而言，旅游产品就是他从离家到回家这段时间的完整经历。从旅游产品核心观来看，谢春山认为，旅游产品是旅游者满足旅游体验需要购买的，由旅游企业在旅游地域内开发和提供的各种物质产品与服务的总和。谢彦君认为，旅游产品是指为满足旅游者审美和愉悦需要而在一定地域上生产或开发出来的以供销售的物象与劳务的总合。他认为旅游产品的核心主要是旅游地。王玉明、冯卫红认为旅游产品的核心产品是经过开发的旅游资源即旅游景点、景区或旅游事项。肖潜辉认为旅游产品是旅游经营者所生产的，准备销售给旅游者消费的物质产品和服务产品的总和。旅游产品可以分解成为三个部分：旅游吸引物、交通和接待。其中，旅游吸引物的地位和作用是首要的，因为它是引发旅游需求的凭借和实现旅游目的的对象。

3. 旅游业态和旅游产品的概念辨析

概念构成要素方面，旅游业态是组织形态、经营方式、经营特色、经济效率以及各种服务形式等要素的总和。其主体不只包括旅游企业或旅游集团，还包括旅游业以及与旅游业相关的其他行业方面的业态。而旅游产品强调的主要是旅游景点或景区、旅游设施和服务、旅游基础设施以及旅游购物品等，本质是从游客需求角度出发，满足游客的旅游需求。

概念特点方面，旅游业态和旅游产品都具有综合性的特点。但是，旅游业态的综合性是指其涉及的产业和要素比较广而杂，并且，旅游业态随着旅游业发展不断更新迭代，从旅游业态到旅游新业态，发展层次也由浅入深。而旅游产品的综合性是指其涉及的"食、住、行、游、购、娱"六大要素的要求和标准等，以及旅游产品的多种形式组合和满足消费者需求效用的多重性。

概念的实践应用方面，旅游产品属于可以看到、感受到的实际存在的内容，而旅游业态则是为指导经营主体如何开发设计售卖旅游产品提供理论指导。

概念的理论基础方面，旅游业态主要依托于马歇尔的《经济学原理》以及零售业态的相关理论。旅游产品主要依托马克思的《资本论》，基于商品价值理论和服务产品理论，旅游产品作为劳动产品本身就具有价值，同时满足服务产品的生产与消费的同一性，并且在发展阶段上区别于旅游产业与旅游业态。

未来，旅游业与其他各产业融合发展趋势愈加强烈。随着旅游市场发展日渐成熟以及旅游需求的日益复杂化和多样化，旅游供给也将顺应发展趋势，推动多种产业融合发展，而新的旅游产品也必将不断涌现，以满足消费者日益高要求多元化的旅游需求。同时，旅游业态不断创新发展，推动旅游新业态趋于多元化、成熟化发展。

（资料来源：钱海燕，赵书虹.旅游业态与旅游产品的概念内涵及关联研究[J].旅游研究，2022，14（01）：88-98.）

二、旅游产品的特性

旅游产品是专为满足旅游者需求而设计或开发的，与其他劳动产品相同，它们可以在市场上进行交易。因此，旅游产品同样属于商品范畴。它们具备一般商品所共有的基本属性，包括使用价值和价值。

（一）旅游产品的使用价值

商品的使用价值，通常是指在满足人们物质或精神方面需求所提供的效用。所谓效用，是指消费者从消费某种物质产品中所得到的需求满足程度，其既是存在于物质产品

本身的一种物质属性，也是一种因人而异的心理现象。旅游产品的使用价值，除了具有满足人们物质或精神需求方面的效用外，还具有区别于物质产品的特殊性质。这种特殊性质具体表现在以下几方面。

1. 旅游产品使用价值的多效用性

通常，一般的物质产品或其他服务产品的使用价值，往往只能满足人们某一方面或局部的需要，而旅游产品是综合性的劳务产品，它的使用价值是综合性的，能够满足旅游者在物质和精神层面的多样化需求。旅游产品能满足旅游者旅游过程中的食、住、行等基本物质生活的需要，同时又能满足人们更高层次的观光、游览、娱乐等精神生活的需要。因此，与物质产品和其他服务产品相比，旅游产品具有更为广泛的使用价值和多重效用。

2. 旅游产品使用价值的多层次性

由于旅游需求具有的多样性的特点，因此旅游产品在开发时，要根据旅游者的不同需求、旅游产品成本及旅游市场的供求状况等，开发出若干不同规格档次的旅游产品，来满足人们的不同旅游需求。无论是哪一种规格档次的旅游产品，其使用价值都能满足相应不同层次旅游者的旅游需求，并同时提供各种不同功能的旅游服务，从而确保旅游者能够获得丰富多样的旅游体验。这种对旅游产品层次的细分，也进一步决定了旅游产品具有使用价值的多层次性。

3. 旅游产品使用价值的多样性

旅游产品的使用价值包括基本部分和附属部分。基本部分是指旅游产品可以满足旅游者最根本需求的那部分效用，它是旅游产品使用价值构成中必不可少的部分。如一次旅行过程中，旅游产品能够提供的"游"的部分、"行"的部分。附属部分是旅游产品价值构成中可有可无的部分，并不是对每一位游客在每一次旅行中都一定要体现出来。如医疗服务、通信服务、汇兑服务等，这些服务属于附属部分，一旦旅游者需要，旅游经营者也要提供，从而决定了旅游产品使用价值具有多样性的特征。

4. 旅游产品使用价值的暂时性

旅游产品的使用价值对游客来说具有暂时性。一般商品发生交换时，购买者通过支付货币给售卖者，获得商品的所有权和使用权，售卖者就失去了商品的使用价值而取得货币，商品的所有权和使用权就发生了转移。而旅游产品发生交换时，旅游者通过支付货币给旅游产品的销售者，获得的是旅游产品的暂时使用权。例如，旅游者支付一定的货币从酒店购得一个床位后，旅游者可以暂时地、一次性地使用它，旅游者不能拥有床位的所有权，旅游者在离开酒店时，也不能将其带走。同时，旅游产品的交换不涉及所有权的转移，同一旅游产品既不能由任何人随意携带，也不能专门为某一旅游者个人独占和享受，因此旅游产品的使用价值可以供许多旅游者同时使用，旅游产品的使用价值具有暂时性。

（二）旅游产品的价值

价值是商品的社会属性，是凝结在商品中的一般人类劳动。旅游产品的价值和其他任何产品的价值一样，都是无差别的人类的一般劳动，是旅游产品凭借实物劳动产品的转移价值和提供旅游服务新创造价值的总和。

1. 旅游产品的价值

旅游产品的价值同一般产品相同，基本由转移价值、补偿价值和剩余价值三部分组成。

（1）转移价值。转移价值是指旅游经营者向旅游者提供旅游服务时，所消耗的物化劳动和活劳动的转移和凝结。这涵盖了旅游服务所依赖的基础设施和接待设施的折旧，为游客提供的饮食及其他用品的原材料成本，以及旅游企业因管理和服务需求而消耗的各种物资和用品。

（2）补偿价值。补偿价值是指旅游经营者在为旅游者提供服务过程中，旅游从业人员在服务过程中付出的活劳动消耗。这部分活劳动消耗，需要得到相应的报酬，以维持和再生产旅游从业人员的劳动力。旅游从业人员的报酬，包括他们的工资、奖金、津贴和其他福利待遇，构成了旅游产品补偿价值的重要组成部分。这些补偿价值确保了旅游企业的正常运营和旅游服务的持续提供。

（3）剩余价值。剩余价值指的是旅游从业人员在社会必要劳动时间之外，为社会创造的额外价值部分。它满足了社会扩大再生产及其他公共消费需求，并以积累基金和社会消费基金等形式体现于社会总产品中的公共必要产品。例如，服务人员和管理人员所创造的剩余价值部分，实际上就是利润与税收。

2. 旅游产品价值量的确定

旅游产品的价值和其他任何产品的价值一样，都是无差别的人类的一般劳动，从价值决定和价格形成的角度来看，旅游产品价值量的大小取决于生产旅游产品的社会必要劳动时间，但由于旅游产品的特殊性，还决定了其价值量的确定具有以下特定的性质。

（1）旅游服务价值量的确定。旅游服务是旅游产品价值的核心，旅游服务质量的好坏直接影响旅游产品价值的实现。在旅游设施和服务条件相同的情况下，高水平的旅游服务反映旅游产品的质量好，价值大；而低水平的旅游服务则反映旅游产品的质量差，价值小。因而，旅游服务质量的优劣直接影响到旅游产品价值量的确定。通常，旅游服务质量的优劣，往往与旅游从业人员的文化素质、业务技能、职业道德水平密切相关，

而与劳动量投入的多少无直接关系。因此，只有提供高水平、高质量的旅游服务，才能不断提高旅游产品的价值量，并保证旅游产品价值的有效实现。

（2）旅游资源价值量的确定。旅游资源是旅游产品构成的重要内容，旅游资源的种类和特色，决定了在旅游产品价值量的计算上存在较大差异。如人文景观中的历史文物古迹，除了是前人劳动的结晶外，历代人们的维修保养也付出了大量劳动，故其价值难以估量，从而使这些旅游资源具有无法替代的历史价值，这种价值无法以消耗多少劳动量去衡量。此外，某些自然旅游资源由于其特殊的价值和唯一性，其价值量也不能以劳动量消耗多少来估量。因此，某些旅游产品的价值量具有一定的垄断性，由此形成了某些旅游产品的垄断价格。

（3）旅游设施价值量的确定。旅游设施，与其他物质产品相同，其价值量同样是由其中凝结的社会必要劳动量所决定的。例如，就餐时的一个座位，是旅游产品中的有形部分，同一般商品一样，有其确定的投资成本，对其所包含的价值也有一定的估算依据。但是，在旅游要素组合过程中，其价值量会因为组合变化而产生新的附加价值，从而使旅游产品价值量随着旅游要素配置和组合形式的变化而变化。例如，高垄断性旅游资源往往会提升其相关旅游设施的价值量，使所组合的旅游产品价值量也相应提高。

三、旅游产品的特点

（一）旅游产品的综合性

综合性是旅游产品最基本的特点。从构成要素来看，旅游产品是由旅游吸引物、旅游设施、旅游服务等诸多要素组合而成的。其中既有有形要素，也有无形要素；既有物质要素，也有精神要素。从生产部门来看，旅游产品的生产和提供涉及诸多部门和行业。其中既有直接面向旅游者的旅行社、饭店、交通运输和景区等行业，也有间接面向旅游者的工业、农业、建筑业、金融保险业等行业；既有以物质生产为主的行业，也有以非物质生产为主的行业；既涉及经营性部门，也涉及非经营性部门。在旅游消费方面，旅游者的消费几乎涵盖了食、住、行、游、购、娱等各个方面，且对这些方面的质量、构成和内容都有较高的要求。旅游产品的综合性特点，决定了旅游业各部门协调发展和开展联合营销的必要性和重要性，也要求旅游目的地在开发旅游产品时必须全面规划、统筹安排。

（二）旅游产品的无形性

在旅游过程中，游客购买的旅游产品主要由享受各种服务组成，而服务性产品的核心特征是其无形性。因此，旅游产品具有无形性。旅游产品的无形性主要体现在以下几个方面。

一是旅游产品的服务内容的无形性。只有当旅游者到达旅游目的地享受到旅游服务时，才能感受到旅游产品的使用价值。而旅游者在作旅游目的地的选择时，一般见不到旅游产品的形体，在旅游者心目中只有一个通过媒介宣传和各种信息渠道介绍所得到的印象。

二是旅游产品的价值和使用价值并非体现在具体的物品上，而是体现在无形的服务之中。旅游者只有在参与旅游活动并享受服务时，才能体会到旅游产品使用价值的大小。同样，旅游产品的价值只有在旅游者消费服务时才能得以真正实现。因此，旅游产品质量的评价很大程度上取决于旅游者个人主观感受的满意度。

旅游产品的这一特性表明，在相似的旅游基础设施条件下，旅游产品的生产和供应能够表现出明显的差异性。因此，旅游产品的策划应更多地关注无形产品的开发，即提高旅游服务的质量和水平。

（三）旅游产品的不可转移性

旅游产品相较于其他产品，具有其独特的不可转移性特点。这一点主要体现在以下两个方面。

一方面，旅游产品的所有权不可转移。旅游产品同一般产品一样必须通过市场交换才能实现其价值和使用价值。一般产品一旦被消费者购买，其所有权就随之转移到消费者手中，然而，旅游产品被旅游者购买后，其价值和使用价值得以实现，但不发生所有权的转移，只是使用权的转移。旅游者购买了旅游产品后，只是在规定的时间里获得了旅游产品暂时的使用权，但无权将旅游产品据为己有。

另一方面，旅游产品具有空间上的不可转移性。旅游产品中的旅游资源、旅游设施等产品在空间上是相对固定的，旅游者只能前往旅游产品的生产地进行消费，不是把旅游产品运送给旅游者消费，即发生位移的是旅游者而不是旅游产品。正因为如此，交通运输成为旅游活动得以完成的必要技术手段。

（四）旅游产品生产和消费同一性

旅游产品生产与消费的同一性主要表现在两个方面：一是空间上同时并存。二是时间上同时进行。旅游产品的生产过程同时也就是旅游者对旅游产品的消费过程，两者在时空上不可分隔。旅游产品的生产必须由旅游者直接加入其中，才能有效完成对旅游者的服务。也就是说，在旅游产品的生产过程中，生产者与消费者必须直接产生联系，两

者之间是一种互动的行为。旅游产品生产与消费同一性的特征，使旅游产品无法像其他有形产品那样暂时销售不出去可以储存起来。大多数旅游产品的时间性很强，无论是一条旅游线路还是一间客房，只要有一天无人购买，这一天的价值就损失了，并且永远不复存在。这就要求从事旅游业者切实树立"顾客第一"的经营宗旨，努力开发适合旅游市场需求的旅游产品，完善旅游设施、充实服务内容与提高服务质量，通过各种措施与途径平衡游客的时空分布，从而提高旅游对象资源和设施的利用率，实现更多的旅游产品价值的转移，获得尽可能多的经济收益。

（五）旅游产品的易损性

易损性是指产品的使用价值和价值的实现由于受多种因素的影响和制约而易于被折损的现象。旅游产品受外部环境中不可控因素的制约比较大，具有易损性的特点。

第一，旅游产品是满足人们在旅游过程中行、住、游、食、娱、购等多方面需求的综合性产品。在旅游产品的多方面构成中存在一定的比例关系，若旅游产品构成中提供产品和服务的各行业和部门之间的比例失衡或经营不善，都会对旅游业的发展产生负面影响，进而影响旅游产品的整体效能，最终影响旅游产品的使用价值和价值的实现。

第二，旅游产品往往受到季节和假日等外部因素的制约，例如四季温差导致的旅游市场需求的淡旺季变化，以及传统节假日和休假时间的增加，这些因素都会引起旅游周期性的波动，从而影响旅游产品价值的实现。

第三，旅游产品的易损性还体现在旅游活动必然会涉及人与自然、人与社会以及人与人之间的诸多关系。诸如战争、政治动乱、国际关系、政府政策、经济状况、汇率变化以及血缘文化等经济、社会、政治、文化等因素的变化，都可能引起旅游需求的变化，进而影响旅游产品价值的实现。

第二节　旅游产品的构成

一、旅游产品的构成

（一）旅游产品的一般构成

1. 旅游产品的核心部分

旅游产品的核心部分一般是指旅游吸引物和旅游服务，是旅游产品提供给旅游者的基本效用和利益，是旅游产品的最基本部分。旅游吸引物是旅游业发展的基础和条件。

旅游吸引物按其成因分为四大类,即自然性吸引物、历史性吸引物、社会性吸引物和现代人工吸引物。自然性吸引物如山水风光、动植物资源等,为旅游者提供了亲近自然、放松身心的机会。历史性吸引物如古迹遗址、文化遗产等,让旅游者能够领略历史的风貌,感受文化的厚重。社会性吸引物如民俗风情、节庆活动等,展示了旅游地的社会生活和人文特色。现代人工吸引物如主题公园、度假村等,则满足了旅游者对休闲娱乐、度假放松的需求。旅游服务是依托旅游吸引物和一定的接待设施向旅游者提供的优质服务。这些服务包括但不限于交通服务、住宿服务、餐饮服务、导游服务、购物服务以及娱乐服务等。旅游服务的优劣直接影响到旅游者的体验和满意度,是旅游产品价值实现的重要环节。旅游产品的核心部分作为旅游产品最基本的组成部分,对于旅游产品的整体效能和价值实现具有至关重要的作用。

2. 旅游产品的外形部分

旅游产品的外形部分是指旅游产品在市场上出售时的实物或劳务的外观。旅游产品的外形部分主要与旅游产品的物质载体、旅游产品的质量、特色、品牌、包装、声誉及组合方式等有关。旅游产品的物质载体是以物化劳动表现出来的实体部分,如各类旅游景区、各种旅游接待设施、服务设施、娱乐设施等。旅游产品的质量、特色、品牌、包装、声誉是依托各种旅游吸引物和旅游设施而反映出来的外在价值,也反映了旅游产品在旅游市场和旅游消费者心目中的整体形象,是激发旅游者旅游动机,吸引其前来观光游览的具体外观。旅游产品的组合方式也是旅游产品的外形部分之一。旅游产品的各种构成要素组合成不同种类的旅游产品,能满足旅游者多样化和个性化的需求。旅游产品外形部分的设计和优化,对于提升旅游产品的吸引力和市场竞争力至关重要。一个具有独特外形和吸引力的旅游产品,往往能够更容易地吸引旅游者的目光,激发其购买欲望。

3. 旅游产品的延伸部分

旅游产品的延伸部分是旅游者购买旅游产品时所得到的全部附加服务和利益。这些附加服务是旅游经营者核心产品的重要延伸和完善。例如,为旅游者提供决策支持的咨询服务、旅游活动结束后的后续服务,以及在购买过程中提供的各种优惠条件。此外,这些附加服务不仅限于无形的服务,还包括额外赠送的有形产品,比如旅游地图、旅游手册、纪念品等,这些都能为旅游者带来实用价值和收藏意义。同时,还包括一些劳务服务,如加床服务和叫醒服务等,这些服务能够为旅游者带来便利和舒适。这些附加服务能够为旅游者带来意想不到的利益和惊喜,极大地提升了旅游体验的满意度。虽然旅游产品的附加部分并非旅游产品的主体构成,但在旅游产品的生产和经营中,它扮演着至关重要的角色,成为旅游企业竞争策略的一部分,通过提供这些附加服务,旅游企业

能够更好地满足旅游者的需求,从而在激烈的市场竞争中脱颖而出。

(二)旅游产品的需求构成

1. 按旅游者消费需求的内容划分

从旅游者消费需求的内容来分析,旅游产品需求构成主要包括旅游餐饮、旅游住宿、旅游交通、旅游游览、旅游娱乐和旅游购物六个方面。

(1)旅游餐饮。餐饮是旅游活动过程中不可或缺的基本要素之一。旅游者通过餐饮,满足基本的生理需要。同时,旅游者在用餐过程中特别是享用具有浓郁地方特色的风味餐饮时,品味感受异域文化、体验风土人情,并享受与之相对应的富有特色的饮食服务,获得精神文化上的愉悦和享受。此外,随着人们对健康饮食的日益关注,旅游餐饮还逐渐融入了绿色、健康、营养等理念,为旅游者提供更加多样化的餐饮选择。因此,旅游企业应当注重餐饮服务的创新和提升,以满足旅游者不断变化的消费需求。

(2)旅游住宿。旅游住宿主要是指宾馆酒店业为旅游者提供的住宿床位、娱乐和相应的服务,是旅游产品构成中又一重要的基本要素。宾馆酒店的档次、产品的结构、设施设备的完善性、服务水平的高低、价格的合理性等都将影响到旅游产品的质量。一个优质的旅游住宿环境不仅能确保旅游者得到充分的休息,还能为其旅行增添一份愉悦和安心。因此,旅游企业应注重提升住宿设施的品质和服务水平,以满足旅游者日益增长的个性化、多样化需求。同时,合理的价格策略也是吸引旅游者的重要因素之一,旅游企业应根据市场需求和自身成本情况,制定具有竞争力的价格,以实现经济效益和社会效益的双赢。

(3)旅游交通。旅游交通是旅游产品构成中一个必不可少的基本要素。它帮助旅游者在居住地和旅游目的地、各旅游城市、景区景点之间实现空间位置的移动,达到旅游的目的。旅游交通的便捷性、舒适性、安全性以及交通工具的多样性都会直接影响到旅游者的旅行体验和满意度。一个高效的旅游交通系统能够确保旅游者快速、准时地到达目的地,减少旅途中的不便和疲劳。同时,多样化的交通工具选择,如飞机、高铁、汽车、轮船等,可以满足不同旅游者的需求和偏好,提升旅游的整体品质。

(4)旅游游览。游览观光是旅游者的主要目的,也是旅游活动的核心内容。而餐饮、住宿和交通只是实现旅游者游览的必要条件。游览观光的对象是旅游目的地的各类旅游资源,如自然风景、历史文化遗址、民俗风情、主题公园、现代都市景观等,它们共同构成了游览观光的核心内容,满足了游客多样化的消费需求。这些旅游资源对旅游者具有核心吸引力,是吸引人们前来游览观光的种种事物和因素的总和。

(5)旅游娱乐。旅游娱乐涉及旅游者在旅途中的各种放松和娱乐活动。娱乐项目不仅是旅游产品的重要组成部分，也是现代旅游中非观光类旅游活动的核心内容。它涵盖了从简单的休闲活动，如阅读、散步，到更为刺激的冒险体验，如攀岩、漂流等。这些娱乐活动不仅丰富了旅游者的行程，还为其提供了难忘的体验和回忆。理想的娱乐产品应结合知识性、趣味性、文化性、参与性和康体性，确保娱乐项目种类繁多、内容充实，并且能够充分利用现代科技的最新成果。随着旅游业的发展，旅游娱乐的形式和内容也在不断创新，以满足不同旅游者的需求和喜好。

（6）旅游购物。旅游购物是指旅游者在旅游途中购买商品的消费活动。这类商品以实物形态存在。主要包括各种工艺美术品、文物古玩及其仿制品、土特产品、旅游食品、旅游纪念品和旅游日用品等。这些商品除一小部分作为生活必需品被消耗外，大部分在旅游结束后被旅游者带回家中。这些商品具有纪念性、实用性、艺术性、欣赏性、收藏性等特点。同时，这些商品还具有礼品性特点，旅游者可将其作为馈赠亲友之佳品。旅游购物消费潜力巨大，较之食、住、行基本旅游需求具有更大的弹性，在旅游收入中占有很大比例。

2. 按游客消费需求的程度划分

根据游客对上述消费内容的需求程度的差异，可将旅游产品分为基本旅游产品和非基本旅游产品两类。

（1）基本旅游产品。基本旅游产品是指对任何旅游活动都是必需的旅游产品，是保证旅游活动顺利进行的基础条件。如旅游交通、游览是旅游活动中必不可少的，餐饮和住宿提供旅游者所需的生活和环境条件，交通是实现旅游者空间位移的手段，游览是旅游者旅游活动的主要目标。旅游者在基本旅游产品上的消费通常表现出相对的稳定性，因为这些消费是旅游活动得以进行的前提。同时，这类消费支出的额度通常也是有限的，不会像其他旅游附加服务那样产生高额的费用。这种消费往往更加注重性价比，消费者在进行此类支出时会更加谨慎，以确保他们的资金得到合理和有效的使用。

（2）非基本旅游产品。非基本旅游产品是指并非每次旅游活动都需要，旅游者也不一定购买，且需求弹性相对较大的旅游产品。如旅游购物、医疗保健服务、邮电通信服务、修理服务、代看小孩宠物服务等。由于旅游者个人喜好、兴趣和需求的差异性，他们对非基本旅游产品的消费需求呈现出极大的差异性。不同的旅游者会根据自己的偏好和需求，表现出不同的消费倾向和选择。因此，对于旅游企业，非基本旅游产品部分的消费具有很大的挖掘潜力和市场空间，尤其是在旅游购物方面，它不仅能够满足旅游者对于特色旅游商品和旅游纪念品的追求，同时也为旅游目的地带来了额外的经济收益。

（三）旅游产品的供给构成

1. 旅游吸引物

旅游吸引物是指在自然界和人类社会中能对旅游者产生吸引力，可以为旅游所开发利用，并可产生经济效益、社会效益和环境效益的各种事物和因素。旅游吸引物是旅游者选择目的地的决定因素，它既可以是物质的，也可以是非物质的，代表着各旅游目的地的特色和不同民族的文化传统。旅游吸引物是旅游产业的关键，旅游产业是为旅游者服务的，而旅游吸引物才是吸引游客前来的动力源泉，没有旅游吸引物，就没有旅游者，也就没有服务的对象，旅游产业将无从发展。

旅游吸引物根据其性质分为自然吸引物和人文吸引物两大类。自然吸引物分为四类：一是地方景观类，如名山、洞穴、沙滩、火山熔岩景观等；二是水域风光类，如海洋、湖泊、瀑布、温泉、漂流河段等；三是生物景观类，如森林、草原、古树名木、奇花异草、野生动物栖息地等；四是气候气象类，如雾凇、佛光、海市蜃楼等。人文吸引物分为三类：一是古迹和建筑类，如长城、宫殿、楼阁、塔、桥、人类文化遗址等；二是休闲求知健身类，如民俗风情、节日庆典、博物馆、动物园、植物园、主题公园、运动游乐场馆等；三是购物类，如地方土特产品、庙会、购物中心等。

2. 旅游设施

旅游设施是直接或间接向旅游者提供服务所凭借的物质条件，是旅游者完成旅游活动所必须具备的各种设施、设备和相关的物质条件的总和，一般分为旅游服务设施和旅游基础设施两大类。

旅游服务设施是指旅游经营者用来直接服务于旅游者的凭借物，主要包括住宿、餐饮、交通、娱乐等设施。这些设施不仅为旅游者提供了便利和舒适，还丰富了他们的旅游体验，是旅游产品供给中不可或缺的一部分。旅游基础设施是指旅游活动有效开展必不可少的各种公共设施，包括道路、桥梁、供电、供水、供热、通信、排污、消防等。这些设施虽然不是直接为旅游者建设的，但在旅游经营中它是直接向旅游者提供服务的旅游企业和部门必不可少的物质保证，是旅游业赖以生存的基础。

3. 旅游服务

旅游服务是旅游产品的核心，它是旅游经营者向旅游者提供服务的过程。在整个旅游过程中，旅游者购买的旅游产品除了餐饮和旅游纪念品外，大量地是享受旅游过程中的各种服务。因此，旅游产品的无形性，主要是由它的服务性决定的。

旅游服务按旅游活动的过程分，包括售前服务、售中服务和售后服务三部分。售前服务是指为旅游者在出行前提供的准备性服务，如旅游咨询、签证、办理出入境手续、进行货币兑换、保险等业务。售中服务是指在旅游过程中向旅游者提供的各种服务，包括食、住、行、游、购、娱及其他服务。售后服务是指在旅游者的旅游活动结束后提供的离开旅游目的地的服务，包括机场、港口、办理出境手续、托运及委托代办服务等。

旅游服务按其内容分，包括服务观念、服务态度、服务项目、服务价格、服务技术等。服务观念是旅游服务从业人员搞好服务工作的前提。服务态度则是服务观念的具体化，只有牢固树立为旅游者服务的观念，才能有良好的服务态度。服务项目是向旅游者提供的各种服务，服务项目的多少和质量是旅游企业竞争的关键要素。旅游服务的价格反映了服务内容与品质的货币价值，与服务的品质紧密相关。质价相符，则旅游者满意；质低价高，则旅游者不满意；质高价低，则旅游产品竞争力强。服务技术是搞好服务工作的基础，是满足旅游者需求，提高旅游企业形象、信誉和竞争力的关键所在。

4. 可进入性

可进入性指的是旅游者抵达目的地的便利程度，具体体现在访问景点、使用服务设施以及参与旅游活动所需的时间和费用上。它是连接旅游者需求与各类旅游产品之间的桥梁，也是旅游产品成功组合的关键因素。可进入性主要受交通条件、通信条件、手续办理的便捷性以及旅游地的社会环境等因素的影响。

交通条件是旅游产品组合中不可或缺的要素。一个缺乏良好交通条件的旅游目的地难以吸引大量游客。交通条件不仅包括对外交通工具的种类，如汽车、飞机、船舶等，还包括区内交通的种类、数量、运载能力、布局以及国际与国内交通的衔接和便捷性。

通信条件的便捷性对于旅游者能否顺利到达旅游地至关重要。缺乏有效的通信条件，将难以保证旅游者、旅游经营者与旅游目的地之间及时、准确地沟通，这可能会给旅游活动的顺利进行带来极大的不确定性和盲目性。

出入境签证手续的难易、出入境检查流程、服务效率、咨询信息等各类手续的简便程度，不仅影响旅游地的客流量，还对旅游产品的成本、质量、吸引力等产生显著影响。

旅游地的社会条件同样对旅游者进入的难易程度有着重要影响。这些条件包括政府政策、社会治安状况、公众对旅游的态度以及管理水平等，它们都是影响旅游可进入性的重要因素。

二、旅游产品的构成关系及转化

旅游产品的构成关系是指旅游产品各组成部分之间的相互关系。旅游产品的构成关系主要分为互补关系和互代关系，但旅游产品的构成关系不是一成不变，旅游经营者可以根据旅游需求和市场发展变化，促使两种关系相互转化。

(一)旅游产品的构成关系

1. 互补关系

旅游产品的互补关系,是指功能不相同的旅游产品之间相互依存、相互促进、共同发展的关系。旅游产品的互补关系主要体现在以下方面。一是体现在功能不相同的旅游产品之间。例如,食、住、行、游、娱、购等旅游产品相互依存,协调发展,这种互补关系可以为游客提供多样化的旅游体验。二是体现在同一类型的旅游产品内部。例如,酒店内部的住宿、餐饮、娱乐、健身等设施之间就存在着互补关系。游客在享受住宿服务的同时,也可以品尝到酒店的美食、参与娱乐活动、进行健身锻炼等,这些互补的旅游产品可以丰富游客的住宿体验,提高游客的满意度。

旅游产品的互补关系是由旅游需求的综合性和多样性决定的。从互补关系可以看到,旅游产品各个组成部分必须齐备,共同组成一个完整的旅游产品,以满足游客多样化的旅游需求。同时,各提供单项旅游产品的部门、企业要按比例协调发展,各部门、企业之间应相互配合、加强沟通,以确保整个旅游行业的持续健康发展。

2. 互代关系

旅游产品的互代关系是指功能相同或相近的旅游产品之间相互替代或相互排斥的关系。在旅游产品的构成中,功能相同的行业或部门也会因不同的类型、档次和规模,而产生相互替代关系。例如,提供交通服务的有汽车、火车、飞机、轮船等交通方式,而汽车又有公交车、小轿车和观光车等。这些旅游产品的功能相同,但在速度、价格和舒适性上有很大的区别,游客会根据自身实际需求进行选择。正常情况下,在同一时间内同一名游客只能选择某类旅游产品的一种具体形式,可见提供相同服务的旅游产品之间存在相互替代的关系。

旅游产品的互代关系会造成提供相同旅游产品的旅游企业之间的竞争。这就要求旅游企业在介入旅游市场之前要深入了解和研究其他同类型旅游产品的特点,避免提供雷同的旅游产品,在数量上、质量上、档次上有计划按比例协调发展,力求旅游产品结构的合理性。同时,也要求旅游企业结合自身实际情况,制定有效的市场策略和产品策略,提升企业服务与管理,提供有特色的旅游产品,避免过度竞争。

(二)旅游产品的构成关系的转化

1. 互补关系向互代关系转化

旅游产品的互补关系向互代关系转化是由旅游需求多样化和旅游企业经营的多样化促成的。在市场经济下,旅游企业为了获得竞争优势,必须不断地调整自己的经营范围，为旅游者提供方便快捷、经济的服务。当旅游企业向旅游者提供多样化的一条龙服务时，互补关系就会变为互代关系。例如，甲企业提供住宿服务，乙企业提供交通服务，它们之间是互补关系，现在甲企业经营范围扩大了，也提供接待游客的交通服务，这样甲、乙企业之间就构成了互代关系。若乙企业扩大经营范围，提供住宿服务，同样也由之前的互补关系转化成互代关系。在实际情况中，这种转化的实例有很多。例如，某一旅行社有自己的景区、酒店、旅游车队等；酒店有自己的购物场所、旅行社等。这些都是促成旅游产品的互补关系向互代关系转化的因素。因此，旅游企业的多种经营和集团化经营是互补关系向互代关系转化的主要途径。

2. 互代关系向互补关系转化

旅游产品的互代关系向互补关系转化是旅游企业发展的必然趋势。随着旅游市场的不断发展和消费者需求的日益多样化，旅游企业开始意识到单一的产品或服务已经无法满足游客的全方位需求。因此，加强与合作伙伴之间的合作与协同，不断创新和完善旅游产品和服务，实现资源共享和优势互补，这样不仅能够提升旅游产品的整体品质和服务水平，还能够降低运营成本，提高市场竞争力。例如，处于同一区域内的两家酒店，在其中一家酒店客人预订已满或超额预订的情况下，可以把客人介绍给另一家酒店，这时，两者的关系就变成了互补关系；处在同一条旅游线路上的各个旅游目的地的同类型单项旅游产品之间构成互补关系；在餐饮一条街上提供同样餐饮服务的不同类型、档次的餐厅之间构成互补关系。因此，旅游企业之间通过联合促销，互惠互利，合作共赢，共同发展，互代关系即可转化为互补关系。

第三节 旅游产品的生命周期

一、旅游产品的生命周期

产品生命周期是指产品从投入市场到更新换代和退出市场所经历的全过程，一般分为导入期、成长期、成熟期、衰退期四个阶段。旅游产品虽然有别于一般的产品，但它同样经历一个从产生到衰退的生命过程。旅游产品生命周期就是指一个旅游产品从开发出来投放市场到最后被淘汰退出市场的整个过程。一条旅游线路、一个旅游活动项目、一个旅游景点、一个旅游地开发大都遵循一个从无到有、由弱至强、然后衰退、消失的时间过程。

旅游产品生命周期可以划分为导入期、成长期、成熟期、衰退期或再成长期四个阶段，处于不同阶段的旅游产品在市场需求、竞争、成本和利润等方面有着明显不同的特点，也决定着供给者的不同营销策略。旅游产品生命周期的各个阶段通常是以旅游产品的销售额和利润的变化状态来衡量（如图2-1）。

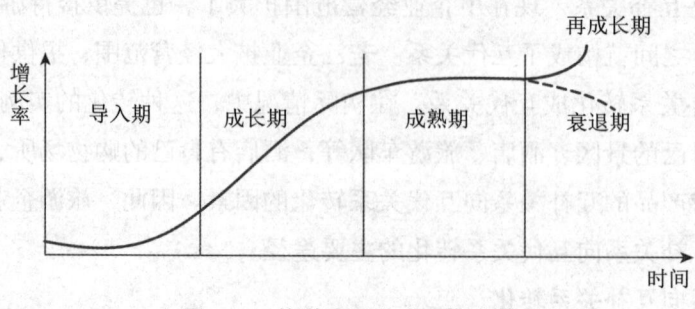

图2-1　旅游产品生命周期曲线

（一）旅游产品的导入期

旅游产品的导入期是指旅游产品刚开发出来投放市场，旅游产品销售缓慢增加的阶段。在这一阶段，新的旅游景区、旅游饭店、旅游娱乐设施落成，新的旅游线路开通，以及新的旅游项目和服务首次亮相市场。由于这些旅游产品尚不为大众所熟知，且存在待完善之处，加之消费风险，导致初期需求量有限，销售增长缓慢且缺乏规律性。由于前期投资大，市场开发费用高，旅游产品的单位成本较高，因而价格较高也是制约旅游新产品销售增长缓慢的重要原因。企业为了提升旅游者对产品的认知，必须投入大量资金于广告和促销活动，从而增加了销售成本。在导入期内，旅游者的购买行为多为尝试性质，重复购买尚未形成趋势，而旅行社等中间商通常采取试销策略。由于新产品销量小，利润微薄甚至亏损，加之市场前景不明朗，竞争对手多持观望态度，市场竞争尚未形成。

（二）旅游产品的成长期

旅游产品经过导入阶段的游客试探性消费，一旦旅游产品获得游客的积极反馈，游客数量便会稳定增长，从而进入旅游产品的成长期。在这一阶段，旅游产品逐渐完善，旅游景点和目的地的开发初具规模，旅游设施和服务逐渐配套齐全，产品基本定型并开始形成特色。随着开发阶段的宣传促销活动逐渐发挥作用，旅游产品在市场上的知名度逐步提升，游客对产品的认知度增加，越来越多的游客开始尝试购买体验，同时，一些回头客也开始出现。与此同时，旅游产品的开发投资逐渐减少，尽管总体促销费用仍在增加，但分摊到每位游客的促销成本迅速下降，导致旅游产品的利润快速上升，从而结束了导入期的亏损状态，开始实现净利润。在成长期，旅游产品展现出强劲的市场潜力，竞争对手也开始开发类似的替代产品，市场上竞争逐渐加剧。

（三）旅游产品的成熟期

当旅游产品步入成长期的晚期，游客数量和销售量的增长趋势自然会减缓，进而过渡到旅游产品的成熟期。成熟期可以细分为三个阶段：增长成熟期、停滞成熟期和衰退成熟期。在增长成熟期，尽管旅游产品的销量仍在上升，但增长速度逐渐放缓，趋向于一个稳定的平台；停滞成熟期的销量虽然会有波动，但总体上呈现出停滞不前的状态；到了衰退成熟期，销量的下降成为一种显著的趋势，市场主要由重复购买行为构成。在成熟期，旅游产品的市场需求达到饱和，销售量达到峰值，单位成本降至最低。由于销量和成本的双重影响，旅游产品的利润也将达到顶峰，随后开始下滑。在旅游市场中，众多竞争者推出了许多类似的旅游产品，极大地拓宽了旅游者的选择范围，市场竞争异常激烈。更严峻的是，市场上出现了更优质的替代性旅游产品，导致早期的游客开始转向这些新兴的替代品消费市场。

（四）旅游产品的衰退期和再成长期

旅游产品的衰退期一般是指产品的更新换代阶段。在此期间，新兴的旅游产品开始涌入市场，并逐渐取代旧有产品。旅游者可能对旧产品失去兴趣，转而被新产品所吸引。除了少数知名品牌产品，大多数旧产品的市场销量持续下滑。市场竞争主要表现为价格战，导致价格不断下调，利润急剧缩减，甚至可能出现亏损。由于衰退期游客数量大幅减少，市场无法支撑过多旅游企业的存续，因此许多竞争力较弱的企业因财务困境或更优质旅游产品的出现而逐渐退出市场。

旅游产品的再成长期一般是指旅游产品经过一段时间的成熟期后，旅游企业对旅游产品进行创新、升级、换代，从而推动产品重新进入快速增长的阶段。由于旅游市场需求变化，旅游企业对旅游产品不断推陈出新，并采取更加积极的营销策略，以扩大市场份额。通过以上措施，使得旅游产品再次获得了旅游市场的认可，使旅游产品销售额和市场份额再次增长，进而迈入了一个新的成长周期。

通过对旅游产品生命周期的规律性分析，可以得出以下几点重要启示：首先，所有旅游产品都拥有有限的生命跨度，几乎每个产品都会经历一个生命周期；其次，不同旅游产品在生命周期的各个阶段所持续的时间长度各不相同；第三，旅游产品在生命周期的不同阶段，其盈利水平存在显著差异；第四，旅游企业必须根据产品所处生命周期的不同阶段，采取相应的营销组合策略；最后，企业应针对市场需求的变化，及时对旅游产品进行更新换代。

旅游产品的生命周期描述了其一般的发展模式，但这一规律并不适用于对每个旅游产品进行生命周期分析。实际上，不同的旅游产品所经历的生命周期阶段可能各不相同。一些具有独特性的自然和历史文化景观，由于其资源的特殊性和丰富的文化内涵，以及不可复制性，可能拥有一个几乎无限的生命周期。相反，一些人造景观由于易于复制，一旦市场上出现大量竞争产品，其生命周期便可能显著缩短，例如许多地方的缩微景观。这些景观可能在一开始会吸引大量游客，但随着时间的推移，它们的新鲜感和独特性会逐渐降低，从而导致游客数量的减少。此外，有些旅游产品或服务项目可能由于各种原因甚至未能进入成长期便已夭折。这些原因可能包括市场定位不准确、营销策略不当、服务质量不佳、价格不合理等。因此，旅游产品的成功不仅取决于其独特性和吸引力，还需要良好的管理和运营。

二、影响旅游产品生命周期因素

旅游产品的生命周期受多种因素影响，主要包括旅游产品的吸引力、旅游目的地的自然与社会环境、消费者需求的变化以及旅游市场竞争等。旅游产品的核心是旅游吸引物，而这些吸引物的吸引力是决定旅游产品生命周期的关键因素，它们与旅游产品中的其他单项产品之间存在着"一荣俱荣、一损俱损"的紧密联系。通常情况下，旅游吸引物的特色越鲜明，其独特性就越强，能够吸引更多的游客，从而有助于延长旅游产品的生命周期。旅游目的地的自然环境和社会环境同样对旅游产品产生重要影响。例如，当地居民对游客的态度、目的地的自然环境是否宜人、居住环境的治安和卫生状况，以及交通的便利程度等，都会对旅游产品的生命周期产生影响。此外，游客的旅游消费需求变化也会导致他们对旅游产品购买行为的改变。旅游消费观念的演变、收入水平的提高、新旅游景区的开发、目的地环境污染或服务质量的下降等因素，都会影响消费需求的变化，进而影响旅游产品的生命周期。在当前旅游业市场竞争日益激烈的情况下，旅游企业很难实现对旅游产品的经营垄断。因此，旅游企业需要更新经营观念，不断推出新的旅游产品，调整营销策略和市场细分战略，以保持客源市场的持续扩展，并尽可能延长旅游产品的生命周期。

➜ **同步思考**

《寻梦龙虎山》生命周期

《寻梦龙虎山》开发于江西省鹰潭市龙虎山景区，是国内首部"行进式"山水实景演出，以"中国梦"为内核，把丹山碧水、道教文化、古越文化融入实景演出中的旅游演艺产品。《寻梦龙虎山》生命周期分为四个阶段。

第一阶段：导入期（2014年11月—2015年4月）。2014年11月12日，项目首次试演，充分利用了旅游目的地的资源优势进行打造。以文化内核作为核心竞争力，以当地首个旅游演艺品牌进入市场，成为所属旅游目的地旅游演艺产品行列的开拓先锋。通过创造团队名人效应，迅速集结媒体资源，通过广告、新闻发布等宣传渠道拓宽品牌影响力，使旅游演艺产品品牌形象与旅游目的地的品牌形象相互呼应，产生品牌叠加效应。

第二阶段：成长期（2015年4月—2019年9月）。从2015年第一季到2019年第五季开演期间，《寻梦龙虎山》几乎保持年度内接待游客达到20余万人，曾创下江西省实景演出项目的单季演出场次之最，演出票房收入可高达3000余万元。伴随演艺产品知名度的提升，配套设施的改善迫在眉睫，景区周边村镇积极调整产业结构布局，吸纳更多资本进入景区自然环境和商业环境的建设。此阶段，旅游演艺产品正逐步开拓旅游市场，其吸引游客的能力持续增强，品牌影响力也在不断扩大，对旅游目的地及其周边地区的影响开始变得显著。

第三阶段：成熟期（2019年10—12月）。自2019年10月1日国庆黄金周首演起观众接待场次完全饱和，标志着《寻梦龙虎山》步入成熟阶段。十一国庆黄金周，龙虎山精心打造"盛世中国梦"系列活动，让游客感受充满民族风情的龙虎山。此阶段，旅游演艺产品客容量饱和，发展周边合作，实现多边共赢。

第四阶段：停滞期（2020年1月至今）。受疫情影响，2020年1月起演出场次、游客数量等市场数据急剧下滑，被迫进入了停滞期。

（资料来源：叶欣.生命周期视域下旅游演艺产品《寻梦龙虎山》开发策略研究［D］.江西科技师范大学，2023.）

问题： 影响《寻梦龙虎山》生命周期的因素有哪些？

第四节　旅游产品的开发

一、旅游产品开发的概念

旅游产品开发是根据市场需求，对旅游资源、旅游设施和旅游服务等进行规划、设计、开发和组合的过程。它涵盖了旅游目的地的开发和旅游线路的规划两个主要方面。旅游产品的开发不仅触及一个地区的经济、文化和社会环境，而且是一个涉及多领域的综合系统工程。

二、旅游产品开发的原则及策略

（一）旅游产品开发的原则

旅游产品开发必须要以对旅游市场的需求状况、宏观政策、目的地基础设施建设状况、目的地人力资源基本状况等因素进行正确分析和评价作为基础，在此基础上通过对旅游业的开发，取得较好的经济效益、社会效益和环境效益。为了实现这一目的，旅游产品的开发应遵循以下原则。

1. 独特性原则

在旅游市场的竞争中，核心在于争夺客源。为了在激烈的市场竞争中稳固立足，开发具有创新性的旅游产品并将其推向市场至关重要，这有助于提升并维持市场份额。旅游产品的独特性体现在其与市场上其他同类产品的差异性，或是其超越竞争对手的特质。富有独创性的旅游产品能够更好地迎合旅游者追求新鲜体验、探索未知和寻求差异化的消费心理，从而在旅游者或潜在旅游者心中激发强烈的兴趣和吸引力，提升旅游产品的市场竞争力，并开拓出广阔的市场前景。

2. 市场导向原则

在旅游产品开发过程中，必须将旅游市场需求置于首位，开发出适销对路的旅游产品，以最大限度满足旅游者的需求。由于旅游者的旅游动机和需求是多变的，因此，在着手旅游产品开发之前，必须进行详尽且周密的旅游市场调研，了解当前旅游市场需求及其分布情况，并运用科学的方法和工具预测旅游市场需求的未来趋势，从而开发出真正符合旅游者期望的旅游产品。

3. 效益性原则

旅游产品的开发需要大量的投资，追求最大的经济效益是旅游企业开发旅游产品的主要目标。然而，追求经济效益并不是旅游产品开发的唯一目标，因为旅游产品并非一般的单一物质产品，它还承载着文化价值。因此，在确保旅游企业获得可观的经济效益的同时，还应重视社会效益和环境效益，致力于提升生态效益，以及增强旅游目的地的综合价值。

4. 可持续发展原则

可持续发展强调人类需要，也强调资源限制，要求旅游产品的开发要充分考虑到旅游资源和环境的承载能力，确立合理的旅游资源和环境容量，使开发对生态环境的破坏减少到最小，确保旅游资源永续利用。在旅游产品开发的过程中要坚持可持续发展的原则。首先要加强对旅游目的地的环境保护。要放弃传统的以目的地环境质量下降和旅游资源遭损为代价来换取经济效益的发展模式。具体来说，旅游产品的开发要充分考虑旅游资源和目的地环境的承载能力、确定合理的资源和环境容量，把旅游产品的开发对目的地环境和旅游资源本身的消极影响降到最低，确保旅游资源能够被永续利用。

（二）旅游产品开发的策略

为了最有效地利用资源，最大限度地满足旅游者的旅游需求，必须制定正确、合理的旅游产品开发策略。常见的旅游产品开发策略包括以下几种。

1. 市场型组合策略

市场型组合策略专注于为特定旅游市场提供定制化产品。例如，旅行社可能为特定客源市场量身打造一系列旅游产品，包括观光、修学、考古和购物等；或者针对青年市场，开发探险、新婚旅行、修学游等符合年轻人口味的产品。这种策略有助于旅游企业集中资源对特定目标市场进行深入研究，全面掌握其需求，进而开发出多样化、多层次的旅游产品以满足这些需求。然而，由于目标市场选择相对单一，市场规模受限，这可能会限制旅游企业的销售范围。

2. 产品型组合策略

产品型组合策略，是指以某一种类型的旅游产品去满足多个目标旅游市场的同一类需求。例如，一家旅行社可能会专注于开发观光旅游或生态旅游产品，以满足不同游客的需求。这种策略的优势在于，它简化了旅游产品线路，从而降低了旅行社的经营成本，并便于管理。同时，它允许旅游企业集中资源，不断改进和深化某一类旅游产品的开发，从而打造出精品和名牌旅游产品，并树立起鲜明的旅游品牌形象。然而，这种策略也存在缺点，即产品类型的单一化可能会增加旅游企业的经营风险。

3. 市场—产品型组合策略

市场—产品组合策略是指旅游企业开发并经营多样化的旅游产品，并将它们推向多个不同的旅游市场。例如，一家旅行社可能同时提供观光旅游、度假旅游、购物旅游、会议旅游等多种旅游产品，并将欧美市场、日本市场、东南亚市场等作为其目标市场。实施市场－产品组合策略，有助于满足不同旅游市场的特定需求，扩大市场份额，并降低经营风险。然而，这种策略也可能导致企业经营成本的增加，因为需要同时开发多种旅游产品。

【拓展阅读】

随着消费需求的变化和市场竞争的加剧，夏令营产品不断创新，市场上出现了文化、艺术、自然、体育、军事等各种主题的夏令营。夏令营产品需要深挖夏令营活动背后的文化以及夏令营所在地的文化基因，通过设计让夏令营活动与文化深度融合，在活动之余，给营员留下更多的文化回味，这样的夏令营产品才会更有价值，也更有吸引力。目前的夏令营产品在设计上还不够深入，活动安排与当地文化的融入不够，多为夏令营活动+周边景区游览形式，只是简单地将夏令营与活动地物理叠加，两者之间缺乏化学反应的融合，这一问题也是我国夏令营和研学产品普遍存在的问题。"逆行勇者土楼夏令营""黄埔军校特色夏令营"这类夏令营通过产品设计，让孩子们在一定时间内学习更多的生存技能，在活动中不断接受各种挑战，培养孩子们的逆商，这种创新的产品形态因符合需求而受到市场欢迎。

在众多暑期旅游产品中，厦门集美闽台研学总部/万千极美研学营地的微信公众号"万千研学"发布的"逆行勇者土楼夏令营"吸引了记者的目光。该产品的简介中介绍道，现代社会家庭生活条件越来越优越，家长们越来越重视孩子智商、情商的培养，却往往忽视了对孩子逆商的培养。逆商是人们面对逆境时的反应方式，即面对挫折、摆脱困境和超越困难的能力。逆行勇者夏令营旨在培养学员的逆商，提升学员的抗压、抗挫力，同时提高学员的生存能力。夏令营会通过军事训练、户外拓展、体验式的活动等方式，帮助孩子们正确认知自身在成长中遇到的困境，学会自我赋能，自我成长。

（资料来源：张玫.暑期旅游产品怎么做才能"俘获神兽"？［N］.中国旅游报，2020-08-10.）

【复习与思考】

一、重点概念

旅游产品　旅游设施　旅游产品生命周期　旅游产品开发

二、思考题

1. 如何理解旅游产品的价值与使用价值？
2. 旅游产品的特征有哪些？
3. 旅游产品的构成关系是怎样的？
3. 旅游产品的生命周期分为哪些阶段？各阶段的特征及采取的营销策略如何？
4. 调研某地的红色旅游产品，运用所学的知识策划和设计一条红色旅游线路。

三、案例分析与讨论

供给如何更好对接需求？——暑期研学旅游市场观察

暑期过半，送孩子参加研学旅游团的家长不在少数。让孩子"读万卷书，行万里路"是多数人的初衷，但短则几天、长则几十天的行程结束后，有的家长觉得体验超值，还把产品强推给身边的朋友，也有家长发现自己踩坑了，甚至在社交媒体上写了千字避坑帖总结教训。究竟什么样的研学旅游产品受到家长和孩子青睐？

对于暑期研学旅游产品带给孩子的收获，家长的期待是不同的，大致分为两类。一类家长希望孩子在老师的指导下掌握某一类学科或课题的研究方法；另一类家长则希望孩子可以在旅行中增长见识。事实上，不管是哪一类家长，现在市面上都有满足他们需求的产品。但为何有些产品还是会被家长吐槽？采访中，记者注意到，很多家长对于孩子暑期参加什么样的研学旅游团，目标很明确。他们会根据孩子的实际情况以及想要达到的学习效果，来确定购买什么样的产品。在选择研学旅游产品的关键要素时，所有家长都把孩子的安全放在第一位，然后再考虑产品的内容是什么、价格多少、带队老师的专业性等。苏州市民关欣告诉记者，现在，有一些资质不够的研学机构为了抢客源，把自己吹得天花乱坠，不断拔高家长们对研学课程的期望值，结果体验下来，家长的心理落差很大，抱怨声也就多了起来。"时间久了，整个市场很可能会受到这种不良因素的牵连，让人误以为这个圈子乱象丛生，到时候，想要消除这样的误会就很难了。所以建议有关部门对研学旅游产品和运营机构加强监管，提高准入门槛和运营标准。"在相关行业任职的王先生提醒道。

"设计一个市场认可度高的研学旅游产品，背后要考虑的因素有很多。"采访中，多位业者向记者表示，让孩子有所收获的研学旅游产品，绝不是简单地将游和学的内容捏合在一起，而是要经过反复论证的。首先，要注重游学配比。研学旅游过程中如何平衡学和游的比重？有业者表示这要根据孩子的年龄的出游需求和期待来决定，唯有游、学平衡才是合格的产品。中青旅文旅公司研学教育部总经理刘昕说，"在研学旅游活动中，游和学二者是相辅相成、相互促进的。相关机构在灵活调整游与学的同时，要注重内容的丰富性、体验性、互动性和安全性，真正实现在游中研、在研中学、在学中成长"。其次，突出专业价值。世纪明德蜡笔城堡事业部总经理刘静认为，家长更看重研学的收获、孩子自理能力的锻炼以及孩子社交能力的培养。一个夏令营产品，只要在目的地选择、课程内容、师资专业这3个方面经得起推敲，市场接受度就一定不会太差。研学旅游产品要想让家长和孩子都满意，就要做到兼顾教育价值和研学体验。"首先要清晰界定研学课程的教育价值是什么，这部分内容是针对家长需求来说的。而研学旅游的体验感是针对孩子来讲的。所以，从教育价值和研学体验这两方面入手，就能够设计出受青睐的产品。"第三，成本构成复杂。"一个研学产品的成本包括前期设计成本＋接待成本＋执行成本＋销售成本。"刘静说，"设计成本包括目的地调研、课程内容开发以及产品包装等费用；接待成本包括住宿、餐食、车辆、统一的研学物资与物料；执行成本则包括有经验的营长、专业的师资力量、配备充足的生活老师以及相关后勤人员，比如接送机专员、摄影师、家长群里的通讯员等；销售成本包括推广渠道的运营费及渠道费。"

2016年12月19日发布的《研学旅行服务规范》，对服务提供方、人员配置、研学旅游产品、服务项目以及安全管理等内容进行了详细规定，这是目前比较完整的行业标准。

研学旅游产品好坏如何衡量？高敬敬建议，研学产品的衡量标准，可以从5个方面考虑。"一是教育价值，即教育目标明确，有效提供知识获取、技能培养或文化体验；二是行程规划科学合理，活动设计要有较高的互动性、实践性、综合性、真实性；三是安全保障体系要完善，确保参与者人身安全；四是价格合理性，即价格与提供的价值相匹配，让消费者感知到价格的合理性；五是重视客户反馈，持续优化改进。"

在王昆欣看来，研学旅游作为一种寓教于游、寓学于行的旅游活动，需要在游与学之间找到最佳平衡点，才能有效解决研学旅游质量不高，游而不学、游学失度问题。"具体而言，一是研学旅游目的要明确；二是研学旅游计划要周详；三是研学旅游过程要有指导；四是研学旅游产品要丰富；五是研学旅游市场要共同培育，多方携手，实现游与学的有机结合。"马晓龙建议，研学旅游供给方根据研学旅游市场需求开发更高品质的产品，以产品为基础，打造研学旅游机构品牌，推动研学旅游市场健康发展，共享研学旅游蓝海红利。

（资料来源：张宇，王玮.供给如何更好对接需求？——暑期研学旅游市场观察[N].中国旅游报，2024-08-09.）

思考：

1.研学旅游产品开发中如何平衡游和学的关系？

2.如何促进旅游产品的创新，以适应旅游需求变化，助推旅游业高质量发展？

第三章

旅游需求与供给

[学习目标]

1. 知识目标：掌握旅游需求与旅游供给的概念、旅游需求产生的条件，并能对旅游需求与旅游供给的影响因素进行分析；熟练运用旅游需求与供给的规律和弹性原理，并分析二者之间的相互作用与关系。

2. 能力目标：能够运用旅游需求与供给的规律，分析旅游市场的供需问题及其相互作用，并针对市场中出现的供求失衡现象，提出有效的解决策略。

3. 思政目标：在文旅融合的大背景下，旅游业正致力于深化供给侧结构性改革。通过创新的驱动力和高质量的发展供给，引领并创造新的旅游需求，进而推动旅游业向高质量发展。

[导入案例]

当前，我国旅游市场供需面临着新形势新挑战。第一，需求分化、主题多元是需求侧面临的新形势。首先是针对功能类物质产品，旅游需求关注性价比、安全性、便利性与品质感。针对文化类体验内容，旅游需求聚焦主题文化、审美趣味、教育习得与场景差异。其次是物质产品消费理性化、谨慎化，需要在良好性价比基础上比拼品质。再次则是主题多元、体验细化的旅游产品更易吸引游客。我们之前可能为了一个观光景区、一个网红线路奔赴一座城，现在则因为一场演唱会、一个冰雪节或是一场"村超"比赛等远赴一个目的地。最后是消费市场分化，一部分群体追求谨慎消费，追求体验内容，一部分群体跟随潮流消费。前者从微度假、短途游产品"火起来"可以一窥端倪，后者伴随新媒体热点，网上一张美图、一篇美文也可能引得众人争相奔赴。第二，供给侧一定程度面临供需不够匹配、产品同质化、部分存量项目运营质量不高等挑战以及需求分化、主题多元、物质产品消费更理性、文化内容体验升级等需求变化。首先，整体上看一些供需不够匹配,细分领域则是针对细分客户群的适配产品供给不足、性价比不优、体验内容不够。旅游市场一定程度存在观光居多但休闲不足、物质丰富但体验不足、美景很多但文化挖掘未能到位的矛盾。其次,部分市场主体为了追求成为网红爆款,盲目跟风模仿,导致了一系列模仿抄袭的项目出现。最后,前一阶段获得投资的诸多文艺小镇、文旅综合体项目,还存在运营效率不高、投资回报不佳问题。

统筹旅游发展中的供给与需求,需要在守住底线、释放需求、科学开发及鼓励创新方面系统突破。第一,守住安全、信用底线,创新多元化产品高线。第二,持续优化政策,释放消费需求。进一步推动带薪休假制度落实,保障假日消费时间。第三,聚焦细分需求,科学开发运营。第四,以"+旅游"的模式跨界融合创新产品。

(资料来源:王笑宇,统筹旅游发展中的供给与需求[N].中国文化报,2024-07-26.)

[本章导读]

在旅游经济活动中,旅游需求和旅游供给之间存在着密切的关系。一方面,旅游需求的变化会直接影响旅游供给的调整和优化。另一方面,旅游供给的变化也会反过来影响旅游需求。为了实现旅游经济的良性发展,旅游需求和旅游供给之间需要保持动态平衡,只有两者协调一致,才能实现旅游经济的可持续发展。本章探讨了旅游需求与旅游供给的基本概念,分析旅游需求与供给的特征和影响因素,揭示了旅游需求和旅游供给规律,阐述了旅游需求弹性和旅游供给弹性,并对旅游供需矛盾进行了分析,提出了实现旅游供求平衡的策略。

第一节　旅游需求分析

一、旅游需求的概念

旅游需求指的是在特定时期内,旅游者在不同的价格水平下,愿意并具备购买旅游产品的能力所对应的产品数量。换句话说,旅游需求揭示了旅游者对旅游产品的需求量,它反映了在不同的经济条件和价格水平下,旅游者愿意消费的旅游产品和服务的数量。在理解旅游需求时,需要关注以下几个方面。

(一)旅游需求表现为旅游者的购买欲望

旅游需求是旅游者对旅游产品的需要,是激发旅游者旅游动机及旅游消费行为的内在动因,主要表现为旅游者对旅游产品和服务的偏好选择,这通常与旅游目的地的吸引力、旅游产品的质量、价格以及旅游者的个人经济状况等因素密切相关。旅游者在做出购买决定之前,还会考虑旅游产品的可获得性,这包括了交通的便利性、住宿条件、旅游服务的完善程度等多个方面。如果一个旅游目的地或旅游产品难以抵达,或者提供的服务不尽如人意,即使旅游者有强烈的购买欲望,也可能因为购买意愿不足而最终放弃选择。因此,旅游目的地和旅游产品必须能够满足旅游者的期望和需求,才能激发他们的购买欲望,进而转化为实际的消费行为。

(二)旅游需求表现为旅游者的购买能力

旅游者购买能力主要指旅游者用于购买旅游产品的经济支付能力和闲暇时间。这一能力不仅涵盖了旅游者的可支配收入,还包括他们愿意用于旅游消费的预算比例。在选择旅游产品时,旅游者必须考虑自身的经济支付能力以及可用于旅游的闲暇时间。经济支付能力实际上决定了旅游者能够承担的旅游产品和服务的等级,而闲暇时间则决定了旅游者能够参与旅游活动的时间长度和频率。此外,旅游者的购买能力还受到其他因素的影响,比如个人的消费习惯、旅游目的地的物价水平以及旅游市场的整体经济状况等。因此,旅游者在规划旅游活动时,需要综合考虑这些因素,以确保他们的旅游体验既愉快又在经济承受范围之内。

(三)旅游需求是一种有效的需求

有效的旅游需求是旅游者既有购买旅游产品的欲望,又有相应的购买力的旅游需求。换言之,旅游者需同时具备旅游动机、可自由支配的收入以及闲暇时间,这样的需求才能被认为是有效的旅游需求。有效旅游需求也称为实际旅游需求,它反映了旅游市场的现实需求状况,是分析旅游市场变化和预测旅游需求趋势的重要依据。若旅游者仅有购买旅游产品欲望,而无支付能力或者只有支付能力而无购买欲望,这样的需求属于潜在旅游需求。潜在旅游需求是受抑制的旅游需求,它是由于某些条件暂时不具备而无法形成实际旅游需求的部分,但当条件具备,潜在旅游需求可以转化为有效旅游需求。潜在旅游需求预示着未来旅游需求的潜力和增长点。因此,旅游企业应密切关注旅游市场的变化,及时调整产品结构,满足不同层次旅游者的需求,从而在激烈的市场竞争中占据有利地位。

二、旅游需求形成的条件

（一）主观条件

旅游需求产生的主观条件是旅游动机。旅游动机是推动人们外出旅游的心理动因，它驱使并推动着人们去进行旅游活动。这种动机可能源自多种多样的原因，比如对未知世界的好奇心，对身心放松的强烈追求，对不同文化历史的深入探索欲，对自然美景的无限向往，甚至是为了社交活动和家庭成员之间的团聚。旅游动机是旅游需求产生的核心内在动力，它不仅激发了旅游者内心深处产生旅游行为的强烈欲望，而且促使他们积极采取各种行动，以实现这一愿望。这种内在的驱动力是旅游行为发生的根本原因，它反映了人们对旅游活动的内在需求和期望，是旅游活动得以开展的原动力。

> ☑ **知识链接**
>
> "动机"这一词来源于心理学，美国心理学家R.S.Woodworth（1918）最早应用于心理学，被认为是决定行为的内在动力。国内外不同的学者根据自己的研究提出了不同的旅游动机分类方法。
>
> 国外学者对旅游动机的分类代表主要有德国学者、美国学者和日本学者的分类。1935年，德国学者格理克斯曼（Griksman）是最早对旅游动机进行分类的学者之一。他将旅游动机分为心理动机、精神动机、身体动机和经济动机四大类别。美国学者麦金托什（Robert W.McIntosh）把旅游动机划分为身体健康动机、文化动机、地位和声望动机和交际动机四类；日本学者田中喜一（Kiyoshi Tanaka）将旅游动机分为心情动机、精神动机、身体动机和经济动机四大类别。
>
> 国内学者根据旅游形式及研究内容的多样性，对旅游动机的类型划分也不尽相同。孙文昌将旅游动机划分为身心方面动机、社会方面动机、文化方面动机和经济方面动机；张要民等将旅游动机划分为身心健康、探奇求知、社会交往、求实、纪念象征、宗教朝觐等六个层次；吕勤等认为旅游动机包括求补偿、求解脱、求平衡等；张卫红等将旅游动机划分为放松、刺激、关系、发展、实现等5个层次；郭亚军等认为旅游动机主要由社会、放松、知识、技能等四个方面构成；付邦道等认为旅游动机有观光、保健、娱乐、声望和地位、人际交往、文化、宗教、体验、寻根等类别。旅游动机除了可以进行横向划分，还可以进行纵向划分。如黄波等将旅游动机由低到高划分为放松、刺激、关系、发展、实现等5个层次。在放松动机层次中，旅游者主要是观光游览，让身心得到放松和休息；在刺激动机层次中，旅游者

通过接触到不同的群体、文化、风土人情等，体验到新奇和刺激；在关系动机层次中，旅游者逃离日常生活环境，在旅游世界中与旅游者、当地居民建立了新关系，结交到新朋友；在发展动机层次中，旅游者在异地学习到新的知识和技能，丰富了阅历、发掘到自身的兴趣和能力，实现了个人发展；在实现动机层次中，旅游者取得了收获，实现了自身的梦想和探索到人生的价值。

不同学者的研究为我们提供了不同的角度来审视旅游动机，这些分类有助于旅游企业和目的地更好地了解目标市场，从而制定出更加有效的营销策略和服务方案。

（资料来源：曾凤鸣.基于扎根理论的山地景区旅游者动机研究［D］.云南师范大学，2023.）

（二）客观条件

旅游需求的产生受多种客观条件影响，其中最为关键的包括旅游者的可自由支配收入、闲暇时间、旅游目的地可进入性以及旅游产品的吸引力。

1. 可自由支配收入是旅游需求产生的前提条件

可自由支配收入指的是个人或家庭在缴纳税收和其他必要支出后，剩余的可用于自主消费或储蓄的收入。这部分收入体现了个人或家庭的实际购买力和经济自主性，是评估居民生活水准和经济福祉的关键指标之一。可自由支配收入通常用于满足日常生活需求、休闲娱乐、教育投资、医疗保健以及各种储蓄和投资活动。通常情况下，人们会用这部分收入来满足日常生活的基本需求，同时也用于休闲娱乐、教育投资、医疗保健等多方面的开支。此外，它还被用于各种储蓄和投资活动，以期获得未来的经济保障。可自由支配收入是旅游者实现旅游活动的经济基础，缺乏足够的经济支持，旅游活动难以实现。因此，可自由支配收入是旅游需求产生的前提条件。

2. 闲暇时间是产生旅游需求的必要条件

闲暇时间是指个人在完成工作、学习、家庭责任等日常必需事务之外，所剩余的自由支配的时间。这部分时间可以被自由支配，用于休息、娱乐、自我提升、社交活动或追求个人兴趣爱好。闲暇时间对个人来说非常重要，它不仅有助于缓解工作和生活压力，还能够促进身心健康，提高生活质量。人们可以通过合理安排闲暇时间，进行各种有益身心的活动，如阅读、运动、旅行、学习新技能等，从而丰富自己的生活体验，提升个人素养。闲暇时间则是旅游活动得以进行的时间保障，没有足够的时间，即使有经济能力也无法实现旅游，它是产生旅游需求的必要条件。

3. 可进入性是旅游需求产生的基础条件

可进入性是指一个地区、场所或系统是否容易被外部个体或群体访问和使用的特性。通常通过交通网络、信息系统、公共服务设施以及任何需要被公众利用的资源的便捷程度来衡量。可进入性是确保游客能够享受到舒适、便捷、安全的旅游体验的关键。交通条件的便利与否直接影响旅游的可达性和成本，良好的交通网络可以促进旅游需求的增长。信息获取的难易程度、信息咨询便捷程度以及网络覆盖情况等因素，决定了人们能否无障碍地使用各种旅游数字资源和服务。旅游目的地旅游设施的完善程度、质量高低，直接关系到游客在遇到困难时能否得到及时有效的帮助。因此，一个旅游目的地的可进入性，是产生旅游需求的基础条件。

4. 旅游产品吸引力是旅游需求产生的重要条件

旅游目的地之所以能够吸引游客，其核心在于其独特的自然景观、丰富的文化特色以及珍贵的历史遗迹。这些元素共同构成了旅游目的地的吸引力，成为激发人们旅游需求的重要条件。自然景观以其原始的美丽和宁静，为游客提供了亲近自然、放松身心的机会。文化特色则体现在当地的艺术、音乐、舞蹈、美食以及民俗活动等方面，它们不仅展示了当地人的生活方式和价值观，也为游客提供了深入了解和体验异国文化的途径。历史遗迹，包括古老的建筑、遗址和博物馆等，它们承载着过去的故事和历史的记忆，吸引着那些对历史和考古感兴趣的游客前来探索和学习。这些吸引力因素相互交织，共同作用，使得旅游目的地成为人们向往的旅游胜地，进而推动了旅游业的发展和繁荣。

此外，旅游政策和法规的支持，例如政府推出的优惠政策、简化签证手续、财政补贴等，以及旅游者的个人条件，包括健康状况和家庭人口结构，都会对旅游需求产生影响。旅游者家庭成员的年龄、性别、兴趣爱好等个人特征，同样是影响旅游需求的关键因素。只有当这些客观条件得到充分满足时，潜在的旅游需求才有可能转化为实际的旅游需求。

三、旅游需求的特征

（一）旅游需求的指向性

旅游需求的指向性，即旅游者在选择旅游目的地时所表现出的对旅游时间、旅游地域、旅游产品的特定偏好和需求，主要包括旅游需求的时间指向性、旅游需求的地域指向性和旅游需求的产品指向性等。旅游需求的指向性是影响旅游市场发展的重要因素。

1. 旅游需求的时间指向性

旅游需求的时间指向性是指旅游需求在时间上具有较强的季节性。旅游需求在不同的时间段内会有明显的不同，形成旅游的淡季、平季和旺季。例如，特定的节假日，如春节、国庆节和五一劳动节等，往往会引发旅游高峰。而到了工作日，由于大多数人需要上班工作，旅游需求则明显下降，旅游景区的人流量也会随之减少。不同季节由于气候条件上的差别，对旅游者的吸引力也有很大的不同。例如，北国的雪乡、滑雪胜地等，会吸引大量寻求冬季运动和雪景的游客。而在夏季，温暖的天气和漫长的白昼则为海滩度假和户外探险提供了绝佳的条件，使得海滨城市和山区成为热门的旅游目的地。在旅游旺季，旅游景区和相关服务设施常常人满为患，游客络绎不绝，而在旅游淡季，游客数量大幅减少，旅游景区变得冷清，导致旅游设施和服务资源出现大量闲置，无法充分发挥其经济效益。

2. 旅游需求的地域指向性

旅游需求的地域指向性是指旅游需求在不同地区表现出显著的冷热差异。旅游需求的地域指向性主要受到多种因素的影响，包括旅游客源地的经济发展水平、旅游资源的分布情况以及旅游目的地的吸引力等。从旅游客源地来看，旅游需求表现为地域上的集中性，即旅游者多产生于经济较发达国家或地区，他们倾向于选择那些风景名胜地区、文化底蕴深厚的地区作为旅游目的地。这种选择不仅反映了人们对美好自然风光和文化体验的向往，也与经济条件密切相关，因为经济较为发达的地区居民通常拥有更多的可自由支配收入和更充裕的闲暇时间，从而更有可能进行旅游活动。从旅游目的地来看，旅游需求在地域上表现为热点地区和冷点地区的共存现象。旅游热点，通常指的是那些交通便利、旅游基础设施完善、旅游吸引物（如自然景观、历史遗迹、文化活动等）知名度高的地区。这些地区因其独特的魅力和完善的旅游服务设施，吸引了大量游客，成为人们旅游的首选之地。相反，那些旅游条件相对落后、旅游吸引物知名度不高的地区，则可能成为旅游冷点。这些地区由于缺乏足够的吸引力和完善的旅游服务设施，难以吸引大量游客，从而在旅游市场上显得较为冷清。

3. 旅游需求的产品指向性

旅游需求的产品指向性是指旅游者在选择旅游产品时所表现出的特定偏好和需求方向。这种指向性通常受到旅游者的个人兴趣、文化背景、经济条件、旅游经验以及对目的地的了解程度等多种因素的影响。例如，有的旅游者可能更倾向于自然风光的探索，他们会选择那些以自然景观为特色的旅游产品，如国家公园、自然保护区、海滨度假村，他们追求的是与大自然的亲密接触，享受山川湖泊的壮美；而另一些人可能对历史文化有着浓厚的兴趣，因此他们更偏好那些能够提供丰富历史文化体验的旅游产品。

如参观历史悠久的古迹、博物馆，或是参与当地的传统节庆活动，体验不同的文化习俗。此外，旅游者的经济条件也会对其产品指向性产生影响。经济条件较好的旅游者可能更倾向于选择高端的旅游产品，如豪华邮轮游、私人定制旅行等，享受高品质的服务和独特的体验。而经济条件相对有限的旅游者则可能更注重性价比，选择经济实惠的旅游产品，如青年旅舍、背包客线路等。

（二）旅游需求的多样性

旅游需求的多样性是指游客在选择旅游目的地、活动内容、服务方式等方面存在的差异性。由于旅游者在职业背景、年龄层次、个人兴趣、生活经历、价值观念、文化素养以及经济实力等方面的显著差异，对旅游产品和服务的需求也呈现出多样化的特点。例如，年轻人可能更倾向于寻求刺激和冒险的体验，他们倾向于选择那些能够挑战自我、体验极限的活动，如蹦极跳、潜水、滑翔伞等极限运动，这些活动不仅能够满足他们对冒险的渴望，还能在社交媒体上分享自己的勇敢瞬间，获得认同和赞赏。而中老年旅游者可能更偏好那些能够放松身心、享受宁静的旅游方式，比如温泉疗养、静谧的乡村游，或是参观历史悠久的文化古迹，这些活动不仅能够让他们远离都市的喧嚣，还能在休闲中感受历史的沉淀和文化的熏陶。此外，家庭旅游者可能更注重亲子活动和教育意义，如选择那些能够促进亲子互动、寓教于乐的旅游项目，如主题公园、科普教育基地等，这些活动不仅能够让孩子在游玩中学习新知识，还能加强家庭成员间的情感交流。而商务旅游者则更看重便捷的交通、专业的会议服务和舒适的住宿环境。

（三）旅游需求的敏感性

旅游需求的敏感性是指旅游者对出游环境发生变化所做出的反应。这种敏感性体现在旅游者对旅游产品价格的变动、旅游目的地环境的变化、经济状况的波动、社会文化因素的变迁以及个人收入水平的升降等因素的反应上。这些因素的任何变化，都可能引起旅游需求的变化，进而影响旅游消费者的出行决策和行为变化。当上述因素发生变动时，旅游者对旅游产品的需求量可能出现相应的增减。例如，如果旅游目的地的物价出现上涨或旅游服务的质量出现下降，消费者可能会减少对该目的地的旅游需求；相反，如果旅游目的地推出更多吸引人的优惠活动或旅游服务的质量得到显著提升，消费者可能会增加对该目的地的旅游需求。此外，如果旅游目的地发生自然灾害、流行性疾病、政治动乱等不可预测的情况，同样会影响消费者的旅游决策过程，从而导致旅游需求的波动。这些变化不仅影响旅游者的选择，还可能对旅游市场和整个旅游产业链产生深远的影响，甚至可能改变旅游行业的整体发展趋势。

(四)旅游需求的主动性

旅游需求的主动性指的是旅游者在选择旅游目的地、规划行程、预订服务等各个环节中所表现出的积极主动的态度和行为。这种主动性体现在游客对旅游信息的主动搜索、对旅游产品的主动选择、对旅游体验的主动追求以及对旅游过程中可能出现问题的主动解决等方面。在选择旅游产品时,旅游者会根据自己的兴趣爱好、预算限制以及时间安排等因素,主动地比较不同旅游套餐的优劣,选择最适合自己的产品。他们可能会对旅游线路、住宿条件、交通工具等进行深入研究,甚至会根据个人喜好定制个性化的旅游方案。旅游需求的主动性是旅游者在旅游活动中的一种积极态度和行为表现,它贯穿于旅游决策的全过程,体现了旅游者对旅游活动的积极参与和精心规划。这种主动性还意味着旅游者在旅游过程中,会主动地与旅游服务提供者沟通,以确保自己的需求得到满足。他们可能会主动提出对旅游服务的建议和反馈,以期获得更好的旅游体验。此外,旅游需求的主动性还体现在旅游者在面对旅游过程中的突发情况时,能够迅速做出反应,采取措施解决问题,确保旅游活动的顺利进行。

(五)旅游需求的高弹性

旅游需求的高弹性指的是旅游者对于价格变化、收入水平变动以及替代产品和服务质量的变化等因素非常敏感。当以上因素发生变化时,旅游需求量会相应地发生显著的波动。例如,如果机票或酒店的价格出现下降,可能会吸引更多的游客出行,从而增加旅游需求;反之,如果旅游成本上升,可能会导致潜在游客选择取消或推迟他们的旅行计划,从而减少旅游需求。同样,当人们的收入水平提高时,他们更有可能去旅游。而在经济衰退或收入减少的情况下,旅游需求往往会下降。如果旅游市场上出现了新的旅游目的地或旅游方式,这些新的选择可能会吸引原本计划去其他地方旅游的游客,从而影响原有旅游目的地的需求量。此外,季节性因素、天气变化、政治稳定性、社会事件等也都会对旅游需求产生影响。例如,在旅游旺季,由于游客数量的增加,旅游需求量通常会有所上升;而在旅游淡季,由于游客数量减少,旅游需求量则可能会下降。

四、旅游需求的影响因素

(一)人口因素

人口是影响旅游需求的重要因素之一。人口的规模、结构、分布状况等因素对旅游需求有明显的影响,了解和分析人口因素对于旅游市场研究和旅游产品开发具有重要的意义。

1. 人口规模

一个地区或国家的人口基数的大小，直接关联到潜在的旅游需求量的多少。一个地区或国家的人口基数越大，潜在的旅游需求量也就越多，因为更多的居民意味着有更多的人可能对旅游活动感兴趣。人口数量的多少，实际上在很大程度上影响着旅游市场的潜在规模，进而决定了旅游行业的发展潜力。

2. 人口结构

人口结构主要指人口在年龄、性别、受教育程度、职业等方面的构成情况。由于这些特征的差异，不同的人群在旅游需求上也会产生不同的影响。例如，从年龄构成看，年轻人可能更倾向于寻求刺激和冒险的旅游体验，而老年人则可能偏好宁静和休闲的旅游方式。从性别构成看，男性可能更喜欢户外探险和体育活动，而女性可能更倾向于文化体验和购物。从受教育水平看，受教育程度较高的人群可能更倾向于探索具有教育意义的旅游目的地，而受教育程度较低的人群可能更注重旅游的娱乐和放松功能。

3. 人口分布

人口分布主要是指人口的城乡分布状况。通常情况下，城市居民的旅游需求远高于乡村居民。城市居民由于其生活环境、经济条件以及文化教育水平等因素的影响，往往拥有更多的休闲时间和可支配收入，这使得他们对于旅游活动的需求显著高于乡村居民。城市居民更倾向于利用假期和闲暇时间去探索新的地方，体验不同的文化和生活方式，而乡村居民由于生活节奏较慢，经济条件相对有限，以及对土地的依赖性较强，他们的旅游需求相对较低。

（二）经济因素

在经济因素中，一个国家或地区的国内生产总值、居民的收入水平、旅游相关的价格水平以及货币汇率等关键指标，都对旅游需求的规模和结构产生着直接或间接的影响。

1. 国内生产总值

国内生产总值作为衡量一个国家经济活动总量的重要指标，其增长通常意味着经济繁荣，居民收入水平提高，从而增加了人们进行旅游消费的能力和意愿。在旅游客源国或旅游客源地，国内生产总值越高，人们可自由支配的收入也越高，产生的旅游需求也越多，旅游的规模和结构就会相应越高。在旅游接待国或旅游接待地，国内生产总值越高，人们收入水平提高，用于改善生活、提高生活质量的投入就越多，旅游接待设施及条件就相应越好，从而吸引更多的旅游者。

2. 旅游价格

旅游价格因素对旅游需求的影响主要体现在两个方面：一方面是旅游产品本身的价格，另一方面则是与旅游相关的其他产品或服务的价格。在其他因素不变的情况下，旅游需求量与旅游产品价格之间呈现反向变动关系。即某种旅游产品价格越高，旅游者对该产品的需求量就会越小。相反，价格越低，旅游需求量就会越大。此外，与旅游相关的其他产品或服务的价格变化也会对旅游需求产生影响。例如，交通费用、住宿费用、餐饮费用等，这些相关产品和服务的价格变动，都会间接影响旅游产品的整体价格，进而影响旅游需求量的变化。如果相关产品和服务的价格上涨，即使旅游产品的价格保持不变，整体旅游成本的增加也可能导致旅游需求量的下降。反之，如果相关产品和服务的价格下降，旅游者可能会因为整体旅游成本的降低而增加对旅游产品的需求。

3. 货币汇率

货币汇率的波动同样对旅游需求有着显著影响，汇率的升值或贬值会直接影响到旅游成本，从而影响外国游客的入境旅游需求以及本国居民的出境旅游意愿。在国际旅游市场上，旅游客源国与旅游接待国之间的货币汇率发生变动，其实质是旅游价格的变动。如果旅游接待国同旅游客源国之间的汇率下跌，旅游接待国的货币贬值，旅游产品的实际价格就会下降，前往该国的旅游需求就会增加。相反，如果旅游接待国同旅游客源国之间的汇率上升，旅游接待国的货币升值，旅游产品的实际价格就会上涨，前往该国的旅游需求就会减少。货币汇率的变动不仅影响旅游成本，还可能影响旅游目的地的选择。例如，当本国货币对旅游目的地国家的货币贬值时，对于本国居民来说，旅游成本相对升高，这可能会激发更少人选择该目的地进行旅游。相反，如果本国货币升值，旅游成本相对降低，可能会导致本国居民增加对该目的地的旅游选择。此外，汇率的波动还可能影响旅游产品的价格竞争力，旅游企业需要密切关注汇率变化，以便及时调整价格策略，吸引更多的游客。

（三）社会文化因素

对旅游需求产生影响的社会文化因素包括国籍、种族、语言、文字、风俗习惯、宗教信仰、审美观、价值观等多个方面。国籍和种族的不同往往决定了人们对于旅游目的地的选择和旅游方式的偏好，例如，一些人可能更倾向于探索与自己文化背景相似的地区，而另一些人则可能寻求体验完全不同的异国风情。语言的沟通能力直接影响着旅游者在异国他乡的交流和体验，而文字则承载着一个国家或地区的文化信息和历史故事，吸引着对这些文化感兴趣的游客。不同的风俗习惯和宗教信仰会影响人们对于旅游活动的选择，比如一些宗教节日或习俗可能会引发特定的朝圣旅游或节庆旅游。人们的审美偏好决定了他们对自然风光、建筑艺术、历史遗迹等旅游资源的欣赏程度，而价值观则影响着他们对旅游活动的意义和价值的认识。

（四）政治法律因素

政局稳定、政策有利是促使旅游需求不断增加的重要因素。一个国家或地区的政治环境如果稳定，通常意味着社会秩序良好，法律制度健全，这为旅游业的发展提供了坚实的基础。在这种环境下，旅游者往往能够享受到安全、顺畅的旅行体验，从而增加了他们出行的意愿和频率。相反，如果政治环境不稳定，可能会引发各种风险，如社会动荡、治安问题等，这些都会给旅游者带来心理压力，使他们对出行产生顾虑，进而导致旅游需求的减少。同时，政策的利好性也是影响旅游需求的重要因素。政府推出的旅游促进政策，如签证便利化、税收优惠、旅游基础设施建设等，都能够直接或间接地刺激旅游市场的活力，吸引更多的游客。例如，简化签证手续可以降低游客的出行门槛，税收减免可以降低旅游成本，而完善的基础设施则能提升游客的旅行体验。此外，在旅游区域层面，一个国家或地区的政治不稳定不仅会影响到本国或本地区的旅游业，还可能对周边国家乃至整个区域的旅游市场产生连锁反应。例如，如果一个热门旅游区域中的某个国家发生政治动荡，可能会导致整个区域的安全形象受损，影响游客对该区域其他安全国家的旅游选择。

（五）旅游供给因素

旅游资源是确保旅游需求得以满足的基础，它包括了自然景观、历史遗迹、文化风情、娱乐设施等多种元素。这些元素相互交织，共同塑造了旅游目的地的独特魅力，从而吸引了来自世界各地的游客。旅游环境因素则包括了交通的便利性、住宿条件、餐饮服务、安全状况等。这些条件为游客提供了舒适便捷的旅行体验，是确保旅游活动能够顺利进行的重要保障。除此之外，旅游服务的质量也是一个不可忽视的因素，它包括了导游服务、酒店服务以及当地居民的友好程度等。这些服务的质量高低，可以直接影响到一个国家或地区对游客的吸引力，它们可以增强或削弱游客对该地的兴趣和满意度。

（六）技术因素

随着科学技术的不断进步，技术因素在旅游需求中的影响力日益显著。互联网与移动技术的广泛普及，以及虚拟现实（VR）与增强现实（AR）技术的迅猛发展，加之智能语音助手和智能导航系统的广泛应用，均极大地促进了旅游活动的便捷性，并显著提升了旅游体验。

当前，人们获取旅游信息的渠道日益丰富，包括详尽的目的地介绍、精心筛选的景点推荐，以及便捷的住宿与交通信息查询等，为游客的出行提供了极大的便利。VR与AR技术的崛起，为游客能够身临其境地感受旅游目的地的魅力，获得更加真实、生动的旅游体验。智能语音助手的应用，使得游客能够轻松查询旅游资讯、预订酒店与机票等服务，而智能导航系统则能够根据实时路况和游客的出行需求，为游客规划并推荐最优的出行线路，确保游客的出行更加顺畅、高效。

【同步案例】

根据当前旅游市场客户群的变化，未来将形成三大主力旅游市场，即以自由自在为偏好的"新青年"，以高端精品为偏好的"新老人"和以品质个性为偏好的"新中产"，共同组成"三新"旅游消费主力军。

（1）新青年。根据世界卫生组织提出的年龄分段，15~44岁的群体被统称为青年。当前，青年已经成为国内旅游的主要群体。2021年，15~44岁的青年旅游者占据了国内旅游客源市场的51.18%，成为国内旅游市场的重要客源。2023年以来，"特种兵式"旅游风行，一批与青年群体相关的旅游热词成了媒体关注的焦点，结伴登顶泰山的大学生、淄博烧烤店门前排队的青年、博物馆里前后相继的研学队伍，都引发了市场对新青年群体旅游新动向的观察。值得注意的是，18~30岁、生活在三、四、五线城市的"小镇青年"正逐步崛起，成为"新青年"消费力不可忽视的中坚力量。国家统计局数据显示，小镇青年的基数高达2.27亿，对比一、二线城镇青年的0.68亿，小镇青年的群体众多，消费潜力巨大。此外，农村居民的出游率稳步提升，农村居民尤其是农村青年群体成为国内旅游发展的重要潜在客源市场。

（2）新老人。"新老人"，是指20世纪60年代出生、如今60岁左右的老年人群体。"60后"是一个超级庞大的群体，正以每年2000多万人的规模进入退休年龄，有媒体将此称之为"史上最大规模退休潮"。国家统计局数据显示，我国"60后"人口高达2.39亿，"70后"人口近2.17亿，总数超过4.5亿，未来一段时间内，"新老人"消费群体将逐渐增长。"新老人"是"有钱有闲，更潮、更阔、更懂、更会玩"的一代。"新老人"一代在旅游消费上有能力、有实力、有动机，他们不仅愿意旅游，而且更愿意为高端舒适的旅游产品买单。

（3）新中产。据统计，年收入超过16万元的中国中产家庭数量达到1.38亿户，到2025年还将新增7100万户。2022年，中国住户存款增加了17.80万亿元，是2021年新增存款数量的1.8倍，且呈现出逐年上涨的趋势。新中产阶层高度追求生活品质和多元化的旅游体验，注重精神消费，愿意为旅游体验付出更高的价格。他们对旅游过程中的餐饮和住宿品质要求较高，更注重舒适度和个性化服务。他们也渴望通过出国游来拓宽视野，丰富人生阅历，是国际旅游的主力军。

（资料来源：贾云峰：以需求为导向推动旅游业供给侧改革助力旅游强国建设［ED/OL］. https://mp.weixin.QQ.com/s/9e2piYPwQAz7G9ObXR245A，2024-06-12.）

思考：面对新的旅游市场主体，未来旅游业发展如何统筹供给与需求的关系？

五、旅游需求规律

旅游需求的产生受到众多因素的影响，但对旅游需求具有决定性影响的因素主要是旅游产品的价格、人们可自由支配收入和闲暇时间。因此，旅游需求量变化的规律性主要反映为旅游需求与旅游产品价格、可自由支配收入和闲暇时间的相关性及变化关系。

旅游需求规律表明，在其他因素不变的情况下，旅游需求量与旅游产品的价格呈反方向变化，与人们可自由支配收入和闲暇时间呈同方向变化。这一规律通过函数关系式表达，即为旅游需求函数，其表达公式如下：

$$Q = f(P, I, T, \cdots\cdots)$$

式中：Q 表示旅游需求量，P 表示旅游产品的价格，I 表示人们的可自由支配收入，T 表示闲暇时间，f 表示这些变量之间的函数关系。

（一）在其他因素不变的情况下，旅游需求量与旅游产品价格呈反方向变化

旅游产品价格是影响旅游需求的最直接因素。在其他因素不变的情况下，旅游产品价格越高，旅游需求量就越小；旅游产品价格越低，旅游需求量就越大。这种价格与需求量之间的相互作用，构成了旅游需求价格曲线，如图3-1所示。

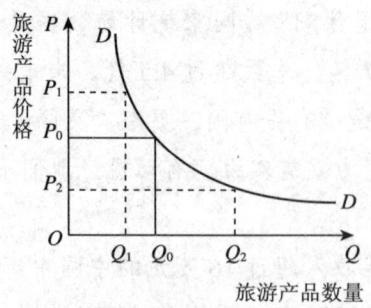

图3-1 旅游需求价格曲线

在图 3-1 中，横坐标代表旅游需求量，用 Q 表示，纵坐标代表旅游产品价格，用 P 表示，曲线 DD 为旅游需求价格曲线。在其他因素不变的情况下，当旅游产品价格由 P_0 上升到 P_1 时，旅游需求量由 Q_0 减少到 Q_1；反之，当旅游产品价格由 P_0 下降到 P_2 时，旅游需求量由 Q_0 增加到 Q_2。因而，旅游需求价格曲线是一条自左上向右下方倾斜的曲线，旅游需求量与旅游产品价格成之间呈反向变化的关系，可以用函数可以表示为：

$$Q = f(P)$$

式中：Q 表示旅游需求量，P 表示旅游产品价格，f 表示两者之间的函数关系。

（二）在其他因素不变的情况下，旅游需求量与可自由支配收入呈同方向变化

可自由支配收入与旅游需求之间存在着密切的关系。在其他因素不变的情况下，人们的可自由支配收入越高，旅游需求量就越大；人们可自由支配收入越低，旅游需求量就越小。两者之间的关系，形成了旅游需求收入曲线，如图 3-2 所示。

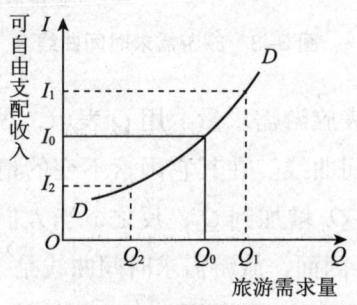

图 3-2 旅游需求收入曲线

在图 3-2 中，横坐标代表旅游需求量，用 Q 表示，纵坐标代表人们可自由支配收入，用 I 表示，曲线 DD 为旅游需求收入曲线。在其他因素不变的情况下，当人们的可自由支配收入 I_0 上升到 I_1 时，旅游需求量由 Q_0 增加到 Q_1；反之，当人们的可自由支配收入 I_0 下降到 I_2 时，旅游需求量由 Q_0 减少到 Q_2。因而，旅游需求收入曲线是一条自右上向左下方倾斜的曲线，旅游需求量与人们可自由支配收入之间呈同方向变化的关系，用函数可以表示为：

$$Q = f(I)$$

式中：Q 表示旅游需求量，I 表示可自由支配收入，f 表示两者之间的函数关系。

（三）在其他因素不变的情况下，旅游需求量与闲暇时间呈同方向变化

闲暇时间对旅游需求的影响主要体现在：一是闲暇时间是旅游需求产生的重要条件；二是闲暇时间是旅游消费活动的组成部分。在其他因素不变的情况下，当人们的可自由支配收入达到相当水平后，闲暇时间越多，旅游需求量就越大；闲暇时间越少，旅游需求量就越小。两者之间的关系，形成了旅游需求时间曲线，如图 3-3 所示。

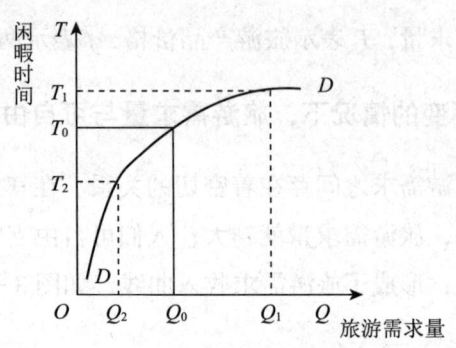

图 3-3　旅游需求时间曲线

在图 3-3 中，横坐标代表旅游需求量，用 Q 表示，纵坐标代表闲暇时间，用 T 表示，曲线 DD 为旅游需求时间曲线。在其它因素不变的情况下，当人们的闲暇时间 T_0 上升到 T_1 时，旅游需求量由 Q_0 增加到 Q_1；反之，当人们的闲暇时间 T_0 下降到 T_2 时，旅游需求量由 Q_0 减少到 Q_2。因而，旅游需求时间曲线是一条自左下向右上方倾斜的曲线，旅游需求量与人们的闲暇时间之间呈同方向变化的关系，用函数可以表示为：

$$Q = f(T)$$

式中：Q 表示旅游需求量，T 表示闲暇时间，f 表示两者之间的函数关系。

（四）旅游需求水平变化规律

上述讨论是假设在其他因素不变的情况下，旅游需求量与某一影响因素之间的对应变化关系。但除了受以上因素影响，旅游需求量还受其他各种因素影响而变化。在某一影响因素不变的情况下，其他相关因素发生了变化，旅游需求量也会出现变化，曲线将随之平行位移。在旅游产品价格既定的情况下，其他因素的变动而引起的旅游需求变化，称为旅游需求水平变化规律。如图 3-4 所示。

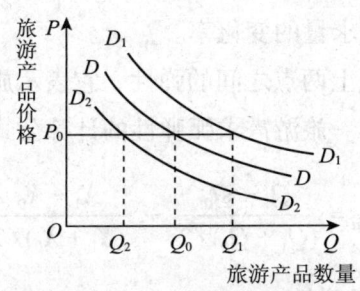

图 3-4 旅游需求水平变化曲线

在图 3-4 中，横坐标代表旅游需求量，用 Q 表示，纵坐标代表旅游产品价格，用 P 表示，曲线 DD 为旅游需求价格曲线。在旅游产品价格 P_0 不变的情况下，其他相关因素发生变化对旅游需求量的影响，使旅游需求曲线向右或向左位移，形成旅游需求水平变化曲线。对于旅游需求者而言，受到有利因素的刺激时，旅游需求曲线从 DD 移向 D_1D_1，表示虽然旅游价格不变，但旅游需求量会从 Q_0 增长到 Q_1；受到不利因素的影响时，旅游需求曲线从 DD 移向 D_2D_2，旅游需求量则从 Q_0 减少到 Q_2。

六、旅游需求弹性

（一）旅游需求弹性的概念

旅游需求弹性是指旅游需求对各种影响因素变化的敏感性，即旅游需求量随其影响因素的变化而相应变化的状况。用于衡量旅游需求受影响因素的变化而变化的敏感性用旅游需求弹性系数来表示。所谓旅游需求弹性系数是用于测量因各种因素的变化而引起旅游需求量变化大小的程度的。在各种影响因素的作用下，旅游需求量变化的幅度大，需求弹性就大；旅游需求量变化的幅度小，需求弹性就小。

旅游需求弹性在计算上可以分为点弹性和弧弹性。点弹性表示的是旅游需求曲线上某一点的弹性，它衡量旅游产品价格变动幅度很小或在某一点上所引起的旅游需求量的变化程度。旅游需求点弹性的计算公式为：

$$E_d = \frac{\Delta Q/Q}{\Delta X/X}$$

式中：E_d 表示旅游需求点弹性；

X 表示各种影响因素的数量；

Q 表示旅游需求量；

$\Delta X/X$ 表示各种影响因素的变化率；

$\Delta Q/Q$ 表示旅游需求量的变化率。

弧弹性表示旅游需求曲线上两点之间的弹性，它表示旅游产品价格变动幅度较大所引起的旅游需求量的变化程度。旅游需求弧弹性的计算公式为：

$$E_{da} = \frac{Q_1 - Q_0}{(Q_1 + Q_0)/2} \div \frac{X_1 - X_0}{(X_1 + X_0)/2}$$

式中：E_{da} 表示旅游需求弧弹性；

　　　X_0、X_1 表示变化前后的各种影响因素的数量；

　　　Q_0、Q_1 表示变化前后的旅游需求量。

（二）旅游需求弹性的分类

由不同影响因素引起的旅游需求量的变化程度会产生不同类型的旅游需求弹性，通常分为旅游需求价格弹性、旅游需求收入弹性和旅游需求交叉弹性。

1. 旅游需求价格弹性

旅游需求价格弹性反映的是旅游需求量对旅游产品价格变动的反应及变化关系。根据旅游需求规律，在其他因素不变的情况下，旅游需求量与旅游产品的价格呈反方向变化，也即不论旅游产品价格上升还是下降，旅游需求量都会出现相应的减少或增加。用旅游需求价格弹性系数测量旅游需求量随旅游产品价格的变化而相应变化的程度。

旅游需求价格弹性系数是指旅游需求量对旅游产品价格变动的敏感程度，即旅游产品价格变化的百分数与旅游需求量变化的百分数的比值。

旅游需求价格弹性的点弹性系数计算公式为：

$$E_{dp} = \frac{\dfrac{Q_1 - Q_0}{Q_0}}{\dfrac{P_1 - P_0}{P_0}}$$

式中：E_{dp} 表示旅游需求价格弹性系数；

　　　P_0、P_1 表示变化前后的旅游产品价格；

　　　Q_0、Q_1 表示变化前后的旅游需求量。

旅游需求价格弹性的弧弹性计算公式为：

$$E_{dp} = \frac{Q_1 - Q_0}{(Q_1 + Q_0)/2} \div \frac{P_1 - P_0}{(P_1 + P_0)/2}$$

式中：E_{dp} 表示旅游需求价格弹性系数；

P_0、P_1 表示变化前后的旅游产品价格；

Q_0、Q_1 表示变化前后的旅游需求量。

根据旅游需求规律，在其他因素不变的情况下，旅游需求量与旅游产品的价格呈反方向变化关系，因而旅游需求价格弹性系数值为负值。根据旅游需求价格弹性系数 E_{dp} 的绝对值大小，通常可分为三种情况。

（1）当 $|E_{dp}|>1$ 时，旅游需求富于弹性。旅游需求量的变动幅度大于旅游产品价格变动的幅度，也即旅游产品价格变动对旅游需求的影响较大。实际情况则表明旅游产品价格提高，旅游产品需求量将减少，但减少的百分比大于价格提高的百分比，从而使旅游总收益减少；相反，如果价格下降，则需求量增加，但增加的百分比大于价格下降的百分比，从而使旅游总收益增加。

（2）当 $|E_{dp}|<1$ 时，旅游需求缺乏弹性。旅游需求量的变动幅度小于旅游产品价格变动的幅度，也即旅游产品价格变动对旅游需求的影响不大。实际情况则表明旅游产品价格提高，需求量将减少，但减少的百分比小于价格提高的百分比，从而使旅游总收益增加；相反，如果价格下降，需求量将增加，但增加的百分比小于价格下降的百分比，从而使旅游总收益减少。

（3）当 $|E_{dp}|=1$ 时，旅游需求具有单位弹性。旅游需求量的变动幅度与旅游产品价格变动的幅度相等，也即旅游产品价格变动对旅游需求没有影响。在实际中，如果旅游产品的需求价格弹性属于单位弹性，则旅游需求价格的变化对旅游经营者的收益影响不大。

旅游需求的价格弹性受多种因素影响。主要因素包括以下方面。

①旅游产品对旅游者的重要性。旅游产品的重要性越高，其价格弹性通常越小。例如，商务旅游、会议旅游以及会展旅游等与工作紧密相关的旅游产品，对人们的重要性相对较高，因此这些旅游产品的价格变动对需求量的影响相对较小。相反，如果旅游产品的重要性较低，其价格弹性则较大，两者之间存在反向关系。

②旅游产品的可替代性。通常情况下，一种旅游产品的可替代品数量越多，相似程度越高，那么该旅游产品的需求价格弹性往往就越大；反之，旅游需求的价格弹性就越小。例如，住宿、交通、餐饮等具有高度互换性的旅游产品，其价格与旅游需求的价格弹性之间呈现正相关关系。

③旅游消费支出在消费总支出中的占比情况。若旅游消费支出占消费总支出的比重较大，旅游需求的价格弹性可能较高；反之，则较低。因为当旅游消费支出所占比例较小时，消费者通常对价格变化不太敏感。

④旅游服务自给性的程度。旅游服务产品的自给性程度同样影响旅游需求的价格弹性。当旅游服务产品的自给性较高时，旅游需求的价格弹性也相应增大。例如，酒店提供的行李服务和洗衣服务等旅游产品，旅游者可以选择是否接受。因此，这两者之间呈现出正相关的关系。

此外，旅游需求的价格弹性受多种因素的影响。在同类型旅游产品中，高收入群体的旅游需求价格弹性通常低于低收入群体；而在不同类型旅游产品之间，商务旅游、会议旅游以及专项旅游产品的价格弹性往往小于观光旅游和度假旅游产品。此外，不同季节的旅游需求价格弹性也存在差异，旅游旺季的需求价格弹性通常低于旅游淡季。因此，作为旅游企业，在制定价格策略时，需要综合考虑这些因素，以达到最佳的市场效果。

2. 旅游需求收入弹性

旅游需求收入弹性是指旅游需求量对可自由支配收入变动的敏感程度。根据旅游需求规律，在其他因素不变的情况下，旅游需求量与可自由支配收入呈同方向变化关系，因而旅游需求收入弹性系数值为正值。其计算公式为：

$$E_{di} = \frac{Q_1 - Q_0}{Q_0} \div \frac{I_1 - I_0}{I_0}$$

式中：E_{di} 表示旅游需求收入弹性系数；

I_0、I_1 表示变化前后的可自由支配收入；

Q_0、Q_1 表示变化前后的旅游需求量。

旅游需求收入弹性系数可分为三种情况。

（1）当 $E_{di} > 1$ 时，表明旅游需求量的变化幅度大于人们的可自由支配收入的变化幅度，就是说可自由支配收入变动对旅游需求的影响较大。此时，人们的可自由支配收入如果发生一定比例的变化，会引起旅游需求量更大比例的变化。

（2）当 $E_{di} < 1$ 时，表明旅游需求量的变化幅度小于人们的可自由支配收入的变化幅度，也就是说可自由支配收入对旅游需求的影响较小。此时，人们的可自由支配收入如果发生一定比例的变化，只会引起旅游需求量更小比例的变化。

（3）当 $E_{di} = 1$ 时，表明当人们的可自由支配收入出现一定比例的变化，旅游需求量也以同一比例发生反方向变化。

影响旅游需求收入弹性的因素众多。通常，高级生活消费品的需求收入弹性较大，因为随着社会生产力的发展和人们收入水平的提高，人们用于基本生活必需品的支出比例会逐渐减少，而用于高级生活消费品的支出比例则会相应增加。旅游作为一种满足人们高层次生活需求的活动，正逐渐成为人们生活中不可或缺的一部分，因此旅游需求的收入弹性通常较大。同时，旅游者偏好的差异会导致在可自由支配收入增加时，对那些偏好程度较高的旅游产品的需求显著增加，而对那些偏好程度较低的旅游产品的需求变化则相对较小。此外，旅游产品的类型也会对旅游需求收入弹性产生影响。例如，商务旅游等主要由工作需求推动的旅游类型与个人收入关联不大，因此其需求收入弹性较小；与一般度假休闲旅游需求相比，探亲访友等事务性旅游的需求收入弹性也相对较小。

3. 旅游需求交叉弹性

旅游需求的交叉弹性就是指在一定时期内一种旅游产品的需求量的相对变动对于它的相关产品的价格的相对变动的反应程度。具体来说，当某一旅游产品（如度假旅游）的价格发生变化时，它会对其他相关旅游产品（如商务旅游或探险旅游）的需求量产生影响。如果两种旅游产品之间存在替代关系，那么其中一种旅游产品价格的上升会导致另一种旅游产品需求量的增加；反之，如果两种旅游产品之间存在互补关系，那么其中一种旅游产品价格的上升会导致另一种旅游产品需求量的减少。

旅游需求交叉弹性是某种旅游产品的需求量的变动率和它的相关产品的价格的变动率的比值。旅游需求交叉弹性的计算公式为：

$$E_{xy} = \frac{Q_{x1} - Q_{x0}}{Q_{x0}} \div \frac{P_{y1} - P_{y0}}{P_{y0}}$$

式中：E_{xy} 表示旅游产品 x 的旅游需求交叉弹性系数；

P_{y0}、P_{y1} 表示变化前后 y 旅游产品的价格；

Q_{x0}、Q_{x1} 表示变化前后 x 旅游产品的需求量。

旅游需求交叉弹性系数可能大于0、小于0或等于0，这几种不同情况表明了两种旅游产品之间关系的不同。

（1）当 $E_{xy} > 0$ 时，即 y 旅游产品价格的变化会导致 x 旅游产品的需求数量出现同方向变动，表明两种产品之间存在替代关系，其数值越大说明替代程度越高。例如，两个距离较近且类型相似的旅游景区 A 和 B，由于相互替代性较强，因此当 B 景区降价时，原来选择 A 景区的旅游者会有一部分转向选择 B 景区，A 景区的旅游需求会相应减少；而 B 景区提价时，原来选择 B 景区的旅游者会有一部分转向选择 A 景区，A 景区的旅游需求会相应地增加。

（2）当 $E_{xy} < 0$ 时，即 y 旅游产品价格的变化会导致 x 旅游产品的需求数量出现反方向变动，表明两种产品之间存在互补关系。此时 x 旅游产品的需求交叉弹性系数绝对值

越大说明x产品对y产品的依赖程度越高。例如，航空公司的机票降价后，出国旅游产品的需求明显增加；反之，由于燃油附加费提高而造成的机票价格提高就会使出国旅游产品需求减少。

（3）当$E_{xy}=0$，即y旅游产品价格的变化不会导致x旅游产品的需求数量发生变动，表明两种旅游产品之间相互独立，互不相关。例如，机票或火车票价格的变动一般对客源地的本地区一日游需求不会产生影响，所以其旅游需求交叉弹性系数为零。

需要注意的是，旅游产品之间的替代关系和互补关系并非一成不变的。在一定条件下，二者可能出现相互转化。因此，它们的旅游需求交叉弹性也会出现正负值的变化。例如，铁路、公路交通运输之间往往是互相替代的关系，但通过一定的合作，将二者进行有机结合，就能够把这种替代关系转变为互补关系。

旅游交叉弹性的概念对于旅游市场分析非常重要，因为它有助于旅游企业了解不同旅游产品之间的竞争关系，从而制定更有效的市场策略。例如，旅游企业可以通过调整价格策略来吸引更多的游客，或者通过与其他旅游产品提供商合作，共同开发互补性的旅游产品，以满足不同游客的需求。

> **知识链接**
>
> ### 弹性的一般概念
>
> 在经济学中，弹性主要用来表明两个经济变量变化的关系。具体讲，当两个经济变量之间存在函数关系时，作为自变量的经济变量X的任何变化，都必然引起作为因变量的经济变量Y的变化。因此，所谓弹性就是指作为因变量的经济变量Y的相对变化对于作为自变量的经济变量X的相对变化的反映程度。
>
> 弹性一般可分为点弹性和弧弹性。点弹性是指自变量变化很小，即在某一点上，而引起的因变量的相对变化。其计算公式为：
>
> $$E = \frac{\Delta Y / Y}{\Delta X / X}$$
>
> 式中：E表示点弹性
>
> $\qquad X$表示自变量
>
> $\qquad Y$表示因变量
>
> $\qquad \Delta X/X$表示自变量变化率
>
> $\qquad \Delta Y/Y$表示因变量变化率
>
> 弧弹性是指自变量变化较大时，取其平均数对因变量的相对变化量。其计算公式为：

$$E_a = \frac{Y_1 - Y_0}{(Y_1 + Y_0)/2} \div \frac{X_1 - X_0}{(X_1 + X_0)/2}$$

式中：E_a 表示弧弹性

X_0、X_1 表示变化前后的自变量

Y_0、Y_1 表示变化前后的因变量

点弹性与弧弹性的重要区别就在于：点弹性是指因变量相对于自变量某一点上的变化程度，弧弹性则是指因变量相对于自变量某一区间上的变化程度。

（资料来源：王静. 旅游经济学 [M]. 第 2 版. 北京：中国旅游出版社，2024.）

七、衡量旅游需求的指标

（一）旅游人数指标

旅游者人数指标揭示了旅游目的地国家或地区在特定时期内接待国内外游客的数量状况，该指标可细分为旅游者人数和旅游者人次两个指标。

1. 旅游者人数

旅游者人数是指旅游目的地国家或地区在一定时期内所接待的旅游者总人数。这个指标衡量旅游者对旅游产品的需求总量状况，它反映了旅游目的地的吸引力以及旅游业的发展水平。

2. 旅游者人次

旅游者人次是指一定时期内到某一旅游目的地国家或地区的旅游者人数与平均旅游次数的乘积。因为同一旅游者有可能多次到同一旅游目的地访问，因此统计出来的旅游者人次往往会高于旅游者人数。这个指标能够更准确地反映出一个旅游目的地的吸引力和受欢迎程度，因为它不仅考虑了旅游者的数量，还考虑了旅游者的重复访问率。

（二）旅游者停留天数指标

旅游者停留天数是衡量一个旅游目的地吸引力的重要参数之一。通常情况下，游客在一个地方停留的时间越长，说明这个地方的旅游资源、旅游设施和服务质量越能满足游客的需求。该指标可细分为旅游者停留总天数和旅游者人均停留天数两个指标。

1. 旅游者停留总天数

旅游者停留总天数是指一定时期内，旅游者在某一旅游目的地国家或地区停留的总天数，即旅游人次与人均停留天数的乘积。这一指标从时间角度反映了旅游者对旅游产

品的需求状况及旅游产品对旅游者吸引力的强弱。

2. 旅游者人均停留天数

旅游者人均停留天数是指在一定时期内，旅游者在某一旅游目的地国家或地区的平均停留天数，即旅游者停留天数与旅游者人次之比。这个指标从平均数的角度反映旅游产品的需求状况，不仅反映了旅游市场对旅游目的地旅游产品的需求状况，也反映了旅游需求的变化趋势。

（三）旅游者消费指标

游客消费指标不仅反映了旅游者在旅游目的地的消费水平，还能够揭示旅游市场的繁荣程度和发展潜力。该指标可细分为旅游消费总额、人均旅游消费额和旅游消费率。

1. 旅游消费总额

旅游消费总额是指一定时期内旅游者在旅游目的地国家或地区的旅游活动过程中支出的货币总额。旅游消费总额构成了同期内旅游目的地国家或地区的旅游收入。因此，该指标也是衡量旅游需求最重要的指标之一。

2. 人均旅游消费额

人均消费额是指一定时期内在旅游目的地国家或地区的旅游活动过程中每个旅游者支出的货币量，即旅游消费总额与旅游人次之比。这一指标是从平均数的角度在价值上反映某一时期内旅游者对旅游目的地旅游产品的需求情况。通过这个指标，可以了解旅游者在旅游目的地旅游消费支出的变化情况。

$$人均消费额 = 旅游消费总额 / 旅游人次$$

3. 旅游消费率

旅游消费率又称旅游开支率，是指一定时期内一个国家或地区的出国旅游消费总额与该国或该地区居民消费总额或国民收入的比值。该指标从价值的角度反映了一定时期内某一国家或地区的居民对出国旅游的需求强度。

$$旅游消费率 = 出游消费总额 / 消费总额$$

（四）其他指标

为了更好地了解客源地的旅游需求现状和发展趋势，以便有重点地开展旅游市场营销工作，还可以用以下指标对旅游需求进行衡量。

1. 旅游出游率

旅游出游率是指一定时期内，一个国家或地区的居民外出旅游的人数或人次与其总人口数的比率。它反映了一个国家或地区旅游需求的能力及强度，同时也反映出该国家或地区作为旅游客源地的可能性程度，是选择客源市场的依据。旅游出游率可以分为总出游率和净出游率两类。

$$总出游率 = 出游人次 / 总人口数 \times 100\%$$

$$净出游率 = 出游人数 / 总人口数 \times 100\%$$

2. 旅游重游率

旅游重游率是指一定时期内，一个国家或地区的出国旅游人次与出国旅游人数之比。它反映的是一定时期内一个国家或地区的居民出国旅游的频率，同时体现了其旅游需求的规模和能力。

$$旅游重游率 = 出游人次 / 出游人数 \times 100\%$$

【拓展阅读】

现在，旅游已不再是简单的地标打卡，而成为现代人寄托情怀、释放压力的"独门秘籍"。情绪旅游，这一新事物的出现深刻契合了人们对于个性化、情感化体验的追求。情绪旅游的核心在于"情"，即游客更加追求旅途中个性化的情感体验，通过满足内心的情感渴望，来将旅游车转为一场心灵的疗愈与成长的过程。在这种旅游方式下，旅游的目的地、活动及体验都被赋予了浓厚的情感色彩。游客不再满足浮于表面的观光打卡，而是更倾向于寻找那些能够触动心灵、带来独特情感体验的目的地。这些体验往往围绕某一主题或特定目标人群设计，旨在通过共同的情感诉求和沉浸式的体验，加深与游客之间的情感联系，帮助他们找到旅行的意义。

进入2024年，文旅市场的新趋势进一步彰显了情绪消费的力量。户外徒步则让人们在挑战与征服中释放情绪；围炉煮茶强调了社交与情感交流的重要性；"跟着演出去旅行"更是将粉丝们的情感投射到了旅行中，推动了旅游市场的繁荣。可以看到，情绪作为一种强大的消费驱动力，正在深刻改变着人们的旅行方式。作为新时代的消费力量，"Z世代"在消费中展现出了对独特体验与情感满足的强烈追求，他们乐于为那些触动心灵，带来愉悦感的产品和服务付费。

马斯洛的需求层次理论将人类需求从低到高划分为五种，旅游恰巧能够满足人们最高层次需要，即自我实现的需要。情绪旅游正是将焦点聚焦于游客的内心世界，让游客在旅行中实现个人成长、情感共鸣与心灵深处的满足。对于这些热衷于挑战和追求变化的年轻群体而言，旅行变成了开启新世界大门的钥匙，填补了他们对未知世界无尽的

好奇。《2023年国民健康洞察报告》中，98%的受访者表示仍有健康困扰，其中情绪问题排在第二位。在如今快节奏、高压力的现代生活中，旅游成为一剂独特的心理疗愈良方。它能让人们暂时从日常的纷扰中抽离，寄身于"诗与远方"的怀抱，享受片刻的宁静与自由。在旅途中，人们得以重新连接内心，找回生活的平衡与意义。能够在旅途中收获生活的勇气与力量，也难怪"Z世代"的年轻人愿意为情绪旅游买单。

情绪动线，是指通过布局情绪触发点，让游客在旅程中产生丰富的情绪体验，并持续产生探索欲和参与感，从而在情感上得到升华的一种情绪变化轨迹，旨在助推旅游目的地成为游客难以忘怀的心灵栖息地。要实现这一目标，文旅项目团队需要从动线的每一个环节来展开剖析，精准施策。

第一，捕捉游客的复杂情绪，是情绪旅游策略制定的起点。通过需求细分与精准把握，来唤醒游客的情绪共鸣，从而开启一段段深入心灵的旅程；第二，场景氛围是提供情绪价值的基石。在产品设计过程中，确保整体定位与情绪价值的紧密相联。影视剧《去有风的地方》，通过贴心的人文服务，淳朴的民风民俗以及令人心旷神怡的自然风光，云南打造出了现实版的"有风之地"，以满足现代人寻求心灵疗愈的深切渴望；第三，利用独特资源来构建情绪动线的关键，在于精准布局多样化的情绪触发点。利用山水景致、地道美食、互动演出、雕塑壁画等，全方位调动游客的视觉、听觉、触觉等多维感官体验。西安长安十二时辰主题街区正是以唐代长安为蓝本，再现了盛唐风情的辉煌。门楼古朴，市井繁华，互动体验项目和演出精彩纷呈，让游客在参与中感受唐代文化的魅力。从期待到共鸣，再到高潮，游客的情绪层层递增，达到顶峰；最后，在情绪动线的打造过程中，细节的力量不容小觑。每一处细节的处理都是对游客体验的极致关怀，比如公共空间的卫生与清洁、必要且适当的休息区域、便捷的交通设施以及生动灵活的导览系统设计，都能汇聚成提升游客满意度和忠诚度的强大力量。

（资料来源：情绪旅游，如何成功拿捏住这一代年轻人？［ED/OL］.新时代文旅产业研究院，2024-09-23.）

第二节 旅游供给分析

一、旅游供给的概念

旅游供给是指在一定时期和一定价格水平下，旅游经营者愿意并且能够向旅游市场提供的旅游产品数量。为了能够正确地认识和深入理解旅游供给的含义，需要关注以下几方面。

（一）旅游供给以旅游需求为前提条件

旅游供给的前提条件是人们的旅游需求。为了满足这一前提，旅游生产经营单位和部门必须深入理解并准确把握旅游者的需求层次和需求内容，从而以旅游需求为市场导向，建立起一整套适应旅游活动所需的旅游供给体系。这一体系的建立，旨在确保向旅游者提供充足且能满足其旅游需求的旅游产品，从而实现旅游供给与旅游需求之间的有效对接和良性互动。

（二）旅游供给必须是有效的

旅游供给必须是一种有效的供给，即旅游经营者不仅愿意而且能够提供旅游产品。这表明所提供的旅游产品和服务必须真正满足游客的需求和期望。有效供给不仅仅是指数量上的充足，更重要的是质量上的保证。只有当游客在旅游过程中获得满意的体验，才能认为旅游供给是有效的。这种满意体验的获得，是衡量旅游供给是否成功的关键标准。

（三）旅游供给涵盖基本旅游供给与辅助旅游供给两个方面

基本旅游供给指的是那些直接满足游客旅游需求的产品和服务，通常包括旅游资源、旅游接待设施和旅游服务等方面。例如，酒店、餐厅、航空公司、旅游景区以及各类娱乐设施，均属于基本旅游供给的范畴。这些供给对于游客来说是不可或缺的，它们直接影响游客的满意度和旅游体验的质量。

辅助旅游供给是指为游客提供间接支持和便利的各种产品和服务，通常包括旅游信息咨询、旅游保险、旅游纪念品、导游服务、翻译服务等。例如，旅游咨询中心、保险公司、纪念品商店和专业导游都属于辅助旅游供给的范畴。虽然这些供给不直接构成旅游的核心体验，但它们为游客提供了更多的便利和保障，从而增强了游客的整体满意度。

总的来说，基本旅游供给和辅助旅游供给共同构成了一个完整的旅游供给体系，为游客提供了全方位的服务和体验。无论直接满足游客核心需求的基本供给，还是提供间接支持和便利的辅助供给，都是旅游目的地中不可或缺的重要组成部分。

二、旅游供给的特征

（一）多样性

由于旅游需求的多样性，旅游供给呈现出多样化的特征。旅游供给的多样性体现在

多个方面。首先,旅游目的地的类型多种多样,从自然风光到人文景观,从城市观光到乡村体验,满足不同游客的需求。其次,旅游产品和服务的种类繁多,包括酒店住宿、餐饮服务、交通服务、娱乐活动等,为游客提供全方位的体验。第三,旅游供给还体现在不同价格层次上,从经济型到奢华型,满足不同消费能力游客的需求。第四,旅游供给的多样性还体现在旅游活动的组织形式上。团体旅游、半自助旅游、自助旅游等不同的旅游形式,为游客提供了丰富的出行选择。此外,旅游供给的多样性还表现在旅游季节性上,不同季节的旅游产品和服务也有所不同,以满足游客在不同季节的旅游需求。

(二)关联性

旅游供给与国民经济的各个领域之间存在着广泛的联系。每一次旅游活动的供给不仅牵涉众多直接相关的经济部门和行业,如交通、住宿、餐饮和娱乐,还涉及更多间接相关的部门和行业,包括金融、保险、教育和医疗等。这些行业之间的相互依赖和促进作用,构成了一个复杂交织的经济网络。旅游供给的任何增减都会直接影响这些行业的经济效益,并对整个国民经济产生重大影响。此外,旅游供给与社会文化、生态环境等方面也紧密相联。旅游活动的开展有助于传播和推广当地文化,促进不同文化的交流与融合,并对生态环境保护提出更高要求。旅游业发展需平衡开发与保护,以实现可持续发展。因此,旅游供给不仅关联经济,还涉及社会、文化、生态等多方面。

(三)产地消费性

在旅游供给领域,由于旅游产品的不可移动性以及生产和消费的同步性,旅游产品的消费必须将旅游者吸引至旅游产品的生产地才能实现。因此,旅游供给具有明显的产地消费特性。具体而言,旅游产品例如自然景观、历史遗迹和文化活动等,无法像其他商品那样进行大规模运输和转移。为了体验这些旅游产品,旅游者必须亲自前往其生产地,即旅游目的地。这种产地消费特性使得旅游目的地的开发和规划变得尤为重要。一个具有吸引力的旅游目的地,不仅要拥有独特的旅游资源,还要具备完善的旅游基础设施和高质量的服务,以满足旅游者的多样化需求。只有这样,才能确保旅游者在旅游过程中获得满意的体验,从而推动旅游业的持续发展。

(四)稳定性

旅游供给的稳定性主要体现在以下几个方面:首先,旅游设施的用途相对固定。例如,机场、码头、车站、公路和铁路等众多旅游基础设施的用途具有显著的固定性。其次,旅游设施数量相对稳定。由于旅游设施的建设需要经历一定的周期,因此在短期内，其供给数量保持相对稳定，不易随着旅游需求或旅游价格的波动而迅速调整。再者，旅游服务的提供也具有一定的稳定性。旅游服务包括导游服务、住宿服务、餐饮服务等，这些服务的提供需要依赖一定的机构和人员。而这些机构和人员的培养和招募也需要时间，因此，在短期内，旅游服务的供给也相对稳定。此外，旅游资源的稳定性也是旅游供给稳定性的重要组成部分。自然景观、历史遗迹等旅游资源是旅游业发展的基础，它们的存在和状况直接影响旅游供给的稳定性。这些资源一旦形成，其数量和质量在短期内不会有大的变化，因此，旅游资源的稳定性为旅游供给的稳定性提供了保障。旅游供给的稳定性是旅游业发展的重要基石，它确保了旅游者在旅游过程中能够获得稳定的服务和体验。

（五）计量差别性

对于旅游供给的计量，不能仅仅通过简单地累加各种旅游要素来反映其总体情况，也不能仅仅依赖于综合旅游产品的数量来测度其规模。实际上，旅游供给的数量和生产能力是通过旅游者数量来体现的，即通过可能接待的旅游者人数来表征。因此，旅游供给的计量方式与普通产品不同，它不是通过提供的旅游产品数量来衡量，而是以服务对象，即接待的旅游人次作为基本计量单位。这种计量方式能够更全面地反映旅游供给的实际情况，因为它不仅考虑了旅游要素的种类和数量，还考虑了旅游目的地的接待能力和服务质量。通过这种方式，可以更准确地评估旅游供给的规模和潜力，从而为旅游规划和管理提供更科学的依据。

三、旅游供给的影响因素

（一）旅游资源因素

旅游资源构成了旅游供给中最核心的元素，其丰富性和品质直接影响旅游供给的水平。旅游资源包括自然景观、历史遗迹、文化活动、民俗风情等，它们为旅游者提供了丰富的旅游体验。同时，旅游资源的开发深度和利用效率也决定了旅游供给的规模和质量。例如，一个拥有世界级自然景观和文化遗产的旅游目的地，往往能够吸引众多旅游者，进而推动当地旅游供给的蓬勃发展。此外，旅游资源的季节性变化也会影响旅游供给。例如，某些地区的自然景观可能在特定季节更为壮观，吸引大量游客，而在其他季节则相对平淡，游客数量减少。因此，合理规划和利用旅游资源，根据季节变化调整旅游供给策略，是提升旅游目的地吸引力和竞争力的重要手段。同时，保护和传承旅游资源，确保其可持续利用，也是旅游供给长期稳定发展的关键。

（二）经济因素

旅游活动的顺利进行依赖于食宿、交通、游览、购物和娱乐等多种要素的供给，这些要素的供给与一个国家或地区的社会经济条件紧密相联。经济发达的国家或地区通常能够投入更多资金用于旅游设施建设和市场推广，以提高旅游目的地的吸引力和知名度。相对地，经济较不发达的国家或地区可能面临旅游设施落后、市场推广不足等问题，这限制了旅游供给的质量和规模。同时，经济状况还影响着旅游供给的稳定性和可持续性。经济波动可能导致旅游投资的减少，进而影响旅游设施的维护和更新，削弱旅游目的地的市场竞争力。此外，旅游业的蓬勃发展能够带动酒店业、餐饮业和交通业等相关产业链的进步，形成一个相互促进的良性循环。因此，经济因素在旅游供给中扮演着至关重要的角色，是推动旅游供给发展的重要动力。

（三）价格因素

旅游供给受旅游产品价格、生产要素价格以及相关产品价格变动的影响。一般情况下，旅游产品价格与旅游供给量之间呈正相关关系。旅游产品价格越高，旅游目的地或旅游经营者提供的旅游供给量就会越多；反之，旅游产品价格越低，旅游目的地或旅游经营者提供的旅游供给量就会越少。同时，旅游产品生产要素的价格发生变化也会影响到旅游供给的数量。因为生产要素的价格是旅游产品成本的体现，在旅游价格不变的情况下，生产要素价格越高，旅游产品成本越高，旅游利润越低，从而使旅游供给减少；相反，生产要素价格越低，旅游产品成本越低，旅游利润越高，旅游供给增加。此外，相关产品价格的变动，如交通、住宿和餐饮等，也会间接影响旅游供给。例如，交通成本的上升可能会导致旅游目的地的吸引力下降，进而影响旅游供给量。

旅游供给受多种价格因素的影响，包括旅游产品价格、生产要素价格以及相关产品价格的变动。通常情况下，旅游产品价格与旅游供给量之间存在正相关关系。具体而言，旅游产品价格越高，旅游目的地或旅游经营者提供的旅游供给量越多；反之，旅游供给量则越少。同时，生产要素价格的波动也会对旅游供给量产生影响。这是因为生产要素价格直接关系到旅游产品的成本，若在旅游价格保持不变的情况下，生产要素价格上升会导致旅游产品成本增加，进而降低旅游利润，减少旅游供给；反之，则增加旅游供给。此外，交通、住宿和餐饮等相关产品价格的变动也会间接影响旅游供给。例如，交通成本的增加可能会降低旅游目的地的吸引力，进而影响旅游供给量。

（四）政策因素

旅游目的地国家或地区的政策因素显著影响旅游供给。政府的旅游政策、法律法规、投资建设、市场监管以及应急处理能力等都会对旅游供给产生直接或间接的影响。例如，政府通过制定有利于旅游业发展的政策，提供税收优惠、资金扶持等措施，可以有效促进旅游供给的增长，而严格的环境保护法规则可能限制某些旅游活动的开展。政府对旅游基础设施的投资和建设，如改善交通、提升住宿和开发旅游景点，能提高目的地的吸引力和接待能力。通过有效的宣传推广，政府可以提高旅游目的地的知名度，吸引更多国内外游客。此外，政府的应急处理能力也影响旅游供给，如自然灾害或公共卫生事件的应对措施和恢复能力将直接影响旅游目的地的恢复速度和游客的信心。

（五）科技因素

科学技术对旅游供给的影响主要体现在产品创新、营销推广、设施建设、安全管理等方面。技术进步推动了旅游产品和服务的创新，例如，虚拟现实技术让远程景点体验成为可能，从而激发了旅游需求。同时，智能导览系统、移动支付等技术的应用，提升了旅游服务的便捷性和个性化水平。社交媒体和网络平台的广泛使用，使得旅游目的地和产品的宣传推广更加高效和广泛。智能交通系统、智慧酒店、智能景区等新型旅游设施的建设，提升了目的地接待和管理水平。此外，科技在旅游安全管理中也扮演着至关重要的角色，通过监控和数据分析，可以有效预防和应对安全风险，保障游客的人身和财产安全。总之，科技的不断进步为旅游业的可持续发展注入了新的活力和动力。

> **➡ 同步思考**
>
> 旅游业的供给结构与一般产业的供给结构相比，具有不同的特点，主要包括游客空间位移特点，旅游需求与旅游供给综合性特点，经济产业与社会文化福利事业多重属性及与其他部门、产业、社区和区域融合发展特点，旅游市场与各种资源能力要素组合特点，驱动主体与利益相关者较多特点等。上述特点所涉及的短板问题是旅游业供给侧结构性改革的重要方面。我国旅游业供给侧结构性改革的目标体系，是指旅游业供给侧结构性改革要完成的主要任务，包括降成本、补短板，优化存量资源配置，扩大优质增量供给，实现供需动态平衡，提升旅游业发展质量与效益。参照世界经济论坛提出的全球旅游业竞争力评价指标，针对我国旅游业供给侧结构性改革的问题与特点，我国旅游业供给侧结构性改革的目标体系可构建如下。
>
> 第一，旅游目的地公共产品与服务供给短板制约问题解决的目标，主要包括：

基础设施供给短板制约问题解决的目标，公共环境与气氛营造供给短板制约问题解决的目标，市场治理供给短板制约问题解决的目标。

第二，旅游产业、产品、服务体系发展不平衡与不充分的完善目标，主要包括：旅游产业、产品、服务存量资源优化的目标，优质增量供给扩大的目标。

第三，旅游业与相关部门、产业、乡村振兴、新型城镇化、社区、区域、扶贫事业融合发展的目标。例如，充分发挥博物馆、图书馆、剧院、艺术表演团体为游客提供服务的潜力，包括调整服务与表演时间以适合游客的需要；文化部门设立的发展基金，也要考虑如何支持旅游文化项目发展的需要。

第四，旅游市场与资源、资金、技术、组织、能力有效组合以提高核心竞争力的目标。例如，不断与国内外旅游业发展的先进水平对标，提高科学分析、预测与选择目标市场以及精准定位的能力；提高充分认识与有效利用资源的能力；提高合理融资的能力；提高认识与运用新技术与适用技术的能力；提高认识与运用现代旅游业组织方式如连锁化、联营化、品牌化、收购、兼并与重组等能力；提高创新创业能力。

第五，旅游业发展主体与利益相关者合作、共赢、共享的全面提升旅游业发展质量与效益的目标。具体包括以下八个方面：旅游业发展主体与利益相关者的利益都要得到维护与提高；追求可持续发展的质量与效益；由法规与标准来保证提高质量与效益的行为；要追求旅游项目与线路空间布局合理的质量与效益；要追求旅游产业结构合理化与高级化的质量与效益；要追求动态的、多维度比较的质量与效益；要加强各相关部门、各相关地区综合监管与属地监管；完善与提升旅游业发展质量与效益的体制、机制、能力。

（资料来源：何建民.如何深化旅游业供给侧结构性改革？[N].中国旅游报，2017-11-26.）

问题：阅读上述材料，讨论我国旅游业供给侧结构性改革目标实现的路径。

四、旅游供给规律

旅游供给受许多因素的影响，但对旅游供给具有决定性影响的因素主要是旅游产品的价格、生产要素的价格和旅游供给能力等。因此，旅游供给量变化的规律性主要反映为旅游供给与旅游产品价格的相关性及变化关系。

旅游供给规律表明，在其他因素不变的情况下，旅游供给量与旅游产品的价格呈同方向变化。此规律以函数关系式表示出来，称为旅游供给函数，表达公式为：

$$Q = f(P)$$

在该公式中，Q 表示旅游供给量，P 表示旅游产品价格，f 表示函数关系。

（一）在其他因素不变的情况下，旅游供给量与旅游产品价格呈同方向变化

旅游产品价格对旅游供给影响最大。在其他因素不变的情况下，旅游产品价格越高，旅游供给量就越大；旅游产品价格越低，旅游供给量就越小。两者之间的关系，形成了旅游供给曲线，如图3-5所示。

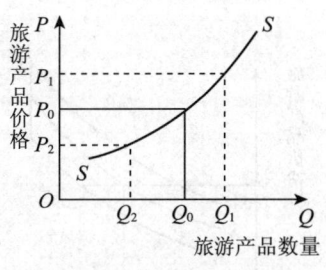

图3-5 旅游供给曲线

在图3-5中，横坐标代表旅游供给量，用 Q 表示，纵坐标代表旅游产品价格，用 P 表示，曲线 SS 为旅游供给曲线。在其他因素不变的情况下，当旅游产品价格由 P_0 上升到 P_1 时，旅游供给量由 Q_0 增加到 Q_1；反之，当旅游产品价格由 P_0 下降到 P_2 时，旅游供给量由 Q_0 减少到 Q_2。因而，旅游供给价格曲线是一条自右上向左下方倾斜的曲线，旅游供给量与旅游产品价格之间呈同向变化的关系，用函数可以表示为：

$$Q = f(P)$$

式中，Q 表示旅游供给量，P 表示旅游产品价格，f 表示两者之间的函数关系。

（二）旅游供给相对稳定规律

旅游供给能力是指在一定条件下，旅游企业能够提供旅游产品的最大数量。旅游供给能力在一定条件下具有相对稳定性，这种稳定性受到旅游资源、基础设施、政策和市场需求等多种因素的制约。由于旅游供给能力的限制，旅游供给量并不会随着旅游产品价格的波动而随意调整。一旦达到旅游供给能力的上限，即便旅游产品价格进一步提高，旅游供给量也将保持不变。这种相对稳定性意味着旅游供给能力在短期内难以迅速扩大或缩小。例如，一家酒店的客房数量是固定的，即使在旅游旺季价格上涨，酒店也无法立即增加客房数量以满足需求。同样，旅游景点的接待能力也受到其设施和资源的限制，无法在短时间内进行大规模的扩建。这种关系形成了限定的旅游供给曲线，如图3-6所示。

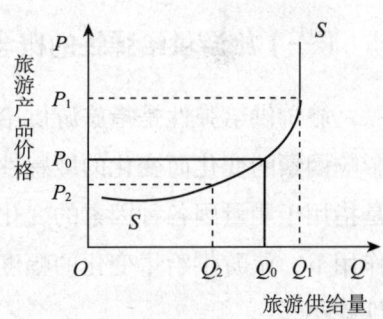

图3-6 旅游供给相对稳定规律曲线

在图3-6中，当旅游供给量小于 Q_1 时，旅游供给量将随旅游产品价格的变化呈同

方向变化；旅游供给量达到 Q_1 以后，受旅游供给能力的制约，即使旅游产品价格从 P_1 继续上涨，旅游供给量都不会发生变化，仍然保持在 Q_1 的水平。因此，旅游供给能力在一定条件下具有相对稳定的客观规律性。

（三）旅游供给水平变化规律

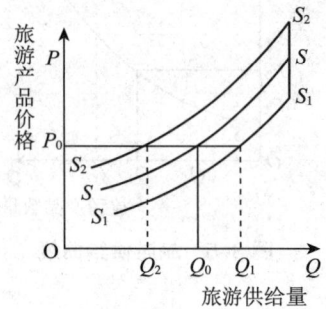

图 3-7 旅游供给水平变化曲线

旅游供给量的变化不仅受到旅游产品价格的影响，也受其他各种因素影响而变化。在旅游产品价格既定的情况下，由于其他因素的变动而引起的旅游供给变化的规律，称为旅游供给水平变动规律，如图 3-7 所示。

在图 3-7 中，横坐标代表旅游供给量，用 Q 表示，纵坐标代表旅游产品价格，用 P 表示，曲线 SS 为旅游供给曲线。在旅游产品价格 P_0 不变的情况下，其他相关因素发生变化对旅游供给的影响，使旅游供给曲线向右或向左位移，形成旅游供给水平变化曲线。对于旅游供给方而言，当受到有利因素的刺激时，旅游供给曲线从 SS 移向 S_1S_1，表示虽然旅游价格不变，但旅游供给量会从 Q_0 增长到 Q_1；当受到不利因素的影响时，旅游供给曲线从 SS 移向 S_2S_2，旅游供给量则从 Q_0 减少到 Q_2。

五、旅游供给弹性

（一）旅游供给弹性的概念

旅游供给弹性是指旅游供给对各种影响因素变化的反映程度。用于衡量旅游供给受影响因素的变化而变化的敏感性，用旅游供给弹性系数来表示。所谓旅游供给弹性系数是指用于测量因各种因素的变化而引起旅游供给量变化大小的程度。在各种影响因素的作用下，旅游供给量变化的幅度大，供给弹性就大；旅游供给量变化的幅度小，供给弹性就小。

旅游供给弹性在计算上可以分为点弹性和弧弹性。点弹性表示的是旅游供给曲线上某一点的弹性，它衡量旅游产品价格变动幅度很小或在某一点上所引起的旅游供给量的变化程度。旅游供给点弹性的计算公式为：

$$E_s = \frac{\Delta Q/Q}{\Delta X/X}$$

式中：E_s 表示旅游供给点弹性；

　　　X 表示各种影响因素的数量；

　　　Q 表示旅游供给量；

　　　$\Delta X/X$ 表示各种影响因素的变化率；

　　　$\Delta Q/Q$ 表示旅游供给量的变化率。

弧弹性表示旅游供给曲线上两点之间的弹性，它表示旅游产品价格变动幅度较大所引起的旅游供给量的变化程度。旅游供给弧弹性的计算公式为：

$$E_{sa} = \frac{Q_1 - Q_0}{(Q_1 + Q_0)/2} \div \frac{X_1 - X_0}{(X_1 + X_0)/2}$$

式中：E_{sa} 表示旅游供给弧弹性；

　　　X_0、X_1 表示变化前后的各种影响因素的数量；

　　　Q_0、Q_1 表示变化前后的旅游供给量。

（二）旅游供给弹性的分类

由不同影响因素引起的旅游供给量的变化程度会产生不同类型的旅游供给弹性，通常分为旅游供给价格弹性、旅游价格预期弹性。

1. 旅游供给价格弹性

旅游供给价格弹性反映的是旅游供给量对旅游产品价格变动的反应及变化关系。根据旅游供给规律，在其他因素不变的情况下，旅游供给量与旅游产品的价格呈同方向变化，也即不论旅游产品价格上升还是下降，旅游供给量都会出现相应的增加或减少。旅游供给量随旅游产品价格的变化而变化的程度，用旅游供给价格弹性系数进行计算。

旅游供给价格弹性系数是指旅游供给量对旅游产品价格变动的敏感程度，即旅游供给量变化的百分数与旅游产品价格变化的百分数的比值。

旅游供给价格弹性的点弹性系数计算公式为：

$$E_{sp} = \frac{\dfrac{Q_1 - Q_0}{Q_0}}{\dfrac{P_1 - P_0}{P_0}}$$

式中：E_{sp} 表示旅游供给价格弹性系数；

　　　P_0、P_1 表示变化前后的旅游产品价格；

　　　Q_0、Q_1 表示变化前后的旅游供给量。

旅游供给价格弹性的弧弹性计算公式为：

$$E_{sp} = \frac{Q_1 - Q_0}{(Q_1 + Q_0)/2} \div \frac{P_1 - P_0}{(P_1 + P_0)/2}$$

式中：E_{sp} 表示旅游供给价格弹性系数；

P_0、P_1 表示变化前后的旅游产品价格；

Q_0、Q_1 表示变化前后的旅游供给量。

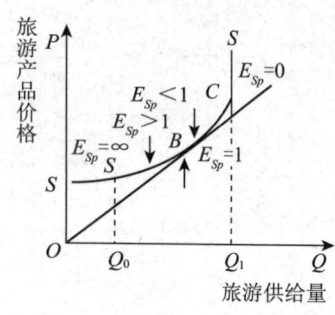

图 3-8　旅游供给价格弹性变化

根据旅游供给规律，在其他因素不变的情况下，旅游供给量与旅游产品的价格呈同方向变化关系，因而旅游供给价格弹性系数值为正值。根据旅游供给价格弹性系数 E_{sp} 的大小，通常可分为五种情况。如图 3-8 所示。

（1）当 $E_{sp}>1$ 时，旅游供给富于弹性。旅游供给量的变动幅度大于旅游产品价格变动的幅度，也即旅游产品价格微小的变动就会引起旅游供给大幅度变动。此时，旅游供给曲线斜率小而平缓。

（2）当 $E_{sp}=1$ 时，旅游供给具有单位弹性。旅游供给量的变动幅度与旅游产品价格变动的幅度相等，也即旅游产品价格变动对旅游供给的没有影响。此时，旅游供给曲线斜率适中，表现为一条正双曲线。

（3）当 $E_{sp}<1$ 时，旅游供给缺乏弹性。旅游供给量的变动幅度小于旅游产品价格变动的幅度，也即旅游产品价格变动对旅游供给的影响不大。此时，旅游供给曲线斜率大而陡峭。

（4）当 $E_{sp}=0$ 时，旅游供给无弹性。在这种情况下，无论旅游价格如何变动，旅游供给量都不发生变化。此时，旅游供给曲线无斜率并与纵轴平行。

（5）当 $E_{sp}=\infty$ 时，旅游供给完全富有弹性。旅游价格在既定的情况下，旅游供给量可任意变化。此时，旅游供给曲线无斜率并与横轴平行。

2. 旅游价格预期弹性

旅游价格的预期弹性是指未来旅游价格的相对变动与当前旅游价格相对变动之比。未来旅游价格的相对变动是指未来旅游市场上旅游者预期旅游价格相对于当前旅游价格的变化；当前旅游价格相对变动是指目前旅游市场上实际旅游价格相对于未来旅游价格的变化。把未来旅游价格相对变化与现期旅游价格相对变化进行比较，即可得出旅游价格预期弹性系数。

旅游价格预期弹性的计算公式如下：

$$E_f = \frac{\Delta F/F}{\Delta P/P}$$

式中：E_f 表示旅游价格预期弹性系数；

F 表示未来旅游价格；

ΔF 表示未来旅游价格的相对变动；

P 表示当前旅游价格；

ΔP 表示当前旅游价格相对变动。

旅游价格预期弹性系数对于旅游者和旅游经营者而言，都是一个重要的影响系数。该系数揭示了旅游者和旅游经营者对旅游价格未来变动的预期敏感度。当旅游者预计未来旅游价格会上涨，他们倾向于提前进行旅游消费，这可能引起当前旅游需求的上升。反之，若旅游者预期旅游价格将下跌，他们可能会选择延后旅游消费，从而减少当前的旅游需求。当旅游经营者预期旅游价格将上涨时，他们可能会增加未来旅游供给量，以获取更高的收益。如果他们预期旅游价格将下跌，可能会采取降价策略，减少未来旅游供给量。

（1）对于旅游者，旅游价格预期弹性的作用相对较小。

当 $E_f>1$ 时，表明旅游者预期未来旅游价格的相对变动将超过当前旅游价格的相对变动。若当前旅游价格上升，旅游者可能会预期未来旅游价格上升的幅度更大，从而增加对当前旅游产品的购买，导致当前旅游需求上升；相反，若当前旅游价格下降，旅游者可能会预期未来旅游价格下降的幅度更大，因此减少对当前旅游产品的购买，造成当前旅游需求下降。

当 $E_f<1$ 时，表明旅游者预期未来旅游价格的相对变动将小于当前旅游价格的相对变动。如果当前旅游价格上升，旅游者可能会预期未来旅游价格下降，这可能导致当前旅游需求减少。

然而，由于旅游需求还受到闲暇时间、可自由支配收入等因素的影响，旅游价格预期对旅游需求的影响相对有限，即旅游价格预期弹性系数通常较小。

（2）对于旅游经营者，旅游价格预期弹性的作用相对较大

$E_f>1$，表明旅游经营者预期未来旅游价格的相对变动将超过当前旅游价格的相对变动。若当前旅游价格上升，为了将来获得更大的收益，旅游经营者会选择减少当前的旅游供给，并增加投入以期提高未来旅游供给量；若当前旅游价格下降，为了保持经营的稳定性，旅游经营者也会适当减少当前的旅游供给。

$E_f<1$，表明旅游经营者预期未来旅游价格的相对变动将小于当前旅游价格的相对

变动，即旅游市场价格将保持稳定。因此，旅游经营者会倾向于增加旅游宣传和促销活动，以提升当前的旅游供给。

由于旅游经营者需要在竞争激烈的市场中保持竞争力，他们必须对旅游价格的未来走势有准确的预判。因此，旅游经营者在制定价格策略和营销计划时，要密切关注旅游价格预期弹性的影响。

六、旅游供给指标

（一）旅游接待能力指标

旅游接待能力指标反映了一定时期内旅游目的地国家或地区能够接待旅游者的最大数量，是衡量一个地区旅游发展水平和潜力的重要依据。该指标可细分为旅游设施总接待能力、旅游服务接待能力。

1. 旅游设施总接待能力

旅游设施总接待能力是指旅游目的地国家或地区在一定时期内的旅游设施所能容纳游客的最大数量。这一指标不仅涵盖了住宿设施的接待能力，还包括了餐饮、交通、娱乐等其他相关旅游服务设施的综合承载力。旅游设施的总接待能力是旅游目的地能够为游客提供的最大服务容量，它反映了旅游目的地在旅游旺季时，能否满足大量游客的需求，以及在旅游淡季时，能否有效利用现有设施资源。因此，旅游设施总接待能力对于旅游目的地的规划和管理具有重要意义。同时，旅游设施总接待能力也是衡量一个地区旅游业发展水平的重要指标之一，它直接关系到旅游目的地的吸引力和竞争力。

2. 旅游服务接待能力

旅游服务接待能力是指旅游目的地国家或地区在一定时期内能够为游客提供的各种服务的综合能力。这不仅包括住宿、餐饮、交通和娱乐等传统服务设施的接待能力，还涵盖了导游、旅游咨询、紧急救援等专业服务的水平。旅游服务接待能力的高低直接影响游客的满意度和旅游目的地的声誉。一个地区或国家的旅游服务接待能力越强，就越能吸引游客，提升游客的旅游体验，进而促进旅游业的持续健康发展。因此，提升旅游服务接待能力是旅游目的地增强吸引力、提升竞争力的重要途径。

（二）旅游供给发展潜力指标

旅游供给发展潜力指标是指衡量一个地区或国家在旅游产业发展方面所具备的潜在能力和未来发展的空间大小的综合性指标。该指标可细分为旅游容量指标和旅游资源开发利用率。

1. 旅游容量指标

旅游容量指标是指旅游目的地在一定时期内，能够承受的游客数量上限，而不对环境和当地社区造成不可逆转的负面影响。这一指标通常包括生态环境容量、旅游资源容量、经济社会容量、游客心理容量。生态环境容量关注的是旅游活动对自然环境承载力的影响，旅游资源容量关注的是旅游活动对景区资源的可持续利用，经济社会容量则关注旅游活动对当地经济和社会结构的影响，而游客心理容量则关注游客在旅游过程中对拥挤程度的容忍度和心理承受能力。这些容量指标共同构成了旅游容量指标体系，为旅游目的地的可持续发展提供了重要的参考依据。

2. 旅游资源开发利用率

旅游资源开发利用率是指旅游目的地现有旅游资源被开发和利用的程度。这一指标揭示了旅游资源的开发潜力以及实际利用状况。高利用率表明旅游资源得到了深入的挖掘和充分利用，低利用率则意味着旅游资源尚未得到充分开发，存在较大的提升空间。

$$旅游资源开发利用率 = 已开发利用旅游资源 / 所有旅游资源 \times 100\%$$

旅游资源开发利用率是衡量旅游目的地发展潜力和竞争力的重要指标之一。通过科学规划和合理开发，可以实现旅游资源的可持续利用，促进旅游业的健康发展。

第三节　旅游供求矛盾及其平衡

一、旅游供求矛盾

（一）旅游供求矛盾运动

旅游需求与旅游供给代表了旅游市场的两个重要方面，它们之间的相互作用和关系实质上揭示了旅游市场中供求双方是否能够达到一种相互适应和协调的状态。当旅游市场中的旅游供求达到和谐状态，彼此之间的矛盾并不明显时，表现为旅游供求平衡；反之，当旅游市场中的旅游供求不匹配，矛盾变得显著时，就会表现为旅游供求失衡。具体来说，若旅游需求超出旅游供给，旅游目的地可能会面临资源紧张、旅游产品和服务价格上涨、服务质量降低等问题，这会导致游客的旅游体验质量大打折扣，甚至影响旅游目的地的声誉和可持续发展。相反，若旅游供给超过旅游需求，旅游目的地可能会遭遇资源浪费、旅游设施大量空置、经济效益下滑等问题，这不仅会增加旅游目的地的运营成本，还可能导致旅游市场的恶性竞争。因此，保持旅游供求关系的平衡对于旅游目

的地的可持续发展至关重要。

旅游供求矛盾运动是指旅游供给与旅游需求之间不断要求相互适应，并表现出供求关系从不平衡到平衡，再由平衡到不平衡的循环往复变化的过程。这种矛盾运动是旅游市场发展的内在动力，通过不断的调整和优化，旅游市场能够在动态中寻求平衡，实现供求双方的和谐发展。

（二）旅游供求矛盾的表现形式

在旅游市场上，旅游供求矛盾表现为供需双方的不平衡状态，具体体现在旅游供给与旅游需求在总量、质量、结构、时间、空间等方面的不匹配。

1. 旅游供求总量方面的矛盾

旅游供求总量方面的矛盾主要体现在某一时期内，旅游供给或旅游接待能力与旅游总人次之间的不协调。由于旅游供给的稳定性特征，短期内旅游设施的用途和数量相对固定，不易随着旅游需求或价格的波动而迅速作出调整。因此，在旅游需求激增的情况下，旅游供给难以满足这种需求，从而导致供不应求的局面。例如，在旅游高峰期，大量的游客涌入热门景区，旅游目的地的接待能力可能无法满足需求，导致住宿、交通等资源供不应求，常常出现一票难求、酒店爆满的情况，旅游价格上涨，旅游服务质量下降。而在旅游淡季，旅游目的地的接待能力过剩，这些资源闲置，导致资源浪费和经营困难。

2. 旅游供求质量方面的矛盾

旅游供求质量方面的矛盾主要体现在旅游者预先期望值与实际旅游供给之间的差距。这种差距通常源于旅游者对目的地的预期与实际体验之间的差异，包括对住宿、餐饮、交通、景区和服务等方面的期望与现实之间的不匹配。旅游者在出行前，往往会根据各种宣传资料、网络评价和朋友推荐形成一定的期望值，然而实际的旅游供给可能因为多种因素，如旅游产品单一、旅游设施陈旧、服务流程不规范、从业人员素质不高等，无法达到旅游者的预期。这种矛盾不仅会影响旅游者的满意度，还可能对旅游目的地的声誉和旅游业的可持续发展产生负面影响。

3. 旅游供求时间方面的矛盾

旅游供求时间方面的矛盾主要源于旅游需求的指向性、集中性和季节性特征。这种矛盾导致了旅游目的地在特定时间段内出现供不应求或供过于求的现象。例如，在旅游旺季，如节假日和暑假期间，旅游需求激增，而旅游供给却无法满足大量游客的需求。这不仅导致了旅游体验质量的下降，还可能引发交通拥堵、住宿紧张、景点过度拥挤等问题。游客在这些时段往往难以预订到合适的住宿，或者不得不支付更高的价格来获得服务。相反，在旅游淡季，旅游目的地的接待能力过剩，这些资源闲置，导致资源浪费和经营困难。旅游企业为了维持运营，不得不降低价格或提供各种优惠措施，但仍然难以吸引足够的游客。这种时间上的供求矛盾影响了游客满意度和目的地的经济、社会发展。

4. 旅游供求空间方面的矛盾

旅游供求空间方面的矛盾主要体现在旅游产品地理位置的固定性和容量的有限性与旅游需求的变动性之间的冲突。具体而言，旅游产品如景点、酒店和度假村等，通常都位于特定的地理位置，这些位置是不可移动的。同时，旅游接待能力也是有限的，无论是酒店的房间数量还是景点的游客承载力，都有一定的上限。然而，旅游需求却具有很大的变动性，受季节、节假日、经济状况、社会事件等多种因素的影响，游客的数量和分布可能会出现显著的波动。这种波动可能导致某些热门旅游目的地在旺季时出现供不应求，而淡季时出现供过于求的情况。

5. 旅游供求结构方面的矛盾

旅游供求结构方面的矛盾主要体现在旅游供给与需求在构成上的不相适应。这种矛盾表现在以下几个方面：首先，旅游产品和服务的种类和质量往往无法满足游客多样化和个性化的需求；其次，旅游高峰期，热门景点和旅游旺季常常出现游客爆满的情况，导致游客体验下降，而淡季则资源闲置，无法充分利用；旅游基础设施和公共服务的不完善也加剧了供求矛盾，交通、住宿、餐饮等方面的瓶颈问题影响游客满意度；最后，科技发展和信息时代要求旅游服务即时、便捷，但许多企业未能适应，加剧了供求差距。

二、旅游供求均衡

均衡是一种状态，在这种状态下，当市场价格达到了使需求数量与供给数量完全相等，这就是均衡。这种价格称为均衡价格，而在这个价格下，需求数量与供给数量相等的商品数量则被称为均衡量。

旅游供求均衡是指旅游市场中，当旅游产品的价格达到旅游供给量与需求量相等时的平衡状态。在这种状态下，既不会出现供不应求导致游客无法满足需求的情况，也不会出现供过于求导致资源浪费的现象。要了解清楚旅游供求均衡现象，可以从静态和动态两方面进行分析。

（一）旅游供给与需求静态均衡

旅游市场上，当某种旅游产品供不应求时，旅游价格上涨，使旅游需求量减少而旅游供给量增加，直至旅游供求大体相当；反之，当某种旅游产品供过于求时，旅游产品价格就会下降，旅游需求量增加而旅游供给量减少，直至旅游供求大体相当。当旅游供给量和旅游需求量相等时,旅游供求就达到了均衡,此时的均衡为静态均衡,如图3-9所示。

在图3-9中,SS为旅游供给曲线,DD为旅游需求曲线。当旅游供给曲线SS与旅游需求曲线DD相交于E点时,所对应的旅游供给量与旅游需求量相等,都为Q_0,此时旅游供求均衡。E称为旅游均衡点,P_0称为旅游均衡价格,Q_0称为旅游均衡量。

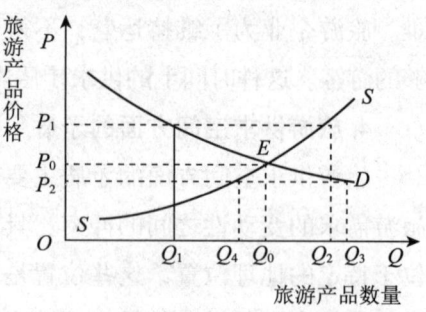

图3-9 旅游供给和旅游需求的静态均衡

当旅游产品价格P_0上涨至P_1时,旅游需求量Q_1小于旅游供给量Q_2,导致供过于求的情况。为了实现旅游市场的供求平衡,旅游企业往往会采取降低旅游产品价格的策略,直至旅游需求量与旅游供给量相等,从而推动市场达到旅游供求均衡。反之,当旅游产品价格P_0下降到P_2时,旅游需求量Q_3大于旅游供给量Q_4,导致供不应求的情况。为了平衡旅游市场,为了实现旅游市场的供求平衡,旅游企业通常会考虑提高旅游产品价格,直至旅游需求量与旅游供给量相等,以平衡旅游市场供求。

(二)旅游供给与需求动态均衡

在现实的旅游市场中,旅游供求均衡通常是动态的。旅游需求或旅游供给的任何变化都会影响到旅游均衡价格的变动,而旅游需求和旅游供给的同时变动也会对旅游均衡价格产生影响。

1. 旅游需求发生变动引起的动态均衡

在旅游供给不变的情况下,旅游需求增加会使旅游需求曲线向右平移,从而使得旅游均衡价格和旅游均衡量增加;旅游需求减少会使旅游需求曲线向左平移,从而使得旅游均衡价格和旅游均衡量减少,如图3-10所示。

在图3-10中,旅游供给曲线SS和旅游需求曲线DD相交于E点。在旅游均衡点E,旅游均衡价格为P_0,旅游均衡量为Q_0。随着社会经济的增长和生活观念的转变,旅游已经成为人们追求美好生活的重要组成部分。对于旅游需求者来说,一旦可自由支配的收入增加、闲暇时间增多等促进旅游需求的因素出现,就会引起旅游需求曲线DD向右移

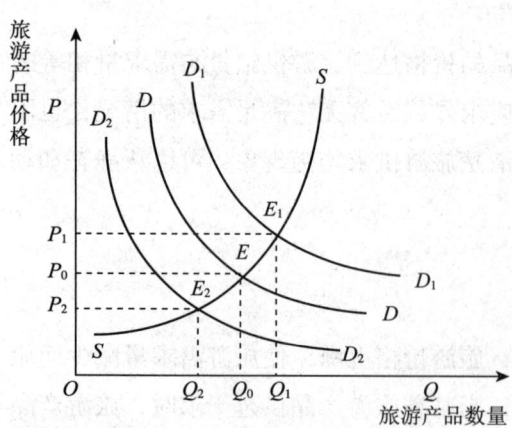

图3-10 旅游需求变动引起的动态均衡

动至 D_1D_1 的位置，D_1D_1 曲线与 SS 曲线相交于 E_1 点。在新的旅游均衡点 E_1，旅游均衡价格上升为 $P1$，旅游均衡量增加至 Q_1。相反，如果出现可自由支配收入下降、闲暇时间减少等不利于旅游需求的因素，就会使旅游需求曲线 DD 向左移动至 D_2D_2 的位置，D_2D_2 曲线与 SS 曲线相交于 E_2 点。在这一新的旅游均衡点 E_2，旅游均衡价格下降为 P_2，旅游均衡量减少至 Q_2。

2. 旅游供给发生变动引起的动态均衡

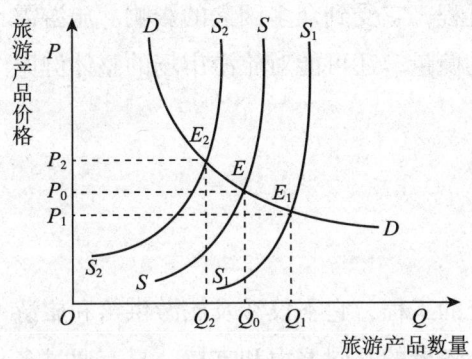

图 3-11 旅游供给变动引起的动态均衡

在旅游需求不变的情况下，旅游供给增加会使旅游供给曲线向右平移，从而使得旅游均衡价格下降、旅游均衡量增加；旅游供给减少会使旅游供给曲线向左平移，从而使得旅游均衡价格上升，旅游均衡量减少，如图 3-11 所示。

在图 3-11 中，旅游供给曲线 SS 和旅游需求曲线 DD 相交于 E 点。在旅游均衡点 E，旅游均衡价格为 P_0，旅游均衡量为 Q_0。随着社会生产力的进步和科学技术水平的提高，对于旅游经营者而言，如果旅游产品的生产成本得以降低，或者出现诸如政府政策支持、税收优惠等促进旅游供给的积极因素，就会引起旅游供给曲线 SS 向右移动至 S_1S_1 的位置，S_1S_1 曲线与 DD 曲线相交于 E_1 点。在新的旅游均衡点 E_1，旅游均衡价格下降为 P_1，旅游均衡量增加至 Q_1。相反，如果旅游产品的劳动力成本上升、原材料价格上涨等生产成本增加，或者面临政策限制等不利于旅游供给的因素出现，就会使旅游供给曲线 SS 向左移动至 S_2S_2 的位置，S_2S_2 曲线与 DD 曲线相交于 E_2 点。在这一新的旅游均衡点 E_2，旅游均衡价格上升为 P_2，旅游均衡量减少至 Q_2。

3. 旅游需求和旅游供给同时变动引起的动态均衡

在大多数情况下，旅游市场中的旅游需求和旅游供给会同时发生变动，这使得情况变得较为复杂。旅游需求与旅游供给既可以同向变化，也可以反向变化；它们可以按相同的比例变化，亦可按不同的比例变化。旅游需求和旅游供给同时变动，导致旅游均衡价格和旅游均衡量的变化难以确定。以两者同时增加为例，如图 3-12 所示。

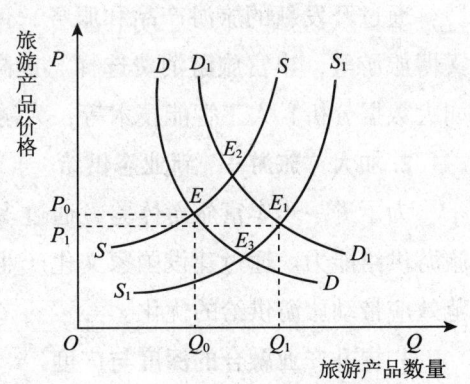

图 3-12 旅游供需同时变动引起的动态均衡

在图 3-12 中，旅游供给曲线 SS 和旅游需

求曲线 DD 相交于 E 点。在旅游均衡点 E，旅游均衡价格为 P_0，旅游均衡量为 Q_0。由于旅游需求增加，旅游需求曲线 DD 向右移动至 D_1D_1，旅游供给曲线 SS 向右移动至 S_1S_1，旅游供给曲线 S_1S_1 和旅游需求曲线 D_1D_1 相交于 E_1 点，此时产生新的旅游均衡点为 E_1，旅游均衡价格为 P_1，旅游均衡量为 Q_1。如果旅游需求与旅游供给同时增加，对比 DD 曲线与 SS 曲线交点 E 与 D_1D_1 曲线与 S_1S_1 的交点 E_1，可见旅游需求与旅游供给同时增加，使得旅游均衡价格下降，旅游均衡量增加。

通过上述分析可见，旅游均衡是一个复杂的过程，它受到众多因素的影响。旅游需求与供给的波动不仅作用于旅游均衡价格和旅游均衡量，还可能对旅游市场的整体健康和可持续发展带来深远的影响。

三、旅游供求平衡的调控

旅游供求平衡的调控实际上是一项复杂而系统的工程，它不仅涉及旅游供给和旅游需求的参与与管理，还需要政府相关部门以及社会各界的共同努力和支持。只有通过多方面的合作与协调，才能实现旅游市场的良性发展，推动旅游业的可持续发展。

（一）旅游供给调控

旅游供给调控指的是在一定时期内，通过一系列政策和措施对旅游市场中的供给进行调节和控制，目的是实现供需平衡、优化资源配置，并推动旅游业的可持续发展。这种调控防止旅游市场过度拥挤和资源浪费，同时提高目的地品质和服务，增强游客体验。旅游供给调控不仅应对市场短期波动，更重视旅游业长期发展，通过合理策略实现旅游业可持续发展。旅游供给调控可以通过以下方法和手段实现。

1. 创新旅游供给形式

通过开发新的旅游产品和服务，例如智慧旅游、绿色旅游、研学旅游、夜间旅游、文博旅游等，丰富旅游消费选择。提高旅游产品供给的科技水平，结合现代科技手段，如大数据分析、人工智能技术等，为游客提供更加个性化、精准化的旅游体验。

2. 加大"旅游+"新业态供给

为了进一步丰富旅游体验，通过多元文化融合的方式，拓展旅游的边界，从而提升旅游供给能力。通过建设国家文化产业和旅游产业融合发展示范区等举措，以创新和示范效应带动旅游供给的优化。

3. 提升产业融合的深度与广度

通过旅游与文化、农业、体育等产业的深度融合，打造多元化的旅游产品，拓宽旅游产业链，实现旅游业的跨界发展。这些产品不仅能够丰富游客的体验，还能够拓宽旅游产业链的范围，从而实现旅游业与其他行业的跨界发展，促进经济的多元化增长。

4. 科学开发运营

旅游企业应积极调整开发经营策略，以适应市场需求的变化。旅游企业可以通过市场调研，了解消费者的需求和偏好，及时调整产品和服务，以满足旅游需求。此外，旅游企业还可以通过技术创新和服务创新，提高运营效率，降低成本，从而在价格竞争中占据优势。

5. 提高旅游服务质量

注重培训员工，提高旅游从业人员的专业技能和服务意识；升级和完善旅游设施和服务项目，满足游客多样化需求；提高旅游信息的透明度和准确性，帮助游客更好地规划和应对各种情况；强化投诉和反馈机制，提高整体旅游服务质量。

（二）旅游需求调控

旅游需求调控是指在一定时期内，通过一系列政策措施和管理手段，对旅游市场中的需求进行有效管理和调节，以实现旅游目的地的可持续发展和旅游活动的良性循环。这种调控旨在平衡游客数量与旅游资源之间的关系，可以避免旅游高峰期的拥挤现象，减轻对旅游地基础设施的压力，促进旅游业的均衡发展。可以采取以下手段对旅游需求进行调控。

1. 实施分时旅游政策

通过推广淡季旅游优惠、错峰出行奖励等措施，引导游客在非高峰期出行，从而缓解旅游高峰期的压力。同时，鼓励旅游企业开发淡季特色旅游产品，吸引游客在非旺季时段游览，平衡旅游需求的季节性波动。

2. 加强旅游信息引导

利用大数据和信息技术，实时监测旅游市场动态，发布旅游预警信息，引导游客合理安排行程。通过旅游信息平台，提供实时的旅游目的地信息、交通状况、住宿资源等，帮助游客做出更明智的决策。

3. 加强旅游市场监管

通过规范旅游市场秩序，严厉打击各种非法经营行为，确保旅游企业合法合规运营。坚决防止价格欺诈和哄抬价格的现象发生，保护消费者的合法权益，维护旅游市场公平竞争，让旅游产品提供者提供优质合理旅游服务。

4. 实施预约旅游制度

预约旅游有助于合理分配旅游资源，提升旅游管理的效率。通过科学的预约管理，

可以避免旅游高峰期的过度拥挤，减少游客在景点的等待时间，从而确保游客的旅游体验更加顺畅和舒适。

5. 推广弹性休假和带薪休假制度

大力推行带薪休假制度，推动各地区制定落实带薪休假具体办法，鼓励机关、社会团体、企事业单位引导职工灵活安排休假时间。保障休假带"薪"权益，明确不同用工形式及不同工种务工人员最短休假时间，推行带薪休假制度。

（三）政府宏观调控

政府宏观调控是政府通过一系列政策工具和手段对经济活动进行干预和调节的过程。政府应发挥其宏观调控的作用，通过制定和执行相关政策来引导旅游市场的发展，进而推动旅游供求的均衡发展。政府可以采取以下手段对旅游供求进行宏观调控。

1. 制定旅游政策和法规

加强对旅游市场的监管，保障旅游消费者和经营者的合法权益。制定旅游产业发展规划，为旅游市场提供清晰的指引；规范旅游房车、露营和户外徒步等新业态，确保其服务质量和安全；建立行业评估认证体系，加强监管，保障旅游供给质量。

2. 实施税收优惠政策

通过税收优惠、财政补贴等经济手段，鼓励旅游企业增加供给，提高旅游服务质量。推进市内免税店建设、改进离境退税政策、创新旅游消费金融服务政策，满足旅游投资需求。

3. 完善基础设施建设

改善旅游目的地的交通、住宿、餐饮等旅游服务设施，鼓励和支持旅游企业采用现代信息技术，建立旅游信息平台，全面提升旅游目的地的吸引力，为游客提供更加舒适、便捷的旅游体验。

4. 推动旅游惠民政策

为农民、老年人、青少年、残疾人等提供旅游优惠项目，提高旅游普及率。促进数字文旅服务发展，实现公共文化设施免费开放和数字化，增强民众在文化和旅游方面的满足感和幸福感。

5. 加强旅游宣传和推广，提升知名度

通过多种渠道，如社交媒体、旅游展会、宣传片、旅游手册等宣传和推广，提升旅游目的地的知名度和美誉度，吸引更多旅游需求，从而推动当地旅游业的发展。

总之，通过旅游需求调控、旅游供给调控和政府宏观调控，可以有效解决旅游供求矛盾，可以有效促进旅游市场的健康发展，实现旅游经济的繁荣。总体而言，通过科学地调节旅游需求、合理地调控旅游供给，以及政府在宏观层面的干预，可以有效地缓解旅游市场中供需之间的矛盾。这种综合性的调控策略不仅有助于促进旅游市场的健康发展，还能进一步推动旅游经济的繁荣。

【拓展阅读】

海南旅游供求时间矛盾及改善措施

旅游业作为海南省的优势产业，对海南省全省经济的推动起着十分重要的作用。但海南旅游供求在时间上的矛盾十分突出，旅游旺季供不应求，旺季大量旅游人员和车辆的涌入，为海南的旅游相关产业接待带来了巨大挑战。

1. 海南旅游供求时间矛盾产生的原因

（1）国家的政策法规。目前，根据国家政策调整，"清明""五一""端午""中秋"为小长假，而"十一""春节"一般会有至少7天的黄金周出现。而这两次长假所在月度为海南带来的旅游者和旅游收入占比十分高，加剧了旅游淡旺季的差异。

（2）季节性变化。秋冬季节，大量旅游者会来海南避寒；春夏季节，大量旅游者会离开海南避暑，从而促进形成了海南旅游淡旺季，引起了海南旅游供求时间上的矛盾。

（3）季节性形象定位。海南一直因热带季风气候和空气质量好闻名遐迩。长期形成的旅游形象定位是冬天是一个特别适宜居住的地方，夏天因更加炎热不能踏足。由于旅游形象出现了季节性定位，促使海南旅游季节性变化特征逐渐显著。

（4）客源市场的构成。每年10月到次年3月，海南主要的客源是消遣型旅游者，而这类旅游者选择海南的原因主要受季节性变化影响，从而导致海南旅游淡旺季差异明显，矛盾突出。

2. 改善海南旅游供求时间矛盾的措施

（1）完善基础设施建设，提高旅游交通便利性。加快海南跨海大桥建设，节省出游时间；打造"丰"字形高速公路网，促进全省旅游经济圈的无缝对接；建设三亚至五指山轻轨，减少通勤时间。

（2）优化现有旅游产业结构，开发旅游新产品。推进旅游年票制，增加游客"回头率"

在高铁站、港口码头增设免税店；优化离岛免税店布局、扩大免税商品品种、提升免税购物限额；以航天科技旅游为重点，继续发展文昌航天城观光游，增加夜游观光项目；加快国省道干道进行"驿站化"改造，促进生态公路发展。

（3）科学调整价格差异。调整淡旺季旅游价格标准，提高旺季旅游价格，控制旅游需求；实行大幅度优惠刺激淡季旅游需求。

（4）丰富节庆活动，缓解淡旺季差异。通过举办大型节庆活动来解决旅游季节性带来的时间矛盾。

（资料来源：曹小杰.海南省旅游供求在时间上的矛盾分析及对策研究［J］.旅游纵览（下半月），2019（12）：97-98.）

【复习与思考】

一、重点概念

旅游需求　旅游需求规律　旅游需求弹性　旅游供给　旅游供给规律　旅游供给弹性

二、思考题

1. 影响旅游需求的条件有些什么？
2. 简述旅游需求与供给的特点。
3. 影响旅游需求与供给的因素有哪些？
4. 旅游供给的构成内容有哪些？
5. 如何理解旅游需求弹性和旅游供给弹性？
6. 旅游供求之间存在的矛盾有哪些？
7. 结合实际，谈谈如何实现旅游供求平衡？

三、案例分析与讨论

旅游是国民经济晴雨表，假日则是旅游市场温度计。刚刚过去的国庆节假日，城市居民出游意愿高涨，消费更加活跃，热点更热、温点升温，旅游市场主要指标再创历史新高。据文化和旅游部官网消息，2024年国庆节假日七天，全国国内旅游出游7.65亿人次，按可比口径同比增长5.9%，较2019年同期增长10.2%；国内游客出游总花费7008.17亿元，按可比口径同比增长6.3%，较2019年同期增长7.9%。

（一）旅游流向：热点更热、温点升温

在中国式现代化进程中，人民的旅游权利更加彰显，现代旅游业体系不断完善，旅游业高质量发展行稳致远。假日期间，各省、自治区、直辖市、香港和澳门特别行政区在群众广场、市政公园、文化场馆、商业街区、旅游景区度假区，举办了丰富多彩的文化活动，庆祝新中国成立75周年。北京天安门广场12.3万人一同观看升旗仪式，江西"2024井冈山红色文化音乐周"和港澳地区400项国庆庆祝活动吸引众多游客参与。

越来越多城乡居民走出家门，在行程中感受祖国强盛，乐享美好生活。全国居民日均出游率再创历史新高，农村居民出游比率18.4%，出游人数占假期国内游客出游人次的11.5%。作为美好生活重要内容的旅游，已经不可逆转地进入了寻常百姓家。

越来越多旅游目的地成为文旅融合、主客共享的美好生活新空间。在大众旅游全面发展新阶段，山水林田湖草沙等自然资源、民族民间风情和历史文化依然是吸引游客特别是旅游初体验者的本底资源，而为了听一场演唱会、参加一场赛事、品一季美食而赴一座城，已经成为青少年旅游的新风尚。

越来越多文化新空间成为旅游新场景，与传统景区一道构成了新时代旅游新空间。国家文化公园、考古遗址公园、国家公园、自然保护区和高等级景区度假区依然是典型的旅游资源。值得关注的是，更多小而美、小而精、小而暖的文化空间，以其年轻态、时尚感和国际范而成为假日旅游新场景。

受签证、支付、通信、航线等便利化政策影响，入出境客流持续走高。数据监测显示，国庆期间入出境游客人数合计518万人次，其中出境旅游者稍多于入境旅游者。出境旅游者主要流向近程市场和传统远程目的地，日本、韩国、越南、俄罗斯、泰国、英国、马来西亚、美国、新加坡和澳大利亚位居前列。受汇率因素影响，欧美等远程市场呈现加快复苏态势。港澳基础市场地位更加巩固，港澳与内地旅游交流更加频繁。

（二）旅游流量：人数更多，消费更高

提前出游、二次出游、错峰出游、就近出游和本地休闲行为明显增加，让国庆节假日旅游市场呈现"前延后移、降峰增谷、大众悦人、小众悦己"的特征。不少游客选择国庆节长假返乡团圆，促进了各地民俗风情游和非遗文化游客群的增长，多样化、个性化和品质性需求更加多元。高等级旅游景区、繁华商圈和热闹的节事活动依然是假日旅游的打卡地，在拥挤的人群中边吐槽边消费已经成为常态，毕竟多数人还是愿意在万丈红尘中感受那一份"人间值得"。随着国民旅游频次的增加和旅游经验的成熟，特别是"95后"新旅行人群的入场，游客的目的地选择、场景体现和消费行为更加强调"悦己"而非"悦人"。

旅游空间和体验场景更为多元，烟火气、文化味和科技感成为国庆节假日旅游市场的关键词。近年来，从淄博的烧烤、天水的麻辣烫到社交平台的菜市场，从南阳、常州到东莞的音乐节和演唱会，从各大城市的灯光秀到动辄上千架的无人机表演，每座城市在尽全力引流。假日期间，城市内生或依托城市而生长的"三区一圈"即旅游景区、度假区、历史文化街区和商圈成为旅游消费最为集中的场景，"三馆一站"即博物馆、科技馆、图书馆和文化站，还有电影院、戏院场、音乐厅则成为游客增长最为明显的文化空间。

受远程游和自驾游增长的影响，城市之间的航空、高铁、航运和公路等远程大交通

的花费占比进一步提升，住宿和景区景点的价格弹性明显减少，而餐饮和文化娱乐的支出进一步提升。国庆节假日七天，旅游花费的增幅超过了出游人次，意味着人均每次出游消费的更多了，即需求升级的同时，消费能级也在提高。

在这个假期，我们依然能听到部分传统企业关于"旺丁不旺财""消费降级"的悲观论调，也看到了有市场思维和创新能力的经典业态在成长。广之旅推出了多条"品享国庆、秋游河山"假日出境游、国内游和港澳游线路，以及"人少、景美、价更优"的9条错峰出游线路，赢得了亲子游、三代合家欢、活力老人等主力客群的认可。

（三）旅游流速：行走更快，体验更多

国庆假日期间，游客借助完善的交通网络和现代交通工具走得更快更远，在目的地停留时间更长、消费更加活跃，生活体验更深。快速行走的旅程和放慢脚步的体验，让旅游中国充盈着满满的少年感和青春气。航空、高铁、航运和道路交通体系的完善，为城乡居民提供了多元、自由而快捷的出行选择，游客走得更快，在目的地停留得更久，消费也更活跃了。国庆节假日七天游客平均出游半径为185.3公里，游客在目的地平均游憩半径为18.5公里。

（四）旅游流质：融合创新，开放共享

节假日是推动优秀传统文化的创造性传承和创新性发展的重要窗口期，10月1日，"博物馆之城"吉林市重点文化旅游项目德胜门城楼在人民广场鸣鼓开门，每晚7时30分都有新式古典乐器表演，城墙上下设置仿古商业街，为市民和游客提供多元文化体验和消费场景。蜀南竹海旅游度假区推出了"国风武侠体验周""国风川剧快闪""竹林音乐会"等活动，生动诠释了"景观之上是生活"的发展理念。无锡市推出拈花湾"戏曲+"生活季、惠山古镇推出沉浸式XR大空间体验，并引入无人机直播鼋头渚烟花大会，让传统文化走入当代生活，实现了本地性、国际范和时尚感的有机统一。杭州市推出基于大模型的城市级智能旅游生活服务平台"杭小忆"，160多万游客用手机触碰遍布全城的蓝色智能贴即实现订房订票、景区伴游、打车外卖、便捷入住、快速入园、行李托运等数字服务。类似人工智能和大数据技术应用场景还有黄山的"黄小松"等，为加快培育现代旅游业体系和建设旅游强国做出了有益探索。

新时代的旅游发展要让游客满意，也要让人民受益，如何兼顾"网红出圈""花式宠客"与目的地承载能力和当地居民的感受，已经是我们必须面对的现实课题。中心城区空间有限、基础设施和接待体系不尽完善的旅游目的地，有必要借鉴旅游景区的管理经验，核定最大和最佳承载量。当且仅当社区成为主客共享的美好生活新空间，当地居民能够通过旅游发展而获得高质量就业，他们才会发自内心善待远道而来的旅游者，旅游业高质量发展才能行稳致远。

（资料来源：戴斌.旅游中国 青春飞扬——2024年国庆节假日旅游市场特别报告［ED/OL］.中国旅游大数据.https://mp.weixin.QQ.com/s/_7NS8GX0FsN9xeiQEKXoHQ，2024-10-15.）

思考：

1. 根据以上材料，分析2024年国庆假期旅游需求的特征。

2. 如何理解"在中国式现代化进程中，人民的旅游权利更加彰显，旅游业高质量发展行稳致远"？

第 四 章

旅游市场及开拓

🔍【学习目标】

1. 知识目标：理解旅游市场、旅游市场细分、旅游市场竞争和旅游市场开拓的概念，了解旅游目标市场策略、旅游市场竞争的必然性、旅游市场开拓的重要性以及旅游市场调研和预测的相关方法。

2. 能力目标：能归纳和概括旅游市场的特点和功能，理解旅游市场细分的原则和依据，掌握旅游市场竞争的内容、类型和决定因素以及旅游市场开拓的策略和方法。

3. 思政目标：培养学生的市场意识，树立遵循市场规律的观念，用正当、合理的方式进行市场调研、资料获取、市场竞争以及市场细分和开拓。

✔【导入案例】

2023年9月20日，文化和旅游部副部长杜江在北京会见沙特阿拉伯驻华大使阿卜杜拉赫曼·哈勒比并共同签署《中国旅游团队赴沙特阿拉伯旅游实施方案的谅解备忘录》。杜江在会见时表示，为落实习近平主席访沙期间与穆罕默德王储兼首相会晤精神，做好"将沙特阿拉伯列为中国公民组团出境旅游目的地"后续事项，中沙双方密切协作，为签署《中国旅游团队赴沙特阿拉伯旅游实施方案的谅解备忘录》作出了积极努力，这体现了双方对发展两国文化和旅游交流的高度重视。谅解备忘录签署后，希望双方积极推进后续工作，为中国旅游团队赴沙特旅游提供更多便利。同时，中方也欢迎更多沙特游客来华旅游观光，密切中沙人文交流与合作。

哈勒比表示，沙方高度重视中国旅游团队赴沙特旅游，此次谅解备忘录签署后，沙特阿拉伯旅游局将于近期在华举办旅游推广活动，扩大中国游客对沙特的认识与了解。同时，沙方也将为中国旅游团队在沙特阿拉伯旅游期间提供更多便利服务。目前，沙特阿拉伯旅游局与中方开展合作，利雅得机场增加了中文标志，近期还将开通中国飞沙特的直航等。此外，沙方也将积极推动更多沙特游客来华旅游。

（资料来源：文化和旅游部.文化和旅游部副部长会见沙特驻华大使并签署《中国旅游团队赴沙特阿拉伯旅游实施方案的谅解备忘录》[ED/OL]. https://www.mct.gov.cn/whzx/whyw/202309/t20230922_947425.htm，2023-09-22.）

〔本章导读〕

旅游市场的主要功能在于为旅游产品交易提供必要的条件，同时协调和解决旅游需求与供给之间存在的基本矛盾。本章旨在通过剖析旅游市场的定义和特性，阐明其在旅游经济活动中的功能。在此基础上，进一步对旅游市场进行了细致的分类，并分析了旅游市场竞争的种类、内容及旅游市场细分、目标市场选择策略。同时，还对旅游市场调查与预测的内容、流程和方法，以及旅游市场的拓展进行了深入分析。

第一节　旅游市场概述

一、旅游市场的概念

市场属于商品经济的范畴，只要有商品生产和交换的地方，市场便应运而生。旅游市场是社会分工进一步深化、商品生产发展到一定阶段的产物。随着旅游产品生产和交换的不断发展，旅游市场也随之产生并扩大，并对旅游经济活动发挥着重要作用。旅游市场的概念可以从广义和狭义两个层面来认识。

（一）广义的旅游市场

广义的旅游市场是指在旅游产品交换过程中所反映出来的旅游者与旅游经营者之间，以及各个旅游经营者之间各种经济行为和经济关系的总和。理解和掌握广义旅游市场的概念，要注意把握好以下几点。

1. 旅游市场交换的主体是旅游者和旅游经营者

在市场经济条件下，旅游者是旅游市场的需求主体，旅游经营者则是旅游市场的供给主体。没有任何一方的参与，旅游产品的交易便无法实现，也就不能形成现实中的旅游市场。同时，旅游活动的综合性决定了旅游市场上还有其他的市场主体，如为旅游者提供部分服务或间接服务的企业或机构，为旅游企业提供旅游生产要素的供应商等。因此，从广义旅游市场的角度看，旅游市场主体还包括提供旅游间接服务、生产要素的相关市场主体。由于这些不同的旅游市场主体具有各自不同的旅游交换目的，他们之间形成了相互依赖、互为条件的关系，并通过旅游市场的纽带紧密相联。

2. 旅游市场交换客体是旅游产品

任何市场的形成都必须有市场交换的客体，即提供市场交换的对象物，其可能是物质产品，也可能是服务产品，还可能是技术、信息等无形产品。旅游市场的交换客体，通常是指为旅游市场交换而提供的旅游产品。从广义旅游市场角度看，还包括其他间接为旅游者提供的物质产品和服务，以及保证旅游产品生产和供给的各种旅游生产要素，如资金、劳动力、信息、技术和管理等。旅游者和旅游经营者在旅游产品交换过程中，不仅完成了旅游产品的交易，同时也实现了旅游产品的价值和使用价值，从而使社会再生产能够正常顺利地进行。因此，缺乏旅游产品作为市场交换的客体或对象，旅游市场将无法形成，旅游活动也无法有效开展，人们的旅游需求将无法得到满足，旅游经营者的经济收益也将无法得到保障。

3. 旅游交换条件是各种手段和媒介

旅游市场的交换条件是指有助于旅游产品交换的各种手段和媒介如货币、信息媒体、消费场所等。随着现代科学技术进步和市场经济发展，信用卡、互联网、OTA、电话、手机、中介机构等也逐渐成为旅游产品交换的重要手段和媒介。在现代旅游市场中，旅游价格和汇率变化、旅游信息充足程度、旅游中介机构的商誉，以及进行旅游产品交易的手段和设施的现代化程度等，都直接对旅游产品交换产生着重要的影响。

综上所述，旅游者和旅游经营者通过旅游市场上的旅游产品交换活动而连接起来，旅游市场上的各种旅游产品交换行为和现象，反映着旅游市场主体之间的经济行为和经济关系。随着旅游经济的发展，旅游市场规模不断扩大，旅游者和旅游经营者之间的交换行为和交换关系也将日益密切和复杂，从而共同构成了广义旅游市场的概念。

（二）狭义的旅游市场

狭义的旅游市场，是指一定时期内，某一地区中存在的对旅游产品具有支付能力的现实和潜在的旅游消费者群，也就是一般所说的旅游需求市场或旅游客源市场。狭义的旅游市场通常由旅游者、旅游购买力、旅游购买欲望和旅游购买权利构成。

1. 旅游者

旅游者是构成旅游市场最主要的主体之一，旅游市场规模的大小取决于该市场上旅游者数量的多少。通常，一个国家或地区总人口基数大，则产生的旅游者就多，旅游市场规模就大，其对旅游产品的需求量也大；反之，如果一个国家或地区的总人口数量少，则可能产生的旅游者就少，旅游市场规模也就小，对旅游产品的需求基数就不大。因此，一个国家或地区的总人口数量决定了旅游者的数量，而旅游者数量多少又反映了旅游市场规模的大小。

2. 旅游购买力

旅游市场大小不仅取决于人口数量，还取决于旅游购买力。所谓旅游购买力，是指人们在其可随意支配收入中用于购买旅游产品的能力，是把旅游购买欲望转化为现实旅游需求的经济基础和条件。通常，旅游购买力是由人们的收入水平和支付能力所决定的，随着人们收入水平的提高，用于购买旅游产品的支出也会相应提高。如果没有较高的收入水平和足够强的支付能力，旅游者的旅游活动便无法进行，旅游市场也只是一种潜在市场。

3. 旅游购买欲望

旅游购买欲望是反映旅游者购买旅游产品的主观愿望或需要，是把旅游者潜在购买力变成现实购买力的重要条件。若没有旅游购买欲望，即使有较高的可自由支配收入和旅游购买力，也不可能形成现实的旅游市场；同时，旅游者也不可能主动地选择各种旅游产品。因此，只有当旅游者既有旅游购买力，又有旅游购买欲望时，才能形成现实的旅游市场。

4. 旅游购买权利

旅游购买权利指的是人们购买和享受旅游产品的能力，它是构建旅游市场的核心要素之一。在旅游市场，尤其是在国际旅游领域，由于特定旅游目的地或旅游客源地的政策限制、签证要求、经济壁垒以及其他种种因素，即使人们具备经济能力、闲暇时间和旅游愿望，也可能无法实现其旅游权利，这阻碍了实际旅游需求的形成和旅游市场的成熟。因此，旅游购买权利的实现对于促进旅游市场的健康发展至关重要。

（三）影响旅游市场的因素

影响旅游市场的因素是多种多样的，它们可以被广泛地分类为两大主要方面：旅游市场经营要素和旅游市场环境要素。

1. 旅游市场经营要素

旅游市场经营要素是指旅游企业自身可以控制的各种经营手段，可以归纳为四个基本因素，即产品、价格、分销渠道和促销。为了达成经营目标，旅游企业必须对这四大要素进行精心策划，以实现旅游市场经营要素的最优组合。第一，旅游企业应根据目标市场的需要，开发出适销对路的旅游产品，包括旅游资源、旅游项目的规划和开发、旅游产品生命周期各个阶段的经营决策、旅游服务质量的标准及其保证等旅游产品决策。

第二，旅游企业根据目标市场上旅游者和竞争对手的状况制定出具有竞争力的价格。旅游产品的价格一般包括成本、税金和利润，成本是定价的基础，但还要综合考虑市场需求和竞争状况，以及中间商佣金、折扣、优惠条件、付款期限、付款条件、付款方式、拖欠款处理等方面，制定出旅游者和旅游经营者间能接受的价格。第三，旅游企业需要选择最合适的渠道将旅游产品推向市场，这包括市场地点的选择、旅游中间商的挑选、市场销售网络的构建、销售渠道的管理与协调，以及对旅游中间商的评估和激励措施，确保旅游产品的顺畅销售。第四，旅游企业应向目标顾客传递各种信息，进行有效沟通，树立良好的企业形象，帮助顾客正确认识旅游目的地及其产品的价值，从而促进产品的顺利销售。

2. 旅游市场环境要素

旅游市场环境的环境要素由宏观环境和微观环境两大部分构成。宏观环境要素主要有政治法律因素、社会文化因素、经济因素、人口因素、科学技术因素和自然生态环境等要素。微观环境要素主要包括旅游企业的资源供应者、客户、分销商、竞争对手以及社会公众等要素。这些市场环境因素都是企业外部的、难以控制的因素，特别是宏观环境因素，对旅游企业的影响力更大、更难以控制。因此，为了确保市场经营计划的成功，旅游企业必须学会适应市场环境，并根据市场环境的现状及其演变趋势，有目的地制定和调整市场经营策略。

二、旅游市场的特点

旅游市场作为反映旅游供求关系，进行旅游产品交换和旅游经济运行的基础，其特点与一般商品和服务市场以及生产要素相比，具有共性又有其典型特征。

（一）旅游市场的异地性

旅游市场往往与旅游产品的生产地（即旅游目的地）相隔遥远，购买这些产品的主要是非本地居民。相比之下，其他行业的产品通常能够实现本地生产、本地销售以及本地消费。即便需要在外地拓展市场，也主要是通过产品的运输来完成。旅游活动的特点决定了旅游市场与旅游生产地、消费地必须在空间上分开，旅游活动是通过旅游者由客源地向目的地的移动，而不是通过旅游产品的移动实现的。旅游市场异地性的特点，必然要求旅游经营者应随时监测旅游市场的变化，掌握旅游市场的发展动态和变化趋势，因而增加了旅游经营者掌握市场信息、适应市场环境、开展市场营销的难度。

（二）旅游市场的多样性

旅游市场的主体是旅游者和旅游经营者，市场的多样性源于旅游者需求的多元化以及旅游供给的丰富性，主要体现在以下几个方面：首先，旅游需求的多样性，特别是随着人们收入水平的提升和闲暇时间的增多，人们的旅游需求已经从传统的观光游览扩展到休闲度假、康体养生、文化旅游、专项旅游等多种形式，呈现出个性化和多样化的特点；其次，旅游供给的多样性，为了满足人们的需求，旅游产品从单一的旅游产品、组合旅游产品发展到提供多样化的旅游目的地产品和产业融合产品，逐渐形成了全域旅游发展的新趋势；最后，旅游交换的多样性，不仅体现在旅游产品交换形式的多样化，如团队包价旅游、散客包价旅游、自助旅游，以及包价与自助旅游的结合等，而且旅游交易方式也从传统的旅游企业直销、分销或代理方式，进一步发展到旅游者自主选择购买，并通过互联网、OTA等线上线下多样化方式交易。总的来说，旅游市场的多样性发展，不仅反映了现代旅游市场发展变化的特征，而且在很大程度上决定了旅游企业经营的成败和旅游经济的发展。

（三）旅游市场的波动性

从总体上看，整个世界旅游市场将保持持续发展的趋势，但这种发展不是直线形的，而是在波动中前进的。从主观因素看，由于旅游是人们的一种高层次需求，而影响旅游者需求的因素又是多种多样的，如人们的可自由支配收入、闲暇时间、旅游动机、旅游态度、旅游消费偏好等，这就使旅游市场具有较强的波动性，任何一个因素的变化都会引起旅游市场的变动。从客观因素看，地理区位、交通条件、季节变化、物价水平、通货膨胀、国际汇率、国际局势、重大事件、节假日分布或社会治安状况等外部条件，都会导致游客构成、旅游流向、旅游价格变化，甚至旅游者总人数的变化。旅游市场的这一特点，要求旅游经营者随时关注影响旅游市场变化的因素，科学评估其影响，并根据旅游市场的动态、变化，适时调整经营策略，以保持旅游市场的稳定。

（四）旅游市场的全球性

当今旅游市场是一个全球性的统一市场。第二次世界大战以来，随着生产力的提高、交通条件的改善和社会经济的发展，旅游市场经历了一个由国内向国外的发展过程，使旅游活动由一个国家扩展到多个国家，使区域性旅游市场发展成为世界性旅游市场，促进了全球性旅游市场的形成。旅游市场的全球性主要表现在两个方面：一是旅游者的活动范围遍布世界各地，不仅人类居住的五大洲早已成为各国旅游者的目的地，就连无人居住的南极洲和北极也留下了旅游者的足迹；二是世界各国或各地区都积极发展旅游业，把旅游业作为经营对象，面向其他国家或地区的居民生产或销售旅游产品。旅游市场的全球性，使人们可以以较少的时间、较少的支出而获得更多的旅游需求的满足，使旅游者的足迹遍布世界各个地区和大部分国家，促进了世界各国旅游的发展，丰富了人们的旅游活动。

（五）旅游市场的季节性

旅游目的地国家或地区自然条件、气候条件的差异和旅游者闲暇时间分布的不均衡，造成旅游具有突出的季节性特点。例如，某些与气候有关的旅游资源会因季节不同而产生淡旺季的差别；某些利用带薪假日出游的旅游者，也是造成旅游淡旺季的主要原因；某些旅游目的地直接受气候影响，而具有明显的季节差异性，如海滨旅游、漂流旅游等。因此，旅游目的地国家或地区应根据旅游市场"淡旺季"的不同特点作出合理安排，努力开发淡季旅游市场的需求，把大量的潜在旅游需求转化为现实的旅游需求；合理组织好旺季旅游市场的供给，以减少或消除季节性的影响，使旅游市场向淡旺季均衡化方面发展。

【同步案例】

材料1：

根据国内旅游抽样调查结果，受新型冠状病毒肺炎疫情影响，2020年度国内旅游人数28.79亿人次，比上年同期减少30.22亿人次，下降52.1%。其中，城镇居民出游20.65亿人次，下降53.8%；农村居民出游8.14亿人次，下降47.0%。分季度看，呈现降幅收窄趋势，其中一季度国内旅游人数2.95亿人次，同比下降83.4%；二季度国内旅游人数6.37亿人次，同比下降51.0%；三季度国内旅游人数10.01亿人次，同比下降34.3%；四季度国内旅游人数9.46亿人次，同比下降32.9%。

国内旅游收入2.23万亿元，比上年同期减少3.50万亿元，下降61.1%。其中，城镇居民出游花费1.80万亿元，下降62.2%；农村居民出游花费0.43万亿元，下降55.7%。

人均每次出游花费774.14元，比上年同期下降18.8%。其中，城镇居民人均每次出游花费870.25元，下降18.1%；农村居民人均每次出游花费530.47元，下降16.4%。

（资料来源：2020年国内旅游数据情况［ED/OL］. https://www.gov.cn/xinwen/2021-02/19/content_5587665.htm，2021-02-19.）

材料 2：

经文化和旅游部数据中心测算，2024年元旦假期3天，全国国内旅游出游1.35亿人次，同比增长155.3%，按可比口径较2019年同期增长9.4%；实现国内旅游收入797.3亿元，同比增长200.7%，较2019年同期增长5.6%。

截至1月3日21时，全国已有20省份发布2024年元旦旅游数据。其中，湖南接待游客2102.14万人次，暂时领跑全国；河南接待游客1613.7万人次，位列第二；广东接待游客1447.9万，排名第三。此外，江苏、浙江两省游客接待量也超过千万。

从旅游收入/消费来看，"湖南游"游客总花费达207.54亿元，暂列排行榜第一名；江苏紧随其后，实现旅游总收入171.78亿元；此外，浙江实现旅游收入123.1亿元，上海实现旅游消费118.06亿元，均超百亿。

从旅游市场恢复速度看，新疆或拔得头筹。元旦3天假期，新疆实现旅游收入17.57亿元，同比增长424.28%。其次是内蒙古，元旦假期3天实现国内旅游收入44.08亿元，同比增长370.89%。

近期，"南方小土豆"带火东北冰雪游。据哈尔滨市文化广电和旅游局提供大数据测算，元旦假期3天，哈尔滨市累计接待游客304.79万人次，实现旅游总收入59.14亿元。游客接待量与旅游总收入达到历史峰值。

（资料来源：多地晒元旦旅游成绩单：5省份揽客超千万，哈尔滨游客、收入达峰值［ED/OL］. http://news.cyol.com/gb/articles/2024-01/04/content_zxZv34sYZo.html，2024-01-04.）

思考： 结合以上材料中的旅游人数和旅游收入变化，分析旅游市场的特征。

三、旅游市场的分类

旅游市场的分类是依据多种划分标准，将整个旅游市场细分为不同的类别。在实际旅游经济发展中，由于影响旅游市场发展变化的因素很多，因此存在多种旅游市场分类方法和层次。根据当前旅游市场的特点和发展趋势，可根据区域范围、国家范围、旅游距离、旅游目的、消费水平、组织形式等因素对旅游市场进行不同的分类。

（一）按区域划分

根据地理区位、交通条件、经济文化以及旅游者的流向、流量和集中程度等因素，将旅游市场划分为不同的区域类型，有助于更全面和深入地揭示其历史、现状和未来趋势，从而更好地掌握旅游市场变化的规律。由于区域范围有大有小，因此既可以从全球范围划分区域旅游市场类型，也可以从一个国家或地区范围来划分旅游市场类型。世界旅游组织从全球范围将旅游市场划分为欧洲区域、美洲区域、亚太区域、非洲区域、中东区域，每年均按此划分口径公布每个区域市场的统计数字，这对于了解各地区旅游业发展情况、把握世界旅游市场的动态具有重要价值。从1950年到2000年的半个世纪中，旅游市场的基本格局是欧洲区域和美洲区域一直占据着国际旅游市场的主导地位，而其他区域市场所占的国际旅游市场份额相对较小；进入21世纪后，世界五大区域旅游市场的格局发生了一定变化，随着亚太区域旅游的快速发展，其市场份额已超过了美洲区域市场，形成了以欧洲区域、亚太区域和美洲区域三大区域旅游市场为重点的国际旅游市场发展新格局。

【拓展阅读1】
五大区域的旅游经济发展差异更加明显

2020年1月8日，世界旅游城市联合会和中国社会科学院旅游研究中心共同在京发布《世界旅游经济趋势报告（2020）》。报告从全球、区域、国别、城市等多个维度出发，围绕全球旅游经济走势、区域发展格局变化、重要国家突出特征、城市的核心支撑作用等问题作出了全景式分析，针对全球前20个重要国家的旅游发展特征和近年走势进行了深度解读。

报告认为，全球旅游经济增长趋缓，五大区域的旅游经济发展差异更加明显。其中，欧洲的入境旅游半壁江山地位有所松动，2006年以来，美洲地区国内旅游人次增速在-1.2%~5.4%之间；入境旅游收入增速处于下降趋势，2019年增速仅为0.2%；旅游总收入占GDP的比重长期而言处于下降趋势，2019年这一比例下降到5.6%。

中东和非洲接待入境旅游人次之和不足全球入境旅游总人次的1/10，且其发展波动性较强。2006年至2019年之间，中东入境旅游人次增速的最高峰值（2008年，19.4%）和最低峰值（2011年，-17.6%）相差37个百分点；非洲入境旅游人次增速的最高峰值（2010年，8.7%）和最低峰值（2015年，-3.3%）相差12个百分点。

（资料来源：中国社会科学院旅游研究中心.《世界旅游经济趋势报告（2020）》（上）[ED/OL].https://mp.weixin.QQ.com/s/BtblCTPNtC-dhQKblaT7Ig, 2020-01-09.）

（二）按国境划分

根据国境划分，旅游市场可以细分为国内旅游市场和国际旅游市场。国内旅游市场是指本国居民在国境线范围内进行旅游而形成的旅游市场。国际旅游市场是指旅游活动跨越国境线而形成的旅游市场，又可进一步划分为出境旅游市场和入境旅游市场。出境旅游市场是指一个国家或地区的居民赴境外其他国家或地区旅游而形成的旅游市场；入境旅游市场是指一个国家或地区接待境外旅游者前来本国旅游而形成的旅游市场。

国内旅游市场、出境旅游市场和入境旅游市场对于一个国家或地区的经济具有不同的意义。国内旅游市场的主体是本国居民，主要使用本国货币进行各种旅游花费的支付，因而大力发展国内旅游，在满足居民物质生活和精神生活需要、促进国内商品流通和货币回笼、增加就业机会方面起着日益重要的作用，居民生活水平越高，这方面的作用就越明显。出境旅游使用在本国获得的收入到境外支付旅游花费，会导致客源国经济收入和外汇的流出，对其经济发展产生一定影响；而入境旅游的主体是其他国家或地区的居民，使用在其他国家获得的收入或货币来支付旅游花费，因此积极发展入境旅游市场，会增加旅游目的地国家或地区的外汇收入，促进其经济发展和增加其国际支付能力。

（三）按旅游距离划分

任何旅游活动都体现着从旅游客源地到旅游目的地的空间移动。因此，根据旅游出发地与旅游目的地之间的距离，旅游市场可以细分为近程旅游市场、中程旅游市场以及远程旅游市场。近程旅游市场通常是指以旅游目的地为核心，距离在公路里程 3 小时（航空里程 1 小时）以内，能够满足人们一日游或周末休闲为主的旅游市场，一般包括城郊旅游市场、周边地区旅游市场，以及相邻国家或地区之间的边境旅游市场等。中程旅游市场是指以旅游目的地为核心，距离在公路里程 2 天（航空里程 2 小时）以内，能够满足人们在 2~4 天内往返的以短期观光游览、休闲度假、商务会议、公务出差等旅游活动为主的旅游市场。远程旅游市场是指以旅游目的地为核心，距离相对较远的以满足人们在较长一段时间内游览观光、休闲度假等旅游活动为主的旅游市场，包括海滨度假、户外运动、多国游览等国际国内旅游市场。当然，按旅游距离划分旅游市场是相对的，在实践中往往还要综合考虑旅游通达条件、使用交通方式及旅游的便捷性等因素来对旅游市场进行具体的划分。

（四）按消费水平划分

根据旅游者的实际消费能力，旅游市场可以细分为高端旅游市场、中端旅游市场以及经济型旅游市场。在现实生活中，由于人们的收入、职业、年龄和社会地位等多种因素的影响，人们的旅游需求和旅游消费水平会呈现出很大差别。通常，高档旅游市场的主体是少数社会上层人士，他们有丰厚的收入，价格不是他们消费所考虑的主要因素，

他们在满足他们旅游目的的同时也处处期望显示出与众不同的身份和地位，所以尽管高档旅游市场的规模有限，但其高额消费支出对经营者具有很大的吸引力。中档和经济档旅游市场主要由广大中产阶级、固定收入者以及青年学生等方面人士组成。虽然他们每个人的消费能力不及社会上层人士，但这个市场的规模和潜力是巨大的，立足于这个市场仍是大有可为的。

（五）按旅游目的划分

根据旅游者对特定旅游活动的特殊兴趣和偏好，以及不同的旅游目的和内容，可以将旅游市场细分为多种专项旅游领域。特别是随着人们生活水平的提升，旅游需求的多样化趋势愈发明显，旅游目的和内容的多样性已成为当代旅游市场的一个显著特征。有的旅游者喜欢新奇刺激的极限运动旅游、探险旅游、秘境旅游、宇航旅游等；有的喜欢康体健身的户外运动、体育旅游、温泉度假等；有的喜欢养生康复的生态旅游、养生休闲、医疗旅游、美容旅游等，从而形成了不同的专项旅游市场。因此，旅游目的地国家或地区，要针对不同的专项旅游市场需求，结合自己的旅游资源和开发条件，积极开发多样化的专项旅游产品，有效地满足人们的多样化旅游需求，这样才能更好地促进旅游目的地的旅游经济发展。

（六）按旅游组织形式划分

根据旅游组织形式的不同，旅游市场可以细分为团体旅游市场和散客旅游市场。团体旅游和散客旅游是两种基本的旅游组织形式，团体旅游市场是以团队旅游的人群为主的旅游市场，其优点是参加人数较多、旅游活动和日程由旅行社安排、旅游费用较低等；缺点是旅游活动和日程已提前安排好，旅游者的个人特殊兴趣和爱好不能得到全面满足。散客旅游市场是指以个人、家庭或少数人自行结伴旅游而形成的旅游市场，其优点是高度自由灵活，能最大限度地满足旅游者个人的兴趣与爱好；其最大问题是散客旅游所购买的各单项服务的价格较高。随着旅游需求的个性化发展，越来越多的人选择了散客旅游方式，使散客旅游市场相对于团队旅游市场有了较快的发展。

划分旅游市场的方法和角度有很多，如根据国别划分的日本旅游市场、美国旅游市场、德国旅游市场等；根据年龄划分的老年旅游市场、中年旅游市场、青少年旅游市场等；也可以同时以两个或两个以上的因素来划分旅游市场，如同时根据国别、性别和年龄来划分，可以有德国女性青年旅游市场这样三个维度下的复合旅游市场。总之，划分旅游市场本身不是主要目的，主要目的是掌握不同旅游市场的特点，针对不同的旅游市场提供不同的旅游产品和服务，并采取不同的政策措施、经营方法和竞争策略等。

四、旅游市场的功能

（一）旅游产品交换功能

旅游市场是进行旅游产品交换、联结旅游产品供给者和需求者的纽带和场所，承担着实现旅游产品价值和使用价值，保证旅游经济正常运行的重要任务。通常，旅游市场上总是存在着许多不同的旅游产品供给者和需求者，旅游产品开发出来之后，旅游产品的供给者通过市场销售自己的旅游产品，而旅游产品的需求者则通过市场选择并购买自己感兴趣的旅游产品，使旅游产品的价值得以实现，旅游者的需求得以满足，旅游企业的再生产才得以继续维持和扩大。于是，旅游市场通过旅游供求机制，把旅游供给和旅游需求衔接起来，既能够更好地满足旅游者的需求，又能够充分地利用旅游供给能力，提供物美价廉的旅游产品，从而解决了旅游市场上供求之间的矛盾，促进旅游经济健康持续地发展。

（二）旅游资源配置功能

在现代旅游经济发展中，资源配置是指如何把经济社会资源（人、财、物、信息等要素）进行有效分配，以充分利用稀缺资源生产出更多、更好的产品。因此，通过旅游市场的资源配置功能，可以促进资源、资金、技术和劳动力等生产要素的最佳配置，从而促进旅游业中的食、住、行、游、购、娱等要素按比例协调发展，实现社会经济资源的优化配置，并通过市场机制使旅游企业按照市场供求状况，及时调整自己经营的旅游产品结构、投资结构，以适应旅游者需求和旅游市场的变化，不断提高旅游经济效益。

（三）旅游信息的反馈功能

在市场经济条件下，旅游市场的动态变化是旅游供求动态变化最直观的反映。一方面旅游企业可通过市场将产品信息传递给旅游者，以引导、调节旅游需求的变化；另一方面，通过旅游市场可以搜集大量信息，了解竞争者的动态，掌握旅游者的需求，使本国、本企业的旅游产品开发和经营适应旅游者的需要，适应世界旅游市场发展变化趋势。因此，旅游市场通过信息传导和反馈功能，成为旅游活动的"晴雨表"，综合地反映了旅游市场的供求变化和旅游经济的发展状况。

（四）旅游经济的调节功能

旅游市场是调节旅游经济活动和旅游供求平衡的重要杠杆。在旅游市场上，旅游供

求双方出现矛盾就会引起旅游市场竞争加剧和价格波动，影响到旅游经济活动的顺利进行，于是就需要通过市场机制和价格机制的作用，调节旅游产品生产、销售和消费，使旅游供求重新趋于平衡。同时，旅游市场还可以促进旅游企业及时地调节旅游产品的供给结构，不断改善和提高旅游企业的服务质量和经营管理水平，提供旅游者易于接受、乐于消费的旅游产品。

（五）旅游质量评价功能

在旅游经济的运作过程中，旅游者通过支付旅游费用，成为旅游产品和服务的权益持有者。与此同时，旅游经营者通过赚取旅游收入，承担起提供旅游产品和服务的责任。这种权利与义务、服务与被服务的关系，必须通过旅游市场来体现和实现。因此，旅游产品定价的合理性以及旅游服务质量的优劣，都会在旅游市场上得到体现，使得旅游市场成为衡量和评价旅游产品及服务质量的"尺度"。通常情况下，旅游者在决定是否购买旅游产品之前，会通过旅游市场对价格、住宿条件、交通状况和方式，以及景区景点等旅游产品和服务的质量进行评估和选择；而在旅游活动结束后，他们也会通过旅游市场表达对产品和服务质量的反馈和评价。

第二节　旅游市场细分

旅游市场细分是指根据旅游者的需求、偏好、购买行为和购买习惯等方面的差异性，把一个整体旅游市场划分为若干个消费者群的市场分类过程，所划分出来的每一个消费者群就是一个细分市场。通过市场细分，可以明显看出在每种细分市场上，旅游者对某一产品均具有比较相似的需求和偏好，而各细分市场之间，则具有明显的差异性。

一、旅游市场细分的作用

（一）有利于旅游企业确定目标市场

旅游企业为了分析、发掘新的旅游市场营销机会，形成新的、富有吸引力的目标市场，就需要进行市场细分。通过市场细分，旅游企业能够有效地分析和了解各个消费者的需求满足程度和市场竞争状况，发现哪些细分市场已经竞争激烈，哪些细分市场竞争相对较少，以及哪些细分市场尚未被充分开发。通过对这些信息的深入了解，旅游企业可以更有针对性地制定市场策略，开发新的产品和服务，从而在激烈的市场竞争中占据有利地位。

（二）有利于旅游企业提高竞争能力

旅游市场细分能增强企业的适应能力和应变能力，在较小的细分市场上开展营销活动，可以增强市场调研的针对性，加快市场信息反馈，使旅游企业易于掌握旅游消费需求的特点和变化，有利于及时、正确地规划和调整旅游产品结构、价格、销售渠道和促销活动等，使产品适销对路，并迅速送达目标市场，扩大销售。同时，在市场细分基础上的旅游企业营销可以将企业的人、财、物集中在几个细分市场上，增强了企业的竞争能力，有利于旅游企业确立自己的目标市场，提高经济效益。

（三）有助于旅游企业有针对性地制定市场营销组合策略

旅游市场细分还有助于企业有针对性地制定旅游市场营销策略，更好地满足不断变化的目标市场的需求。旅游市场细分能使更多的旅游企业针对各自的目标市场，向满足旅游者需求的多样性和深层次方向发展，从而使旅游者能在市场上购买到称心如意的旅游产品，更好地满足旅游者需求；同时也有利于促进旅游企业的经济效益和社会效益不断提高。

二、旅游市场细分的原则

（一）可衡量性

可衡量性是指通过市场细分后的各旅游细分市场需具有明显的差异性，对每一细分市场的规模、购买力等均可以做出明确的估计，从质和量两个方面为制定旅游营销决策提供可靠依据。否则所划分出来的细分市场便没有实际意义。如人们往往难以判断旅游团里有哪些旅游者对旅游价格问题最为关注，有多少人主要关心旅游纪念品的质量问题等。因此，进行旅游市场细分时，必须考虑其划分出来的每一个细分市场的可衡量性。

（二）可盈利性

可盈利性是指旅游细分市场的容量能够保证旅游企业从中获得足够的经济效益。它一方面要求细分市场具有一定的规模和稳定性，有足够的潜在购买者，并且他们有充足的货币支付能力，使企业能补偿成本，并获得利润；另一方面还要求该细分市场具有一定的潜力，旅游企业不仅在短期内可以盈利，而且通过努力可以扩大市场，使其保证长久效益。比如某饭店发现市场中高级商务客人逐渐增多，在对套间需求有所增加时，充分预测该细分市场的规模、潜力和持续时间及企业投入与产出的结果之后，决定是否通过改建和扩建增加该类型房间的供给。

（三）可进入性

可进入性是指细分出的旅游市场要能使旅游产品有条件进入并占有一定市场份额。市场细分的目的是找出可进入并能够占领某市场的机会。如市场调查的结果表明该市场竞争十分激烈，或竞争不太激烈但本企业不具备占领该细分市场的能力和条件，则这种细分是无效的。例如，一个接待背包游客的普通饭店，欲招徕国际会议旅游者是不具备条件的，因为这两类客人的需求相差太大，该饭店提供的设备无法满足后者的需求。

（四）稳定性

严格的市场细分是一项复杂而又细致的工作，因此要求细分后的旅游细分市场要具有相对稳定性。如果目标市场变化太快、太大，会使制定的营销策略很快失效，造成营销资源重新调整的损失，并造成旅游企业市场营销活动的前后脱节和被动的局面。因此，确保市场细分的稳定性是至关重要的，它有助于企业在激烈的市场竞争中保持战略的连贯性和有效性，从而实现长期稳定的发展。

三、旅游市场细分的依据

旅游需求的差异性决定了旅游市场细分的依据是多重的，没有一个绝对化的方法或固定不变的模式来进行市场细分。究竟按哪些标准进行市场细分，各国、各地区、各企业可采取不同的方法、依据来进行。通常，按照市场营销学的一般原理，可从地理、社会经济、购买行为和消费心理四个方面对旅游市场进行细分。

（一）按地理区域细分旅游市场

地理细分是指营销人员按照消费者所在的地理位置来细分市场。地理细分因素包括地区、国家、城市、乡村、气候、人口密度、空间距离等，根据上述细分因素，可将旅游市场分为不同的细分市场。如按照地域范围可以把国际旅游市场划分为欧洲、美洲、亚太、非洲和中东等五大地域市场，从而弄清世界旅游市场的区域分割、各区域市场在总体中的比重、旅游发展速度、市场潜力、旅游者流向和流量等，这有助于制定相应的营销战略；按照接待国与客源国空间距离远近可划分为近程旅游市场和远程旅游市场，近程旅游市场泛指旅游接待国所在洲内或地区内的国际客源市场，远程旅游市场泛指旅游接待国所在洲或地区以外的国际客源市场，在制定营销策略时，要考虑两个细分市场的不同特征，予以区别对待；按照城乡地域差别可细分为城市旅游市场和乡村旅游市场等，城市居民收入水平高、出游经济条件较好，城市交通发达、信息灵通，城市环境质量差，迫使人们外出娱悦身心，这些因素使得城市居民要求旅游的人数比乡村多，占旅游者总人数的比例也比乡村大。总之，从地域角度细分旅游市场是一种传统的细分方法，对于旅游企业制定宏观与微观营销策略有十分重要的作用。

（二）按旅游者的社会经济状况细分旅游市场

影响人们进行旅游活动的社会经济因素比较多，它包括年龄、家庭结构、生命周期、性别、种族、宗教、收入、国籍、职业、社会阶层、受教育程度、文化与血缘关系等，它们对旅游业来说是十分重要的细分依据。如按照年龄及家庭结构可把旅游市场划分为青少年旅游市场、成年人旅游市场、中年人旅游市场和老年人旅游市场等，不同年龄阶段的细分市场表现出不同的消费特点，通过对各年龄组内部消费变化和趋势的考察，旅游企业可以更有针对性地开发适销对路的旅游产品；按照社会阶层可以划分为会议旅游市场、商务旅游市场、科技旅游市场和一般旅游市场等；按照职业与收入可以划分为豪华旅游市场、标准旅游市场、经济旅游市场等。通常，按照旅游者的社会经济状况进行旅游市场细分的内容是比较多的，可以结合实际情况而灵活选用不同的标准和细分参数。

（三）按消费者购买行为细分旅游市场

按消费者的购买行为细分旅游市场，包括购买目的与时机、追求的利益、购买状况、使用频率、对品牌的信赖程度、价格、服务及广告敏感程度等。由于购买行为体现了消费者对旅游营销活动的反应及态度等，按消费者购买行为细分市场被认为是旅游市场细分的最佳依据。如按照旅游者购买动机与时机，可以划分为观光旅游市场、度假旅游市场、娱乐旅游市场、探亲访友旅游市场、会议奖励旅游市场、商务旅游市场、康体旅游市场和生态旅游市场等；按照旅游者追求的利益细分市场，可以把旅游者分为地位追求者、享乐主义者、时髦人物、理性者、保守者和不随俗者等各种类型，既要研究各个群体追求什么利益、希望满足哪些需求，又要了解他们希望避免哪些问题；按照旅游者购买旅游产品数量的多少和消费水平的高低，可以将旅游市场细分为较大、中等和较小市场等。旅游者对旅游产品品牌的信赖程度意味着旅游产品在旅游者心目中的形象，也是旅游者重复购买的保证，旅游企业要寻找那些对本企业产品有忠诚度、消费频率和能力均较高的旅游者作为本企业的目标市场。

（四）按旅游者心理因素细分旅游市场

按旅游者心理因素细分旅游市场主要从旅游者的生活方式和旅游者的个性特征进行细分。所谓生活方式是指一个人或集团对于消费、工作和娱乐活动的特定习惯倾向性方式，其与旅游者的社会经济地位、文化程度有十分密切的关系，因此旅游经营者应该全面了解旅游者购买本企业产品的心理动机，以便从旅游者的需求入手，更好地占领市场。同时，旅游者的性格特征是多种多样的，旅游企业可以通过对旅游者的性格特征来细分旅游市场，确定旅游企业的目标市场，如一个新、奇、特的旅游目的地对于那些自信、爱好旅游、喜欢新奇和冒险、追求独特体验的多中心型的旅游者有着极大的吸引力；而成熟的、大众化的旅游目的地对那些谨小慎微、不爱冒险、喜欢轻松、追求自己熟悉的环境和氛围的自我中心型的旅游者吸引力较强。

四、旅游目标市场的选择

市场细分的目的是选择旅游企业的目标市场，进而有针对性地满足目标游客的需求。在进行目标市场选择时，可以采用以下三种策略：无差异性市场策略、差异性市场策略和密集性市场策略。

（一）无差异性市场策略

无差异性市场策略又称为整体化市场营销策略，是指旅游企业以旅游市场整体作为服务对象，采用单一的市场营销组合满足整个市场的需求。这种市场策略的优点是单一的生产线可以大批量地生产和销售，能够降低成本；旅游企业不必细分市场，从而可以相应地减少市场调研和广告宣传费用；可以大规模销售，简化分销渠道从而形成规模效益。缺点是不能满足不同旅游者的差异性需求，因而对大多数旅游企业是不适用的；采用这一策略的旅游企业必然要设法在整个市场上占有最大份额，因而会形成对整体市场的激烈竞争；小的细分市场被忽视，旅游者的多种需求得不到满足，销售受到限制，不利于吸引旅游者。

（二）差异性市场策略

差异性市场策略是指在细分市场的基础上，旅游企业针对不同细分市场的需求，设计不同的旅游产品，采取不同的营销组合手段，分别满足各类游客需求的市场营销策略。也就是说，旅游企业把整个旅游市场划分为若干细分市场后，分别针对这些细分市场开展市场营销活动。这种策略的优点是更能适应旅游者的需要,从而增加旅游企业总销售量;企业同时在每个细分市场占有优势,会极大地提高游客对旅游企业的信任感,从而扩大旅游企业声誉,提高经济效益;同时有利于降低企业经营风险。缺点是这种市场策略势必增加企业的旅游产品品种,要求同时具有多个销售渠道、多种销售方法和多种广告宣传,从而增加了企业成本;旅游产品品种多、数量少,使得大批量销售受到一定限制,在经营中难以实现规模经济效益;投资大、成本高、经营范围广,给旅游企业管理带来困难。

(三)密集性市场策略

密集性市场策略是指旅游企业在市场细分的基础上,只选择某一个或少量细分市场作为其目标市场,集中企业的人、财、物实行专业化生产和经营的策略。这一策略所追求的不是在整体市场上占有较小份额,而是力图在较小的细分市场上占有较大的市场份额。采用这种策略的多是资源和能力有限的中小型旅游企业,它们很难在整体市场上与大旅游企业竞争,因而寻求在较小的细分市场上争取拥有较高的市场占有率。如美国汽车旅馆主要接待乘小汽车旅游的游客,这种旅馆为汽车游客这一细分市场进行有针对性的服务,市场占有率较高。这种市场策略的优点是旅游企业的全部营销活动都集中于某类细分市场,便于旅游企业了解细分市场需要并占有较大市场份额,提高旅游产品与旅游企业知名度,获得较好信誉;可以节省市场营销费用,从而增加企业营业收入和经济效益。缺点是由于目标市场过于狭窄和集中,一旦市场情况发生突变,或出现较大的竞争者,整个旅游企业就可能陷入困境,经营的风险较大。

上述三种目标市场策略,每一种都有其独特的优势和劣势,这些策略在不同的市场环境和企业资源条件下,可能会产生截然不同的效果。对于旅游企业来说,选择哪一种市场策略,必须依据企业的具体情况、市场定位、资源能力以及长远发展规划来做出明智的决策。

第三节 旅游市场竞争

旅游市场的竞争,既有旅游者之间选择旅游地的竞争,旅游经营者之间争夺客源的竞争;也有旅游者和旅游经营者之间在旅游产品质量、价格等方面的竞争。因此,旅游市场竞争无处不在、无时不在,只有充分认识旅游市场竞争的客观必然性,才能按照客观经济规律,健全完善旅游市场体系,充分应用旅游市场机制,有效发挥旅游市场功能

作用，促进旅游经济健康持续地发展。

一、旅游市场竞争的必然性

旅游市场是实现旅游经济活动不可缺少的条件，旅游供给和旅游需求正是通过市场连接起来的。市场竞争是客观存在的，只要有市场就必然有竞争，旅游市场竞争是旅游经济运行得以实现的内在机制，是与旅游经济存在联系的外部强制形式。

（一）旅游市场竞争是价值规律实现的客观要求和必然结果

按照价值规律，旅游产品的价值是由社会必要劳动时间所决定，旅游产品价格围绕价值而上下波动，旅游企业能否以合适的价格销售旅游产品，只有通过旅游市场的竞争才能够确定。因为不同的旅游企业生产和经营同种旅游产品所花费的个别劳动时间是不相同的，当某旅游企业所花费的个别劳动时间高于社会必要劳动时间，则其旅游产品的价值就难以实现，市场竞争的结果迫使其必须提高效率、加强管理、降低成本来保证旅游产品价值的实现。因此，旅游市场竞争是价值规律实现的客观要求，只有在旅游市场竞争条件下，才能按照价值规律进行有效的旅游产品交换活动；只有通过市场竞争，价值规律的要求才能得到实现，市场竞争是价值规律实现的形式，是市场经济的内在机制的外部化。这是不以人的主观愿望为转移的，具有其客观必然性。

（二）旅游市场竞争是供求规律运行的必要条件

旅游产品的交换不仅要遵循价值规律的要求，还受到旅游市场上供求规律的作用和影响，而供求规律的运行又必须以旅游市场竞争为必要条件。在旅游市场上，供求平衡是相对的，不平衡是绝对的。一般来讲，当旅游市场上出现供不应求时，表现为旅游需求大于旅游供给，于是必然出现旅游者之间为争购旅游产品的竞争，市场竞争必然促使旅游产品价格上涨而刺激旅游供给增加；当旅游市场上出现供过于求时，表现为旅游供给大于旅游需求，于是必然出现旅游经营者之间为争夺旅游者而在旅游产品、目标市场、服务质量、价格水平等方面进行激烈竞争，这种竞争导致客源市场的重新分配，也促使旅游产品通过价格调整而刺激旅游需求增加。因此，只有在旅游市场竞争条件下，旅游供求规律才能有效发挥作用，从而促进旅游市场供给和需求的动态平衡。

（三）旅游市场竞争是应用科学技术的前提条件

科学技术是第一生产力，是推动现代旅游经济发展的重要动力。现代科学技术的进步,尤其是各种高新技术的普及和应用,不仅促进了旅游业的快速发展,也加剧了旅游市场的竞争。如电子计算机预订系统的普及,首先运用于航空客运预订系统,再到饭店销售预订系统,最终广泛运用于旅行社的游客预订和组团。现代国际互联网的发展,更使现代旅游市场成为统一的全球旅游市场,简便快捷的网上促销、网上订房、网上组团、网上购物等电子商务,使所有旅游企业经历着"适者生存"法则的考验。因此,旅游市场竞争加快了旅游企业运用科学技术的步伐,任何旅游企业要想经营成功都必须充分运用现代高新技术,才能在全球旅游市场竞争中占有一席之地。

(四)旅游市场竞争是旅游经济发展的客观规律

在市场经济条件下,旅游市场竞争已经成为旅游经济发展的客观规律。一方面,旅游市场竞争是旅游经济发展的必然趋势,尤其是随着20世纪50年代以来世界旅游经济的快速发展,旅游市场已由卖方市场转向买方市场,使得旅游企业在把握旅游市场的动态,更好地适应旅游者的需求方面,面临着巨大挑战,导致世界旅游市场竞争日趋激烈。进入21世纪后,旅游竞争态势随着世界旅游市场的日趋成熟而逐步升级,旅游市场的竞争更加集中地反映在对旅游客源的争夺上,谁对旅游市场行情看得准,谁能更好满足旅游者需要,谁就能争取到更多的市场份额。由于旅游产品的无形性和不可储存性等特点,旅游企业对市场的依赖性比其他行业更强,而这个市场又是比较脆弱的、易波动的,因此,企业必然要为抓住稍纵即逝的机会而展开激烈的竞争,为了招徕更多的客源,许多国家和地区纷纷调整旅游营销策略,采取更为积极的政策和更加灵活的促销方式开拓旅游客源市场,争夺国际旅游者。

二、旅游市场竞争内容

在买方市场条件下,旅游市场的竞争主要体现在旅游产品供应者之间的竞争。无论是国内旅游企业之间的竞争,还是不同国家旅游企业之间的国际竞争,都围绕着扩大旅游产品销售,争取更多的游客,提高市场占有率这一中心而展开的。旅游市场竞争的主要内容包括争夺旅游者、争夺旅游中间商和扩大市场占有率三个方面。

(一)争夺旅游者

旅游产品的消费对象是旅游者,客源就是财源。一个国家、一个地区、一个旅游企业所吸引的游客数量的多少及游客的消费能力,决定着该国、该地区和该旅游企业的收入、利润状况和经营的成败,也决定着一个国家或地区接待旅游者的规模和水平。因

此,争夺旅游者就成为旅游经营者之间旅游市场竞争的实质内容,谁争夺到的旅游者多,谁就相应获得较多的旅游收益。

(二)争夺旅游中间商

旅游中间商是代理旅游目的地国家或地区以及大企业旅游产品销售的组织机构或个人,以旅行社为主,它们是旅游产品得以实现的重要中间渠道。在现代旅游活动中,经过旅游中间商销售的旅游产品仍占有较大比重,从这个意义上说,争夺旅游中间商就是间接争夺旅游者的一种方式,争夺到的旅游中间商越多,从旅游中间商那里获得的支持越大,就意味着占有的旅游市场越大,旅游产品销量就越多。因此,在旅游市场竞争中,必须重视对中间商的争夺,特别要重视与较大的、较有实力的旅游中间商合作,以扩大旅游产品的销售规模。

(三)提高旅游市场占有率

旅游市场占有率,指的是旅游接待方在一定范围内的旅游市场上所处的地位或它在所处的旅游市场产品总量中所占的比重。市场占有率分为绝对占有率和相对占有率。旅游市场绝对占有率指的是旅游接待方(可以是一个企业或一个旅游点,也可以是一个地区或一个国家)在同一时间内所接待的旅游者人数占一定范围内(地区、国家或整个世界)旅游市场所接待的旅游者总人数的百分比。用公式表示为:

$$旅游市场绝对占有率 = \frac{一定时期某旅游接待方所接待旅游者人次}{同期、同范围内旅游总人次} \times 100\%$$

旅游市场相对占有率指的是一定时期内、一定范围内某一旅游接待方的市场绝对占有率与同期同范围内市场占有率比较高的其他旅游接待方市场绝对占有率的百分比。用公式表示为:

$$旅游市场相对占有率 = \frac{一定时期某旅游接待方市场绝对占有率}{同期、同范围内旅游市场绝对占有率较高的其他方市场绝对占有率} \times 100\%$$

通过市场绝对占有率指标,可以清楚地了解本企业、本地区在旅游市场中所处的地位,了解自己所拥有的实力。通过市场相对占有率指标,可以了解到本企业或地区的旅游接待人数同其他企业、地区的旅游接待人数之间的相对关系。若市场相对占有率大于1,则表明本旅游企业或本地区在旅游市场竞争中处于优势地位;若市场相对占有率等于1或小于1,则表明本旅游企业或地区等于或小于其他旅游企业或地区的旅游市场占有率。通常，旅游市场占有率的高低，决定了一个旅游企业的经营规模和水平，标志着一个国家或地区的旅游业发达与否，提高市场占有率是争夺旅游者的另一种形式，维持和扩大市场占有率是旅游竞争的重要内容之一。

三、旅游市场竞争的类型

与其他市场一样，可以根据参与竞争的旅游企业的多寡、旅游产品差异、旅游市场进入条件等因素，将旅游市场竞争分成四种类型：完全竞争旅游市场、完全垄断旅游市场、垄断竞争旅游市场、寡头垄断旅游市场。在不同类型的旅游市场上，竞争的激烈程度和竞争行为、竞争方式都会存在一定差异，具有各自不同的市场竞争特点。

（一）完全竞争旅游市场

完全竞争旅游市场又称为纯粹竞争旅游市场，它是指不受任何阻碍和干扰的市场竞争状况，是一种由数量众多旅游者和旅游经营者所组成的旅游市场。完全竞争旅游市场的特点和条件有：一是旅游市场上存在许多各自独立、彼此竞争的旅游者和旅游经营者，每个旅游者和旅游经营者都不能支配和主宰整个旅游市场的交换；二是各旅游经营者的旅游产品是完全同质而无差别的，因而旅游者不会对任何一个旅游经营者的旅游产品产生偏好；三是所有生产要素资源能够在各行业间完全自由流动，旅游经营者可以自由地进入和离开完全竞争的旅游市场；四是市场上每个旅游者和旅游经营者对旅游市场都具有充分的认识和了解，旅游市场信息是充分和畅通的；五是旅游经营者和旅游者在进入和离开完全竞争旅游市场时，不受其他任何非经济因素的影响。通常，只有同时具备以上五个条件才能称为完全竞争旅游市场，但由于现实旅游经济中不存在同时具备以上五个条件的旅游市场，因而完全竞争旅游市场实际上只是一种理论假设，主要供旅游经济理论分析时使用。

（二）完全垄断旅游市场

完全垄断旅游市场是一种完全由一家旅游经营者控制旅游产品供给的旅游市场。完全垄断市场的特点和条件主要有：一是旅游经营者提供的旅游产品没有替代品，具有唯一性的特征；二是旅游产品的价格和产量均是完全由旅游经营者所控制的；三是完全垄断旅游市场具有市场壁垒，使其他任何旅游经营者无法进入；四是某些具有独特性或唯一性旅游资源开发而成的旅游产品，往往会形成垄断旅游产品，从而又形成完全垄断旅游市场。完全垄断旅游市场在现实旅游经济中也不多见，像埃及的金字塔、中国的长城、法国的凯旋门等，都属于极少见的完全垄断旅游产品，因此完全垄断旅游市场也主要供旅游经济理论分析时使用。

（三）垄断竞争旅游市场

垄断竞争旅游市场是介于完全竞争和完全垄断之间，既有垄断又有竞争，并且更偏向完全竞争的旅游市场类型。由于它既包含竞争性因素，也包含垄断性因素，因此属于一种不完全竞争或可竞争旅游市场。

垄断竞争旅游市场的竞争性不同于完全竞争旅游市场，其主要特点表现在：一是同类旅游产品市场上拥有较多的旅游经营者，每个旅游经营者在旅游市场总额中只占较小的比例，使他们对旅游产品数量、旅游价格的影响有限而无法操纵市场，导致彼此之间的竞争也比较激烈；二是在市场经济条件下，每个旅游经营者进入或退出旅游市场一般比较容易，并没有太多的市场壁垒；三是不同旅游经营者的同类旅游产品存在着一定的差异性，即同类旅游产品在质量、服务、销售方式等方面具有特色，从而使处于优势的旅游产品在价格竞争和市场份额占有上优于其他的旅游经营者。

垄断竞争旅游市场的垄断性也不同于完全垄断旅游市场，其主要特点表现：一是由于每个国家或地区的旅游资源不可能是完全相同的，从而导致所开发的每一种旅游产品都有其独特的个性，并在一定程度上形成了旅游产品的垄断性；二是政府对某些旅游产品开发方针、政策的限制，也会形成某些旅游产品在市场上的垄断性；三是由于各种非经济因素的制约，旅游者不能完全自由选择旅游产品或进入任何旅游目的地，从而使某些旅游产品具有一定的垄断性。

（四）寡头垄断旅游市场

寡头垄断旅游市场是指为数不多的旅游经营者控制了行业绝大部分旅游供给，他们对旅游价格、旅游产品销量有很大影响，并且每个旅游经营者在行业中都占有相当大的份额，以至其中任何一家旅游经营者的旅游价格或旅游产品销量的变动，往往都会影响到整个旅游市场的产品价格和其他旅游经营者的销售量；同时，新的旅游经营者要进入旅游市场也是不容易的。因此，寡头垄断旅游市场也是介于完全垄断和完全竞争旅游市场之间，并偏于完全垄断旅游市场的一种旅游市场类型。旅游产品差别较大、政府的某些政策限制、在市场经济条件下、旅游市场开放度较高时，寡头垄断旅游市场在某些方面比完全垄断旅游市场更典型，如拥有特殊、稀少旅游资源的旅游经营者，以及大型航空公司、游船公司、旅游列车公司等，往往容易形成寡头垄断旅游市场。

四、旅游市场竞争的决定因素

在旅游市场竞争中,决定旅游市场竞争的因素很多,主要有旅游者和旅游经营者的数量、旅游产品的同质性和差异性、旅游信息的充分和完全程度、旅游市场进出条件和旅游竞争对手状况等。

(一)旅游者和旅游经营者的数量

在旅游市场中有多少旅游者和多少旅游经营者是决定和影响旅游市场竞争的首要因素。在现实旅游经济中,只有个别或少数旅游者或旅游经营者的旅游市场是非常少见的,因而对大多数旅游市场来讲,影响旅游市场竞争的关键是市场上旅游者和旅游经营者的数量。从旅游供给角度看,旅游市场中处于平等地位的旅游经营者越多,则旅游市场的竞争就越激烈;旅游市场中只存在一个或少数几个旅游经营者处于支配地位时,旅游市场竞争就会减弱,甚至形成垄断旅游市场。因此,旅游者和旅游经营者的数量多少决定着旅游市场竞争的激烈程度。

(二)旅游产品的同质性和差异性

不同的旅游经营者销售的旅游产品在质量上是相同的,以至于旅游者无法辨别不同旅游经营者所提供旅游产品的差别,这也是形成旅游市场规范竞争的重要条件。但是,在现实旅游经济中,大多数旅游经营者提供的旅游产品不具备上述严格的条件,即使是同一个旅游经营者提供的旅游产品,也会因为时间、季节、服务人员等各种自然的、心理的因素影响而存在一定的差异性。因此,在旅游市场竞争中,就必然出现旅游者喜欢选择某一旅游企业的旅游产品甚于其他旅游企业的同类同质旅游产品,从而促使旅游企业总是使自己所提供的旅游产品与其他旅游企业的具有一定的差异性,以提高旅游企业的市场竞争力的现象。

(三)旅游信息的充分与完全程度

旅游者和旅游经营者能否获得市场上的全部旅游信息是决定和影响旅游市场竞争的第三个因素。在旅游市场竞争中,获得充分完全的旅游信息是一个相当严格的条件,它要求旅游者和旅游经营者能够充分了解旅游市场、旅游产品交易的全部旅游信息。如果旅游信息不完全,旅游者就不容易做出正确合理的旅游产品购买决策;而旅游企业也不可能掌握正确的旅游市场的旅游供求状况,并根据旅游市场供求变化及时提供旅游产

品。因此，旅游信息的充分与完全程度，直接决定着旅游市场竞争的程度，影响着旅游竞争机制的作用正常发挥。

（四）旅游市场进出条件

旅游经营者进出旅游市场的自由度同样会决定和影响旅游市场竞争。通常，如果旅游经营者进入或退出旅游市场十分容易，则旅游市场的竞争程度就会提高；反之，如果旅游经营者进入或退出旅游市场受到阻碍和制约，则旅游市场的竞争程度就会降低。因此，旅游市场进出的自由程度，直接影响和决定着旅游市场的竞争程度。旅游经营者在进入某一旅游市场时受到阻碍，则意味着该旅游市场存在着进入障碍，或者该旅游市场进入壁垒较高，而进入壁垒较高的旅游市场，通常具有较高的旅游市场垄断性。

（五）旅游竞争对手状况

旅游市场竞争既是旅游企业之间的竞争，也是旅游目的地国家或地区之间的竞争，为了正确评估和确定旅游竞争优势和竞争力，就必须重视对旅游竞争对手的分析，培育超过旅游竞争对手并能实现自身价值最大化的竞争优势。关于旅游竞争对手状况的分析，一般包括两方面的内容。一方面，要立足旅游者的需求和旅游市场的供求情况，着眼于对旅游竞争对手的整体情况分析，以正确把握旅游竞争对手的竞争优势和特点。另一方面，又要根据有效益、有市场的竞争力才是竞争优势的原则，更加重视考察旅游产品和服务的成本和效益，考察旅游目的地和旅游企业在旅游市场上的占有率，明确自身的竞争优势和竞争力，从而为制定合理的竞争战略提供科学依据。

五、旅游市场竞争手段

旅游市场竞争包括旅游经营者之间、旅游者之间以及旅游经营者和旅游者双方之间以不同手段进行的竞争，旅游企业竞争的主要内容是争夺客源，提高经营利润，因而竞争的手段可以分为两大类：价格竞争和非价格竞争。

（一）价格竞争措施

根据旅游产品的需求价格弹性大小，结合行业竞争的状况，通常可采用以下价格竞争策略：一是低价渗透策略，这种策略是尽可能给旅游产品制定低于竞争对手的价格，通过成本控制以图迅速占领市场，吸引更多的游客，并有效排斥竞争对手于目标市场之外。二是高价策略，这种策略是给旅游产品制定高于竞争对手的价格，通过服务质量提升以期在短期内取得高额利润，尽快收回投资。通常，只要提价幅度能为旅游者所接受，不仅能保持一定的市场份额，而且可以增加企业的利润。三是同价策略。这种策略是使本旅游企业的旅游产品价格尽可能与竞争对手保持同一水平，以期在旅游市场上获得一定的市场占有率。除采取上述价格策略，旅游经营者还可采用成本价、门市价、批发价、季节优惠价、试营业期间的特殊价等手段来吸引游客、扩大旅游产品销售量，从而在旅游市场竞争中处于优势地位。

（二）非价格竞争措施

旅游经营者除了通过价格措施来与竞争对手进行市场竞争，还可以通过非价格措施来进行竞争，包括：一是高质量策略，通过改进旅游产品质量、提高旅游服务水平，并通过有效的信息沟通，使目标游客了解到本企业旅游产品质量与竞争对手的比较优势，通过一如既往地维持旅游产品的高质量，积极参与旅游市场竞争。二是新产品策略，旅游产品具有一定的生命周期，任何旅游企业要想在激烈的市场竞争中站稳脚跟，必须适时地、有针对性地根据旅游者不断变化的多元化需求开发旅游新产品，开拓新市场，以扩大市场占有率，通过抢先占有新的目标市场来获得竞争优势。三是专营化策略，专营化策略指旅游企业只选择一个或少数几个旅游细分市场作为目标市场，以特殊的旅游产品和服务满足目标游客的需求，即旅游企业利用产品差别化和低成本优势吸引旅游者，从而有效地阻止其他旅游经营者进入市场，进而巩固已有的市场占有率。

第四节　旅游市场开拓

旅游市场开拓是指旅游经营者为了实现旅游企业的战略目标，扩大旅游产品销售，实现旅游产品价值，提高旅游市场占有率而进行的一系列经营活动。旅游市场开拓是旅游发展的客观要求，是提高市场占有率的必然选择，是旅游企业经营能力的重要标志。

一、旅游市场开拓的重要性

旅游业自身的特点和旅游产品的特性，决定了旅游业对市场具有较强的依赖性。离开了市场的支撑，旅游业的生存和发展就失去了基本的条件。因此，旅游市场开拓对旅游经营者的基本经营和未来发展都非常重要。

（一）旅游市场开拓是旅游发展的客观要求

旅游业是一个服务性行业，旅游产品具有不可转移性和不可贮存性的特性，这决定了旅游发展对市场的依赖性很强。如果没有客源，就没有旅游企业的生存空间，因此旅游市场开拓对于旅游经营者是十分重要的。对旅游市场的开拓，要求明确旅游经营业务范围和领域，寻求和判断旅游经营发展的机会和活动空间，制定旅游经营发展目标和任务，并持续不断开拓客源市场和旅游产品。

（二）旅游市场开拓是提高市场占有率的必然选择

旅游企业面对两种市场：现有市场和潜在市场。现有市场是旅游企业已经进入和占领的市场，企业要生存，至少要维持现有市场的规模，但这仅仅解决了维持生存的问题，解决不了发展的问题。因此，旅游企业不能安于现状，在激烈竞争的旅游市场上，一方面挖掘现有旅游市场潜力，扩大旅游产品销售，拓展原有市场的规模；另一方面要积极进取，不断努力寻求开拓新的旅游市场，不断提高旅游市场占有率，才能确保旅游企业的生存和发展。

（三）旅游市场开拓是旅游企业经营能力的重要标志

旅游市场是竞争激烈的买方市场，在这个市场上，旅游者的需求在不断变化，竞争对手在不断变化，旅游企业由于自身的发展也在不断变化。面对这个动态的市场，旅游市场开拓能力就反映出旅游企业经营能力的强弱，突出体现在是否具有不断开发旅游新产品，开拓旅游新市场，更好地满足旅游者需求的能力，僵化、保守、凝固不变必然要被激烈的市场竞争所淘汰。同时，旅游市场处在不断变化之中，为旅游市场开拓提供了机会和可能。因此，只有积极开拓旅游市场，才能增强旅游企业的经营能力，让其在激烈的市场竞争中保持优势。

二、旅游市场开拓的方法

（一）确定旅游市场开拓目标

旅游市场开拓的战略目标是指在一定时期内旅游市场营销工作预期达到的目的。对于旅游目的地和旅游企业而言，其旅游市场开拓的任务和目标具体表现为开发各种类型的客源市场，同时根据客源市场特点，合理开发本身所具有的旅游资源，形成高质量的旅游产品，并利用一切有利的条件，满足旅游市场的需求，最大限度地获取经济效益和社会效益。确定旅游市场开拓的战略目标后，必须搞好旅游市场调查和预测，掌握旅游市场的现状、特点及变化趋势，才能制定正确的旅游市场开拓策略。

（二）开展旅游市场调查

旅游市场调查分析，是运用科学的方法和手段，系统地、有目的地对旅游经济活动中的旅游需求、旅游供给和旅游环境等信息进行搜集、分析、研究的工作。

1. 旅游市场调查的类型

旅游市场调查分析的类型可以按照范围、目的和方法进行划分，同时还必须掌握旅游市场调查的程序和资料收集的方法等。

（1）从内容上可以把旅游市场调查分为宏观旅游市场调查和微观旅游市场调查。宏观旅游市场调查主要包括旅游市场总需求、总供给及旅游市场环境调查。通过对宏观旅游市场的调查，主要为旅游目的地国家或地区制定旅游业发展战略，确定旅游市场开拓策略提供科学的依据。微观旅游市场调查，是对旅游企业经营发展状况的市场调查，即旅游企业根据营销活动的需要而进行的特定调查，包括旅游者需求调查、旅游市场营销状况调查和旅游市场竞争调查等。通过以上调查，为旅游企业制定正确的市场营销策略，不断开拓客源市场提供科学依据。

（2）从方式上可以把旅游市场调查分为探索性调查、描述性调查和因果关系调查。探索性调查是指进行正式调查前的试探性调查，一般通过研究的二手资料或召集专家开展询问调查。描述性调查是通过深入实际的调查研究，收集和整理有关旅游经济活动的市场信息、数据和相关资料，然后对调查资料进行分类、分析、整理，形成调查报告，将旅游市场的有关客观情况如实地加以描述和反映，来说明事物之间的因果关系及内在联系的调查。因果性调查主要是为了掌握有关市场现象之间的因果关系，把描述性研究中提出的变量分为自变量和因变量，进一步研究各自变量对因变量影响的程度和大小，从而掌握旅游市场的状况。

比如，某种旅游产品销售量下降，旅游企业一时无法判断是价格原因、产品质量原因、市场服务原因或是其他原因造成的，这时就可运用探索性调查寻求基本原因；当旅游企业提出某些新的市场设想和方案时，可借助探索性调查和询问进一步确认这些设想和方案是否可行。为了某种旅游产品的实验广告效果，可以先有计划地改变广告内容、广告频率和广告时间，然后搜集有关销售额、品牌知名度、市场占有率等方面的资料，从而掌握广告对促销的影响。

2. 旅游市场调查的方法

旅游市场调查所面临的信息有两种：一手资料和二手资料。调查人员为了本次调查

目的直接从调查对象处搜集的信息资料是一手资料，二手资料是指由他人所收集、整理并存放于某处的信息资料，包括旅游企业内部的资料和外部的资料等。

（1）原始资料的搜集。原始资料的搜集方法主要有四种：一是观察法，它是由调查人员在现场观察有关参与者及其环境以达到调查目的，观察的对象可以是产品、顾客、竞争对手、环境因素等等。观察得到的第一手资料比较生动、直观、可靠，但一般只能看到表层现象，很难对深层因素进行分析，比如顾客的职业、文化水平、心理动机等就很难通过观察法去了解。二是会议法，它是通过召集调查会的形式搜集原始资料。采用会议法要做到会议的准备必须充分，与会者的水平和素质是开好会议的基本保证，对会议内容的认真记录核实是取得可靠资料的依据。三是询问法，可以通过电话访问、发放问卷和人员访问等方式搜集各种市场信息资料，如顾客的行为、动机、态度、意见、竞争对手的动态、市场的热点问题、企业的广告效果、各销售渠道的状况等等。四是试验法，它是将选定的刺激因素引入被控制的环境中进而系统地改变刺激程度，以搜集和测量调查对象的反应。有时可以根据需要将调查对象分成若干小组，然后分别给予不同程度的外部刺激变数以便进行分析对比。特别是当对同一现象存在不同解释时，运用试验法可以找出真实的原因，适合于因果调查。

（2）二手资料的使用。二手资料的主要来源有以下几个方面：一是内部来源，包括各种会计、统计报表，企业内部的有关记录、凭证、各种经营指标以及以前的研究报告；二是政府来源，政府发布的有关信息、文件、统计公报等；三是报刊书籍，包括各种有关的报纸、杂志、手册、年鉴、书籍、企业名录以及有关机构公布的资料；四是商业资料，包括企业发布的信息资料，企业咨询机构出售的信息资料和研究报告等。旅游二手资料具有一定局限性，往往不能直接原封不动地加以利用，因此，使用二手资料时应客观公正、不带偏见和恶意，选择发布机构较为权威的资料；注意考察资料的时效性，统计口径是否可比；评估所用资料的样本是否具有典型性、代表性，抽取样本的数量是否充足等。

（三）旅游市场的预测

旅游市场预测，是指运用定量和定性的方法，对旅游市场未来的发展变化及旅游需求趋势作出分析和推断。旅游市场预测的有效性在于选择正确的预测方法及建立有效的预测模型。

1. 旅游市场定性分析

定性分析法是通过逻辑分析、演绎归纳等对旅游预测目标的性质及可能估计到的发展趋势作出分析。定性分析法是较早运用于旅游市场预测的基本方法，一般包括购买者意向调查法、销售人员综合意见法、专家意见法（又称德尔菲法）。购买者意向调查法是通过对旅游者进行调查或征询来进行旅游市场预测的一种方法，具体做法有当面询问、电话询问、写信、要求填写调查表、设意见簿、召开座谈会等。销售人员综合意见法是由旅游企业内外的营销人员对市场作出预测，使用这种方法的旅游企业要求每个推销员对今后的销售作出估计，营销经理再与各个推销员一起复审估计数字，并逐级上报预测数字和总汇。德尔菲法是由旅游企业聘请社会上或企业内部的专家进行市场预测。首先邀请来自不同领域的有关专家若干名；由各位专家对所预测的问题独立提出自己的估计和假设，以量化指标书面提交；经审查、汇总之后将每位专家的意见发回到所有专家手中；专家们根据前一轮的预测结果修改自己的意见，然后又形成新一轮的预测。如此往复，直到各位专家不再修改自己的意见为止，这时就以最后一轮预测的中位数作为预测结果。

2. 旅游市场定量分析

定量分析法是运用数学和统计等方法，对较系统和完整的资料和数据进行分析，从而对旅游市场及其变化作出评估和推断的方法。用定量方法预测旅游需求一般使用统计方法和计量经济学方法，其中常用的方法有时间序列分析法和回归分析法，时间序列法又包括简单平移法、移动平均法、指数平滑和变动趋势预测法；回归分析法包括一元线性回归分析法和二元线性回归分析法等。

三、旅游市场的开拓策略

（一）旅游产品策略

旅游产品是吸引旅游者、开拓旅游市场的基础。在制定旅游产品策略时，首先要准确把握市场需求，根据市场需求有针对性地开发旅游产品。其次要大力开发具有民族特色、地方特色的旅游产品，形成较强的旅游吸引力。中国具有丰富的旅游资源，这为我国开发特色旅游产品提供了有利条件，应当充分利用这个有利条件，开发更多、更有吸引力的旅游产品。最后，旅游产品的形式要丰富多样。当今世界旅游市场上，各种形式的旅游产品不断涌现，已经不再局限于团体包价形式、以观光为主的旅游产品。从我国目前的情况看，虽然以团体包价形式出现的观光型旅游产品仍占主导地位，但也应大力发展散客旅游、半包价旅游；在继续经营观光旅游的同时，大力开发度假旅游、会议旅游、商务旅游以及专项旅游等，加大旅游产品开发的深度和广度。

（二）旅游价格策略

旅游价格制定得是否合理直接关系到旅游产品的竞争力，影响到旅游市场开拓的效果。在制定旅游价格时，首先要明确定价目标，即根据旅游市场开拓的任务，根据旅游目标市场顾客群的实际情况以及竞争对手的价格，有针对性地确定自己的旅游价格，避免定价的盲目性，避免不顾市场情况的定价倾向。其次要根据定价目标选择适当的定价方法和灵活的定价形式，要注意降低直观价格，确保质量兑现。最后要注意保持价格的相对稳定，频繁的价格变动将使市场无所适从，也不利于市场稳定。

（三）旅游产品分销渠道策略

旅游产品必须通过一定的销售渠道才能实现交换，在旅游产品交换过程中，旅行社、旅游饭店以及其他旅游企业均面临销售渠道的选择问题。毫无疑问，旅行社仍然是销售渠道的主体，旅游产品的销售主要还是通过线上和线下的旅行社来实现的，国外的旅行社分为旅游批发商和旅游零售商，前者的业务主要涉及旅游产品的重新组合、定价、促销和配售等；后者的业务主要是销售。因此，在发展入境旅游时要借助国外旅游批发商和零售商的支持，选择那些大型的、信誉较高的旅行商；发展国内旅游时借助本国旅行社的分销渠道，做好旅游产品的销售。

（四）旅游促销策略

旅游促销是推动旅游产品销售的关键策略，它涉及多种手段的综合运用，包括广告、宣传、公关活动以及参与或主办各类旅游博览会等。加强旅游促销是拓展国际市场、提升竞争力的迫切需求。首先，必须增加促销预算，因为资金不足是制约我国旅游市场竞争力的一个主要障碍；其次，促销活动需要更加精准，以提高效果，这意味着应针对主要客源市场进行强化，并确保促销内容切中要害；此外，采用多样化的促销方式对于凸显旅游目的地的独特魅力和形象至关重要；最后，为了确保促销活动的持续性和有效性，需要激发地方政府和旅游企业的参与热情，鼓励他们稳定且持续地参与促销活动，并对促销成效进行评估，以便不断优化和改进旅游促销的策略与方法。

> ➜ 同步思考
>
> **改变企业传统营销的理论**
>
> 在传统的市场条件下，企业根据营销的方式和特点实行的是4P的营销组合，即将产品（Product）、价格（Price）、销售渠道（Place）和促销（Promotion）四个

变量作为企业营销的四个因素。

以舒尔茨为首的营销学者从顾客角度提出了新的4C营销组合理论：即顾客的需求和期望（Customer）、顾客的费用（Cost）、顾客购买的方便性（Convenience）和顾客与企业的沟通（Communication）。4C理论给人们提供了一种全新的视角，这种视角可改变营销思考的重心，从"消费者请注意"到"请注意消费者"，使消费者成为市场营销的核心，同时企业生产何种产品的出发点，也不在于生产者，也不在于政府，而在于消费者。

思考：请你谈谈你对4P和4C理论的理解，试分析两者的异同。

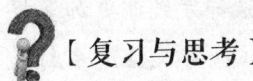

[复习与思考]

一、重点概念

旅游市场　旅游市场细分　旅游市场调查　旅游市场开拓　旅游市场预测

二、思考题

1. 简述旅游市场的特点。
2. 如何理解旅游市场的功能？
3. 旅游市场有哪些类型？
4. 进行旅游市场细分的原则和标准是什么？
5. 可以通过哪些策略选择旅游目标市场？
6. 旅游市场竞争的决定因素和手段有哪些？
7. 为什么说旅游市场的开拓对旅游企业很重要？

三、案例分析与讨论

2023年旅游市场回眸：强势复苏　活力更足

2023年是三年新冠疫情防控后经济恢复发展的一年，对旅游业来说是不同寻常的一年。各大景区重现人潮涌动场景，众多城市街区"烟火气"升腾，无数人再次走出家门，奔赴远方看诗意美景，享受旅途中的美好生活，旅游业强势复苏回暖。这背后是旅行者积蓄已久的旅游热情的集中释放，也是旅游从业者抢抓机遇推动行业发展的不变初心。旅游业展现出的蓬勃生机，成为中国经济韧性强、潜力大、活力足的生动体现。

1. 节假日人气爆棚，长线游重新成主流

中国旅游研究院院长戴斌指出，2023年"五一"小长假、暑期和中秋国庆等假日国内旅游出游人数、旅游收入、游客平均出游距离、平均停留时长等主要观测指标均已全面超过2019年同期水平。2023年前三季度，国内旅游达到36.7亿人次，实现旅游收入3.7万亿元，同比分别增长75%、114%。居民旅游需求得到集中释放，居民出行大幅度增加，在带动相关消费扩大的同时，也促进了经济复苏。

2023年，人们的出游距离和目的地游憩半径明显扩大，长线游重新成为主流，到海岛度假享受惬意的休闲生活，到名山大川看向往已久的美景，奔赴心仪的城市感受不一样的生活节奏……携程平台提供的数据显示，截至2023年年底，国内长线旅游订单量同比增长140%，跨省游订单同比增长113%、占比超过47%。

不仅如此，游客选择旅游目的地的原因也更加多样化。去吃一顿地道烧烤，去听一场音乐会，去看网红熊猫，都成为奔赴一个目的地的理由。游客的旅行方式也更加多样化，有人以城市漫步、"特种兵式"旅游方式探访一座城市的故事，也有人住进乡村民宿，享受休闲度假"慢生活"。

2. 出境游快速恢复，消费多元化趋势突出

2023年，全球旅游业复苏，世界各地再次迎来中国游客。2月6日，文旅部公布了首批试点恢复旅行社及在线旅游企业经营出境团队旅游和"机票+酒店"业务的国家名单；3月和8月，文旅部再次公布两批名单，目前试点出境团队游国家和地区已增加到138个。

临近2023年年末，出境游的利好消息让人振奋——12月1日，马来西亚对中国公民实施入境30天内免签证的便利措施。12月，新加坡也宣布，计划与中国实施30天互免签证。早在9月，泰国对中国游客实施为期5个月的免签政策发布后，各平台泰国旅游搜索量大幅提升。

团队游业务恢复，多国对华旅游免签政策落地，推动了出境旅游市场迅速恢复。携程提供的数据显示，截至12月26日，2023年出境游订单量同比增长5倍。泰国、新加坡、日本、韩国、马来西亚、美国、澳大利亚、英国、越南、印度尼西亚是热门的出境游国家。途牛数据显示，2024年元旦和春节等假期，东南亚、新西兰、北欧等方向的出境游产品预订火爆，其中东南亚方向一直保持较高出游热度。

3. 博物馆游火热，文旅融合趋势更加凸显

"未来7天全部约满""上万张门票秒空"……2023年暑假，各地博物馆预约火热的场景令人记忆犹新。国家博物馆、故宫博物院"一票难求"，河南博物院、陕西历史博物馆天天满员，在周末和节假日，越来越多人选择去逛博物馆、看展览，了解一段历史文化。

近年来，各地博物馆推出的"花式"文创产品，成为更受年轻人喜爱的博物馆"打

开方式"。河南博物院推出的"考古盲盒",甘肃博物馆的"马踏飞燕"玩偶,四川三星堆博物馆的青铜小人打麻将摆件……火爆出圈的博物馆文创,为博物馆游再添热度。

今天,文化和旅游融合趋势进一步凸显。无论是走进博物馆,了解文物背后的故事,还是探访文化遗存,感受历史文化的印记,都成为广受欢迎的出游新风尚。马蜂窝发布的《2023年旅游大数据报告》显示,2023年,人文景观和文化遗产受到青睐,西安的秦始皇帝陵博物院、洛阳的龙门石窟、北京的八达岭长城,皆以独特的历史文化印记吸引着全球游客,随着旅行者对深度文化体验需求的日益增长,这些兼具历史深度和文化丰富性的城市成为旅游市场热点。

4. 体旅融合成亮点,释放休闲消费更大潜力

2023年,各类赛事不断,为城市、乡村带来不少流量。时间拨回夏日,一场场火热出圈的"村超""村BA"点燃无数人的运动激情。不少游客慕名来到赛事举办地,加入乡村赛事的火热氛围中,在观赛之余,赏风景、品美食、看民俗表演。

杭州亚运会期间,2000万游客奔赴杭州,在观赛同时感受千岛湖、杭州西湖等风景区的魅力。世界大学生运动会的举办,让"休闲之都"成都呈现在世界面前,来自世界各地的游客走上成都街头,感受这座城市的热情与友善。

从地方赛事到冬奥会、亚运会、大运会,随着大众对体育赛事关注度的提升,"体育+旅游"带动效应明显。不仅如此,体育赛事也激发了旅游者们的运动热情,2023年,各地的滑翔伞、滑雪、徒步、潜水、登山等体验型运动项目成为游客的"新宠"。

"将体育元素融入文化旅游中,吸引了大众游客到目的地进行观赛或参与体育活动,体现了疫情后人们对养生、保健的关注以及年轻人对户外运动与康养的旺盛需求。"乔向杰指出,在大众对追求健康生活方式、多元化和个性化旅游体验的强烈需求下,未来体育与旅游将更深入地融合,创新出新的业态和产品。

(资料来源:鲁元珍. 2023年旅游市场回眸:强势复苏 活力更足[ED/OL]. 新华网. http://www.news.cn/fortunepro/20240104/d61fc90e9eb34b0b8d91cca2c4ec8d84/c.html, 2024-01-04.)

思考:

1. 根据以上案例,分析疫情后中国旅游市场复苏和发展的特点。
2. 疫情后,中国旅游市场恢复的推动性因素有哪些?

第五章

旅游价格及策略

【学习目标】

1. 知识目标：掌握旅游价格的内涵、分类和特点，影响旅游价格制定的因素，了解旅游定价的方法和策略，旅游价格的管理与监督。

2. 能力目标：深入分析和研究旅游产品定价的实际问题，密切关注旅游市场的动态变化及竞争压力。针对多样化的旅游产品，实施科学且合理的定价策略，并提出相应的旅游定价调整方案。

3. 思政目标：充分理解定价的科学性和合理性对于整个旅游市场正常运行的必要性，并在未来的从业过程中严格遵守职业道德和职业操守。

【导入案例】

随着夏日的脚步渐行渐远，旅游市场悄然迎来了价格调整的黄金时期。特别是那些曾备受追捧的避暑旅游线路，如今纷纷以惊人的折扣力度，吸引着众多游客的目光。机票价格的大幅跳水，更是成为这场降价风暴中的亮点，多条热门航线折扣后仅需200多元，仿佛为游客们开启了一扇通往远方世界的低价之门。据最新数据显示，8月末至9月初，杭州出发的多条航线机票价格出现了前所未有的低价。例如，8月28日杭州飞往海拉尔的机票仅需267元，而到了9月初，杭州飞往北京、武汉、珠海等地的机票也均维持在200余元的超低价位。与国庆前夕动辄上千元的高价相比，这样的价格无疑让人眼前一亮，也进一步激发了游客们的出行热情。

旅游市场的这一变化，不仅反映了游客出行时间的理性调整，更体现了旅游消费观念的深刻转变。随着错峰出游理念的深入人心，越来越多的游客开始选择在旅游淡季出行，以享受更为优惠的价格和更为舒适的旅游体验。

（资料来源：暑期尾声，旅游市场掀起降价狂潮，避暑线路价格骤降！［EB/OL］.

https://mp.weixin.QQ.com/s/fw_36YO9xf36-2X7kRH1YA，2024-09-01.）

[本章导读]

旅游价格是旅游经济的核心要素之一，是旅游产品机制、供求关系和货币价值三者的综合反映。旅游企业通过旅游产品的定价，收回成本和投资，实现自己的利润目标。合理的旅游价格可促进旅游市场机制的正常运转，防止旅游市场价格大起大落，保持旅游业稳定发展。同时，加强旅游市场价格管理，保护广大消费者的利益，对于旅游产业的可持续发展具有现实意义。通过本章的学习，在认识和理解旅游价格的内涵、分类及特点的基础上，分析影响旅游定价的因素，了解旅游价格定价的方法和策略及旅游价格管理与监督的重要性。

第一节　旅游价格的内涵和分类

一、旅游价格的内涵

（一）旅游价格的概念

旅游价格是旅游产品价值、旅游市场的供求关系和货币币值三者的综合反映。在市场经济中，一方面，是旅游活动的商品化，旅游者食、住、行、游、购、娱等需求必须通过交换活动，通过支付一定的货币量才能获得满足。另一方面，旅游经营者在向旅游者提供旅游产品时，必然要求得到相应的价值补偿，于是在旅游者与旅游经营者之间围绕着旅游产品的交换而产生了一定货币量的收支，这就是旅游价格。从旅游者的角度看，旅游价格是旅游者在旅游过程中，为满足食、住、行、游、娱、购等旅游产品的需要而支付的全部货币量的总和。从旅游经营者的角度看，旅游价格是旅游经营者向旅游者提供各种旅游产品的收费标准。

（二）旅游价格的构成

无论是哪种类型的旅游产品，其旅游价格都由成本和盈利两部分构成。成本是生产和销售单位产品所需的全部费用。旅游产品的成本主要包括旅游产品生产中用于旅游设施设备、交通运输工具、建筑物及原材料、辅助材料、燃料等物质的耗费成本；旅游从业人员工资和福利成本；旅游企业的经营管理费用成本。盈利是指企业或个人在经济活动中获得超过成本的收益。旅游产品的盈利主要包括向政府缴纳的税金、贷款利息、保险费用和旅游产品经营者的利润。税金是旅游经营者依法向国家纳税的金额，利润则是旅游经营者获得的收入中扣除成本、税金、贷款利息及保险费后的余额。一般情况下，旅游产品的利润与价格是呈正相关的，旅游价格越高，旅游企业所获得的利润就越多。

二、旅游价格的分类

旅游价格的分类方式多种多样，可以根据不同的标准进行细致的划分，常见的分类有以下几种。

（一）按旅游活动范围划分

按照旅游活动范围的不同，可以将旅游价格划分为国内旅游价格和国际旅游价格。

国内旅游价格是指本国旅游者在本国境内旅游的价格。国内旅游价格仅指大陆游客在大陆境内的旅游价格。国际旅游价格是指旅游客源地与目的地处于不同国境时的价格，包括出境旅游价格和入境旅游价格。出境旅游价格指为国内旅游者提供出境旅游产品的价格，入境旅游价格指为国外旅游者提供入境旅游产品的价格。国际旅游价格中含有大陆游客到港澳台地区的出境旅游价格和这些地区的游客到大陆旅游的价格。无论是出境旅游价格还是入境旅游价格，其价格一般包含三部分：国际交通费用、旅游目的地国家或地区旅游产品的价格、旅游客源地的旅游服务费用。

由于不同国家的经济发展水平不一样，其旅游者的购买力和劳务的价格也存在差异。一般国际旅游价格是根据国际旅游者的消费水平制定的，其中出境旅游价格与国际接待地提供服务的成本也有较大关系，国内旅游价格则是根据国内居民的消费水平制定的。因此，区分国际旅游价格与国内旅游价格不仅符合旅游经济活动的实际，而且有助于经济相对落后的国家或地区赚取更多的外汇。通常，经济欠发达国家的国际旅游价格比国内旅游价格高出许多。随着世界经济的发展，服务贸易将日益国际化，旅游价格的国际国内差异也将逐渐缩小。

（二）按旅游产品的需求程度划分

按照旅游产品的需求程度，可以将旅游价格划分为基本旅游价格和非基本旅游价格。基本旅游价格是指旅游者为了满足旅游活动的需求而购买的基本旅游产品的价格，如交通、游览旅游产品的价格。这些旅游产品是任何一名旅游者进行旅游活动都不可缺少的旅游消费内容，无论缺少哪一方面的消费，都将直接影响整个旅游活动的正常进行。非基本旅游价格是指旅游者在旅游活动的过程中，可以消费也可以不消费的非基本旅游产品的价格,如旅游纪念品、娱乐服务、通信服务、医疗服务等旅游产品的价格。这些旅游产品对旅游者而言,在旅游活动过程中是否消费、消费多少都不会影响旅游活动的顺利进行。

一般情况下,基本旅游价格的需求弹性较小,非基本旅游价格的需求弹性较大。因此,针对旅游价格对基本旅游产品和非基本旅游产品的不同弹性,制定、设计不同的旅游价格,加大对弹性较大的非基本旅游产品开发的力度,有利于刺激旅游者消费,增加旅游目的地和旅游经营者的收入,从而提高旅游目的地的整体效益。

(三)按旅游者购买方式划分

按旅游者购买旅游产品的方式,旅游价格可分为旅游包价、部分旅游包价和单项旅游产品价格。

旅游包价是指旅游者参加旅行社组织的旅游,按旅行社推出的某条旅游线路的价格一次性支付的旅游价格。它由三部分组成:一是旅游出发地与旅游目的地之间的往返交通费;二是旅游目的地向旅游者提供的旅游产品的价格;三是旅行社的管理费用和盈利。旅游包价对旅游者来说,比旅游者自己零星购买的各单项旅游产品的价格会更加优惠,而且旅行社提供全部旅游安排和全陪服务,旅游者在旅游过程中比较省心,但旅游者的个性需求难以得到很好满足。

部分旅游包价是指旅游者通过旅行社购买旅游线路,但旅游者只一次性支付线路产品中的某一部分或几部分,其余部分由旅游者以零星购买的方式支付,旅游价格中只包括部分旅游产品的价格。部分旅游包价介于旅游包价和单项旅游产品之间,既满足了旅游者自由灵活的个性需要,又省心省力,成为越来越多旅游者的选择。

单项旅游产品价格是旅游者按零星购买方式所支付的旅游产品的价格,旅游者每次购买的只是旅游活动中某一旅游产品的价格,如客房的价格、餐饮的价格、交通的价格、门票的价格等。单项旅游产品价格比较灵活、自由,旅游者可以根据自己的喜好和时间安排决定购买旅游产品,但手续烦琐,价格相对较高。

(四)按旅游营销角度划分

按旅游营销角度,旅游价格可分为旅游差价和旅游优惠价。

1. 旅游差价

旅游差价是指同种旅游产品由于时间、地点、质量以及销售环节等差异而引起的价格差额。旅游差价的存在,使得消费者在选择旅游产品时,需要更加细致地比较和考虑,以确保能够以合理的价格享受到满意的旅游体验。旅游差价主要分为以下几种类型。

（1）批零差价。批零差价是指同种旅游产品在同一时间、同一市场零售价格与批发价格之间的差额。旅游产品的批零差价一般是发生在旅游批发商和旅游零售商之间。在旅游经济活动中，旅游批发商和旅游零售商承担的经销环节、市场功能不同，形成了批发与零售之间的价格差额。

（2）地区差价。地区差价是指同种旅游产品在不同地区销售所形成的价格差额。不同的旅游目的地对旅游者的吸引力不一样，造成旅游需求差异，从而产生旅游价格地区差价。旅游地区差价可以调节不同地区间的游客流量，刺激"冷点"地区旅游业的发展，减轻"热点"地区旅游容量的压力，起到平衡各地旅游业经济效益的作用。

（3）季节差价。季节差价是指同种旅游产品在同一市场、不同季节销售所形成的价格差额。由于旅游活动的季节性很强，利用季节差价可以有效调节淡旺季游客量，使淡季不"淡"，旺季不会过于拥挤，促进旅游企业经营活动的正常进行。

（4）质量差价。质量差价是指同种旅游产品在同一市场上由于质量不同而形成的价格差额。旅游产品由有形的物质产品和无形的服务产品组成，它同其他产品一样，也存在质量高低的差别。坚持优质优价、劣质低价、按质定价是实施旅游质量差价制度必须遵循的原则，唯有这样，才能保护旅游者的权益，使旅游企业和旅游经营者的利益得到保障。

2. 旅游优惠价

旅游优惠价是指旅游产品供给者在明码公布的价格基础上，给予旅游产品购买者一定比例的折扣或优惠的价格。这种价格策略通常用于吸引更多的游客，增加旅游产品的销量，从而提高旅游目的地或旅游服务提供商的市场竞争力。旅游优惠价主要有以下几种形式。

（1）同业优惠。同业优惠是旅游产品批发商给零售商的折扣，如旅游景区、航空公司和酒店等给旅行社的折扣优惠。这种优惠的程度可以统一规定，也可以自定或者协商确定。同业优惠可以充分发挥中间商的销售职能作用，是稳定销售渠道的重要措施之一。

（2）销量优惠。销售优惠是根据消费者购买旅游产品数量的多少而实行的价格优惠。旅游经营者为了鼓励消费者购买旅游产品的数量，会根据购买旅游产品的数量给予一定折扣优惠，一般消费者购买数量越多，折扣优惠越大。销量优惠有利于减少交易成本，稳定客源渠道，建立旅游企业与旅游者之间长期固定的合作关系。

（3）老客户优惠。老客户优惠是对经常光顾的老客户实行一定的优惠价格。旅游经营者为了留住老客户，稳定已有的客源，往往对经常光顾的老客户给予一定的折扣优惠。对老客户实行优惠，是旅游企业稳定客源、扩大销售的重要手段。

（4）现金优惠。现金优惠是指旅游企业为了鼓励旅游者以现金付款或提前付款而给予旅游者的一定折扣优惠。这种优惠可以杜绝旅游经营活动中的拖欠款现象，加快资金周转，减少资金占用成本。

☑ 知识链接

你是否知道自己正在遭受价格歧视？

价格歧视指企业根据不同的市场条件、顾客群体或购买行为，对相同的产品或服务设定不同价格的策略。在经济学中，价格歧视就是将相同成本的一种产品以不同价格来出售。价格歧视有三种主要形式。一级价格歧视是企业直接根据每个个体的付款意愿设定价格。典型的例子是拍卖会，每个人可以根据自己对商品的需求设定价格，最终商品会卖给出价最高的人。在二级价格歧视中，企业将不同的消费者分成几个群体，然后为每个群体设定不同的价格。这种形式的价格歧视通常基于购买数量、购买频率、地理位置等因素。例如，购买量大的客户可能享有更低的价格。三级价格歧视是最为常见的一种价格歧视形式，其中企业将市场分成几个不同的消费者群体，并为这些群体设定不同的价格。这些群体之间的区分可以基于顾客的收入水平、购买力、购买偏好等。

价格歧视在旅游产品销售中比较常见。航空业是一个典型的价格歧视实践者。你是否注意到，买机票的价格为什么会有如此大的波动？这正是航空公司运用价格歧视的结果。早期购票、灵活出行时间的乘客可能享有相对低廉的价格，而需要紧急出行的人可能会面临更高的费用。这差异化的价格策略使得航空公司能够更好地满足不同消费者的需求，同时也使得乘客们在购票时需要更加灵活。价格歧视在酒店产品销售中广泛使用。在旅游旺季或特殊事件期间，酒店可能会提高房价。与此同时，会员或提前预订的客户可能享有更低的价格，这是为了鼓励忠实顾客和提前规划的旅客。这种时间与地点的费用游戏使得酒店业能够更好地应对市场波动，同时吸引更多的长期客户。

价格歧视是微观经济学中一个复杂而普遍存在的现象。企业通过灵活的定价策略，既能够更好地适应市场需求，又能够优化自身利润。消费者则需要在市场中谨慎选择，以获取最符合自己需求的产品或服务。

（资料来源：朱林峰.你是否知道自己正在遭受价格歧视？［EB/OL］. https://mp.weixin.QQ.com/s/WjnxsvJcLhOWoCKxjhJBnw，2023−12−27.）

三、旅游价格的特征

（一）综合性

旅游价格的综合性是由旅游产品的综合性决定的。旅游者在旅游过程中，不可避免会涉及食、住、行、游、购、娱等旅游产品的消费，这些活动的消费是旅游体验不可或缺的一部分。因此，旅游价格实质上是这些不同旅游产品价格的综合体现，或者是这些单项旅游产品的综合价格。旅游价格涉及众多的行业和部门，使旅游价格成为一个多方面、多层次的综合表现形式。例如，餐饮价格可能受到当地食材供应和餐饮业标准的影响，住宿价格则可能受到酒店等级、地理位置和旅游旺季或淡季的影响。交通费用会受到交通方式、距离和燃油价格等因素的影响，而游览费用则可能与景区的知名度、维护成本和管理政策有关。购物和娱乐的价格同样会受到市场供需、文化特色和旅游政策等多重因素的制约。因此，旅游价格的形成是一个涉及多个行业和部门的复杂过程，它综合反映了旅游目的地的经济状况、市场环境以及旅游服务的质量和价值。

（二）垄断性

旅游产品的核心是旅游资源，而某些旅游资源由于其独特性或地理位置的特殊性，具有不可替代性。如长城、九寨沟、石林等，它们是在很特殊的历史和自然环境中生产出来的，在社会价值、历史价值和科学价值上具有不可替代性，不可能通过现代的劳动和技术进行再生产。正是旅游资源的这种稀缺性，以及旅游经营中所体现的独占性，导致了旅游产品价格往往呈现出垄断性的特征。这种垄断性特征使得旅游产品供应商在一定程度上拥有定价权，尤其是在旅游旺季或旅游热点地区，旅游产品的价格可能会因为供不应求而上涨。此外，一些独特的旅游资源，如特定的文化体验、民俗活动或特定的自然奇观，也可能因为其独特性和难以复制性，而形成价格上的垄断。这种垄断性不仅影响了旅游产品的市场价格，也促使旅游目的地在开发和保护旅游资源时，需要更加谨慎地平衡经济利益与资源保护的关系。

（三）波动性

旅游价格易受旅游产品的季节性、脆弱性等特征的影响而产生波动。由于旅游产品具有明显的时令性和季节性特点，因此在不同的季节，旅游需求量会有显著的差异。在旅游淡季，由于游客数量相对较少，旅游产品往往会出现供过于求的情况，这导致旅游价格相应地出现下降。相反，在旅游旺季，大量游客涌入，旅游需求激增，旅游产品供不应求，从而推动旅游价格的上升。此外，旅游产品构成复杂，涉及交通、住宿、餐饮、娱乐等多个方面。其内部某一成分供应比例失调，比如酒店房间的短缺或交通工具的不足，都可能对旅游价格产生影响。除了内部因素，外部环境的变化，如社会政治的动荡、经济波动、战争爆发、自然灾害等的出现可能会突然改变旅游市场的供需关系，进而引起旅游价格的波动。因此，旅游价格的稳定性是一个需要综合考虑多方面因素的复杂问题。

（四）复杂性

旅游价格之所以呈现出复杂多变的特性，主要是由于旅游产品生产与服务的提供过程涉及了众多不同的企业和部门。具体来说，旅游产品的生产不仅仅局限于单一领域，它涉及交通、住宿、餐饮、娱乐、购物等多个领域的企业和部门。这些旅游企业和部门都有其独特的成本结构和定价机制，使得旅游价格呈现出多样性和复杂性。此外，不同的旅游产品的组合方式也会影响最终的旅游价格。以旅游线路产品为例，它们通常会将交通、住宿、餐饮、景区等不同的旅游产品和服务整合在一起，形成一个综合性的优惠套餐。这种整合不仅为游客提供了便利，也使得旅游价格的计算变得更加复杂。因此，旅游价格的复杂性实际上是多种因素共同作用的结果。对于游客而言，在选择旅游产品时，需要综合考虑这些因素，进行理性消费，以避免不必要的经济压力和负担。同时，了解旅游价格背后的成本和定价机制，可以帮助游客更好地评估旅游产品的价值，从而做出更加明智的旅游决策。

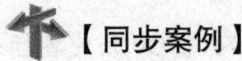

【同步案例】

旅行社报价背后的秘密

参加跟团旅行时，不少游客会遇到告知了旅行社工作人员自己的需求后，工作人员不是立马告诉你多少钱，而是说要落实后等会给你回电话。对于这种情况，有的游客认为是工作人员业务水平不熟练；也有的游客认为，旅游线路不明码标价，背后肯定存在着不为人知的猫腻。真相到底是什么？

1. 不是所有线路都可以明码标价

旅游服务因为受到出行时间、淡旺季、机票、门票、住宿、人数、标准等各方面的因素影响，价格变动特别频繁。除了一些周边的一日、两日游，很多旅游产品都无法明码标价，需要旅游服务人员与游客沟通后，再核算出最终的价格报给游客。

2. 旅游线路繁多，很难全部明码标价

旅行社产品纷繁多样，每条被组合的旅游线路，因为出发城市的不同，价格也会有很大的差别。如此繁多的旅游产品，想要全部明码标价，想要让旅行社工作人员脱口就能报出价格，真的有些强人所难，也真的不太现实。

3. 交通方面，机票价格时时变动

除了火车票，机票和旅游大巴的价格都不是一成不变的。尤其以机票为甚，机票价格时时都会产生变动，你十分钟前查到的机票价格，十分钟后价格就有可能不一样。而且，就算同一天出发，航班出发时间不一样，价格也不一样。同一个时间点起飞的航班，订票时间不一样，价格也有可能不一样。

4. 季节影响，淡旺季门票价格不一样

旅游行业是淡旺季最明显的行业，也是淡旺季价格波动最大的行业。全国各个景区也会根据不同的季节，调整自己的门票价格。旅行社在接到景区的调价政策后，也会根据情况适时调整自己的产品价格。

5. 旺季，酒店住宿一天一个样

住宿在旅游出行中和交通一样，占据着旅游产品价格中至关重要的一环。酒店的价格也会根据淡旺季的不同，而发生变化。

6. 成团人数不同，价格也不同

对于团队游来说，成团人数的多少也直接决定了旅游产品价格的高低。一般情况下，同样的需求和标准，出游人数越多均摊到每位游客身上的费用就会越低。

7. 行程标准不同，价格也不同

每个人对旅游的要求不一样，最终的旅游服务标准也不一样，价格自然也不会一样。

比如同样的线路，坐飞机还是坐火车，住农家还是住星级酒店，吃30元的餐标还是50元的餐标……这些不同的标准，都需要根据实际情况来核算，形成最终的成团费用。

外出旅游是一项综合性服务，涉及食、住、行、购、娱、游六大要素，而且还有淡旺季之分，除了一些行程比较简单的周边一日、两日游可以明码标价，很多线路很难做到明码标价。所以，不能及时给你报价，并非工作人员业务不熟练；不能明码标价，也并非背后有什么不可言说的猫腻。

（资料来源：旅行社报价背后的秘密［EB/DL］. https://mp.weixin.QQ.com/s/GpcpmIM5aOtPgoIP1jnQBA，2024-06-13.）

思考： 根据以上材料，讨论旅游价格的特点如何影响旅游企业定价？

第二节　旅游定价的影响因素

在旅游市场上，旅游产品的价格受到众多因素的影响。这些影响因素涵盖了旅游产品本身、旅游市场动态、政府政策、科技进步、汇率变动等多个层面。深入研究这些定价因素对于分析和制定旅游定价策略具有极其重要的价值。通常，影响旅游定价的因素主要包括以下几个方面。

一、旅游产品方面的因素

旅游产品的价值是旅游定价的基础。价值是价格形成的基础，价值的大小决定价格的高低。旅游产品价值量越大，旅游价格就越高；旅游产品价值量越小，旅游价格就越低。因此，旅游产品价格的高低取决于旅游产品价值量的大小。通常情况下，如果旅游产品价值品质高、特色鲜明、具有不可替代性、垄断性强，采取高价策略；反之，采取中低价格策略。

旅游产品的成本也是影响旅游价格最直接的因素。旅游产品的成本是由固定成本和变动成本构成，一般情况下旅游产品成本越高，旅游价格就越高。同时，旅游企业的定价目标也决定了旅游产品盈利情况。由于受到环境的影响，旅游企业在不同的发展时期，会确定不同的定价目标，形成不同的价格。例如，旅游企业想提高市场占有率，可能会采取低价策略来制定旅游价格，但如果想尽快收回投资，可能把营利作为企业的定价目标，采取高价策略来制定旅游价格。

因此，旅游企业在制定价格时，必须充分考虑旅游产品的价值、成本和定价目标。价值决定了价格的基本范围，而成本则是价格制定的直接依据。同时，定价目标的不同也会影响价格的制定策略。综合考虑这些因素，旅游企业才能制定出既符合市场需求又能实现企业盈利目标的合理价格，以适应市场的波动。

二、旅游市场方面的因素

旅游市场供求关系决定旅游产品的现实价格。旅游产品的价格取决于旅游供给与旅游需要的状态，旅游供求关系发展变化，旅游均衡价格也发生变化。若旅游供给一定时，旅游需求增加，则旅游均衡价格上升，旅游需求减少，则旅游均衡价格下降；若旅

游需求一定时，旅游供给增加，则旅游均衡价格下降，旅游供给减少，则旅游均衡价格上升。在旅游市场上，这种现象普遍存在。旅游淡季，旅游市场供求关系处于供过于求，旅游价格普遍下降；旅游旺季，旅游市场供求关系处于供不应求，旅游价格普遍上升。

旅游市场竞争状况决定旅游产品的成交价格。旅游市场竞争状况，对旅游价格影响较大，一般旅游市场竞争越激烈，对旅游价格的影响越大。在完全市场竞争中，旅游产品完全同质，旅游价格是由整个市场的供求状况决定；在垄断市场竞争中，旅游产品替代性越高，竞争越激烈，替代性越低，垄断程度就越高。旅游企业既是竞争者，又是垄断者，达不到控制市场价格的程度，是市场价格的接受者；在寡头竞争市场中，寡头旅游企业控制着旅游产品的价格；在完全垄断市场中，旅游产品或服务没有替代者，不存在竞争对手，旅游价格由旅游企业自行定价。

旅游市场细分也会影响旅游产品的定价。不同的细分市场，旅游者的需求、消费能力和消费习惯都有所不同，因此旅游产品的定价也会有所差异。例如，高端旅游市场中的旅游者更注重旅游产品的品质和独特性，愿意支付更高的价格；而中低端旅游市场中的旅游者则更注重价格实惠和性价比，对价格的敏感度较高。

此外，旅游市场的发展趋势也会对旅游产品的定价产生影响。随着旅游市场的不断发展和消费者需求的不断变化，旅游产品也在不断创新和升级。一些新兴的旅游产品，如定制游、主题游等，由于具有较高的附加值和独特性，其定价也会相应较高。

综上所述，旅游市场方面的因素对旅游产品的定价具有重要影响。旅游企业在制定旅游产品价格时，需要综合考虑旅游市场供求关系、市场竞争状况、市场细分以及市场发展趋势等因素，以确保产品价格的合理性和竞争力。

三、政府政策方面的因素

政府在规范价格行为、降低虚高价格、查处违法行为、实施优惠政策、加强市场监管和宣传引导等方面扮演着至关重要的角色。通过一系列精心设计和严格执行的政策，政府确保了市场的公平竞争和消费者权益的保护。例如，政府要求景区和酒店等旅游服务提供者严格落实明码标价规定，公示门票价格及游览服务内容，确保游客的知情权和选择权。这样的措施确保了游客的知情权和选择权，使他们能够做出明智的消费决策。此外，政府还通过制定和实施门票减免优惠政策，特别是针对军人、老年人、残疾人等特定群体，进一步保障了旅游者的权益，体现了社会的公平与正义。政府对旅游价格的管理，不仅维护了旅游市场的秩序，保护了旅游者的利益，同时也保障了旅游企业经营活动的顺利进行，促进了旅游业的健康发展。这些措施是维护旅游市场稳定和繁荣的重要手段，有助于推动整个行业的长期可持续发展。

四、技术方面的因素

随着大数据、人工智能等科学技术的广泛应用，大大提升了旅游服务效率和旅游产品质量。旅游行业数字化转型，对旅游定价和市场需求产生了深远的影响。科学技术的进步不仅降低了旅游产品的生产成本，还减少了旅游服务过程中的各种费用，最终导致了旅游产品定价的下调。随着互联网技术的迅速发展，旅游者可以通过各种在线旅游平台来预订酒店、机票、旅游团等各类旅游产品，这种便捷性使得旅游价格变得更加透明，旅游者可以更容易地比较不同旅游产品的价格，从而做出更明智的消费决策。同时，大数据和人工智能技术也为旅游企业提供了更为精准的市场分析工具。通过对旅游者的行为、偏好、消费能力等数据的分析，旅游企业可以更好地了解市场需求，制定更为科学合理的定价策略。此外，虚拟现实（VR）和增强现实（AR）等技术的应用，为旅游者提供了更为沉浸式的旅游体验，进一步提升了旅游产品的附加值和竞争力。这些技术的发展和应用，不仅推动了旅游行业的创新和升级，也为旅游市场的稳定和繁荣提供了有力的技术支撑。

五、汇率方面的因素

汇率是两种不同货币之间的比价，即用一国货币单位来表示另一国货币单位的价格。汇率变动对国际旅游价格的影响很大，出境旅游价格和入境旅游价格应根据汇率变动的情况进行相应调整。一般而言，旅游客源国与旅游接待国或地区之间的汇率上升，旅游接待国或地区货币贬值，旅游客源国的旅游者可以用较少的本地货币购买到更多的旅游产品，降低了旅游成本，使得旅游产品的实际价格下降，可以增加旅游接待国或地区的入境旅游需求；反之，如果旅游客源国与旅游接待国或地区之间的汇率下降，旅游接待国或地区货币升值，旅游客源国的旅游者用同样的本地货币购买到的旅游产品较少，增加了旅游成本，使得旅游产品的实际价格上涨，旅游接待国或地区的入境旅游需求就会减少。因此，汇率对国际旅游价格影响较大，进而影响到国际旅游。

除了上述影响旅游价格的因素以外，诸如旅游者的消费心理、通货膨胀的经济状况以及旅游接待地的安全状况等其他因素，同样对旅游价格的制定产生着重要的影响。实际上，旅游价格的制定是一个复杂的过程，它受到众多因素的共同作用和影响，这些因

素相互交织，共同决定了最终的旅游价格。

第三节 旅游定价的方法和策略

一、旅游定价的方法

（一）成本导向定价法

成本导向定价法是以旅游产品的成本作为定价依据的方法，成本加上盈利就构成了旅游产品的价格。成本导向定价法具体又分为成本加成定价法、盈亏平衡定价法、目标收益定价法、边际贡献定价法。

1. 成本加成定价法

成本加成定价法是指在旅游产品的单位成本上加上一定的毛利计算出单位旅游产品的价格。其计算公式为：

$$单位旅游产品价格 = 单位旅游产品成本 \times (1 + 成本利润率)$$

成本加成定价法的优点是计算简单、方便易行；其缺点在于对于旅游市场的其他因素，如竞争对手、需求情况、消费水平等考虑不足，企业难以获得最佳的经济效益。该方法主要用来确定旅行社产品、饭店餐饮产品的价格。

2. 盈亏平衡定价法

盈亏平衡定价法是指旅游企业根据旅游产品的成本和预计销售量计算出旅游产品的价格，使销售收入等于生产总成本，又称保本定价法。其计算公式为：

$$单位产品的价格 = 单位产品的变动成本 + (固定成本总额 / 估计销售量)$$

盈亏平衡定价法确定的旅游价格，是旅游企业的保本价格。低于此价格旅游企业会亏损，高于此价格旅游企业则有盈利，实际售价高出保本价格越多，旅游企业盈利越大。因此，盈亏平衡定价法常用作对旅游企业各种定价方案进行比较和选择的依据。

3. 目标收益定价法

目标成本定价法是指旅游企业根据其总成本及预测出来的总销售量，确定一个目标收益率，计算出旅游产品价格。其计算公式为：

$$单位产品价格 = (总成本 + 目标利润) / 预期销售量$$

目标收益定价法是旅游企业采取较低的预期成本定价，必须努力扩大销量，使现实成本迅速降低,才能实现利润目标和长远利益增大。它主要适用于经济实力雄厚、营销能力强的旅游企业及新的旅游产品定价。

4. 边际贡献定价法

边际贡献定价法,亦称变动成本定价法,是旅游企业依据单位产品的变动成本来设定产品价格的策略。根据此法,只要制定的价格高于单位产品的变动成本,企业便可持续生产与销售;反之,则应考虑停产或停销。单位产品的预期收入超出变动成本的部分,即为边际贡献。

(二)需求导向定价法

需求导向定价法就是根据旅游者的需求程度、需求方向和对旅游产品价值的认识和理解程度来确定旅游产品价格。当旅游者对旅游产品需求强度大时定高价,需求强度小时定低价。需求导向定价法主要有差别需求定价法和理解价值定价法。

1. 差别需求定价法

差别需求定价法又称差别定价法,是指在旅游产品成本相同或差别不大的情况下,根据旅游者对同一旅游产品的效用评价差别来确定差别价格。在实际运用中,针对同一旅游产品不同的情况,具体定价方法有所区别。

(1)针对不同旅游者的差别定价。例如,同一饭店可能会根据顾客的不同类型,如散客和团队游客,来设定不同的价格标准。同样地,同一景点在对国内旅游者和国际旅游者定价时,也会考虑到各种因素,如旅游者的支付能力、旅游市场的竞争状况以及政府的旅游政策等。通常,国内旅游者可能会享受到更为优惠的门票价格,而针对国际旅游者,景点可能会设置更高的门票价格,以此来增加旅游收入。

(2)针对不同地点的差别定价。例如,相同的餐饮服务,在普通餐厅与在星级餐厅的价格会有所不同;在餐厅内享用与送至客房享用的价格也会有所区别。此外,即便是同等级别的酒店,若其位置靠近交通干线、旅游景区或商业中心,其客房价格则可相应提高。

(3)针对不同时间的差别定价。例如,对于旅游产品而言,淡季和旺季的价格会有所区别,以反映供需关系的变化;同时,在周末与工作日之间,价格也会有所调整,以适应人们出行习惯的差异。通过在需求较低的时期提供较低的价格,可以吸引更多的游客,从而提高旅游景点或服务的利用率。而在需求旺盛的旺季,通过提高价格,可以有效控制游客数量,保证旅游体验的质量。

实施差别定价法应当注意几点:一是价格的平均水平不应低于运用成本加成定价法确定的价格水平。二是旅游产品市场必须能够被细分,并且在不同的细分市场上能反映出不同的需求强度。三是分割市场和控制市场的费用不能超过区分需求定价法所能增加的营业收入。四是差别定价法不能引起旅游者的反感，要符合旅游者的效用价值评价。

2. 理解价值定价法

理解价值，也叫感受价值、认知价值，是消费者对商品的主观价值判断。理解价值定价法是指根据旅游者理解的旅游产品的价值观念来制定旅游价格的方法。尽管每一种旅游产品的实际价值都有其客观的依据，但以此衡量出来的价值量的大小并不一定都为旅游者所认可。运用理解价值定价法的关键和难点是获得旅游者对旅游产品价值认知的准确资料。旅游企业如果过高估计旅游者的理解价值，其旅游定价就可能过高，难以达到应有的销量；反之，其旅游定价就可能低于应有水平，使其收入减少。因此，旅游企业首先必须通过广泛的市场调研，了解旅游者的需求偏好，根据旅游产品的性能、用途、质量、品牌、服务等要素判定旅游者对旅游产品的理解价值，确定旅游产品的初始价格。然后，在初始价格条件下，预测可能的销量，分析目标成本和销售收入。在比较成本与收入、销量和价格的基础上，确定该定价方案的可行性，并确定最终价格。

（三）竞争导向定价法

竞争导向定价法，是指旅游企业在市场竞争中为求得生存和发展，参照市场上竞争对手的价格来确定旅游价格的定价方法。市场经济是竞争经济，旅游企业不可避免地要遇到各种竞争因素，但是不同的旅游企业主客观条件不同，所要考虑的竞争程度不同。竞争导向定价法一般可以分为随行就市定价法和产品差别定价法。

1. 随行就市定价法

随行就市定价法是指旅游企业使自己的旅游产品价格与竞争企业旅游产品的平均价格保持一致。这种"随大流"的定价方法，主要适用于旅游需求弹性比较小或供求基本平衡的旅游产品定价。在这种情况下，单个旅游企业把旅游价格定高了，就会失去旅游者；而把旅游价格定低了，旅游需求量和利润也不会增加。所以，随行就市成了较为稳妥的一种定价方法。

2. 产品差别定价法

产品差别定价法是指旅游企业通过不同营销方法，使同种同质的旅游产品在旅游者心目中树立起不同的旅游产品形象，进而根据自身特点，选取低于或高于竞争者的价格作为本企业旅游产品价格。产品差别定价法是一种进攻性的定价方法。产品差别定价法的运用，要求旅游企业必须具备一定的实力，旅游者能够将旅游企业产品与企业本身联系起来。同时，在旅游产品质量大体相同的条件下实行差别定价是有限的，尤其对于定位为"质优价高"形象的旅游企业来说，它们必须支付较大的广告、包装和售后服务方面的费用。因此，从长远来看，旅游企业只有通过提高旅游产品质量，才能真正赢得旅游者的信任，才能在竞争中立于不败之地。

二、旅游定价的策略

（一）心理定价策略

心理定价策略是指为了刺激和迎合旅游者购买旅游产品的心理动机而定价的一种策略。常见的心理定价策略有以下几种。

1. 整数定价法

整数定价常常以偶数，特别是"0"作为尾数，例如，某旅游线路产品可以定价为1000元，而不是998元。其优点是：一是在旅游者心中树立高档、高价、优质的产品形象；二是省去了找零钱的麻烦，方便旅游企业和旅游者的价格结算。此种方法多应用在高档旅游产品的定价中。

2. 尾数定价法

心理学家的研究表明，价格尾数的微小差别，能够明显影响消费者的购买行为。它是为了刺激和迎合旅游者的求廉心理而采取保留恰当的价格尾数的定价方法。例如把某一旅游纪念品定价为19.9元，而不是20元，可以在直观上给旅游者一种便宜的感觉，从而引起旅游者的购买欲望，促进旅游产品销量的增加。此种方法多应用在中低档旅游产品的定价中。

3. 声望定价法

声望定价法是指有意识地把某种旅游产品的价格定得高一些，以此来提高旅游产品和旅游企业档次与声望。这种定价方法的依据在于：旅游者经常把价格的高低看作旅游产品质量的标志，所谓"便宜无好货，好货不便宜"正是这种心理特征的表现。同时，有一部分旅游者把购买高价旅游产品作为提高自己声望的一种手段，例如奖励旅游者，高级商务旅游者。

> ➡ **同步思考**
>
> **旅游特价尾单是什么？你真的了解吗？**
>
> 旅游尾单，它通常指的是在一次旅游团或旅游产品启程的前夕，由于多种可能的原因，如客户因个人突发状况临时取消行程、预订数量超出实际需求，或者由于市场推广策略的调整等，出现了一些未被预订的空位。这些空位的存在，对于旅行社或旅游平台来说，意味着潜在的经济损失，因为一旦旅游团出发，这些空位将无

法再次销售。为了最大限度地减少这种损失，旅行社或旅游平台会采取一种策略：将这些剩余的旅游名额以低于正常市场价的价格出售，这种价格通常具有很高的吸引力，能够吸引那些寻求性价比的消费者。这种销售方式不仅能够帮助旅行社回收部分成本，同时也为那些预算有限或寻求即时出行机会的旅行者提供了一个难得的机会。

目前，旅游尾单主要有以下几种类型。（1）临时掉位。有的客人已经报名了，临近出团了，因为某种原因决定不去了，这种情况下，这位客人就会出现不同程度的损失，大部分是全损，这时这位客人为了减少损失，在原价的基础上降价让组团社代卖。（2）供应商减少损失。供应商对未售出的团位进行降价处理。这种情况在旅游大环境下非常常见，很多供应商会包机，如果团位卖不出去，就会降价销售。（3）自制尾单。组团社自己包团产品，可能不是整团，而是几个位置，价格相对较低。（4）临近出发。随着出发日期的临近，如果还有位置未售出，可能会降价销售，以确保旅游团能够满员出发。（5）促销活动。为了促销或清理库存，可能会推出特价的旅游尾单产品，吸引消费者购买。

旅游尾单的优点是：（1）超值价格。尾单旅游的价格通常远低于市场价，为预算有限的旅行者提供了一个经济实惠的选择。（2）即时性。对于那些能够迅速做出决定的人来说，尾单旅游提供了快速出行的机会，无需长时间等待或计划。（3）多样化选择。尾单旅游产品覆盖了不同的目的地和行程，消费者可以根据自己的兴趣和需求进行选择。（4）省心省力。由于行程和住宿等都已预先安排，消费者无需花费大量时间和精力进行规划，可以更专注于享受旅行本身。（5）独特体验。尾单旅游可能包含一些平时难以预订的特色行程，为旅行者提供独一无二的旅行体验。（6）避开高峰。尾单旅游通常在非旅游高峰期进行，可以避免人潮拥挤，享受更加宁静和舒适的旅行环境。（7）意外惊喜。尾单旅游可能会带来一些意外的福利，如住宿升级、特别活动等，增加旅行的趣味性。（8）适合即兴旅行者。对于那些喜欢说走就走，不喜欢被固定计划束缚的旅行者，尾单旅游提供了一个完美的选择。（9）灵活性。虽然尾单旅游的行程已经确定，但消费者仍然可以在有限的选项中选择最适合自己的行程。（10）探索未知。尾单旅游的不确定性也为旅行者提供了探索未知和冒险的机会，可能会发现一些意想不到的美好。

（资料来源：旅游特价尾单是什么？你真的了解吗？今天告诉你！［EB/DL］. https://mp.weixin.QQ.com/s/x-cwTJBNF0ly4b-k_9bbdA, 2024-07-22.）

问题：旅游尾单价格优势明显，在购买旅游尾单时应注意些什么？

（二）折扣定价策略

折扣定价策略是指旅游企业利用各种折扣或让利方式来吸引旅游中间商和旅游者，促使他们积极经销或购买企业产品的一种定价策略。常用的折让定价策略有以下几种。

1. 功能折扣

功能折扣是旅游企业根据其中间商在产品销售中所承担的功能、责任和风险的不同，而给予的不同价格折扣。这种折扣旨在补偿中间商在销售过程中所涉及的各类相关成本和费用，确保中间商能够获得合理的利润空间，从而激励他们更加积极地推广和销售旅游产品。

2. 数量折扣

数量折扣是指旅游企业为了激发大规模购买行为而提供的价格优惠，双方会预先商定具体的折扣标准。通常存在两种形式：累计购买数量折扣和一次性购买数量折扣。尽管形式各异，其核心原则相同——购买量越大，获得的折扣就越多。这种策略旨在激励旅游者增加对旅游产品的购买，以促进产品的迅速销售并加速资金的流转。

3. 现金折扣

在旅游产品的销售过程中，若采用分期付款的方式，通常会涉及现金折扣的优惠政策。实施这种优惠政策时，一般需要考虑三个关键因素：折扣比例、折扣的时间限制以及付清全部款项的期限。这三个因素共同构成了现金折扣政策的基础框架，对旅游产品的销售和消费者的购买决策都具有重要的影响。

4. 季节折扣

季节折扣对在淡季购买旅游产品的旅游者给予一定优惠。通过这种方式，旅游企业能够鼓励消费者在通常需求较低的时期进行消费，从而使得旅游产品的销售在一年四季都能够保持相对稳定的状态。季节折扣不仅有助于加速旅游产品的销售，还能加快资金的回笼，这对于旅游企业的现金流管理至关重要。

（三）其他定价策略

在旅游行业中，根据各种旅游产品的特点和市场定位，会采取不同的定价策略。对于那些刚刚推出市场的新旅游产品，通常会采用一系列特定的定价方法来吸引消费者，确保产品能够迅速获得市场的认可和接受。

1. 撇脂定价策略

撇脂定价策略是指在新的旅游产品上市初期，将旅游产品价格定得很高，以便在较短的时间内获取丰厚利润，尽快收回投资，减少投资风险。这种定价方式的优势非常明显，在旅游者求新心理较强的旅游市场上，高价有助于开拓旅游市场；主动性大，新的旅游产品进入成熟期后，旅游价格可阶段逐步下降，有利于吸引新的购买者。

2. 渗透定价策略

渗透定价策略，也被称作薄利多销策略，是指在新旅游产品投入市场时，利用旅游者求廉的消费心理，有意将旅游价格定得很低，以吸引旅游者，迅速扩大销量，提高市场占有率。这种定价策略的优势在于，通过低价可以迅速打开市场，建立品牌知名度，并培养消费者的忠诚度。同时，低价还可以形成市场壁垒，阻止其他竞争对手进入市场，从而保护旅游企业的市场份额。

3. 满意定价策略

满意定价策略也叫适价策略，是一种介于撇脂价和渗透价之间的价格策略。该策略使旅游企业将新旅游产品的价格定得比较适中，以便照顾各方面的利益，使各方面都满意。满意定价策略由于获得的平均利润，既可吸引旅游消费者，又可避免价格竞争，从而可以在旅游市场上站稳脚跟，获得长远发展。

【拓展阅读】

机票和酒店类产品的不可存储性，导致了哪些销售策略？

航空和酒店行业的销售定价策略通常非常复杂，并受到市场需求、供应情况、竞争环境、季节性和其他因素的影响。此类产品的有限供给和不可存储的特性导致了不同的定价策略。

（1）实时动态调价策略。航空和酒店行业通常会根据实时情况，动态调整价格，以反映市场需求和供应状况。这个策略是行业常用的收益管理方式，可以根据预订数量、季节性需求、竞争对手的定价等因素来随时调整价格，以实现收益最大化。通常业内常用的是增量定价，即随着时间的推移，价格逐渐上升。早期预订通常享有更低的价格，而在离出行日期更近的时间段，价格逐渐增加。这种策略是鼓励旅客提前预订，帮助航空公司和酒店提前确定销售，同时也反映了供需关系的变化。

（2）会员定价策略。航空和酒店行业通常会采取会员计划来奖励忠诚的客户。会员计划可以提供积分、优惠券、折扣等福利，以吸引客户进行更多的预订和消费。随着数据分析和人工智能技术的发展，航空和酒店可以根据客户的消费行为、偏好、预算等因素来制定个性化的定价策略。个性化定价策略可以根据客户的价值感知和需求来调整价格，以实现收益最大化。

（3）差异化定价策略。航空和酒店行业针对不同的客户群体常常采用差异化定价策略。这策略就是业内人士常说的"把合适的产品，用合适的价格，卖给合适的人"。这个策略通常会考虑市场需求、竞争环境、收益管理和客户满意度等多个因素。根据客户的需求、支付能力、预订时间等因素，不同的客户可能会享受到不同的价格。

（4）促销和打包策略。由于航空和酒店产品的不可储存性，为了刺激销售和增加市场份额，航空和酒店行业通常会采用促销策略来吸引客户预订。它们通过提供特别优惠、折扣、捆绑销售或增值服务来吸引旅客。这种促销策略可以在淡季、旺季、周末等时间段进行，以吸引不同类型的消费者。航空和酒店行业也会将多个产品打包销售，以实现收益最大化。例如，航空公司可以提供机票与酒店预订的套餐，酒店也可以提供包括早餐、免费机场接送等的套餐产品。这样既满足客户多样化的需求，又提高整体销量。这个策略利用了产品的易失性，通过整合产品权益以吸引新客户，最终实现收益的最大化。

（资料来源：maxchenlin. 机票和酒店类产品的不可存储性，导致了哪些销售策略？差旅博琳［EB/OL］. https://mp.weixin.QQ.com/s/ocXeEH0NEMBDfOxX_8Pnww，2024-04-11.）

第四节 旅游价格的管理与监督

一、旅游价格的管理的意义

（一）促进旅游市场机制的正常运转，维护竞争的正常进行

旅游市场机制是由旅游市场供求关系、价格机制、竞争机制等市场要素相互作用，共同调节旅游产品的生产和消费的运行方式。价格机制是市场机制的核心，通过价格的波动，可以有效地调节旅游产品的供求关系，引导资源的合理配置。竞争机制则可以激励企业不断创新和提高服务质量，满足消费者多样化的需求。为了确保旅游市场正常运转，政府和相关部门需要制定一系列价格管理政策和法规，建立健全旅游市场监管体系，严厉打击违法违规行为，促进旅游市场机制的正常运转，这有助于维护市场竞争的正常进行，从而保护了旅游市场的健康发展。

（二）防止旅游市场价格大起大落，保持旅游业稳定发展

旅游市场价格受到经济环境、政策措施、季节性、技术进步、市场竞争、自然灾害、疫情暴发等等多种因素的影响，容易产生波动。当经济繁荣时，人们的可自由支配收入增加，旅游需求随之上升，导致旅游价格上涨。反之，在经济不景气时，旅游需求

减少，旅游价格也会相应下调。政府对旅游业的扶持或限制政策会直接影响旅游市场的价格。例如，政府推出旅游补贴或减免税费，旅游企业的成本降低，旅游价格也会相应下调。相反，如果政府提高旅游相关税费，旅游成本增加，旅游价格自然上涨。突发事件也会对旅游市场价格产生短期影响。例如，不可预见的事件会导致旅游目的地关闭或限制游客进入，从而影响旅游市场价格。在这种情况下，旅游企业为了减少损失，可能会采取降价促销的策略。因此，在市场经济中，价格的剧烈波动往往会对旅游行业造成冲击，影响旅游企业的正常运营和旅游者的利益。通过旅游价格管理可以稳定旅游价格波动，防止旅游市场价格大起大落，有效保持了旅游业的稳定发展。

（三）加强旅游市场价格管理，保护广大消费者的利益

加强旅游市场价格管理，确保广大旅游者的利益得到充分保护。相关部门必须采取一系列有效措施，规范旅游价格行为。通过加强对旅游市场的监管力度，严厉打击各种违法违规行为，如哄抬价格、虚假宣传等，确保旅游市场的公平竞争。旅游企业应建立健全价格管理制度，公开透明地展示价格信息，让旅游者在选择旅游产品和服务时能够明明白白消费。此外，政府还应加强对旅游市场价格的监测和预警，及时发布相关信息，引导旅游者理性消费。通过这些措施，可以有效维护旅游市场的正常秩序，保护广大消费者的利益。

二、旅游价格管理的原则

（一）依法依规原则

在进行旅游价格管理的过程中，必须严格遵守法律法规以及相关政策，确保整个管理过程的合法性与合规性。这涉及不同类型的定价机制，包括政府定价、政府指导价以及市场调节价。无论是哪一种定价方式，都必须遵循国家的法律和政策规定，以确保价格行为的合法合规，维护旅游市场的秩序和消费者权益。

（二）公平公正原则

在制定旅游价格时，应当严格遵循公平和公正的基本原则，以确保旅游者和旅游企业双方的合法权益得到充分的保护和尊重。合理的旅游价格制定不仅有助于维护旅游市场的秩序，而且能够促进旅游业的健康发展。因此，旅游价格的确定应当避免出现极端情况，即价格既不应过高，以免对旅游者的权益造成不必要的损害，也不应过低，以免引发旅游企业之间的恶性价格竞争。因此，旅游价格的制定需要综合考虑市场供需关

系、成本因素以及旅游者的支付意愿等多方面因素，以实现旅游市场的长期稳定和可持续发展。

（三）公开透明原则

旅游价格的制定和调整应当遵循公开透明的原则，确保每一位旅游者都能够清晰地了解自己所支付的旅游费用中包含的具体内容和费用构成。这样一来，旅游市场的价格行为管理就能够得到社会公众的监督，从而维护旅游市场的公平竞争和消费者的合法权益。透明的价格体系有助于建立消费者对旅游服务提供商的信任，同时也能促进旅游服务提供者之间的良性竞争，推动整个行业的健康发展。

（四）灵活性原则

在进行旅游价格管理的过程中，应当体现出一定的灵活性和适应性，以便能够根据市场的需求变化、季节的更迭、成本的波动等多种因素，进行及时和恰当的调整。这种灵活的价格管理策略，不仅能够确保旅游企业获得合理的利润空间，从而维持其业务的可持续发展，同时也能更好地满足不同游客的个性化需求。通过提供更加丰富和多样化的旅游体验，旅游企业能够吸引并留住更多的客户，进而增强市场竞争力。

三、旅游价格管理的形式

（一）政府指导价

政府指导价是政府相关部门会根据旅游市场的实际情况，设定价格的上限或下限，对旅游产品的价格进行一定的控制和引导。这些价格通常适用于一些重要的旅游景点和公共服务设施，以防止价格过高或过低，影响市场的正常运作。

（二）市场调节价

市场调节价是由市场供求关系决定的，旅游产品的价格根据市场需求和供给的变化而波动。旅游企业根据市场需求、成本和竞争状况自主定价，但必须遵守相关法律法规，不得进行价格欺诈或不正当竞争。

（三）企业自主定价

企业自主定价是企业根据自己的经营策略和市场情况，自主决定旅游产品的价格。这种定价方式赋予了企业较大的灵活性和自主权，使其能够根据市场变化和竞争态势，

及时调整价格策略，有助于企业在激烈的市场竞争中保持优势。

（四）政府定价

政府定价是政府直接设定旅游产品的价格，这种形式通常适用于具有垄断性质或重要公共利益的旅游服务。例如，国家公园的门票、某些公共交通工具的票价等，往往由政府直接定价。政府定价的目的是保障公众利益，确保所有公民都能平等地享受到这些基本的旅游服务。

四、旅游价格监督检查

（一）旅游价格监督检查的内容

一是监督检查经营者的定价行为，是否按照价格法规定的定价原则及定价依据来制定价格。监督旅游企业是否在收费过程中做到公开透明，是否存在强制消费、捆绑销售等现象；同时，检查旅游企业在价格调整过程中是否遵循合理、合法的原则，是否存在随意涨价、哄抬价格等行为，确保旅游市场的价格秩序稳定。

二是监督检查政府的定价行为，这包括确保政府定价是否严格遵循价格法规定的中央和地方定价目录所明确的定价权限和具体适用范围；检查政府在定价过程中是否遵守了价格法规定的定价原则，以及是否按照法定程序进行定价。这些监督措施有助于保证政府定价的透明度和公正性，确保价格政策的合理性和有效性。

三是监督检查经营者在经营活动中是否遵守法律、法规，以及是否有不正当价格行为。这主要涉及对旅游企业的审查工作，以确保它们是否严格遵循国家和地方的旅游价格政策，是否存在违规收费、不正当竞争以及其他违反市场规则的行为。通过这样的监督和检查，可以有效地维护旅游市场的公平竞争环境，保护消费者权益，促进旅游业的健康发展。

四是监督检查经营者是否按照政府价格主管部门的规定明码标价。检查旅游企业是否在醒目位置公示收费信息，确保游客能够清楚了解所支付的景点门票、交通费用、住宿费用、餐饮费用以及导游服务费等费用；检查旅游企业是否按照合同约定提供相应服务，是否存在擅自变更行程、降低服务标准等行为，确保游客的合法权益不受侵害；监督旅游企业是否存在虚假宣传、误导消费者的行为，如虚构原价、虚假折扣、隐瞒重要信息等。确保游客在选择旅游产品时能够获得真实、准确的价格信息。

五是监督检查政府指导价、政府定价的执行情况。相关部门需确保政府指导价和政府定价的执行不被提前或推迟，防止任何单位或个人擅自设立收费项目或自行设定收费标准，从而变相提高收费标准；针对餐饮、住宿、商业超市等经营主体，要严厉打击那些采取使人误解的价格标示、虚假折扣减价、虚假价格比较、低标高结等手段进行的价格欺诈行为，以维护市场秩序和消费者权益。

六是监督检查投诉处理机制完善情况。监督旅游企业是否建立完善的投诉处理机制，确保游客在遇到价格问题时能够及时得到解决；检查企业是否对投诉处理结果进行记录和分析，以便不断改进服务质量。通过这样的记录和分析，旅游企业能够发现服务中的不足之处，从而不断改进和提升其服务质量，确保游客的权益得到充分的保障。

（二）旅游价格监督检查的组织形式

1. 国家监督

国家监督是由政府相关部门进行的价格监督检查，在维护旅游市场秩序、保障公平竞争、促进旅游经济发展等方面发挥着重要作用。通过国家监督，可以有效地保障旅游市场的公平竞争环境，防止不正当的价格行为和市场垄断现象的发生。有助于保护消费者权益，为旅游企业提供一个公平、透明的经营环境，从而实现旅游业的可持续发展。

2. 社会监督

社会监督包括非政府机构对旅游价格的监督，如消费者权益保护组织、专业评估机构、互联网平台、居民委员会、村民委员会，以及旅游者和新闻媒体等的监督。其中，互联网平台扮演着重要角色，通过在线评论、评分系统和消费者反馈，旅游者可以分享自己的消费体验，揭露不合理的收费现象。这些信息的公开透明，有助于其他潜在消费者做出更为明智的决策，同时也对旅游企业形成了一种无形的压力，促使它们不断提升服务质量，合理定价。

3. 旅游行业联合监督

旅游行业联合监督是在旅游行业内，各个企业或相关组织之间共同开展的监督活动。这种监督机制的目的是加强行业内部的自律管理，有助于及时发现和纠正行业内的违规行为，提高行业的透明度和公信力，确保各成员企业能够遵守行业规范和标准，从而提升整个行业的整体形象和市场竞争力。

4. 旅游企业内部监督

旅游企业内部的自我监督机制，确保企业内部的价格政策和市场行为符合法律法规和行业规范，是确保旅游企业运营规范、高效的重要手段。通过建立健全的内部监督机制，旅游企业可以及时发现和纠正问题，提高服务质量，提升客户满意度，从而在激烈的市场竞争中立于不败之地。

➡ 同步思考

警惕"不合理低价游"！四川发布热点旅游线路跟团参考价

近日，四川省旅行社协会和成都旅行社协会联合发布《2024年四川省部分热点旅游线路参考价》。根据四川省文化和旅游厅、四川省公安厅、四川省人力资源和社会保障厅、四川省市场监督管理局多部门联合印发《关于进一步加强行业监管规范全省旅游购物市场秩序的十五条措施》要求，5月24日举行的成都旅行社协会2023—2024年度峰会上，四川省旅行社协会和成都旅行社协会联合发布《2024年四川省部分热点旅游线路参考价》，涉及跟团游从成都出发前往多个旅游热门景点的多条线路。

据悉，此次发布的旅游线路参考价是在对近两年寒假、春节、清明等假日期间旅游热门线路的价格进行深入调研分析后，制定出的较为科学合理的参考价标准。游客今后在旅行社报团参加相应线路时，可参考此次发布的价格，过低或过高于参考价的团队，千万要小心，不要掉入消费陷阱。

本次公布的参考价格为标准线路产品的最低散客拼团价格，涵盖淡季、平季和旺季三个时段。价格包括旅游景区门票、观光车费、餐费、导游服务费、保险费以及综合费用等，详细信息请参见表1。

表1 标准线路产品参考价格

旅游线路名称	淡季参考（元）	平季参考（元）	旺季参考（元）
都江堰青城山一日游	220	240	260
三星堆一日游	160	180	200
峨眉乐山一日游	300	350	400
峨眉乐山二日游	400	500	600
九寨沟黄龙汽车三日游	450	680	880
九寨沟黄龙汽车四日游	550	880	1000
九寨沟黄龙动车三日游	780	980	1180
稻城亚丁汽车五日游	680	900	1100
四姑娘山二日游	280	380	460
四姑娘山三日游	400	500	600
海螺沟二日游	340	380	420
海螺沟三日游	380	460	520
西昌泸沽湖汽车四日游	450	550	650

在此，提醒广大游客朋友们提高警惕，理性消费，不要轻信或选择那些明显低于市场参考价的旅游产品。同时，应自觉抵制"不合理低价游"，并依法维护自己的合法权益。

（资料来源：警惕"不合理低价游"！四川发布热点旅游线路跟团参考价［EB/OL］．四川观察．https://mp.weixin.QQ.com/s/Y7eAg2g6TcV9SUErONcTHg，2024-05-26.）

问题："不合理低价游"的特征有哪些？

[复习与思考]

一、重点概念

旅游价格　旅游差价　旅游优惠价

二、思考题

1. 简述旅游价格的构成。
2. 旅游价格有哪些类型？
3. 影响旅游定价的因素有些什么？
4. 旅游定价的方法和策略有哪些？
5. 联系实践，分析旅游价格的特点。
6. 结合实际，谈谈加强旅游价格管理的重要性和必要性。

三、案例分析与讨论

越闹越大！游客吃刀削面遇"阴阳价格"上热搜，山西文旅评论沦陷

近日，山西省文旅行业因一起游客在云冈石窟景区附近面馆遭遇"阴阳价格"事件而引发广泛关注。这起事件不仅迅速登上社交媒体热搜，还导致山西文旅的评论区陷入了一片混乱，公众对旅游服务质量及商家诚信度的质疑声此起彼伏。

2024年6月28日下午，来自苏州的游客李先生一行三人，在结束对云冈石窟的游览后，在景区附近的一家面馆用餐。由于急于品尝当地特色美食，李先生未详细询问价格，便直接让店家上了三份刀削面，并每碗加了一个鸡蛋。然而，当店家告知三碗面共计99元，即每碗33元时，李先生和他的朋友们感到十分惊讶。

在用餐过程中，李先生无意间听到其他食客讨论的价格远低于他们支付的价格。随后，他们向隔壁桌的一位大姐求证，得知当地小碗刀削面加鸡蛋的常规价格仅为8元。

意识到自己被"宰"后，李先生立即找到服务员和老板娘理论，但对方态度含糊，最终只退还了部分差价，每碗面实际收费仍远高于市场价。李先生对此次经历感到非常不满，他在社交媒体上分享了这段经历，并配文称："来山西旅游，本想体验风土人情，没想到却遇到了'阴阳价格'，让人心寒。"这一帖子迅速引起网友共鸣，短时间内便获得了大量转发和评论。

许多网友表示，自己也曾在旅游过程中遭遇过类似的价格欺诈，对商家的不诚信行为表示愤慨。同时，也有网友质疑山西文旅部门对旅游市场的监管不力，导致此类问题频发。一时间，山西文旅的评论区被大量负面评论淹没，公众对旅游服务质量的信任度急剧下降。

面对舆论压力，山西省文旅部门迅速作出回应。山西省文化和旅游厅通过官方渠道发表声明称，已关注到该起"阴阳价格"事件，并立即责成大同市文旅部门及市场监管部门介入调查。声明中表示，将严肃处理涉事商家，维护游客合法权益，同时加强旅游市场监管，确保旅游市场健康有序发展。大同市文旅部门随即展开行动，对涉事面馆进行了突击检查，并调取了相关监控录像和交易记录。经过初步调查，确认该面馆确实存在对不同游客收取不同价格的行为，涉嫌价格欺诈。目前，涉事面馆已被责令停业整顿，并面临进一步的行政处罚。

此次"阴阳价格"事件不仅损害了游客的合法权益，也严重影响了山西作为旅游目的地的形象。它再次提醒我们，旅游业的发展离不开诚信经营和优质服务。商家应自觉遵守法律法规，诚信经营，不欺客、不宰客；文旅部门则应加强监管力度，完善投诉处理机制，确保游客在旅游过程中能够享受到公平、透明、优质的服务。同时，游客也应提高自我保护意识，在消费前详细了解价格信息，避免盲目消费。在遇到价格纠纷时，应及时向相关部门投诉举报，维护自身合法权益。

总之，只有各方共同努力，才能营造一个健康、有序、和谐的旅游市场环境，推动旅游业持续健康发展。

（资料来源：越闹越大！游客吃刀削面遇"阴阳价格"上热搜，山西文旅评论沦陷［EB/OL］. https://mp.weixin.QQ.com/s/CgANhcvGBVb2CXU-bMEjJA，2024-08-27.）

思考：

1. 什么是"阴阳价格"？其产生的负面影响有哪些？

2. 政府加强对旅游价格管理和监督对维护旅游市场的正常运行，保障旅游业的高质量发展有什么意义？

第六章

旅游消费及评价

🔍【学习目标】

1. 知识目标：掌握旅游消费的内涵和特征，旅游消费结构的概念及影响因素。了解旅游消费效果衡量和评价方法及其在旅游消费决策中的运用。

2. 能力目标：理解旅游消费对国民经济社会发展的重要作用，培养旅游消费市场分析和预测能力，以及提升旅游产品设计和营销策划的技能。

3. 思政目标：增强旅游消费伦理意识，树立可持续发展的观念。在旅游消费转型升级过程中，注重环境保护和社会责任，倡导绿色消费和文明旅游。

✅【导入案例】

2024年暑期南京市共接待游客4551.4万人次，同比上升18.1%。外地游客成为旅游"主力军"，南京的流量变"留量"，游客停留时间更长、更乐意掏"钱袋子"，入境游迅猛增长，亲子游热度位于全国前列。

几年前南京旅游市场"主力军"基本是本地市民。自去年以来，外地尤其是远程市场的游客迅速增加，南京对全国游客的吸引力显著增强。这个暑期，外地游客占比66.9%，其中来自省外的游客占比高达53.3%。数据显示，暑期来南京的游客平均停留时长为31.09小时，按可比口径较2023年同期上升11.7%。放慢脚步的游客，面对南京可口的美食、舒适的住宿、丰富的游乐、精致的伴手礼，也更乐意打开"钱袋子"，由此拉动"食、住、行、游、购、娱"相关产业的进账。银联商务数据显示，暑期全市银联商务渠道文旅消费金额525.6亿元，同比上升11.8%，在全省占比达30.2%；人均文旅消费1154元，同比有所增长。入境游和亲子游，是这个暑期南京旅游市场上增长非常亮眼的两大"主力军"。在入境免签等"红利"持续释放下，多个国家和地区的游客纷纷来南京，或组团体验非遗项目，或自由行探索古都底蕴。世界文学之都这张全球闪耀的"金名片",以及名校荟萃的智慧和活力,吸引世界多地的青少年走进南京这座研学"大课堂"。数据显示,南京暑期亲子游游客接待量同比上升33.4%,其中文博场馆亲子游接待量同比上升44.5%。途牛发布的《2024暑期出游报告》显示,在国内热门亲子游目的地TOP10中,南京备受亲子家庭青睐,排名全国第二。

(资料来源:李子俊,黄睿.这个暑假,南京迎客4551.4万人次[N].南京日报,2024-09-05.)

【本章导读】

旅游消费属于高层次消费,它不仅满足了人们对高质量生活的追求,还丰富了人们的精神文化生活,促进了社会经济的发展。随着人们生活水平的不断提高,旅游消费将会成为人们生活中不可或缺的一部分。本章通过对旅游消费的内涵、特点、分类、影响因素、旅游消费结构及旅游消费效果评价方法进行分析,可以更好地理解旅游市场的运作机制,为旅游业的可持续发展提供科学的决策依据。

第一节 旅游消费概述

一、旅游消费的概念

(一)旅游消费的概念

旅游消费是指人们为了满足旅游活动的需要,所发生的各项旅游消费支出。旅游消费不仅涵盖了旅游者在目的地的直接支出,还包括了旅游之前和旅游之后与旅游活动相关的间接支出。旅游消费涵盖了旅游者在旅途中产生的所有直接开销,包括但不限于交通费、住宿费、餐饮费、景点门票以及娱乐活动的费用。此外,它还包括了旅游前后因旅游活动而产生的间接支出,例如在旅游前购买旅游装备、旅游保险、防护用品、食品和药品等必需品的消费,以及旅游后可能产生的手工艺品加工费和各类用品的清洁费用。这些消费的目的是确保旅游活动能够顺利进行。大多数情况下,旅游消费直接支出对旅游目的地国家和地区产生重要的旅游经济贡献,但是旅游消费间接支出主要发生在旅游客源地,只在旅游客源地产生影响,但它也是旅游消费不可缺少的一部分支出。旅游消费不仅能够促进旅游业的发展,还能带动相关产业链的增长,对经济具有重要的推动作用。

(二)旅游消费的性质

1. 旅游消费属于个体消费

消费包括生产消费和个人消费。生产消费是指在生产过程中,企业或生产者为了制造新产品而消耗的原材料、能源和其他资源。个人消费则是指家庭或个人为了满足生活需求而进行的消费活动,涵盖了食、住、行、游、购、娱等各个方面。旅游消费是旅游者为了满足其自身发展和享受的需要而产生,是一种个体性的消费,其消费主体是旅游者。旅游消费的意识、旅游消费水平、旅游消费习惯、旅游消费能力、旅游消费结构等都由旅游者自行决定。因此,旅游消费属于个体性消费。

2. 旅游消费属于高层次消费

人的消费需求包括基本生存需求和高层次的精神需求。基本生存需求包括衣食住行等基本生活必需品,而高层次的精神需求则涵盖了文化、娱乐、教育等方面。随着社会的发展和经济水平的提高,人们越来越注重精神层面的消费。旅游消费不仅满足了人们的基本需求,还带来了精神上的愉悦和满足,属于高层次消费。旅游消费作为一种高层次的消费形式,不仅满足了人们对美好生活的追求,还带来了经济和社会的多重效益。随着人们生活水平的不断提高,旅游消费将会在未来的消费市场中占据越来越重要的地位。

3. 旅游消费属于精神性消费

旅游消费不仅仅是为了满足基本的生存需求,更是为了追求精神上的愉悦和满足,属于精神性消费。旅游消费不仅仅体现在物质层面的食、住、行、游、购、娱等方面,更体现在精神层面的体验和感悟上。旅游消费作为一种精神消费,不仅能够满足人们对自然美景、历史文化、新奇体验的追求,还能促进人与人之间的交流与理解。通过旅游,人们不仅能够获得身心的愉悦和满足,还可以结识来自不同地区、不同文化背景的朋友。通过交流和互动,大家能够分享彼此的生活经历和文化习俗,增进相互之间的了解和友谊。

二、旅游消费的分类

(一)按旅游消费内容分类

旅游消费内容指的是在旅游过程中所产生的各种费用和支出。这些消费内容通常包括交通费用、住宿费用、餐饮费用、景区旅游费用、娱乐活动费用以及其他相关的购物和纪念品购买等支出。它涵盖了旅游过程中所有可能产生的费用和支出,是旅游体验的

重要组成部分。按旅游消费内容，旅游消费可以划为基本旅游消费和非基本旅游消费。

基本旅游消费是指旅游者在旅游消费中必不可少的旅游支出，如交通费用、景区游览费用等。为了确保旅行的顺利进行，游客需要在预算中优先考虑这部分旅游消费。

非基本旅游消费是指旅游者在旅游消费中可以消费也可以不消费的旅游支出，如购物费用、娱乐费用、体验活动费用、纪念品购买费用等。非基本旅游消费往往能够为游客带来更多的个性化体验和满足感，同时也为旅游目的地的经济发展提供了重要的推动力。

（二）按旅游消费主体分类

旅游消费主体是指那些在旅游活动中扮演主要角色的个人或团体，他们通过支付各种费用以获得旅游产品和服务。这些主体通常包括游客、旅行者以及参与旅游活动的其他相关人群。按旅游消费主体的大小和旅游者出游方式的不同，旅游消费可以划分为个人旅游者消费、家庭旅游消费、团体旅游消费和社会旅游消费。

个人旅游者消费通常是指旅游者单独出行的旅游消费。个人旅游者消费满足了个人旅游者的基本生存需要、享受的需要和发展的需要，是旅游消费中的基本构成单位。这类旅游消费往往追求个性化和自由度较高的旅游体验，在选择旅游产品和服务时，更注重个人喜好和独特体验，如探险游、文化深度游等。

家庭旅游消费则以家庭为单位，通常包括父母和子女。这类旅游消费往往更注重家庭成员的共同需求和兴趣，如亲子游、度假村休闲游等。家庭旅游者在选择旅游产品时，会考虑到孩子的年龄和兴趣，以及全家人的舒适度和安全性。

团体旅游消费通常是由旅行社组织的团队旅游消费。这类消费模式具有较高的组织性和计划性。团体旅游者往往追求高性价比的旅游产品，行程安排紧凑且内容丰富。这类旅游产品通常包括交通、住宿、餐饮、导游讲解等一站式服务，方便游客无需过多操心细节，只需享受旅程即可。

社会旅游消费是从整个社会的角度出发，包括企业组织的员工福利旅游、政府或非政府组织的公益旅游等。这类消费不仅关注旅游的娱乐和休闲功能，还可能包含教育、培训、文化交流等多重目的。社会旅游产品往往具有较强的社会责任感和公益性质，旨在通过旅游活动促进社会和谐与文化交流。

（三）按旅游消费层次分类

旅游消费层次是指在旅游活动中，游客根据自己的经济条件、个人喜好和需求，选择不同档次和类型的旅游产品和服务。这种层次划分通常体现在住宿、餐饮、交通、娱乐等方面，从经济型到豪华型，涵盖了从基本需求到高端享受的各种选项。按旅游消费的层次，旅游消费可以划分为经济型旅游消费、中档型旅游消费和豪华型旅游消费三个层次。

经济型旅游消费是指旅游者以较低的花费实现旅游需求的一种消费方式。这种消费模式通常注重性价比，追求在有限的预算内获得最大的旅游体验，逐渐成为许多家庭和中低收入群体的首选。经济型旅游消费者往往会选择经济实惠的住宿、交通和餐饮服务，同时也会利用各种优惠和打折信息来降低旅行成本。他们往往通过旅行社或在线预订平台来安排行程，以获取更多的折扣和优惠，如预订经济型酒店或青年旅舍、特价机票。

中档型旅游消费是指旅游者选择的消费水平介于经济型和豪华型之间。这类消费者通常希望在保证一定舒适度和品质的前提下，获得较高的性价比。中档型旅游消费者追求的是在有限的预算内获得最佳的旅游体验。他们通常会选择三星级或四星级酒店、商务舱机票和包车服务，愿意在热门景区和特色餐厅上花费更多。这种消费模式在当今旅游市场中占据了相当大的份额，满足了广大中产阶级游客的需求。

豪华型旅游消费是指旅游者追求极致舒适、个性化服务和独特体验而进行的旅游消费。这类消费通常不计成本，注重品质和细节，力求为游客提供无与伦比的享受。他们对价格不太敏感，更注重享受高端的住宿、餐饮和旅游活动，通常会选择五星级酒店、头等舱机票和私人导游服务，喜欢参观高端景区、私人会所和豪华度假村，并愿意为独特的体验支付高额费用。豪华旅游的客户群体往往是高收入人群，他们愿意为高端的旅行体验支付更高的费用。

（四）按旅游消费资料分类

旅游消费资料是指在旅游过程中，旅游者为了满足自身需求而进行的各种消费活动所涉及的各类物品和服务。这些资料包括交通、住宿、餐饮、娱乐、购物、景点门票等各种消费项目。旅游消费资料的种类繁多，涵盖了从基本的生活需求到高层次的精神享受的各个方面。

按旅游消费的资料，旅游消费可以划分为游览消费、交通消费、餐饮消费、住宿消费、娱乐消费、购物消费、通信消费等多个不同的类别，旅游消费涵盖了交通、住宿、餐饮、购物、娱乐和保险等等。通过这些多样化的消费项目，旅游者可以获得一个全方位的旅游体验，满足旅游者在旅游过程中的各种旅游需求。无论是游览名胜古迹，还是品尝地方美食，或是享受舒适的住宿和便捷的交通，以及参与各种娱乐活动和购买纪念品，旅游消费的各个方面都为游客提供了丰富多彩的选择，使他们的旅行更加充实和愉快。

（五）按旅游消费目的分类

旅游消费的目的是满足人们在闲暇时间里追求身心愉悦、增长见识、体验不同文化和生活方式的需求。按旅游消费的目的，旅游消费可以划分为观光旅游消费、休闲度假旅游消费、商务会议旅游消费、探亲访友旅游消费、文化教育旅游消费、健康疗养旅游消费和探险旅游消费等，这些消费类型不仅丰富了旅游者的体验，也推动了旅游业的多元化发展。旅游者在一次旅游活动中，可以根据自己的兴趣和需求选择不同的消费类型，从而获得丰富多彩的旅游体验。随着旅游业的多样化发展，旅游消费类型也在不断发展和创新，为旅游者提供了更多的选择和可能性。

旅游消费的分类方式繁多，还可以根据不同的消费形态、不同的旅游季节、不同的客源市场、不同的旅游目的地进行分类。例如，依据消费形态，可以将旅游细分为休闲旅游、商务旅游、探险旅游等多种类型。根据旅游季节的不同，可以区分出春季踏青、夏季避暑、秋季赏红叶、冬季滑雪等季节性旅游活动。按照客源市场的不同，旅游可以被分类为国内游、出境游、入境游等。根据旅游目的地的不同，可以划分出城市旅游、乡村旅游、海岛旅游、文化旅游等不同类别。

【拓展阅读】

2024年"新型文旅"十二种细分类别，每一个都把握消费动向

文旅行业作为刺激消费、拉动经济增长的重要引擎，消费者的消费动向决定了文旅的新型发展方向。文旅市场的需求侧和供给侧都发生重大变化，新产品、新业态、新增长和原有的产品增长轨迹发生了变化，市场和产业动能都在变化，文旅新势力崛起，引领消费的"新型文旅"有如下类别。

1. 旅游＋演出

旅游演艺成为文化和旅游融合发展的中坚力量之一。2023年5月，五月天北京演唱会期间，北京全城的住宿预订量较2019年同期增长约300%，周杰伦2023嘉年华世界巡回演唱会呼和浩特站观众达18.4万人次。旅游演艺的新特征是"跟着演艺去旅行"，特别是文化和旅游部的四十个精品旅游演艺推出以后，演艺带动餐饮、商业、酒店、交通等多样化消费，最终成为提升城市的品牌形象和文化软实力的中坚力量。旅游演艺和剧场沉浸演出成假日消费新热点，日均演出场次和观众人次亦实现增长。

2. 旅游＋夜间经济

夜游、夜宿、夜食、夜游、夜秀、夜娱、夜购、夜赏和夜营。夜是多样化消费模式

构成的业态。夜间消费已成为景区、城市及旅游目的地消费领域的新增长点。据商务部的城市居民消费习惯调查报告显示，60%的居民消费发生在夜间，95后年轻人是夜间经济的主力人群。

3. 旅游+摄影摄像

凤凰古城的"苗家少女"、敦煌的"异域公主"、平遥古城的"晋商少奶奶"、泉州的"蟳埔簪花姑娘"、西双版纳的"傣族风情"、哈尔滨的"沙俄公主"……特色服饰配上相应的妆造，在地域气息浓郁的景点"变身"打卡，这种沉浸式的旅游方式体验感满满，尤其受到年轻游客的青睐。"旅拍"已经成为旅游业中一个单独的市场，并且这个市场规模正在逐渐扩大。

4. 旅游+科技

科技赋能文化旅游高质量发展，以数智技术作为核心生产要素，从新场景拓展、新业态打造、新产品研发、新技术应用等方面，促进文旅深度融合。AR/VR、全息投影、数字虚拟人等多种新技术不断成熟，逐步在文旅场景落地应用，成为"双循环"背景下提升我国经济发展效能的重要引擎。

5. 旅游+影视综

"影视综+文旅"成为赋能目的地文化品牌、提振旅游消费的重要力量。近年来，影视剧热播带火景区的案例比比皆是，总有一些地方，先是出现在影视作品的镜头下，后来成为人们向往的"诗和远方"。2015年，综艺《十二道锋味》第二季节目，带火了湖州南浔古镇、2019年开播的《陈情令》带动"十一"贵州打卡热、2020年热播的《长安十二时辰》带来火爆的西安文化旅游、2023年《去有风的地方》也让一直是热门旅行目的地的云南更加火爆。

6. 旅游+创意产业

创意产业，又叫创造性产业，指那些从个人的创造力、技能和天分中获取发展动力的企业，以及那些通过对知识产权的开发可创造潜在财富和就业机会的活动。它通常包括广告、建筑艺术、艺术和古董市场、手工艺品等。创意为文旅发展提供了创新的源泉，也让文旅产品增加了无数的可能性。

7. 旅游+游戏

通过游戏等新兴载体来传播传统文化和进行旅游跨界营销，是推动中华优秀传统文化实现创造性转化和创新性发展的全新思路，也给旅游界带来了更多产业升级和发展契机。游戏IP由于具备强大的文化属性、经济效益及用户影响力，其布局已不仅仅局限在游戏领域，也将自身的文化内容渗透到了更多的文化领域，出现了游戏+影视、游戏+动漫、游戏+景区、电竞酒店、游戏+剧本杀等众多新型业态，其融合发展脉络日渐清晰。

8. 旅游+文博

中共中央、国务院不断发布加强文物保护利用、促进博物馆改革发展的政策文件。《2023年国务院政府工作报告》指出，弘扬中华优秀传统文化，加强文物和文化遗产保护传承。2023年9月《关于释放旅游消费潜力推动旅游业高质量发展的若干措施》提到开展中国文物主题游径建设和"读万卷书行万里路"文化主题旅游推广活动。穿越历史、体验历史、参与历史。文旅融合下，博物馆与文博成为旅游的"新宠"。

9. 旅游+教育

研学对于亲子群体和学生群体都有很大的吸引力。研学旅行几乎是无缝隙地把文旅融合到了极致，文化自信从孩子开始，在行走中感知中华文化。研学旅行于无声处的浸润，让文化自信犹如这个春天的秧苗一样在孩子们心灵深处潜滋暗长。相关专家认为：研学旅游的核心是祖国的未来，让他们了解风景名胜、工业创新和历史文明，是最值得的投资。关注祖国的未来，就可以把握企业的未来。

10. 文旅+运动

各大体育活动、体育赛事也为全域旅游的景观环境建设与公共服务设施建设助力，推进文体旅深度融合是促进新业态新消费的重要探索与实践。针对文旅发展中的"+体育"发展项目，如龙舟赛、冰雪运动、马拉松、水上运动等，通过体育赛事活动吸引社会力量参与，以运动为主线吸引游客，拉动地方交通、旅游、餐饮、住宿等相关行业发展。"为一项运动赴一座城"，文体旅产业正在成为提升人民群众生活质量的幸福产业，已成为旅游消费的新趋势之一，正涌现着沉浸式文旅新生机。

11. 文旅+康养疗愈

伴随"卷"文化的盛行，大家的生活工作学习节奏越来越紧张，处于高压状态的人们，期望在休息的时间，身心能得到完全的放松。于是，拥有缓解压力、焦虑的服务和产品应运而生，疗愈经济成为针对现代生活中日益增加的心理压力和焦虑感，帮助人们寻求心灵上的慰藉和身体上的放松的一种解决方案。从大学生群体中兴起的特种兵式旅游，到年轻人对寺庙游的偏爱，到村BA村超，再到开封王婆说媒火爆等活动，这些现象背后的核心是"疗愈价值"。

12. 文旅+IP

近年来"Z世代"当道，迎来了消费升级与消费者主体的转变。在日新月异的新消费浪潮下，品牌也逐渐打破圈层文化，呈现出新视觉、新活力。众多品牌热衷于借助跨界营销，寻求强强联合的品牌协同效应，以实现"1+1＞2"的营销效果，将"万物皆可联名"发挥到了极致。文旅+动漫IP、城市IP、乡村IP、品牌IP等，既可以联合促销，也可以联合搞活动、节庆。

（资料来源：绿维文旅.2024年"新型文旅"十二种细分类别，每一个都把握消费动向.2024-07-29.）

三、旅游消费的特点

（一）综合性

旅游消费是一个连续动态过程，贯穿于整个旅游活动的过程中。旅游消费的综合性主要体现在以下几个方面。

首先，旅游消费资料涵盖了多种消费形式。游客在旅行过程中不仅会进行住宿、餐饮、交通等基础消费，还会涉及购物、娱乐、文化体验等多种形式的消费。这些不同的消费形式相互交织，彼此之间有着紧密的联系，它们共同构成了旅游消费的丰富内涵，使得每一次旅行都充满了多样性和独特性。

其次，旅游消费涉及部门和企业广泛。旅游消费是一个涉及多个部门和企业的综合性产业，从交通、住宿、餐饮到娱乐、购物、导游服务，每一个环节都需要相关部门和企业紧密配合，只有各部门和企业通力合作，才能为游客提供一个全方位、高质量的愉快的旅行体验。交通部门需要确保航班、火车、长途汽车等交通工具的安全、准时和舒适；住宿业则要提供各种档次的酒店、民宿，满足不同游客的需求；餐饮业则要提供多样化的美食，让游客在旅途中也能品尝到当地的特色佳肴；旅游景点的管理和服务质量也直接影响游客的满意度；娱乐和文化活动也是旅游消费的重要组成部分。

最后，旅游消费具有多效用性。旅游消费不仅仅是为了满足基本的生理需求，它还具有教育、社交、经济推动等多重效用，能够带来精神上的愉悦和心灵上的满足。旅游作为一种休闲娱乐的方式，让人们在繁忙的生活中找到片刻的宁静和放松。旅游者通过参观历史古迹、博物馆和文化遗址，了解不同地区的历史背景和文化传统，增长知识，开阔视野。同时，在旅游过程中，人们可以结识来自五湖四海的朋友，分享彼此的故事和经历。这种交流不仅增进了人与人之间的友谊，还能促进不同文化之间的理解和包容。旅游消费可以带动相关产业的发展，从而创造就业机会，成为许多国家和地区经济增长的重要引擎。

（二）季节性

旅游消费具有明显的季节性特点，尤其是在一些自然景观丰富的地区。春天赏花、夏天避暑、秋天观红叶、冬天滑雪，这些季节性的旅游项目吸引了大量游客。除了自然景观，各种节庆活动也具有明显的季节性，春节期间的庙会、灯会、端午节的龙舟赛、中秋节的赏月活动、圣诞节的购物狂欢等，都为旅游业带来了大量的客流。此外，旅游消费的季节性还体现在旅游产品的价格上。一般来说，旅游淡季时，机票、酒店和旅游套餐的价格会相对较低，而旺季则价格较高。游客会选择在淡季出行，既能享受到较低的价格，又能避开人潮，享受更为宁静和舒适的旅行体验。为了应对旅游消费的季节性特点，旅游企业和政府部门也在不断努力，通过开发新的旅游产品和推广反季节旅游来平衡淡旺季的客流。例如，一些热带海岛国家在冬季推出阳光沙滩游，吸引北方游客前来度假；而一些冰雪资源丰富的地区则在夏季推出清凉避暑游，吸引南方游客前来避暑。

（三）高弹性

旅游消费受旅游者经济状况、时间安排、个人偏好等个人因素的影响，在选择旅游目的地、交通方式、住宿和餐饮等方面表现出高度的灵活性。同时，旅游消费也受到国际关系、经济环境、政策调控、突发事件等外部因素的影响，波动性较大。例如，国际关系的紧张可能导致某些国家或地区的旅游需求急剧下降，而经济环境的繁荣或衰退则直接影响人们的可支配收入和旅游消费意愿。政策调控，如签证政策的放宽或收紧、旅游税收的调整等，也会对旅游市场产生显著影响。此外，突发事件，如自然灾害、疫情暴发等，往往会导致旅游需求的急剧减少，甚至在某些情况下使旅游业陷入停滞。旅游消费的弹性还与季节和假期安排密切相关。在旅游旺季，如暑假和春节假期，游客往往愿意支付更高的价格以确保预订到理想的旅游产品。而在淡季，旅游消费的价格弹性则更大，游客可以通过较低的价格享受到高质量的旅游体验。正是由于旅游消费的灵活性和波动性，旅游企业只有充分了解和把握旅游消费的弹性特点，才能更好地满足游客需求，推动旅游业的持续发展。

（四）不可重复性

旅游消费具有不可重复性，这与旅游产品的使用价值在购买时间上具有暂时性相关。大多数旅游产品在交换的时候，游客只是获得特定的时间和地点暂时使用的权利，例如，酒店客房产品通常包括在某个时间段内入住酒店的权利，一旦这个时间段过去，这个产品就不能继续进行消费。同样，一日游或短途旅行产品也只在特定的日期或季节内有效，如果错过了最佳体验时间，这些产品的吸引力便会大幅下降，从而直接影响到旅游消费的效果。这种时间上的限制使得旅游产品不同于其他可以重复使用或长期拥有的商品，进一步强化了旅游消费的不可重复性特点。这种特性要求游客在计划和安排旅游活动时必须考虑时间因素，以确保他们能够充分利用所购买的旅游产品，获得最佳的旅游体验。

【拓展阅读】

云消费、消费降级、代际消费差异之下，新消费时代已经到来。"云消费"是指基于现代信息互联技术，以无限扩展的云为基础，以消费者为核心的现代消费方式，"云消费"在技术层面具有三大核心特征："云内容""云终端""云支付"。消费降级是消费者在经济压力下，选择价格更低、性价比更高的商品和服务。目前消费降级表现在多个方面：酒店价格降低。2023年暑假价格"高不可攀"的中星酒店平均价格下降8%。国际酒店每晚平均价格则下降了24%；餐饮盈利率降低。此外，小县城旅游也表现为热门打卡地。消费者代际更替过程中，消费行为特征发生变化，消费者的消费呈现代际差异，不同代际消费特点不同。代际消费差异主要受到不同时代消费者的文化背景、教育情况等多方面影响。新消费时代，文旅消费出现了八大特征。

1. 追求场景化——无处不场景，场景吸引消费

所谓"旅游场景"或"场景旅游"，是旅游行程中看到的一些场合、场面、情形，既包括旅游现场预先设计和开发的看点，也包括社会场所的各种场合和场面，如博物馆、大剧院、菜市场、社区街头。随着场景化消费时代的到来，消费者更容易被场景吸引，引发消费的行为。

2. 玩转新科技——数字化+科技沉浸，超越你的想象

科技项目，更多的是追求其数字化和沉浸化的体验。数字化、VR、AR、光影技术轮番在文化和旅游领域登场。文化数据库、电子藏品、VR的主题公园、光影秀、高科技体验馆等层出不穷。科技不仅提升了视觉观感，更通过声光电的技术，让体验更真实，让场景更逼真、震撼。让以前策划只能想不敢做的创意，都能成为现实。

3. 跟着感觉走——City Walk走哪儿算哪儿

不再有精细的计划，真正说走就走的旅行在周边游和微度假中流行。"City Walk"指的是一种以徒步探索城市的休闲方式，它更强调慢节奏、沉浸式的城市漫步。比如在南昌，有人通过寻找美食来设计City Walk攻略，也有人通过扫街拍摄串起一条City Walk路线，还有人通过颇具特色的南昌地名，如阳明路、船山路、渊明路等来寻找城市文化记忆。

4. 追求新国风——民族的就是世界的

从春节的《唐宫夜宴》到端午的《祈》，出圈的不仅仅是河南卫视，还有节目背后的新国潮。国潮所象征的是中华儿女不断增长的文化自信和民族认同。国富民安之下，

这磅礴的自信必将进一步展现在一项项的文化消费中。从汉服热到各种产品的国潮设计，再到各大博物馆的考古盲盒、文创雪糕，国风、国潮等传统文化类内容与消费品呈现爆发式增长。

5. 更爱周边游——哪里都是大舞台

周边游、微度假成为了人们的休闲日常。营地、骑行、舢板等先后出圈，人们利用有限的条件，充分亲近大自然。小县城也成为游客蜂拥而至的旅游目的地。近郊的那村那山那水，成为人们心中的理想之地，郊野外一片粉黛子、一个名不见经传的小鱼塘、一幢稍有历史的老建筑都成为人们蜂拥而至的新潮流。

6. 跟随新媒体——两微一抖一书

在新媒体时代，每个游客都是目的地的发声者，游客通过微博、微信、抖音、小红书、QQ、Twitter 等移动新媒体进行实时分享，新媒体的开放性与旅游的分享性，在一定程度上不谋而合。旅游短视频能够吸引人的核心在于能够瞬时抓住大众的眼球。旅游直播能够吸引人的核心点就在于是否能够提供深度体验旅游内容，满足游客的深层次需求。

7. 为了爱好而旅行——旅行是顺手而为

为了演唱会而旅行，为了漫展活动而旅行，为了微短剧去旅行……新生代的爱好越来越多，为了爱好远渡重洋都是可能的。一场演唱会、一次大型赛事、一部有意思的电影、一次综艺的拍摄，都可能成为一个城市的流量密码。旅游也不能只盯着旅游本身做宣传，而应该更多地去跨界合作，让流量流通起来。

8. 为孩子更舍得——研学旅游五花八门

在逐渐"卷"起来的研学旅游市场，传统的"走马观花"式旅程已不能满足亲子群体的出行需求。不断探索"新风口"下的新产品，构建研学旅游的多元体验场景，已成为业内共识。

（资料来源：绿维文旅. 新消费时代，文旅消费的新八大特征［ED/OL］. https://mp.weixin.QQ.com/s/aEB9LSdhxadyDkP9ULLspQ，2024-09-05.）

第二节　旅游消费结构

一、旅游消费结构的概念

旅游消费结构是指旅游者对各种类型旅游产品消费的支出数量、比例和构成关系。旅游消费结构反映了游客的消费偏好、旅游目的地的吸引力以及旅游业的整体发展水平,是衡量一个国家或地区旅游业发展水平的重要标志之一。它不仅反映了游客的消费习惯和偏好,还揭示了旅游目的地的吸引力和旅游业的整体竞争力。

旅游消费涉及的项目繁多,不仅涵盖了旅游者在交通、住宿、餐饮、娱乐等各个方面的支出数量,还包括了他们在购物、文化体验、探险活动等方面的消费情况。通过对旅游消费结构的深入分析,可以更好地了解市场需求,优化旅游产品和服务,提升游客的满意度,从而推动旅游业的持续健康发展。

二、影响旅游消费结构的因素

(一)宏观环境因素

1. 旅游客源地的社会经济发展水平

客源地的社会经济发展水平直接影响着旅游者的可自由支配收入水平和闲暇时间以及旅游者的受教育水平,从而对旅游需求的产生以及旅游者的旅游消费水平和消费结构产生重要影响。旅游客源地社会经济发展水平较高,人们往往拥有更多的可自由支配收入和闲暇时间,这使得他们更有可能选择旅游作为休闲方式。同时,较高的教育水平也使得这部分人群更加注重精神文化生活,追求更高层次的旅游体验。此外,客源地的社会经济发展水平还影响着旅游目的地的选择。经济发达地区的人们往往更倾向于选择国际旅游,追求异国文化和自然风光的体验。他们可能更偏好于高端旅游产品,如豪华邮轮、私人定制旅行等。而经济水平相对较低的地区,旅游者可能更倾向于国内游或周边游,选择性价比较高的旅游产品。旅游客源地的社会经济发展水平越高,客源地旅游者出游比例较高,旅游消费能力比较强,旅游消费类型丰富,旅游消费结构越合理。

2. 旅游目的地的社会经济发展水平

旅游目的地的社会经济发展水平影响旅游消费结构。一个地区的经济繁荣程度、基础设施建设、服务业发展水平等因素,都会直接或间接地影响游客的消费行为和消费模式。通常,经济繁荣程度较高的地区拥有更多的资金投入旅游业,从而提供更丰富多样的旅游产品和服务。这不仅能够吸引更多的游客,还能提升游客的消费层次。例如,特色旅游项目、高端酒店、豪华餐厅和特色购物场所的出现,会促使游客在住宿、餐饮和购物方面的消费增加。同时,交通、通信、水电等基础设施的完善,能够为游客提供便利和舒适,从而增加游客在旅游目的地的停留时间和消费意愿。例如,便捷的交通网络能够使游客更愿意前往较远的目的地,增加旅游消费的地理范围。此外,服务水平也对旅游消费结构产生重要影响。服务业的多样化和专业化水平越高,越能吸引不同需求的游客,满足他们的个性化需求,从而提升整体消费水平。因此,旅游消费结构与目的地

的社会经济发展水平密切相关。

3. 旅游目的地与旅游客源地之间的距离

旅游目的地与旅游客源地之间的距离远近也会影响旅游消费结构。一般情况下，如果目的地距其主要客源地较远，那么旅游者在交通和住宿方面的支出相对就会在其旅游消费总额中占比较大。同时，距离的远近不仅决定了旅游者在目的地的停留时间和活动选择。距离较近的旅游目的地通常会吸引短途游客，旅游者倾向于进行一日游或周末游，因此在餐饮和购物上的消费会相对较高。此外，距离的远近还会影响旅游者对旅游产品的偏好。较近的目的地由于交通便利，游客更倾向于选择自由行或自驾游，这样可以灵活安排行程。而较远的目的地则可能促使游客选择跟团游，因为这种方式在交通和住宿安排上更为省心。因此，旅游目的地与旅游客源地之间的距离，对旅游者的停留时间、活动选择以及旅游产品的偏好产生了显著影响，进而影响了旅游者消费结构。

（二）旅游者方面的因素

1. 旅游者的收入水平

旅游者的收入水平决定了旅游消费水平和旅游消费结构。旅游者的收入水平影响旅游者的出行频率和旅游时长。高收入群体通常有更多的闲暇时间和经济能力，这使得他们更倾向于频繁参与旅游活动，甚至选择长途和出境旅游。相反，低收入群体由于工作和经济压力，往往只能在假期进行有限的旅游活动。旅游者的收入水平的变化会导致旅游消费行为也相应地发生显著的调整和变化。当旅游者的收入水平提高时，他们往往愿意花费更多的资金用于旅游活动，选择更高档的酒店、更丰富的旅游项目以及更舒适的交通方式。相反，如果旅游者的收入水平下降，他们可能会减少旅游开支，倾向于选择经济实惠的旅游产品，如经济型酒店、常规旅游线路和大众化景点。此外，旅游者的收入水平的变化也会导致旅游者在旅游消费时更加注重性价比，他们会更加仔细地比较不同旅游产品的价格和服务，以期获得最佳的旅游体验。总之，旅游者的收入水平不仅直接关联到他们能够承担的旅游消费金额，还深刻影响着他们的旅游选择和体验方式，在很大程度上决定了他们的旅游消费水平和消费结构。

2. 旅游者的构成

旅游者的年龄、性别、职业背景、受教育程度、风俗习惯、兴趣爱好等不同，都会影响到旅游者的消费结构。从年龄结构来看，旅游者可以分为青少年、中青年和老年三个主要群体。青少年旅游者通常对探险和教育类旅游项目感兴趣，他们喜欢通过旅游来开阔视野、增长知识。中青年旅游者则更注重休闲和娱乐，他们倾向于选择度假村、主题公园等轻松愉快的旅游目的地。而老年旅游者则更偏好养生保健和文化历史类的旅游项目,他们希望通过旅游来丰富生活、陶冶情操。从职业背景来看,旅游者可以分为学生、白领、自由职业者、退休人员等不同群体。学生旅游者通常预算有限,但他们有充足的时间,因此更倾向于选择经济实惠的背包客旅行方式。白领旅游者则更注重舒适和便捷,他们愿意为高品质的旅游体验支付更高的费用。自由职业者和退休人员则有更多的时间和灵活性,他们可以选择在旅游淡季出行,享受更宁静的旅游体验。从旅游者的兴趣爱好来看,有的旅游者热爱自然风光,喜欢徒步、登山、观鸟等活动;有的则对历史文化充满兴趣,喜欢参观博物馆、历史遗址和文化遗产地;还有的旅游者追求美食和购物,喜欢探索当地的美食文化和特色商品。总之,不同的旅游者构成因素,都会不同程度地影响着旅游者消费结构的变化。

3. 旅游者的心理因素

旅游者的旅游动机、消费习惯、购买经验等心理因素在旅游消费决策过程中起着至关重要的作用。不同的旅游者可能有不同的动机,如休闲度假、探险、文化体验、商务活动等。例如,喜欢历史文化的旅游者可能会更愿意在参观博物馆和历史遗址时支付门票和导游费用,而对自然景观感兴趣的旅游者则可能更愿意在徒步旅行、露营和野生动物观赏等活动上花费更多。在购买经验方面,旅游者通常会根据以往的旅游经历来调整他们的消费决策。如果他们之前在某个旅游目的地有过愉快的体验,他们可能会更愿意再次选择该目的地,并且在类似的服务和产品上花费更多。相反,如果之前的旅游体验不佳,他们可能会在未来的旅游决策中更加谨慎,甚至完全避免某些目的地或服务。此外,旅游者的消费习惯也会在旅游消费决策中起到重要作用。一些旅游者习惯于提前规划和预订,以确保获得最佳价格和服务;而另一些人则更喜欢即兴旅行,享受自由和灵活性带来的乐趣。这些不同的消费习惯不仅影响旅游者选择旅游产品和服务的方式,还会影响他们在旅游过程中的整体满意度。

(三)旅游产品方面的因素

1. 旅游产品的结构

旅游产品的结构包括交通、住宿、餐饮、旅游景区、导游服务等多个方面,每个方面都对旅游者消费结构产生重要影响。无论选择乘坐飞机、火车、汽车还是邮轮,便捷、舒适的交通方式都能确保旅游者顺利地到达目的地,并在旅途中保持愉悦的心情。交通方式的选择往往是旅游者首要考虑的因素,它直接影响到整个旅程的顺利与否。优质的住宿条件能让游客在疲惫的行程后得到充分的休息和放松,住宿地点的选择不仅关系到游客的身体健康,还直接影响到游客对目的地的感知和体验。美食不仅能为游客提供能量,还能让他们在品尝当地特色美食的过程中,更深入地了解和体验当地的文化和

风俗。通过美食，游客可以感受到一个地方的独特魅力，甚至能够通过味蕾来回忆起旅行的美好时光。专业、热情的导游能够为旅游者提供详细的信息和解说，帮助他们更好地了解旅游目的地的文化背景、历史故事和地理特点等，导游的讲解往往能让游客对景点有更深刻的认识，从而提升整个旅游体验的质量。总之，旅游产品的结构是一个综合性的系统，只有这些方面相互协调、相互补充，才能为游客提供一个完整、高质量的旅游体验。

2. 旅游产品的价格

旅游产品价格的变化对旅游消费数量、消费结构以及旅游目的地的选择都具有显著的影响。价格的波动不仅反映了市场供需关系的变化，还可能受到季节性因素、政策调整、经济环境等多种因素的影响。例如，在旅游旺季，由于旅游需求增加，旅游价格往往会上涨，这可能会导致部分对旅游价格敏感的旅游者减少旅游次数或选择较便宜的旅游产品。相反，在淡季，为了吸引旅游，旅游产品价格通常会有所下调，从而刺激旅游消费，增加旅游人数。旅游价格变化也会影响旅游消费结构。高收入群体可能对价格变化不太敏感，更注重旅游品质和个性化服务，因此在价格上升时仍会选择高端旅游产品。而中低收入群体则可能更倾向于性价比高的旅游产品，价格的微小变动都可能影响他们的选择。此外，旅游目的地的选择同样受到价格变化的影响。当某个旅游目的地的价格过高时，旅游者可能会转向其他更具性价比的旅游目的地。例如，如果欧洲游的价格过高，游客可能会选择东南亚或国内游作为替代。总之，旅游产品价格的变化是一个复杂而多变的经济现象，它不仅影响旅游消费结构，还影响旅游需求状况。

3. 旅游产品的质量

旅游产品的质量高低，直接关系到旅游消费结构的合理性和旅游业的健康发展。一个高质量的旅游产品能够吸引更多的游客，提升游客的满意度和重游率，从而促进旅游业的繁荣。相反，如果旅游产品的质量低下，不仅会影响游客的体验，还会导致负面口碑的传播，进而影响整个旅游市场的稳定和发展。

旅游产品的质量包括三个方面：一是旅游服务的质量，二是旅游设施的完善程度，三是旅游体验的丰富性。旅游服务质量的高低会直接影响旅游体验质量和旅游满意度。优质的旅游服务能够为游客提供贴心、周到的服务，解决他们在旅行过程中遇到的各种问题，提升游客的幸福感，使他们在旅途中感受到舒适和便利，从而留下美好的回忆。旅游设施包括酒店的硬件设施、交通的便利性、景点的基础设施建设等。完善的设施能够为游客提供舒适的住宿环境、便捷的出行方式和愉悦的游览体验，从而增强游客对旅游目的地的整体印象。丰富的旅游体验不仅包括自然景观和人文景观的多样性，还包括各种娱乐活动、文化体验和特色美食等。多样化的旅游产品设计可以满足不同游客的需求，使他们在旅行过程中获得独特的体验和难忘的回忆。

因此，确保旅游产品的高质量是旅游业正常发展的关键保障。只有不断提升旅游产品的整体质量，才能推动旅游业的持续发展，为游客创造更多美好的回忆。

> **→ 同步思考**
>
> 随着全球经济形势的波谲云诡和国内经济增速的放缓，"消费降级"这一词汇逐渐走进了我们的视野。它并非简单的贬义词，而是反映了消费者在经济压力下做出的理性选择——更倾向于价格合理、性价比高的商品和服务。在旅游领域，这一现象尤为明显。游客们不再盲目追求奢华与高端，而是更加注重情绪价值，愿意为那份独特的体验和感受买单。尽管旅游消费呈现出降级的趋势，整体消费人次仍在上升。根据文化和旅游部的数据，2024年上半年国内游客出游总花费同比增长19.0%。其中，城镇居民出游花费同比增长16.8%，农村居民出游花费同比增长32.6%。这一数据充分说明了旅游消费仍然具有巨大的潜力。那么，在这样的背景下，旅游业该如何挖掘新的增长点呢？
>
> （1）旅拍的监管与创新。旅拍作为近年来兴起的旅游消费方式，一度火爆市场。然而，随着供给侧的爆发式增长和恶性竞争的加剧，旅拍行业逐渐走向衰退。为了避免类似情况的发生，政府应加强监管力度，规范市场秩序；同时，旅拍企业也应注重创新思维和品质提升，为消费者提供更加优质的服务。例如，贵州、云南和山西三省旅拍相关企业新注册量最大，这说明了这些地区在旅拍市场的潜力和活力。
>
> （2）演艺与旅游的深度融合。旅游演出作为一种新兴的旅游吸引物，近年来呈现出报复性增长的态势。为了实现"演出+旅游"的深度融合，景区景点应加强与演出的互动与合作，共同打造独具特色的旅游产品。例如，可以将演出融入景区景点的游览路线中，让游客在欣赏美景的同时感受文化的魅力。2019年旅游演出票房收入为73.79亿元，2023年上半年旅游演出票房收入70.55亿元，这说明了旅游演出市场的巨大潜力。
>
> （3）文创产品的创新与发展。文创产品作为推动景点、城市文化发展的重要助推器，近年来备受关注。然而，在全国范围内，文创产品却面临着千篇一律的问题。为了避免同质化竞争，文创企业应注重创新思维和品质提升，打造独具特色的文创产品。例如，可以结合当地的文化特色和资源优势，开发具有地方特色的文创产品。故宫文创成为经典之后，全国各地文创现在的问题是学习故宫，千篇一律，这说明了创新的重要性。

旅游消费降级并不意味着旅游市场的衰退，而是消费者更加理性和成熟的表现。在消费降级的背景下，旅游业应积极挖掘多元消费点，激活市场潜力。通过加强监管与创新、实现演艺与旅游的深度融合、推动文创产品的创新与发展等方式，旅游业可以更好地满足消费者的需求，实现可持续发展。

（资料来源：旅游新趋势：消费降级下的情绪价值挖掘与多元消费激活［ED/OL］. https://mp.weixin.QQ.com/s/gLLQgJOrY7Sr-tyiuSvBUA，2024-09-05.）

问题： 在新时代、新形势下，旅游业该如何应对消费降级的挑战，挖掘出新的消费增长点？

第三节 旅游消费效果及评价

一、旅游消费效果的含义

（一）旅游消费效果的概念

消费效果可以从消费者和企业两个角度进行分析。从消费者角度来看，消费效果是指消费者在购买和使用产品或服务后所获得的实际满足感和满足程度。它不仅包括产品的功能性和实用性，还包括消费者的心理感受和情感体验。企业角度来看，消费效果也包括生产者通过消费生产资料所获得的收益状况。因此，旅游消费效果可以从旅游者以及旅游产品经营者两个角度来理解。对于旅游者而言，旅游消费效果就是旅游者通过旅游消费获得的心理感受和主观评价。旅游者在旅游消费中，要消耗一定的金钱、时间、精力和体力，即旅游消费的"投入"；通过旅游消费使人们的体力、智力得到恢复和发展，精神得到满足，即旅游消费的"产出"。在旅游者的旅游消费过程中，投入与产出、消耗与成果、消费支出与达到消费目的的效果之间的对比关系，就是旅游消费效果。对于旅游经营者而言，旅游消费效果指旅游经营者的投入与产出的对比关系。旅游产品经营者通过消耗一定的生产资料和劳务，即生产性消费，而向旅游者提供旅游产品，最终获得相应的旅游收入、声誉和影响力以及顾客的满意等成果。

（二）旅游消费效果的分类

根据不同的考察角度，可以将旅游消费效果划分为多种不同的类型，以便更全面地理解和评估旅游活动对个人、社会以及环境所产生的影响。

1. 按考察范围划分

根据考察范围的不同，旅游消费效果可分为宏观旅游消费效果和微观旅游消费效果。宏观旅游消费效果，是把所有旅游消费作为一个整体，从社会角度研究旅游消费资料的价值和使用价值，分析旅游消费资料的利用情况，旅游者对它的满足程度，旅游消费对社会生产力及再生产的积极影响，以及对社会经济发展所起的促进作用。微观旅游消费效果是从个体角度出发，指旅游者在旅游活动中的花费、消费选择、满意度以及消费行为对个人生活质量的影响。

2. 按考察时间不同划分

根据考察时间的不同，旅游消费效果可分为当前旅游消费效果和长远旅游消费效果。当前旅游消费效果主要考察的是旅游消费给旅游者带来的现实满足，主要体现在游客在旅游过程中直接感受到的愉悦和满足以及给旅游经营者和旅游目的地带来的现实经济利益。长远旅游消费效果是指旅游消费所产生的长期潜在效果。更多地关注旅游活动对旅游者个人发展、社会文化以及经济效益的影响。旅游者通过旅游活动获得的知识、文化体验和人生感悟，这些经历往往会在他们的生活中留下深刻的印记，甚至影响他们的价值观和行为方式。旅游可以促进不同文化的交流与理解，增强民族团结，同时也有助于保护和传承传统文化。旅游业发展可以实现对经济结构的优化和升级，旅游业的发展可以带动相关产业的发展，如交通、住宿、餐饮、娱乐等，从而促进就业和地方经济的增长。

3. 按投入和产出的密切程度划分

按投入和产出的密切程度划分，旅游消费效果可以划分为直接旅游消费效果和间接旅游消费效果。直接旅游消费效果是指一定的旅游消费投入直接产生的消费效果。旅游者在旅游目的地直接支付的费用，包括交通、住宿、餐饮、娱乐、购物等方面的支出。这些消费直接增加了旅游目的地的经济收入，促进了当地经济的发展。例如，游客在酒店住宿时支付的费用直接进入了酒店的收入账户，而酒店员工的工资和供应商的收益也由此得到保障。间接旅游消费效果是指一定的旅游消费投入所取得的不直接显现出来的效果。间接旅游消费效果虽然不像直接旅游消费效果那样显而易见，但其对社会、文化、环境和经济的积极影响是不可忽视的。间接旅游消费可以促进当地基础设施的改善和升级、文化的传播和交流、生活环境的改善以及区域经济一体化发展。例如，为了吸引更多的游客，地方政府可能会投资于交通、通信和公共设施的建设与维护，改善当地的自然环境。这些投资不仅提升了游客的体验，也使得当地居民的生活质量得到提高，从而进一步促进当地经济的多元化发展。

二、旅游消费效果评价

根据旅游供求关系,旅游消费效果是从旅游者以及旅游产品经营者两个角度来理解。因此,旅游消费效果评价可以分为两个层次:一是对旅游者消费效果的评价,即对旅游者消费最大满足程度的评价;二是对旅游产品经营者消费效果的评价,也就是对旅游目的地消费效果的评价,即旅游目的地向旅游者提供旅游产品消费后,得到的旅游收入情况。

(一)旅游者消费效果的评价

旅游者消费效果的最直接的体现就是旅游者消费的最大满足。旅游者消费的最大满足是指旅游者在支出一定费用和时间的条件下,通过合理选择购买旅游产品,从而获得精神和物质上的最佳感受,即旅游者在旅游过程中实际感受与主观愿望的最大相符程度。旅游者消费的实际感受是指旅游者在旅游过程中所经历的种种体验和感受。这种感受不仅仅局限于物质层面,更多的是精神和情感上的。从预订酒店、选择交通工具到游览景点、品尝当地美食,每一个环节都可能影响旅游者的实际感受。旅游者消费的主观愿望是指旅游者在旅游过程中所追求的个人需求和心理满足。这种愿望通常受到个人兴趣、文化背景、经济条件和社会环境等多种因素的影响。旅游者在选择旅游目的地、旅游方式和旅游活动时,往往会根据自己的主观愿望来做出决策。如果旅游消费过程中的实际感受与主观愿望相符合,则旅游者满意,旅游消费者消费得到了最大满足;旅游消费过程中的实际感受与主观愿望不符合,如果实际感受超过主观愿望,则旅游者非常满意,旅游消费者消费也得到了最大满足。但如果实际感受远远低于主观愿望,则旅游者不满意或非常不满意,旅游消费者消费效果差,旅游消费不满意。因此,为了实现旅游者消费的最大满足,旅游企业和旅游经营者必须深入了解旅游者的需求和期望,不断提升旅游产品的质量,以更好地满足旅游者的需求。

(二)旅游目的地消费效果的评价

旅游目的地消费效果的评价涉及经济、社会文化和环境等多个方面,它是一个多维度、多层次的复杂过程,需要综合考虑各方面的效益。

1. 经济效益分析

经济效益是评价旅游目的地消费效果的重要指标之一,可以通过旅游收入、旅游投资吸引力、创造就业机会、资源利用率等进行衡量。在一定时期内,旅游者在旅游目的地的消费越多，则旅游目的地国家和地区的收入就越多。因此，可以通过分析旅游者在旅游目的地的支出来评价旅游目的地旅游消费效果。通常，反映旅游者消费支出的指标主要有旅游消费总额、人均旅游消费额、旅游消费率和旅游消费构成。

（1）旅游消费总额。旅游消费总额是指一定时期内旅游者在旅游目的地国家或地区进行旅游活动过程中所支出的货币总额。它反映了旅游者对旅游目的地的旅游产品消费的总量。由于旅游业是一个综合性产业，涉及交通、住宿、餐饮、娱乐、购物游览等多方面的行业和企业，因此对旅游消费总额的计算多采用抽样调查和常规统计相结合的方法，即通过抽样调查得到人均旅游消费额，再同常规统计的旅游者人数相乘而得。

（2）人均旅游消费额。人均旅游消费额是指一定时期内旅游者在旅游目的地国家或地区的旅游过程中，平均每一个旅游者支出的货币金额。它反映了旅游者在某一旅游目的地的旅游消费水平，并为旅游经营者开拓旅游市场和开发产品提供重要的依据。人均旅游消费额一般是通过抽样调查而得到的，但是在知道旅游消费总额的情况下，也可以通过旅游消费总额除以旅游者人数来计算。

（3）旅游消费率。旅游消费率是指一定时期内，一个国家或地区的旅游者消费支出同该国家或地区个人消费支出总额的比例，它从价值角度反映了一个国家或地区在一定时期内旅游者对旅游消费的强度和水平。

（4）旅游消费构成。旅游消费构成是指旅游者在旅游活动过程中，在食、住、行、游、娱等方面的消费比例。旅游消费构成不仅反映了旅游者消费的状况和特点，而且为旅游目的地国家或地区配置旅游资源和要素，组合旅游产品提供科学的依据。

2. 社会效益分析

社会效益是衡量旅游目的地消费效果的另一个关键方面。通过对旅游业对当地居民生活质量的提升、文化交流的促进、教育水平的提高以及社会稳定的维护等方面的深入考察，可以全面评估旅游目的地的社会效益。例如，旅游业的发展可以带动当地基础设施的改善，提高居民的生活便利性；旅游业扩大了就业机会，从而提高当地居民的经济收入，进一步改善生活质量。同时，旅游业的发展还可以促进当地教育资源的优化配置，提高教育水平，为当地居民提供更好的教育机会。通过文化交流活动，促进不同文化背景的游客与当地居民之间的相互理解和尊重，增强社会和谐，有助于提升当地文化的知名度和影响力。此外，旅游业的发展还可以通过促进经济发展，增强社会稳定性，减少社会矛盾和冲突，维护社会的和谐与稳定。旅游业的发展在社会效益方面具有多方面的积极影响，通过全面评估这些影响，可以更好地理解和衡量旅游目的地的社会效益。

3. 环境效益分析

环境效益是评价旅游目的地消费效果不可或缺的一部分。旅游消费对旅游目的地环境的影响既有积极的一面，也有消极的一面。一方面，旅游业的发展可以促进环境保护意识的提升和环境基础设施的改善，通过旅游收入，当地政府和居民有更多资金投入到环境保护和生态建设中，从而改善和提升当地的自然环境；另一方面，大量游客的涌入往往会对目的地的自然环境和生态系统造成压力。例如，一些热门景区的过度开发和游客的不文明行为可能导致生态破坏、环境污染和资源过度消耗。因此，环境效益的评估需要综合考虑旅游活动对自然资源的消耗、生态系统的干扰以及环境保护措施的有效性等因素。

【同步案例】

2024年8月20日，3A游戏《黑神话：悟空》上线，全平台销量迅速超过1000万套。《黑神话：悟空》火了，一同带火的还有其取景地山西。据不完全统计，该游戏画面在国内有36个取景地，其中27个来自山西。游戏发售以来，山西旅游频频登上热搜，消费热度持续攀升。

美团数据显示，8月20日以来，山西人文古迹类景区订单量同比增长112%。飞猪数据显示，今年暑期山西景点门票预订量同比增长了六成以上。大众点评数据显示，平台新增笔记攻略数及浏览量日环比增速均接近100%。据了解，游戏上线后，官方联名手柄在速卖通上10秒便售罄，"PS5游戏机""英伟达黑悟空联名显卡"等相关商品搜索量增长1379%。闲鱼平台上PS5游戏机的搜索量暴增超过300%，最高单日成交量超过700单。淘宝上与游戏相关的商品，搜索量在一周内增长1379%。数据显示，山西旅游景点门票、租车等预订量比去年同期增长约七成，增速领先大盘。仅山西临汾隰县小西天景区一处，8月20日门票就同比增长300%。山西玉皇庙附近的文创产品销售火热。截至8月22日，木塔景区今年的接待量共145.76万人次，同比增长了178.21%。

《黑神话：悟空》的爆火，不仅是一款国产游戏的偶然"出圈"，更是文旅消费与数字消费的融合创新。"玉皇庙是一座古建筑类的博物馆，受建筑本身限制，承载量、参观空间很有限。为了让文化遗产更好地保存下去，其室内光线比较暗，会对游客线下体验造成一定的影响。"尹振兴表示，而在虚拟游戏中完全可以避免光线问题。"游戏和景点的创新结合可以实现多元化共赢局面。数字技术可以为观众带来沉浸式体验，数字化平台也能实现文化遗产的数字化保护和传播，让更多人体验文化盛宴。"尹振兴表示，希望这种模式可以得到持续性发展。"游戏正成为吸引游客前往景区消费的重要因素。"广东省旅游协会副会长陈南江在接受国际商报记者采访时表示，借助游戏IP的传播优势不仅可以提升景点知名度，还可以推进多元场景的活化利用，共同打造新内容、新消费。"从游客视角来看，游戏内容可触发出游决策和消费兴趣。一旦游客来到线下，围绕IP的内容生态会强化游客的感官、认知与社交体验，并借助数字化平台为消费提供多元的出口与便利性。"陈南江说。业内人士普遍认为，将游戏IP融入景区场景设计，如主题公园、主题酒店和主题餐厅等线下空间，可以通过开发服装、道具和游戏机制等多种形式，打造实景剧本游戏和沉浸式体验项目，从而丰富旅游者的消费项目。

［资料来源：顾鸿儒."悟空"IP引爆山西旅游消费［N］.国际商报，2024-09-06（002）.］

思考：根据材料，分析《黑神话：悟空》爆火，山西旅游消费攀升的原因。

三、旅游消费效果评价的原则

（一）旅游产品价值和使用价值相结合

旅游产品作为消费资料进入消费领域，满足旅游者旅游消费需要，在使用价值上要使旅游者能够得到物质和精神享受，在价值上要以社会必要劳动时间来衡量。旅游产品作为一种特殊的消费资料，其价值和使用价值的实现不仅体现在满足旅游者的物质和精神需求上，更在于通过不断创新和优化服务，为旅游者提供更加丰富多彩的旅游体验。对于旅游企业而言，旅游产品的价值不仅体现在其提供的服务和体验上，还体现在其价格是否能够吸引消费者，合理定价是确保其产品竞争力的关键。旅游企业需要通过市场调研了解旅游者的消费心理和支付能力，从而制定出符合旅游者期望的价格。只有将旅游产品价值和使用价值相结合，才有可能将旅游消费效果最大化。

（二）微观旅游消费效果与宏观旅游消费效果相结合

微观旅游消费效果的评价是从个体的角度进行的，而宏观旅游消费效果则是从社会的角度来评价旅游消费给整个社会带来的影响。两个层次的消费效果之间存在密切关系，宏观旅游消费效果以微观旅游效果为基础，而微观旅游消费效果又以宏观旅游消费效果为依据，但二者有时也存在着矛盾。微观旅游消费效果反映出个人的主观评价，而宏观旅游消费效果则更多地关注客观数据和整体效益。例如，从微观角度看，游客可能对某个旅游景区的环境质量感到不满，认为其维护不善，影响了他们的体验。然而，从宏观角度看，该景区可能为当地社区提供了大量的就业机会，促进了经济发展，从而在整体上对社会产生了积极的影响。在评价微观旅游消费效果时，通常会考虑游客的满意度、消费行为、消费动机以及对旅游目的地的忠诚度等因素。宏观旅游消费效果的评价通常涉及旅游收入、就业机会、基础设施建设、环境保护、文化交流等方面。宏观旅游消费效果的评价是从整体上研究旅游消费对资源配置、社会文化以及环境的影响，考虑的是整个社会的利益。在微观利益与宏观利益发生冲突时，前者要服从后者。对旅游消费效果的评价应是同时考虑微观效果和宏观效果的综合评价。

（三）当前旅游消费效果和长远旅游消费效果相结合

当前旅游消费效果体现在为人们提供即时的满足感和放松，长远旅游消费效果体现在个人成长和视野拓展上。当前旅游消费效果的实现，不应以牺牲或影响长远旅游消费效果为代价；同样地，也不能因为追求旅游消费的长远效果而对当前的旅游消费活动施加不适当的限制或抑制。将当前旅游消费效果和长远旅游消费效果相结合，不仅能让人们在旅途中获得即时的愉悦和放松，还能为个人的全面发展和成长提供有力的支持和帮助。因此，在评价和考量旅游消费效果时，必须坚持一个原则，那就是要将当前消费效果和长远消费效果相结合，以确保旅游消费的全面性和可持续性。

（四）直接旅游消费效果和间接旅游消费效果相结合

直接旅游消费效果主要体现在游客在旅游过程中直接支付的各种费用，比如交通、住宿、餐饮、门票以及其他娱乐活动的费用。这些直接的支付行为构成了旅游目的地经济收入的重要部分。而间接旅游消费效果则体现在游客消费对相关产业链的带动作用上，例如，游客在旅游地购买纪念品、使用当地服务等行为，会进一步刺激当地商业、手工艺品制作、农业等相关产业的发展。旅游消费不仅能够直接带动目的地的经济增长，还能通过产业链的联动效应，间接促进相关产业的发展，这种综合效应使得旅游业成为许多国家和地区的重要经济支柱。旅游业的繁荣可以促进就业，提高当地居民的生活水平，并且有助于保护和传承文化遗产，同时还能增强国家或地区的国际形象和软实力。

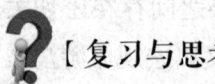
[复习与思考]

一、重点概念

旅游消费　旅游消费结构　旅游消费效果　旅游者消费最大满足

二、思考题

1. 如何理解旅游消费性质？
2. 简述旅游消费的分类。

3. 旅游消费特点有哪些？
4. 旅游消费结构受哪些因素的影响？
5. 怎样评价旅游消费效果？

三、案例分析与讨论

旅游领域，既有新质生产力发展的问题，也有新质消费力发展的问题，在消费需求决定生产供给的规律作用下，能否形成旅游新质生产力发展的格局，取决于旅游新质消费力的发展态势。只有形成旅游新质消费力发育的环境，才能有效地推动旅游新质生产力持续发展。因此，在发展旅游新质生产力的同时，如何提升旅游新质消费力，是值得深入研究的问题。

首先，绿色旅游消费是旅游新质消费力综合体现。旅游是"无烟绿色产业"，不是无碳产业。旅游者的空间移动以及在旅游目的地活动，会消耗大量能源并直接或间接地产生大量的二氧化碳。随着社会经济的发展，人民生活水平的提高，我国进入了大众旅游发展的阶段，旅游消费需求快速增长，规模日益扩大，旅游消费的碳排放量是个巨量水平。当前，我国旅游碳排放量占到我国碳排放量的8%左右，每年碳排放在8亿吨左右。要实现旅游需求规模增长的同时，减少旅游消费的碳量，倡导旅游低碳消费便成为重要的途径。促进绿色旅游消费，不仅可以提升旅游者对绿色旅游的认知水平，而且可以全面提升旅游新质消费力，为我国的"双碳"战略实现贡献力量。

其次，旅游新质消费力还表现为旅游方式上的变化。旅游作为人类社会特定发展阶段的产物，带有经济、文化和社会三种不同的属性。从经济属性来说，旅游是一种生活方式；从文化属性来说，旅游是一种学习方式；从社会属性来说，旅游是一种成长方式。旅游消费不仅是一种生活方式，更是一种学习方式和成长方式。人们将旅游作为一种生活方式外，更注重将旅游消费视为一种重要的学习方式和成长方式来加以推广。旅游从经济属性向社会和文化属性延伸，从人的生活方式向学习方式和成长方式转变，既是大众旅游发展的表现，也是一个国家旅游消费成熟与否的重要标志。因此，如何发展具有学习方式和成长方式的旅游消费形态，并通过这些旅游消费形态的发展全面提升旅游消费水平，是我国旅游新质消费力发展的一项重要任务。

第三，旅游新质消费力还表现为有文化目的的旅游消费形态的构建。如何使有意思的旅游消费成为有意义的旅游消费，如何形成有文化目的的常态化的旅游消费行为，是旅游新质消费力发展要研究的重要课题。有文化目的旅游消费形态的构建，有两个关键点，一个是如何形成文化旅游消费的常态化，一个是如何形成中国式的旅游文化，要形成文化消费的常态化、形成中国式的旅游文化，就必须将中国的山水文化、历史文化、

民俗文化与现代旅游消费形成深度融合，形成能体验、可活化和场景化的旅游项目和旅游产品。从新质生产力发展的角度来说，促进有文化目的的旅游消费的发展，不仅是旅游新质消费力增长的需要，也是新质生产力发展对劳动者素质优化、提升的现实要求。

第四，旅游新质消费力还表现为技能旅游消费的发展。旅游是一种人的空间移动，通过空间移动实现人与自然空间的交换，获得某种效用。从交换主体（旅游者）的条件划分的旅游形态，一种是体能性旅游，一种是技能性旅游。体能性旅游是借助于人体基本的运动能力满足旅游消费的旅游形态，观光旅游、度假旅游、休闲旅游都属于体能性旅游形态；技能性旅游是通过旅游者掌握并运用专门技术实现旅游的旅游形态，滑雪旅游、滑板旅游、滑翔旅游、登山旅游、探险旅游、潜水旅游、帆船旅游、攀岩旅游都属于技能性旅游形态。相对于体能性旅游，技能性旅游无论是消费水平、还是消费频率都远远高于体能性旅游，可以形成强大的旅游消费力。发展技能性旅游消费，可以大大提升我国旅游消费水平。

最后，旅游新质消费力还表现为新型旅游消费形态的发展。从世界旅游消费形态发展演变来说，随着社会经济的发展，旅游消费具有时代特征，旅游消费形态会随着旅游时代的演变发生变化。就当前来说，健康旅游消费形态、房车旅游消费形态、低空旅游消费形态、研学旅游消费形态、邮轮旅游消费形态，是度假旅游时代下的新旅游消费形态，是旅游新质消费力发展的关键形态。通过这些旅游消费形态的发展，不仅可以促进旅游新质消费力的发展，还可以加速旅游与相关产业的深度融合，放大旅游消费的溢出效应。

（资料来源：张辉.旅游新质生产力和新质消费力双向发力，推动中国旅游高质量发展．［ED/OL］.https://mp.weixin.QQ.com/s/yMxx1Fkj8CRXdh，2024-04-03.）

思考：

1. 什么是旅游新质消费力？
2. 旅游新质消费力对我国旅游经济高质量发展有什么意义？

第七章

旅游收入与分配

🔍 [学习目标]

1. 知识目标：理解旅游收入、旅游乘数效应和旅游收入漏损的定义，旅游收入的作用及影响旅游收入的因素，了解旅游收入的特征、分类和评价指标，旅游收入初次分配和再分配的内容和流程，旅游乘数效应与旅游收入漏损的基本理论及其相互关系。

2. 能力目标：通过实地考察和调研，了解不同地区旅游收入的实际情况，掌握旅游收入在不同行业和部门中的分配比例。结合具体案例，分析旅游收入对经济发展的推动作用。

3. 思政教育目标：通过深入理解旅游收入在国民经济中所扮演的重要角色，激发学生对专业的认同感与责任感，培养学生对国家和社会进步的关注与参与意识。

✅ [导入案例]

浙江省嘉兴市桐乡市以乌镇全域旅游为依托，充分利用乌镇本地资源禀赋开发旅游业，为周边群众创造了大量就业创业机会，使旅游业成为推动就业增收、共同富裕的重要引擎。目前，乌镇年接待游客超1000万人次，旅游总收入超20亿元，带动就业超过5万人。"乌镇模式"已在北京、贵州、山东等地复制推广，国家发展改革委发文向全国推广"乌镇模式"。

创新旅游资源多元开放新模式。全国首创"管线地埋"等景区高标准建设保护开发模式，实行旅游资源整体产权开发，发挥核心景点的带动效应，西栅（乌村）培育高端业态，与东栅中端业态错位发展，并将互联网、红色、戏剧等新元素融入旅游。西栅景区直接吸纳就业人员超4500人，景区内的船工基本为原先附近渔业村村民，月收入可达8000元左右。景区民宿房东优先考虑本地居民，吸纳经营者500余人，一家由夫妻经营的民宿年收入可达35万元左右。在东栅景区内设置商业长廊供原居民免费经营，解决了原东栅 150 个家庭的就业问题。

拓宽配套产业，带动就业新渠道。将旅游业与新型城镇化有机融合，实施"镇区景区化、景区全域化、全域智慧化"，累计投入各类城镇基础设施建设资金约 80 亿元，实现 5G 网络全覆盖，"乌镇管家"长效服务走深走实，水乡风情和城镇功能实现完美融合。住宿、餐饮等富民行业快速发展，以品质度假经济吸纳就业创业，成功打造"乌镇人家"民宿品牌，现有民宿床位 2 万余张，餐饮酒店 500 余家，阿丽拉、希尔顿等高端酒店入驻乌镇，辐射带动周边南浔、练市、吴江等地劳动力进入乌镇就业。

探索全域旅游城乡融合新路径。增强对周边乡村游的带动效应，如横港村、陈庄村抱团组建乡村旅游公司，挖掘竹编、蓝印花布等非遗资源，"水乡寻梦研学路"有声有色，"竹芸工房"每年参与竹编研学体验的人数达 15000 人次，带动每户竹编村民增收 2.5 万元以上。带动周边河鲜、果蔬等农业生产销售，乌镇旅游每年从周边农户购入食材超 2 亿元，培育形成了董家茭白等 7 大农业产业，有效拓宽农户致富渠道。

以全域旅游富民增收的"乌镇模式"，有效推动区域资源有机整合、产业融合发展、社会共建共享，为周边群众创造了大量就地就近就业创业的机会，成为推动就业增收、共同富裕的重要引擎。

（资料来源：小古镇，旅游收入 20 亿元，带动 5 万人就业，能借鉴 3 个策略，但不能"复制"！［EB/DL］. https://mp.weixin.QQ.com/s/25lwWAUpBNF1TcUZd8Dnow，2024-06-17.）

[本章导读]

旅游收入在旅游经济活动中占据着至关重要的地位，是衡量旅游业发展水平和经济效益的关键指标之一。旅游收入的增长不仅能够推动当地经济的发展，还能促进相关产业链的繁荣，持续提升旅游目的地的吸引力和竞争力。旅游收入的分配涉及众多利益相关者，包括地方政府、旅游企业以及当地居民，他们在旅游收入分配的每个环节都扮演着关键角色。通过制定科学合理的政策和措施，确保各方利益的平衡，旅游业才能真正成为推动地方经济发展的强大动力。本章对旅游收入的内涵、分类、指标及影响因素，旅游收入分配和再分配机制，旅游乘数效应与旅游汇率漏损等相关知识进行了分析与阐述，从而进一步加强对旅游收入在国民经济发展中所扮演角色的理解。

第一节 旅游收入概述

一、旅游收入的内涵

（一）旅游收入的概念

旅游收入是指旅游目的地国家或地区在一定时期内，通过向游客销售旅游产品而获得的全部货币收入。旅游收入是旅游目的地国家或地区开展旅游活动而带来的经济收益，是游客在旅游目的地国家或地区进行各项旅游活动，包括交通、住宿、餐饮、游览、购物、娱乐和其他相关服务等旅游产品的消费支出。旅游收入直接反映了某一旅游目的地国家或地区旅游经济运行状况，是评价和衡量旅游经济活动效果的综合性指标，也是衡量某一旅游目的地国家或地区旅游业发达与否的重要指标。

（二）旅游收入的作用

1. 旅游收入体现了旅游业对国民经济的贡献

旅游收入体现了旅游业对旅游目的地国家或地区经济发展的直接贡献，它反映了旅游业在该旅游目的地国家或地区的经济活动中的重要性和影响力。旅游收入的多少，反映了一个地区的经济发展水平和旅游业的繁荣程度。旅游收入的增长不仅能够刺激当地经济的提升，还能推动酒店、餐饮、交通和零售等相关产业的发展，为当地居民创造更多就业机会并提高生活质量。对于旅游企业而言，旅游收入主要体现为营业收入，是构成企业利润的核心。在成本保持不变的情况下，旅游收入与企业利润之间存在正比关系。旅游收入越多，旅游企业利润就越大；反之，旅游收入越少，旅游企业利润就越小，甚至出现亏损。因此，旅游收入的增长对旅游企业的发展具有决定性影响，同时对国民经济和旅游业的整体发展也具有至关重要的作用。

2. 旅游收入体现了货币回笼和创汇的状况

旅游收入由国内旅游消费和入境旅游消费两大部分构成。国内旅游消费对国家的经济具有积极的推动作用。当国内游客在国内旅游时，他们通过购买纪念品、支付住宿和餐饮费用等消费行为，促进了货币在市场中的流通。这种货币流通不仅加速了本地货币的周转速度，还进一步刺激了当地商业活动和经济增长。因此，国内旅游消费不仅有助于货币的回笼，还促进了本地货币的流通和使用。与此同时，入境旅游消费对国家经济的贡献同样不可忽视。外国游客在访问一个国家时，会将外币兑换成本地货币，用于支

付交通、住宿、餐饮和购物等费用。这种货币兑换直接导致了外汇的流入，从而增加了国家的外汇储备。因此，入境游客的消费行为有助于促进外汇的流入，进而增加了国家的外汇储备。

3. 旅游收入反映了旅游经济活动的成果

旅游收入是衡量旅游经济活动成果的重要指标，它不仅反映了旅游业的发展水平和规模，也反映了旅游目的地国家或地区在提供旅游产品和服务方面的成效。旅游收入反映了旅游目的地国家和地区旅游业的经济效益和市场表现，其高低直接反映了旅游业的繁荣程度，也体现了旅游业在国民经济中的地位。旅游收入的增长不仅促进了相关产业的发展，增加了就业机会，还提升了当地居民的生活水平。此外，旅游收入体现了旅游目的地国家或地区在提供旅游产品和服务方面的成效。高效的旅游产品和服务供给能够降低运营成本，从而扩大旅游企业的盈利空间。同时，优质的旅游产品和服务能够提高游客的满意度和忠诚度，有助于提升旅游目的地的知名度和吸引力，进而推动旅游收入的进一步增长。

> ➜ **同步思考**
>
> 旅游，作为现代服务业的重要组成部分，对经济发展的贡献远不止于直观的景区内收入。它如同一只无形的手，触及经济的各个角落，促进产业链上下游的联动，激发地方经济的活力。
>
> 首先，直接经济贡献。旅游业涵盖了游客的直接消费，如交通费用、住宿支出、餐饮消费、购物娱乐等，为当地企业、政府带来一系列收入，还促进了相关产业链的发展。例如，梅河口东北不夜城，锦上添花文旅集运营首年达408.6万人次的客流，2022年达420.06万人次的客流，2023年达510余万人次的客流，推动梅河口城市GDP实现12.8%的提升，间接带动了40亿元的增长。
>
> 其次，间接经济效应。旅游业的间接经济效应更为广泛而深远。通过"旅游乘数效应"，旅游收入在经济体系中不断循环和再分配，促进了建筑业、农业、制造业、交通运输业、金融服务业等多个行业的协同发展。比如，旅游业的繁荣带动了基础设施建设的投资，包括道路、物流、通信等，这些投资提升了旅游体验，为当地经济发展奠定了坚实基础。同时，旅游消费还促进了农产品的商品化，提高了农民收入，推动了乡村现代化进程。此外，旅游业的发展促进了金融服务的创新，如旅游保险、旅游支付等新型金融产品的出现，进一步丰富了金融市场。
>
> 第三，就业效益。旅游行业是劳动密集型产业，对就业的促进作用显著。从景区工作人员到项目行业人员，旅游业创造了大量的就业岗位，尤其是在县域地区，

旅游业的发展成为拉动当地就业、减少贫困的重要途径。据统计，仅今年春节期间，由锦上添花文旅集团打造的轻资产不夜城的游客量达 631.91 万人次，登陆央视 16 次、带动直接就业人数 5 万人，间接就业人数达到约 15 万人，实现餐饮销售收入过亿元、游乐收入数千万元。

第四，社会文化效益。旅游是文化交流的重要载体，促进了不同地域、不同民族之间的文化理解和尊重，增强了文化的多样性和包容性，有助于提升国家的文化软实力和国际影响力，为经济发展创造良好的外部环境。同时，旅游业的发展还促进了文化遗产的保护和传承，许多地方通过发展旅游来筹集资金保护非物质文化遗产，使这些宝贵的文化遗产得以延续并焕发新的生机。还有一些新兴文旅模式，如轻资产不夜城通过将打铁花、火壶、篝火晚会等等非遗元素融入街区，为游客提供了一个全方位、多角度了解非遗文化的平台。

综上所述，旅游对经济的促进作用是全方位、多层次的，不仅体现在直接的经济收益上，更体现在其对社会结构、文化生态、就业市场等方面的深远影响。

（资料来源：旅游促进经济发展，要从这些方面来算账！［ED/BL］. https://mp.weixin.QQ.com/s/D9cg8lf1kiMZtLOCAbaxhQ，2024-07-03.）

问题：根据上述材料，讨论旅游经济在中国式现代化的道路上扮演着怎样的角色？

二、旅游收入的分类

旅游收入可根据多种标准进行分类，掌握这些分类对于旅游目的地的政策制定者、旅游企业以及投资者而言至关重要。这有助于他们更精确地评估旅游市场的潜力，制定恰当的旅游发展策略，并进行高效的资源配置。具体而言，主要的分类包括以下几种。

（一）按来源划分

按旅游收入来源不同，可以将旅游收入划分为国内旅游收入和国际旅游收入。

国内旅游收入是指旅游目的地国家或地区在一定时期内通过经营国内旅游业务，向国内游客销售旅游产品而获取的本国货币收入。这一收入源自本国居民在本国境内的旅游消费支出，通常情况下，并不会增加目的地国家的国民收入总额，而是本国特定生产部门劳动者所创造的新价值的转移，属于国民收入的再分配范畴。国内旅游收入是衡量一个国家或地区旅游业发展状况的重要指标之一，它体现了旅游业对经济的贡献程度。

国际旅游收入，亦称作旅游外汇收入，是指旅游目的地国家或地区在一定时期内通过经营国际旅游业务，而获取的外国货币收入。这一收入源自入境游客在旅游目的地国家或地区境内的旅游消费支出，实质上是目的地国家或地区通过出口旅游产品所获得的收益。作为对外贸易的一种特殊形式，即旅游服务的出口，它促进了其他国家国民收入向旅游目的地国家或地区的转移。因此，国际旅游收入有助于提升目的地国家或地区的国民收入总额。

需要注意的是，国际旅游收入并不等于旅游客源国游客的旅游外汇支出，实际上，它仅指旅游目的地或地区直接旅游消费，不包括国际交通费用和旅游客源国旅游经营商业务费用。此外，汇率波动也会对国际旅游收入产生影响，相同数量的外汇收入在不同时期以本国货币表示时，其国际旅游收入的数额可能会有所不同。

【同步案例】

入境旅游作为我国现代旅游服务业的开端，是衡量我国旅游竞争力水平的重要标尺。2024年上半年，我国入境外国人1463.5万人次，扣除工作、留学、交通乘员等非旅游人群，初步估算来华外国游客约1100万人次，恢复到2019年同期的七成左右。目前，入境旅游市场呈现出散客化、体验内容生活化、目的地"下沉"等趋势，中国的入境旅游正在步入繁荣发展新阶段。目前，推动入境旅游振兴，促进入境旅游高质量发展是建设旅游强国的题中之义。2023年9月，国务院办公厅印发了《关于释放旅游消费潜力推动旅游业高质量发展的若干措施》，提出要加强入境旅游工作，开展和落实签证、国际航班、在华旅行便利度等方面的入境旅游促进措施。

签证方面，从2023年起我国采取了前所未有的入境签证便利化政策，逐步扩大单方面免签国家范围。目前，我国对16个国家实行单方面免签入境政策，加上与我国全面互免签证的24个国家，这意味着40个国家的公民可持普通护照免签来华。我国还对54个国家实行144过境免签政策，扣除其中已享受免签入境的22个国家，有32个国家的公民可以持普通护照通过该政策免签进入规定的区域。2024年5月15日起，乘坐邮轮来华并经由境内旅行社组织接待的外国旅游团可从我国沿海13个邮轮口岸免签入境。在继2023年10月份开始实施港澳地区外国人组团入境广东（10个城市）144小时免签政策后，今年7月底开始，这一政策的适用范围扩展到海南省。

国际航班方面，持续进一步恢复。据统计，2024年上半年，我国通航73个国家以及港澳台地区，基本与2019年同期持平。我国国际客运定期航班恢复至2019年同期的七成左右，较2023年底六成的恢复水平又有一定提升。

在华旅行便利度进一步提升。2024年3月，国务院办公厅印发《关于进一步优化支付服务提升支付便利性的意见》，增加布设外币兑换业务网点和外卡刷卡设备，提升入境游客支付便利度。2024年7月，商务部等7个部门联合印发《关于服务高水平对外开放 便利境外人员住宿若干措施的通知》，便利境外人员住宿登记，改善境外人员住宿体验。

资料来源：中国入境旅游高质量发展报告［ED/OL］．中国旅游大数据，2024-09-16. https://mp.weixin.QQ.com/s/AGF-SQRuh4cX6MxkzvNsPA.

思考： 根据以上材料，分析中国入境旅游市场恢复发展态势持续向好的原因。

（二）按需求弹性划分

按需求弹性不同，可以将旅游收入划分为基本旅游收入和非基本旅游收入。

基本旅游收入是指旅游目的地国家或地区在一定时期内向游客销售基本旅游产品所获得的货币收入总和。包括游客在旅游过程中必定消费的基本旅游产品如交通、游览等支出收入。通常情况下，无论游客的收入水平、支付能力或旅游价格如何变化，这些基本旅游产品通常是游客在旅途中不可或缺的消费，这表明了它们相对较低的需求弹性。在其他条件不变的情况下，基本旅游收入与旅游人数、人均停留天数、人均基本旅游消费支出以及人均天基本旅游消费支出之间存在正相关关系，即旅游人数越多、人均停留天数越长、人均基本旅游消费支出越多、人均天基本旅游消费支出越大，旅游目的地国家或地区获得的基本旅游收入越多。

非基本旅游收入是指旅游目的地国家或地区在一定时期内向游客销售非基本旅游产品所获得的货币收入总和。包括游客在旅游过程中可能选择消费的非基本旅游产品，如医疗保健、邮电通信、购物、咨询等支出收入。由于非基本旅游收入涉及的旅游产品需求弹性较大，其增长对于旅游目的地国家或地区的经济发展有着显著的推动作用。为了有效提升非基本旅游收入，目的地国家或地区必须深入探究游客的潜在需求，加强行业间的合作，制定有效的政策支持措施，并提高旅游产品和服务的品质。这些举措不仅能够丰富游客的体验，增强目的地的吸引力，还能延长游客的停留时间，提升其消费水平，进而增加旅游收入。

（三）按旅游消费支出构成划分

按旅游消费支出构成，可以将旅游收入划分为劳务性旅游收入和商品性旅游收入。

劳务性旅游收入是指旅游目的地国家或地区在一定时期内向游客销售各种劳务性服务所获得的货币收入。它包括游客在旅游过程中购买的交通服务、住宿服务、餐饮服

务、参观游览服务、文化娱乐服务、邮电通信服务和其他服务。劳务性旅游收入通常具有相对稳定的特点,因为游客在旅行过程中往往需要这些服务来满足其基本需求和提升旅行体验。

商品性旅游收入是指旅游目的地国家或地区在一定时期内向游客销售实物形式的商品所获得的货币收入。它包括向游客销售各种购物品(土特产品、手工艺品和纪念品等)、饮食等的收入。商品性旅游收入受到多种因素的影响,如游客的购物偏好、目的地的商品种类和质量、价格水平以及市场竞争状况等。

此外,旅游收入可以根据旅游活动的性质进行分类,例如休闲旅游、商务旅游、探险旅游等不同类型的收入。每种旅游活动类型都具有其特定的消费模式和收入构成,这对于旅游规划和市场营销具有重要的指导意义。依据旅游者的动机或活动类型进行分类,如观光旅游、休闲度假旅游、商务旅游、文化教育旅游等不同类型的旅游活动所产生的收入。这种分类方法有助于深入理解不同旅游市场群体的消费特征和需求,从而为旅游目的地的市场营销和产品开发提供针对性的策略支持。

三、旅游收入的特征

(一)综合性

旅游收入包括了交通、住宿、餐饮、娱乐、购物等多个经济活动领域的收益,这些收益涉及众多行业和领域,为旅游目的地国家和地区带来了直接或间接的经济效益。同时,旅游收入展现出显著的乘数效应。旅游业的繁荣不仅能够促进相关产业的发展,还能激发其他行业的兴旺。例如,随着旅游业的蓬勃发展,对导游、酒店员工、餐饮服务人员等职业的需求增加,从而带动就业,提高居民收入水平。此外,旅游业的兴盛还能促进基础设施的建设,比如交通、通信和公共服务设施的改善,从而进一步推动经济增长。因此,旅游收入的构成相当复杂,具有综合性特征。

(二)地域性

地理位置、资源条件、基础设施建设以及政策支持等多种因素共同作用,导致了不同地区旅游收入的不均衡分布,地域性差异明显。例如,那些拥有世界自然遗产、国家公园或著名景区的地区,往往能够吸引更多的游客,从而实现更高的旅游收入。以张家界为例,其独特的石柱地貌吸引了众多国内外游客,成为湖南省旅游收入的重要支柱。而那些拥有丰富历史文化遗产的地区,如北京的故宫、西安的兵马俑和敦煌的莫高窟,不仅吸引了大量游客,还提升了旅游产品的附加值。这些地区的文化旅游不仅能够带来直接的门票收入，还能促进相关产业链的发展，包括酒店、餐饮、交通和纪念品销售等。

（三）季节性

旅游收入往往具有明显的季节性特征。在旅游旺季，如寒假、暑假、各种法定节假日，游客数量激增，旅游收入也随之大幅上升。相反，在旅游淡季，游客数量减少，旅游收入也会相应减少。在冬季，滑雪、温泉等冬季特色旅游项目受到游客的青睐；而在夏季，避暑山庄、海滨度假等项目则成为热门选择。这种季节性造成淡旺季旅游收入悬殊较大。为了缓解这种季节性差异，许多旅游目的地开始采取措施，推广非旺季的旅游活动。例如，一些地区会举办各种文化节庆活动，吸引游客在传统旅游淡季前来体验当地的文化和风俗。此外，一些旅游景点还会推出特价门票、住宿优惠等促销活动，以吸引游客在淡季出行。

（四）波动性

旅游收入受多种因素影响，包括经济形势、政治状况、自然灾害等，具有一定的波动性。例如，在经济不景气时，人们可能会减少旅游消费；政治动荡或自然灾害则可能导致游客数量锐减，进而影响旅游收入。2020年，疫情的突然暴发给旅游业带来了前所未有的冲击。全球范围内的旅行限制和隔离措施使得旅游业几乎陷入停滞，许多旅游相关企业面临严重的财务危机，旅游收入遭受重创。然而，随着全球疫情形势的逐步改善以及旅游业的不断适应与创新，旅游收入开始逐步恢复，并实现了新的增长。

四、旅游收入的指标

（一）旅游收入总量指标

1. 旅游总收入

旅游总收入，亦称旅游业总收入，是指在一定时期内，旅游目的地国家或地区通过向国内外游客销售旅游产品而获得的全部货币收入总额。这一指标全面体现了旅游目的地国家或地区在该时期内的旅游经济规模以及旅游业的整体经营绩效。旅游总收入由国内旅游收入和国际旅游收入两大部分组成，一般以本国或当地货币单位来表示。其计算公式为：

$$旅游总收入 = 国内旅游收入 + 国际旅游收入$$

2. 国内旅游收入

国内旅游收入，亦称国内旅游总收入，是指在一定时期内，旅游目的地国家或地区通过向国内游客销售旅游产品而获得的全部货币收入总额。这一指标全面反映了旅游目的地国家或地区在该时期内的旅游经济发展状况。通常以本国或当地货币单位来表示。

国内旅游收入的统计涵盖了国内游客在旅游过程中支付的各种费用，包括交通费、住宿费、餐饮费、门票费、购物费以及其他相关服务费用。通过对国内旅游收入的分析，可以了解旅游目的地的消费结构和游客的消费偏好，进而为旅游管理部门和相关企业提供决策支持。

3. 国际旅游收入

国际旅游收入，亦称旅游外汇总收入，是指在一定时期内，旅游目的地国家或地区通过向外国游客销售旅游产品而获得的全部货币收入总额，也是国外游客入境后的全部消费支出总额。这一指标反映了旅游目的地国家或地区在该时期内的国际旅游业发展状况，同时也是评估其创汇能力的一个重要指标。通常以美元作为货币单位来表示。

表 7-1　2011—2023 年中国旅游数据统计情况

年份	国内旅游人次（亿人次）	国内旅游收入（亿元）	入境旅游人次（万人次）	入境旅游收入（亿美元）	出境旅游人次（万人次）	旅游总收入（万亿元）
2011	26.41	19305	13542	484.64	7025	2.25
2012	29.57	22706	13241	500.28	8318	2.59
2013	32.62	26276	12908	516.64	9819	2.95
2014	36.11	30312	12850	1053.80	10728	3.73
2015	39.90	34195	13382	1136.50	11689	4.13
2016	44.35	39390	13844	1200.00	12203	4.69
2017	50.01	45661	13948	1234.17	13051	5.40
2018	55.39	51278	14120	1271.03	14972	5.97
2019	60.06	57251	14531	1313.00	15463	6.63
2020	28.79	22300	2747	170.00	2033	2.23
2021	32.46	29200	13000	208.00	2562	2.92
2022	25.30	20444	2525	—	—	—
2023	48.91	49100	8203	530.00	8763	5.20

资料来源：中华人民共和国文化和旅游部

（二）旅游收入水平指标

1. 人均旅游（外汇）收入

人均旅游（外汇）收入是指在一定时期内，旅游目的地国家或地区平均每接待一位游客人次所获得的货币收入。该指标反映的是游客在旅游目的地国家或地区的人均消费水平。对于国内旅游，人均旅游收入以本国或本地区货币单位计量；对于国际旅游，人均旅游外汇收入用美元计量。它是一定时期的旅游总收入（国内或国际）与游客总人次（国内游客或入境游客）之比。其计算公式为：

$$R_u = \frac{R_t}{N}$$

式中：R_u 表示一定时期的人均旅游（外汇）收入；

R_t 表示一定时期的旅游总收入（国内或国际）；

N 表示一定时期的游客总人次（国内游客或入境游客）。

值得注意的是，人均旅游（外汇）收入是衡量旅游地吸引力和消费能力的重要指标。高人均消费可能表明独特资源、优质服务或竞争力产品。在进行分析时，季节性因素的影响不容忽视。旅游高峰期与淡季的游客流量和消费水平通常展现出显著的差异。因此，为了更准确地反映旅游目的地的实际情况，一般会采用年度数据来进行计算。同时，人均旅游外汇收入的多少直接关联到国家外汇储备的增长和国际收支的平衡。因此，各国政府采取多种措施，如简化签证流程、加强旅游营销、改善基础设施等，以吸引外国游客，提高消费水平，进而增加旅游外汇收入。

2. 人均天旅游（外汇）收入

人均天旅游（外汇）收入是指在一定时期内，旅游目的地国家或地区平均每天从每位游客那里获得的旅游（外汇）收入。该指标可以比较不同国家或地区在旅游业方面的竞争力和吸引力。它是一定时期内旅游目的地国家或地区旅游总收入与游客停留总天数之比，或是一定时期内旅游目的地国家或地区人均旅游收入与人均停留天数之比。其计算公式为：

$$R_d = \frac{R_t}{N \times R_a} \text{或} R_d = \frac{R_u}{D_a}$$

式中：R_d 表示一定时期的人均天旅游（外汇）收入；

R_t 表示一定时期的旅游总收入（国内或国际）；

N 表示一定时期的游客总人次（国内游客或入境游客）；

D_a 表示一定时期的游客平均停留天数；

R_u 表示一定时期的人均旅游（外汇）收入。

人均天旅游（外汇）收入的高低受到多种因素的影响，包括旅游资源的丰富程度、旅游设施的完善程度、旅游服务的质量、旅游产品的多样性以及旅游目的地的国际知名度等。因此，提高人均天旅游（外汇）收入，不仅需要强化旅游资源的开发与保护，还必须提升旅游服务的整体水平，改善旅游环境，提高旅游目的地的吸引力。

3. 旅游换汇率

旅游换汇率是指游客在不同国家之间进行旅游活动时，将本国货币兑换成旅游目的地国家或地区的货币的比率。这种汇率通常与旅游目的地国家或地区的外汇汇率保持一致。由于外汇汇率在不同时间段内会有所波动，因此，旅游换汇率也会随之发生相应的变化。

旅游换汇率对于游客来说是一个重要的经济指标，直接影响到旅游成本和预算安排。当旅游换汇率处于较低水平时，游客能够以较少的本国货币兑换到更多的旅游目的地国家或地区的货币，有助于该国家或地区吸引更多的国际游客，从而促进当地国际旅游业的发展；相反，若旅游换汇率过高，游客的旅游成本将随之增加，这可能会削弱他们的旅游意愿，对当地国际旅游业产生不利影响。此外，旅游换汇率的变动受到多种因素的影响，这些因素包括国际金融市场的波动、货币政策的调整以及政治经济局势的变化等。

4. 旅游收汇率

旅游收汇率是指在一定时期内，旅游目的地国家或地区旅游外汇净收入与同期旅游外汇总收入的比率。该指标可以用来评估旅游外汇收入的效率和质量，反映旅游经济活动的实际收益情况。它是一定时期内，旅游目的地国家或地区旅游外汇总收入与旅游外汇总支出的差除以旅游外汇总收入。其计算公式为：

$$R_e = \frac{R_t - E}{R_t}$$

式中：R_e 表示一定时期的旅游收汇率；

R_t 表示一定时期的旅游外汇总收入；

E 表示一定时期的旅游外汇总支出。

旅游收入的汇率受到目的地的经济稳定性、政治环境、汇率波动、服务质量以及国际市场竞争态势等多种因素的影响。因此，为了有效提升旅游收入的汇率，必须从多个角度综合考量。通过优化旅游目的地的经济政策，确保政治环境的稳定，监控和管理汇率波动风险，提高旅游服务的整体质量，以及制定有效的市场竞争策略，以吸引更多的国际游客，从而增加旅游收入，提高旅游收入的汇率。

5. 旅游创汇率

旅游创汇率是指在一定时期内，旅游目的地国家或地区的旅游外汇收入与旅游业总投入之间的比率。该指标反映了旅游业在创造外汇方面的效率和能力。它是一定时期内，旅游目的地国家或地区旅游外汇总收入除以旅游业总投入。其计算公式为：

$$C_r = \frac{R_t}{I_t}$$

式中：C_r 表示一定时期的旅游创汇率；

R_t 表示一定时期的旅游外汇总收入；

I_t 表示一定时期的旅游业总投入。

旅游创汇率体现了旅游业在吸引国际游客、推动国际交流方面的能力，也是衡量一个国家或地区旅游业经济效益和国际影响力的关键指标。旅游创汇率越高，表明旅游业在为国家赚取外汇、平衡国际收支方面发挥的作用越大，同时也反映出该国或地区旅游产品和服务在国际市场上的竞争力和吸引力越大。

五、影响旅游收入的因素

（一）数量因素

1. 旅游接待人数

旅游接待人数的多少，直接影响旅游目的地国家或地区旅游收入的高低，更是衡量其旅游业发展水平的重要指标。在旅游者消费水平和消费支出变化不大的情况下，旅游收入与接待人数之间存在明显的正相关性：旅游接待人数增多，旅游收入相应增加；反之，旅游接待人数减少，旅游收入相应减少。根据世界旅游组织发布的数据，近年来全球旅游接待人数持续增长，这直接促进了全球旅游收入的稳定上升。以2019年为例，尽管面临一些地区政治动荡和自然灾害的挑战，全球旅游接待人数仍创下15亿人次的纪录，同比增长约4%。这一增长显著推动了全球旅游收入的提升，为世界经济注入了强大的活力。

2. 游客停留时间

游客停留时间长短对旅游目的地国家和地区的旅游收入也有直接的影响。延长游客的停留时间能够有效推动旅游消费的增长。在固定的旅游周期内，游客在目的地的逗留时间越长,他们在当地消费的机会和可能性就越大。无论是餐饮、住宿、交通、购物还是娱乐休闲,每一天的额外停留都可能为旅游目的地带来显著的旅游收入。通常情况下,游客的停留时间与旅游收入之间呈现出正相关的关系:游客停留的时间越长,其旅游消费支出就越多,旅游收入就越多;反之,游客停留时间越短,其旅游消费支出就越少,旅游收入就越小。

(二)价格因素

1. 游客消费水平

游客消费水平不仅直接受到个人经济状况、职业背景、个人爱好、旅游偏好、收入水平以及消费倾向等因素的影响,还与目的地的物价、旅游资源的吸引力、服务质量以及季节性变化等外部条件密切相关。在旅游接待人数和游客停留时间保持不变的情况下,通常,游客消费水平与旅游收入呈现出正相关的关系。随着居民生活水平的不断提高,越来越多的人倾向于选择旅游作为主要的休闲方式,这进一步推动了旅游消费水平的上升。那些消费水平较高的游客尤其注重旅游体验的丰富性和深度,他们更愿意为优质的住宿、餐饮、交通服务以及旅游活动支付更高的费用。

2. 旅游产品价格

旅游收入是通过旅游产品价格与旅游产品销售量的乘积来计算的,两者之间存在紧密的相互依赖关系。在旅游产品销售量保持不变的情况下,旅游收入与旅游产品价格呈正比关系;相应地,若旅游产品价格保持不变,旅游收入则与旅游产品销售量成正比。然而,在实际的旅游市场中,旅游产品价格与销售量之间是变量关系,这主要受到旅游需求价格弹性的影响。通常情况下,如果旅游产品具有较高的价格弹性,旅游产品价格与旅游收入之间呈负相关,即旅游价格上升会导致旅游收入下降,反之亦然;当旅游产品价格弹性较低时,旅游价格与旅游收入则呈正相关,旅游价格上升会带来旅游收入的增加,旅游价格下降则旅游收入减少。因此,要根据旅游产品的价格弹性的大小,合理确定旅游产品价格,以吸引更多旅游者,进而提高旅游收入。

3. 外汇汇率

外汇汇率的变动会直接影响游客的购买力,进而影响旅游收入。当本国货币相对于外币升值时,对于国际游客而言,旅游成本相对降低,从而吸引更多外国游客前来旅游,进而促进了旅游收入的增加。这种正面效应不仅体现在门票、住宿等直接旅游消费上,还带动了餐饮、购物、娱乐等关联产业的繁荣。反之,当本国货币贬值时,外国游客需要支付更多的外币来兑换本币,导致旅游成本上升,进而抑制了国际游客的出游意愿,对旅游收入造成不利影响。此外,汇率的波动还可能影响旅游企业的成本和盈利能力,例如进口旅游用品成本的增加,可能会加剧旅游外汇支出增加。值得注意的是,由于汇率的变动,相同数量的旅游外汇收入在不同时期转换成本币后,其数值可能会有所不同。因此,旅游目的地国家或地区在统计旅游总收入时,应考虑汇率变动对旅游外汇收入数值的影响,以确保不同时期的旅游总收入数据的真实性和可比性。

4. 通货膨胀和通货紧缩

通货膨胀和通货紧缩对旅游收入产生直接的影响。通货膨胀是货币供应量过多,导致货币贬值、物价上涨,购买力下降。通货紧缩则相反,货币量少于需求,货币升值、物价下降。通货膨胀与通货紧缩都会对旅游收入产生影响。当旅游目的地国家或地区发生通货膨胀时,旅游价格上升。对于游客而言,这意味着他们需要支付更多的费用来享受同样的旅游产品,从而可能降低他们的旅游意愿或选择更为经济型的旅游方式。对于旅游目的地,虽然物价上涨可能带来一定的收入增加,但过高的价格也可能导致游客数量的减少,进而影响旅游业的整体收入。当旅游目的地国家或地区发生通货紧缩时,旅游价格下降。对游客而言,能够以较低的成本享受更多的旅游服务。对于旅游企业来说,旅游价格下降可能导致其旅游收入减少,利润空间被压缩。

(三)统计因素

旅游收入的来源多样,不仅包括直接旅游部门和企业,也涵盖非直接旅游部门和企业。这种来源的广泛性和复杂性,使得在进行旅游收入的统计工作时,可能会遇到一些挑战,比如数据的遗漏或者重复计算等问题。随着旅游业的持续发展,新的收入渠道不断涌现,这无疑增加了旅游收入统计的复杂度。例如,游客在旅游中所支付的小费、旅游从业人员之间私下进行的支付,以及通过电子商务平台完成的旅游产品和服务交易等,都可能未完全纳入现有的旅游收入统计体系中。因此,上述提到的这些统计因素,都对旅游收入统计的准确性和全面性产生了影响。

☑ **知识链接**

我国旅游统计的困境

旅游统计数据一直是行业长期关注的焦点问题,也是引导旅游业实现高质量发展的关键和难点之一。尽管我国旅游主管部门按照联合国世界旅游组织推荐的《2008年旅游统计国际建议》和《旅游卫星账户建议的方法框架2008》修订了我国旅游统计调查制度,规范了我国的旅游统计工作,但由于官方发布的统计数据出现调查结果与实际情况有偏离,其数据受到学界和业界的质疑。

依据文化和旅游部发布的《全国文化文物和旅游统计调查制度》以及《全国假

日旅游统计调查制度》，目前我国的旅游统计指标体系主要包括以下5个维度（如表7-2）：一是以抽样调查方式为主的旅游市场统计，包括入境旅游、出境旅游和国内旅游统计；二是以企业上报方式为主的旅游行业统计；三是地方旅游接待统计；四是旅游人才和教育专项统计；五是假日旅游统计，目前的假日旅游统计使用的是结合位置数据计算与精确短信推送调查的方式。

表7-2 我国目前旅游统计体系

调查内容	调查对象和范围	调查方法
旅游市场统计	入境旅游：人数、停留时间和旅游花费等 出境旅游：出境旅游人数等 内地及港澳台旅游：出游人次、旅游总收益和人均消费等	抽样调查
旅游行业统计	旅行社、星级饭店、A级景区以及相关调查实体的员工配置、资产设施数量、经营财务表现以及业务运营情况等	网上直报
地方旅游接待统计	国内游客、停留时间、旅游花费以及构成、旅游目的	抽样调查
旅游人才和教育专项统计	文化教育机构、文化科研院所、文化旅游企事业单位数量、固定资产原值，直接从业人员和间接从业人员	网上直报
假日旅游统计	国内游客出游总人次、旅游总收入和人均每次花费等	位置数据测算和精准短信推送调查

根据国家统计局发布《国家旅游及相关产业统计分类（2018）》，将旅游及相关产业划分为3个层级：第一层包括旅游出行、住宿、餐饮、旅游游览、旅游购物、旅游娱乐及旅游综合服务等9个大类；第二层为中类，具体划分为27个；第三层为小类，共划分为65个（如表7-3）。

表7-3 2015年、2018年国家旅游及相关产业分类变化情况

年份	大类	中类	小类	行业分类代码
2015	17 旅游综合服务	171 旅行社及相关服务	1711 旅行社服务 1712 旅游管理服务 1713 其他旅行社相关服务	7271 7272 7279
2018	17 旅游综合服务	171 旅行社及相关服务	1710 旅行社及相关服务	7291

资料来源：《国家旅游及相关产业统计分类（2015）》；《国家旅游及相关产业统计分类（2018）》。

旅游统计主要测量旅游消费在相关行业的占比，常用的测量方法包括：投入—产出分析法、制定旅游附属（卫星）账户、经济普查、旅游企业网上直报系统、国民经济产业分类统计、大数据统计应用。

目前，旅游统计面临的两个基础问题。一是"纵向不可加、横向不可比"现象。人的空间移动是旅游现象最显著的、最容易被观察到的特征，但这种空间移动是否属于旅游，是由需求方个体的动机和行为来定义的，这是旅游统计中面临的底层逻辑困境。二是游客定义与统计方法存在矛盾。按照联合国世界旅游组织的定义：旅游是指1个人离开惯常环境前往其他地方，时间为24小时以上，不超过1年，且主要动机并非在访问地寻求经济效益的活动。而国内旅游的时间上限为6个月，主要动机同样不是为了在目的地获取经济效益。对于国内游客，根据是否旅行超过6小时但不超过24小时以及是否超过10公里的距离来确定是否为一日游游客（表7-4）。对于国际游客，则时长不应超过1年。然而，定义与真实统计之间会存在差异。例如上班地点与居住地不在同一城市的居民，他们日常通勤也有可能超过6小时及10公里，但在统计时，如果他们被归为一日游游客，则无疑会导致统计数据与实际情况出现偏差。

表7-4 各组织对旅游和游客的定义

组织机构	定义
联合国世界旅游组织（UNWTO）	1个人旅行到惯常环境以外的地方，时间不超过1年，主要目的不是为了在所访问地区获得经济效益的活动。 国内旅游是指居民到惯常环境以外的国内另1个地方旅行，时间不超过6个月，主要目的不是从访问地获得经济效益。
欧盟统计局	出行时间不满1年；不以获得报酬为目的；包括休闲旅游和商务旅行；包括过夜游和一日游。
国家统计局	国内游客：指任何为观光游览、休闲度假、探亲访友、保健疗养、购物娱乐、学习交流、会议培训或开展经济、文化、体育、宗教等活动，离开常住地到其他地方，其连续停留时间不超过12个月，并且主要目的不是通过所从事的活动谋取报酬的人。 国内一日游游客：出行时间在6~24小时，去往除居住地点之外10公里以上的国内其他地方的国内游客。

资料来源：根据国家统计局的文件进行整理。

近年来，我国在旅游统计方法上已经开始尝试运用大数据技术，但大数据在旅游统计中的应用尚未发挥出其全样本、客观性、多样性及多维度的全部潜力，仍然处于辅助工具的地位。当前讨论的旅游活动边界主要是从"惯常环境"到"流动的惯常环境""跨境的惯常环境"的一元情景，但对公务出差人员或国际航班机组人员等类似移动性较复杂的群体，利用工作之外的休闲时间购物或是前往街区、景点游玩活动是否属于旅游统计的范畴，工作之外的旅游活动边界如何认定等问题，目

前尚未有共识。显然，在旅游统计中，哪些活动属于旅游范畴等问题还有待进一步讨论。

（资料来源：邓媛元，张公鹏，张凌云.问题与思考：我国旅游统计的困境与出路［J］.旅游论坛，2024，17（06）：20-27.）

第二节 旅游收入分配

一、旅游收入分配的概念

旅游收入分配是指旅游收入在直接经营旅游业务的部门、企业以及全社会范围内进行的分配。这个过程涉及将旅游收入按照一定的比例和规则，分配给那些直接参与旅游业务的各个部门和企业，以及更广泛的社会经济实体。在旅游经济体系内，旅游收入不仅仅源自游客的直接消费，还涉及旅游目的地的众多经济参与者，这些参与者包括但不限于酒店、餐饮业、交通服务业、景区管理、购物场所以及提供各种相关服务的供应商等。因此，旅游收入分配是一个复杂而细致的过程，它不仅需要考虑各个参与者的贡献和成本，还要确保旅游产业链上各个部分的收益得到合理的分配与再分配，从而促进整个旅游经济体系的健康和可持续发展。

二、旅游收入分配的过程

旅游收入的分配，与国民收入的分配相似，在分配过程中，既需遵循旅游市场机制的内在规律，也需发挥政府的宏观调控作用。通常，旅游收入的分配过程可以通过初次分配和再分配两个阶段来实现。

（一）旅游收入初次分配

旅游收入初次分配是指旅游收入在直接经营旅游业务的部门和企业内部进行的分配。旅游收入初次分配是旅游经济活动中产生的总收入第一次分配，直接关系到旅游产业链上各参与者的经济利益和积极性。在旅游收入初次分配中，通常涉及的主要参与者包括旅游目的地国家和地区的政府、旅游企业、当地居民以及旅游服务提供者等。这些参与者通过提供不同的服务和产品，共同构成了旅游产业链，并在初次分配中各自获得相应的收入。

旅游目的地国家和地区的政府在旅游收入初次分配中扮演关键角色，通过征收旅游税和土地使用费等方式获得收入。旅游企业是旅游产业链上的核心环节，通过向游客提供旅游产品和服务，如住宿、餐饮、交通、游览等，获得相应的收入。这些收入在扣除成本和税费后，成为旅游企业的净利润，用于企业的扩大再生产、技术创新、员工薪酬等方面。当地居民通过提供特色商品、手工艺品和文化表演等服务，获得一定的收入。旅游服务提供者，如导游和司机通过专业服务获得一定的服务费用。

对于旅游企业而言，旅游收入的初次分配主要涉及其旅游净收入。旅游净收入是旅游营业收入扣除了当期旅游服务与产品生产中所消耗的生产资料价值后的差额。在生产旅游服务与产品时，企业所消耗的生产资料价值，包括建筑物折旧、设施设备折旧、物料用品消耗以及无形资产摊销等，统称为价值补偿。旅游营业收入减去价值补偿后，即为旅游净收入。在初次分配中，旅游净收入可细分为旅游从业人员的薪酬、政府税收以及旅游企业留存收益三个部分。旅游企业收入的初次分配过程，如图7-1所示。

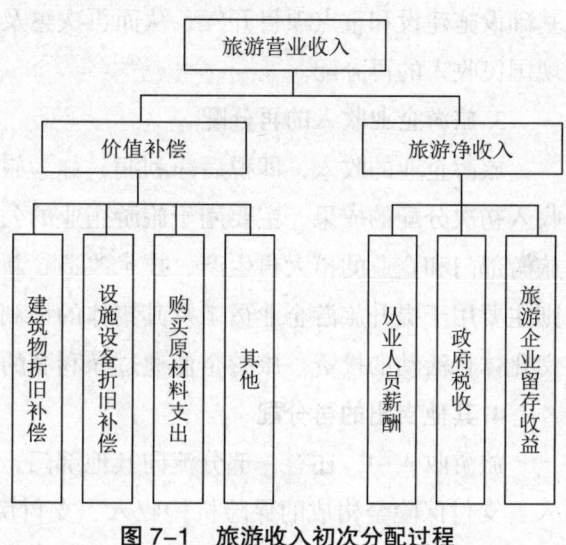

图7-1 旅游收入初次分配过程

（二）旅游收入再分配

旅游收入的再分配指的是在初次分配的基础上，依据价值规律和经济利益原则，在旅游目的地的国家和地区全社会范围内进行的进一步分配。这一过程不仅是旅游业持续扩大再生产的必要条件，也是确保社会各经济部门之间紧密联系和顺畅运作的关键，能够实现旅游收入的最终用途。旅游收入再分配的流向主要包括旅游从业人员薪酬的再分配、政府旅游税收收入的再分配、旅游企业收入的再分配以及其他支出的再分配四个方面。

1. 旅游从业人员薪酬的再分配

旅游从业人员在旅游收入初次分配中获得的薪酬，涵盖了工资、津贴、佣金等多种形式的劳动报酬。他们中的大多数人将这些收入用于购买生活必需品和劳务产品，以满足物质和文化生活的需求，确保劳动力的持续再生。这些消费支出构成了商业和服务业部门的营业收入，进而流向了相关的从业人员和部门。旅游从业人员在个人消费支出后剩余的收入，可以储蓄于银行、购买保险等，从而为国家的金融建设资金和保险部门的收入做出贡献。通过这样的再分配过程，旅游从业人员的薪酬最终促进了社会对旅游收入的再分配。

2. 政府旅游税收收入的再分配

旅游收入中向政府缴纳的税金，包括营业税、增值税、所得税等，构成了政府财政收入的一部分。这些资金通过财政支出的方式，被用于国家的经济建设、国防建设、公共事业、社会福利投资以及国家储备资金。其中，一部分资金可能会被重新投入至旅游基础设施建设和重点项目开发，从而再次惠及旅游业。政府利用各种财政支出手段，实现国民收入的再分配。

3. 旅游企业收入的再分配

旅游企业的收入，即税后净利润，称为旅游净利润。旅游企业的净利润代表了旅游收入初次分配的成果，主要用于旅游企业的公积金和公益金。其中，公积金主要被用于旅游部门和企业的扩大再生产、技术改造、新产品开发以及市场拓展等方面。而公益金则主要用于提升旅游企业员工及其集体的福利，包括但不限于员工住房、医疗、教育和文化体育活动的投资。旅游企业通过净利润的支出，参与社会对旅游收入的再分配。

4. 其他支出的再分配

旅游收入中，还有一部分流向其他部门，主要包括支付贷款利息形成的金融部门收入、支付保险金构成的保险机构收入、支付房租或购买住宅而形成的房地产部门收入、租赁设施设备而形成的租赁单位收入等。旅游企业收入的再分配过程，如图7-2所示。

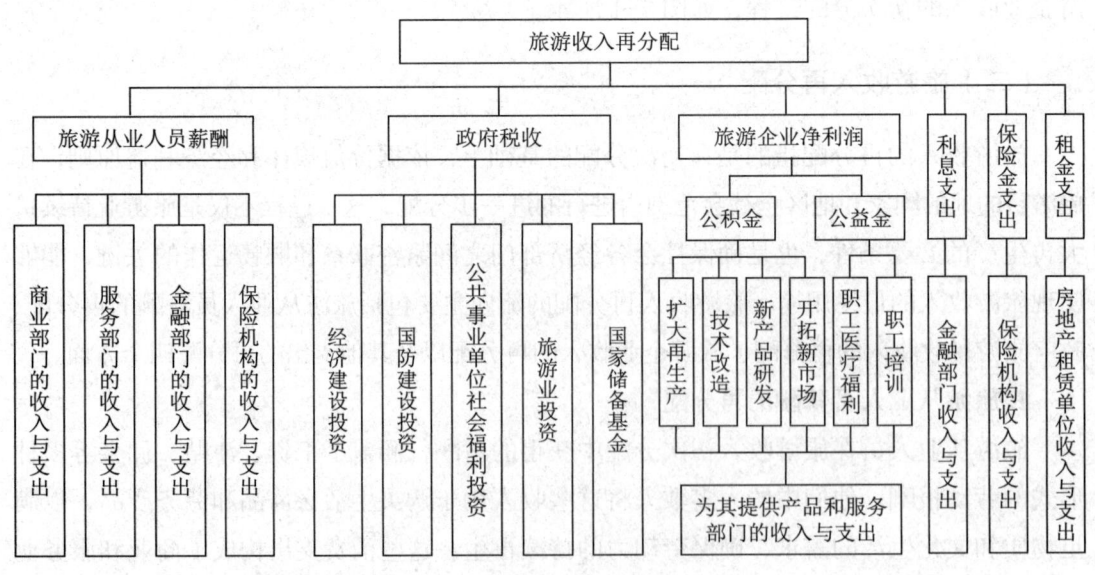

图7-2　旅游收入再分配的过程

综上所述，旅游收入通过初次分配和再分配的过程，最终将旅游收入分配到全社会。这一过程不仅促进了旅游产业链的繁荣与发展，更带动了相关产业的兴起与升级；同时，也通过再分配机制实现了社会财富的公平分配与区域经济的均衡发展。

第三节　旅游乘数效应

一、旅游乘数的概念

乘数是经济学领域的一个核心概念，它描述了某一经济变量的变动如何通过连锁反应，引发另一经济变量产生更大幅度变化的现象。在1936年，著名经济学家约翰·梅纳德·凯恩斯（John Maynard Keynes）在其著作《就业、利息和货币通论》中深入阐释了乘数理论。该理论的核心在于阐述经济活动中某一变量的变动如何导致其他相关变量产生相应的比例变化。乘数效应在宏观经济政策分析中尤为重要，它常被用来评估政府支出、税收调整或投资变动对经济总产出和就业水平的影响。

旅游业是一个多元化的综合性产业，具有显著的关联性和强大的带动效应。随着旅游业的蓬勃发展，它不仅促进了酒店业、旅行社和旅游景区等直接相关行业的繁荣，还进一步推动了餐饮、交通、零售和娱乐等多个行业的增长。因此，政府以及社会各界均对旅游业的发展给予了高度关注，期望通过促进旅游业的兴旺，进而激发整体经济的增长。

马西森和沃尔（Mathieson & Wall，1982）提出了旅游乘数概念的雏形，即"旅游乘数是这样一个数值，最初旅游消费与它相乘后能在一定时期内产生总收入效应"，这一定义在一定程度上揭示了旅游乘数的本质，但它将旅游乘数仅仅理解为旅游收入乘数，因而具有很强的片面性。所谓的旅游乘数，是指用以测定单位旅游消费对旅游接待地区各种经济现象的影响程度的系数。这里所指的旅游消费，并不包括旅游目的地居民在当地的旅游花费，而是指来自旅游目的地国家或地区以外的旅游者的花费，是一种外源性的旅游花费。

对于旅游目的地国家或地区而言，外源性旅游消费"注入"旅游目的地经济体系后，相当于将外部资金"注入"到当地经济体系中。在这种"注入"资金部分流失于本国或地区经济系统之外的同时，其留存部分逐渐在本国或地区经济体系内扩散，依次产生直接效应、间接效应和诱导效应，进而影响整个经济体系。旅游乘数效应可以分为以下三个阶段。

第一阶段，直接效应。直接效应是旅游乘数效应的起点，是旅游业直接产生的经济影响。它是游客在旅游接待地进行的住宿、餐饮、交通等直接消费，这些消费直接推动了当地酒店业、餐饮业、交通业等行业的收入增长。此外，它还催生了就业机会，为当地居民提供了更多就业的可能性。

第二阶段，间接效应。间接效应是指旅游业的发展带动了与旅游业相关的其他行业的发展。例如，旅游业的发展推动了旅游纪念品、土特产等销售，促进手工艺品、农产品等行业的生产和销售。同时，旅游业的发展也促进了当地基础设施的改善，如道路、桥梁、水电等，这些基础设施的改善又进一步促进了当地其他行业的发展。间接效应使旅游业经济影响更广泛，对当地经济推动作用更显著。

第三阶段，诱导效应。诱导效应是指旅游业的发展带动了当地居民收入的提高和消费水平的提升，进而促进非旅游行业发展。当居民收入增加时，他们的消费能力也会相应提高，他们会购买更多的商品和服务，从而促进了当地商业、服务业等行业的发展。此外，生活水平提高后，教育、文化、娱乐需求增加，为相关行业提供更多发展机会。诱导效应使得旅游业的经济影响更加深远和持久。

旅游乘数效应不仅能够直接推动地方经济的增长，还能够促进区域经济的多元化发展。因此，应高度重视旅游业的发展，并充分利用其乘数效应，促进地方经济发展。

二、旅游乘数的类型

（一）收入乘数

收入乘数是指旅游消费所带来的总收入与旅游消费之比，是从旅游收入方面说明单位旅游消费额增量所产生的经济效应。收入乘数可以分为居民收入乘数和政府收入乘数。居民收入乘数是用以测量游客在旅游目的地国家或地区的旅游消费与当地居民个人收入增加额之间的比例关系。它反映的是一个国家或地区旅游业的发展对该地区居民个人收入增长的影响。政府收入乘数是旅游目的地国家或地区每增加一个单位旅游收入与最终引起政府收入增加量之间的比例关系。它被用来测定旅游目的地国家或地区旅游收入给国家或地区政府带来的宏观效益。在分析旅游业的宏观经济效应时，收入乘数被认为是灵敏度最高的"显示器"，它不仅能够迅速反映旅游业的发展态势，还能为政策制定者提供宝贵的决策依据。

（二）销售乘数

销售乘数是指单位旅游消费增长与旅游目的地国家或地区所产生的总营业收入增长

之间的比例关系。具体而言，这个比例关系能够反映出旅游业对目的地经济的直接和间接影响，包括了旅游者在住宿、餐饮、交通、购物以及其他相关服务上的支出。它反映的是一个国家或地区旅游业的发展对整个国家或地区营业总收入的作用和影响。通过分析销售乘数，旅游企业和政策制定者能够更深入地理解旅游消费对目的地经济的贡献程度，进而制定出更有效的市场策略和经济政策，以推动旅游业的持续健康发展。

（三）产出乘数

产出乘数是指在旅游消费的推动下，旅游目的地国家或地区内所有相关联的企业和事业单位所经历的经济产出增加量与旅游消费本身之间的比例关系。这个比例关系能够清晰地揭示出旅游消费对目的地经济的影响力和贡献度。它与销售乘数不同，产出乘数是通过旅游消费所引起的总产量增加来衡量的，因此它包括了库存量的变化；而销售乘数则是通过旅游消费所引起的总产量中被游客实际消费掉的部分来衡量的，因此它不包括库存量，因为这部分产品尚未被游客消费，所以在计算销售乘数时，这部分库存量是不被考虑在内的。

（四）就业乘数

就业乘数是指旅游目的地国家或地区每增加一个单位旅游消费所引发的旅游直接就业与间接就业人数之间的比例关系。这个比例关系的计算和分析，具有双重意义。首先，它被用来衡量单位旅游消费能够创造的总体就业人数，即通过旅游消费的增加，能够直接和间接地为多少人提供就业机会。其次，就业乘数还被用来表达单位旅游消费所带动的直接就业与间接就业人数之和，与仅计算直接就业人数之间的比例关系。就业乘数反映了旅游收入在经济体系中的渐次渗透过程，以及它对最终就业所产生的影响。

（五）进口乘数

进口乘数指旅游目的地国家或地区每增加一个单位旅游消费所引起的进口增加额之间的比率关系。随着旅游目的地国家或地区旅游业的发展，旅游企事业单位和为旅游企事业单位提供产品和服务的其他相关企事业单位从境外进口的物资、设备等数额也会相应地增长。进口乘数的测定，实际上是在衡量旅游收入的增加额与由此引发的进口增加额之间的相互影响和比例关系。进口乘数有助于政府和旅游业界了解旅游消费对当地经济中进口活动的影响，从而制定相应的政策和策略，以促进旅游业的健康发展，同时平衡国际贸易收支。

三、旅游乘数效应的局限性

旅游乘数效应，作为衡量旅游业经济影响力的重要指标，被广泛地用来评估旅游业对接待国或地区的经济影响，但同样存在一定的局限性。

第一，旅游乘数理论不以分析旅游目的地国家或地区的产业结构、经济实力为基础，而不同的发展基础与经济背景会产生不同性质与不同量值的乘数；

第二，旅游乘数理论的前提条件之一，是要有一定数量的闲置资源和存货可被利用，以保证需求增加后供给能力相应增长。这一条件的满足与否，直接关乎理论应用的实效性；

第三，旅游乘数理论所需数据的采集与整理面临诸多挑战。由于旅游消费广泛渗透于经济体系的各个角落，从中精准剥离出旅游消费的相关数据，无疑是一项复杂而艰巨的任务。

第四，旅游乘数理论不足以用来确定旅游业在国民经济中的地位，因此，难以成为国家制定针对旅游业的优惠政策与倾斜开发策略的理论基石。

尽管存在上述种种局限，旅游乘数理论仍不失为分析旅游业经济成绩、预测旅游业发展变化对旅游目的地国家或地区所产生的经济影响的有力工具。因此，在制定旅游政策与规划时，我们仍可将其作为重要的参考依据。

【同步案例】

旅游，作为现代服务业的重要组成部分，对经济发展的贡献远不止于直观的景区内收入。它如同一只无形的手，触及经济的各个角落，促进产业链上下游的联动，激发地方经济的活力。

旅游业涵盖了游客的直接消费，如交通费用、住宿支出、餐饮消费、购物娱乐等，为当地企业、政府带来一系列收入，还促进了相关产业链的发展。例如，梅河口东北不夜城，锦上添花文旅集运营首年达408.6万人次的客流，2022年达420.06万人次的客流，2023年达510余万人次的客流，推动梅河口城市GDP实现12.8%的提升，间接带动了40亿元的增长。

旅游业的间接经济效应更为广泛而深远。旅游收入在经济体系中不断循环和再分配，促进了建筑业、农业、制造业、交通运输业、金融服务业等多个行业的协同发展。比如，旅游业的繁荣带动了基础设施建设的投资，包括道路、物流、通信等，这些投资提升了旅游体验，为当地经济发展奠定了坚实基础。同时，旅游消费还促进了农产品的商品化，提高了农民收入，推动了乡村现代化进程。此外，旅游业的发展促进了金融服务的创新，如旅游保险、旅游支付等新型金融产品的出现，进一步丰富了金融市场。

旅游行业是劳动密集型产业，对就业的促进作用显著。从景区工作人员到项目行业人员，旅游业创造了大量的就业岗位，尤其是在县域地区，旅游业的发展成为拉动当地就业、减少贫困的重要途径。据统计，仅2024年春节期间，由锦上添花文旅集团打造轻资产不夜城的游客量达631.91万人次、登陆央视16次、带动直接就业人数5万人，间接就业人数约达15万人，实现餐饮销售收入过亿元、游乐收入数千万元。

旅游是文化交流的重要载体，促进了不同地域、不同民族之间的文化理解和尊重，增强了文化的多样性和包容性。有助于提升国家的文化软实力和国际影响力，为经济发展创造良好的外部环境。同时，旅游业的发展还促进了文化遗产的保护和传承，许多地方通过发展旅游来筹集资金保护非物质文化遗产，使这些宝贵的文化遗产得以延续并焕发新的生机。还有一些新兴文旅模式，如轻资产不夜城通过将打铁花、火壶、篝火晚会等等非遗元素融入街区，为游客提供了一个全方位、多角度了解非遗文化的平台。

综上所述，旅游对经济的促进作用是全方位、多层次的，不仅体现在直接的经济收益上，更体现在其对社会结构、文化生态、就业市场等方面的深远影响。

（资料来源：旅游促进经济发展，要从这些方面来算账！［ED/OL］. https://mp.weixin.QQ.com/s/D9cg8lf1kiMZtLOCAbaxhQ，2024-07-03.）

思考：根据以上材料，分析旅游业产生的乘数效应。

第四节 旅游收入漏损

一、旅游收入漏损的概念

旅游收入漏损，是指在旅游目的地国家或地区为了维持和发展旅游经济而支付外汇或因其他原因造成的旅游外汇的流失。这种漏损可能发生在多个环节，比如旅游者在目的地消费时，如果购买了大量进口商品或服务，那么这部分支出实际上并没有留在当地经济体系中，而是流向了商品或服务的原产国。此外，旅游目的地的旅游企业可能需要从国外进口设备或原材料，这同样会导致外汇的流失。

旅游收入的漏损现象在很大程度上削弱了旅游乘数效应的积极作用。通常，旅游收入漏损的程度越大，对旅游目的地所产生的正面经济影响就越小。这种漏损现象不仅仅对旅游目的地的即时经济效益造成了负面影响，还可能对其长期的可持续发展构成了潜在的威胁。

二、旅游收入漏损形式

（一）直接漏损

直接漏损，是指在旅游企业开展其旅游业务活动的过程中，由于企业自身发展和运营的需要，不可避免地会将一部分旅游收入用于境外的物资采购。这些物资采购可能包括各种机器设备、食品饮料以及陈设用品等，以满足企业日常运营和提升服务品质的需要。此外，旅游企业为了提供高质量的服务，有时还需要支付进口劳务费用，这包括了外国雇员的劳务报酬等。这些费用的支出直接导致了外汇的流出，从而引发了外汇的直接漏损现象。这种漏损现象在一定程度上反映了旅游企业在全球经济一体化背景下的运营模式和资金流向，同时也揭示了外汇管理在旅游企业财务管理中的重要性。

（二）间接漏损

间接漏损，是指那些为旅游业提供商品和服务的企业及单位，在追求自身经营和发展的同时，将部分旅游收入用于境外进口物资和雇佣外籍劳动力，从而导致旅游收入的外流。间接漏损虽然不是直接支出，但通过影响旅游业的相关产业和活动，间接导致外汇漏损。这种漏损可能来自旅游目的地的其他行业，比如餐饮、交通、住宿等，这些行业在提供服务的过程中，可能会使用到进口的原材料、设备或技术。此外，间接漏损还可能来自旅游目的地居民的消费行为，当他们购买进口商品或服务时，也会导致外汇的流失。间接漏损的影响可能不如直接漏损那么明显，但它同样会对旅游目的地的经济产生长期的影响。

（三）无形漏损

无形漏损，是指由于发展旅游造成流动人口的增加，进而加剧了旅游目的地国家或地区的道路、桥梁、排水系统等各种公共设施磨损，增加了垃圾处理和环境修复的费用，以及为了满足需求而从境外进口物资导致的外汇流失。为了解决这些问题，当地政府往往需要投入大量的资金和资源。同时，由于旅游目的地可能无法完全自给自足，满足所有新增需求，因此可能需要从境外进口一些必需品，这又导致了宝贵的外汇资源的流失。无形漏损涉及旅游设施、环境磨损修复费用等，这些费用虽然难以直接量化，但也是旅游外汇漏损的一个重要组成部分。无形漏损不仅影响了旅游目的地的经济健康，还对社会和环境造成了深远的影响。

（四）黑市漏损

黑市漏损现象，是指国外游客在旅游目的地国家或地区，通过非法手段在外汇黑市上进行套现操作，以此来获取资金，进而购买各种旅游产品和服务。这种行为导致了原本应该通过正规渠道流通的外汇，通过非官方的途径流失，从而引发了一系列的外汇管理问题和经济影响。由于黑市交易的隐蔽性和非正规性，这种漏损往往难以统计和计算。这些漏损形式不仅影响旅游目的地的经济利益，还可能对国家的外汇储备和国际竞争力产生长远影响。

（五）先期漏损

先期漏损，是指旅游经营商在向旅游者销售某一国家或地区的旅游产品与服务过程中，所获得的全部收入中未能进入该旅游目的地国家或地区的那部分收入。这种现象通常出现在旅游产品和服务的销售过程中，由于多种因素，例如支付给第三方的佣金、税收以及汇率波动等导致的损失，使得原本应归属于目的地国家或地区的收入有所减少。先期漏损的存在，使旅游目的地国家或地区在吸引游客和推动旅游业发展的过程中，实际获得的经济收益被削弱。这种现象不仅影响了旅游业的整体效益，还可能对目的地国家或地区的经济发展规划产生负面影响。

（六）后续漏损

后续外汇流失，是指旅游从业人员在其个人生活消费过程中，由于购买境外商品、服务或进行其他境外支付活动，所引发的外汇资金外流现象。这些从业人员会将部分工资收入用于购买国外进口的物品和服务，这些消费行为在满足他们个人需求的同时，也间接地促进了国外商品和服务的销售，进而导致了外汇的进一步流失，即后续漏损现象的发生。这些外汇支出在一定程度上削弱了旅游目的地国家或地区的经济收益，影响了其旅游业的可持续发展。

三、旅游收入漏损的影响因素

旅游收入漏损是一个复杂的现象，它受到多种因素的影响，这些因素彼此之间相互交织，错综复杂。在旅游经济体系中，这些因素共同发挥作用，相互影响，共同决定了旅游收入的最终流向和分配。

首先，旅游目的地国家的经济发展水平在很大程度上决定了它吸引国际游客的能力。通常来说，那些经济发展水平较高的国家，能够凭借其优良的旅游服务设施和完善的基础设施，成功地吸引更多的国际游客前来观光旅游，进而有效减少外汇漏损现象。因此，通过提高旅游服务质量和基础设施建设，一个国家可以有效地减少这种外汇漏损，保持其经济的稳定和增长。

其次，旅游客源国的政策与管理环境也对旅游活动产生直接影响。当客源国的政策倾向于鼓励公民出境旅游，例如通过提供签证便利、税收优惠或其他激励措施时，出境游的人数可能会出现显著的增长。这种增长不仅会带来旅游外汇支出的增加，而且可能会加剧外汇的漏损现象，因为更多的资金流向了国外的旅游目的地和服务提供商。

再者，旅游目的国资源的自给能力也是影响外汇漏损的重要因素。如果旅游目的国能够实现旅游所需的各种物资和设备的自给自足，即在本国范围内满足这些需求，而不需要大量依赖进口，那么将显著减少对外汇的依赖和支出。这样一来，旅游活动所引起的外汇流出将会得到有效的控制，从而在很大程度上减轻外汇漏损所带来的经济压力。这种自给自足的能力，不仅能够帮助旅游目的国保持经济的稳定，还能增强其在国际旅游市场中的竞争力，因为能够提供更具成本效益的旅游服务，吸引更多的国际游客。

此外，还有一系列其他因素也对旅游外汇漏损产生直接或间接影响。例如，本国经济体系和生产结构的不完善、还本付息和支付投资者红利的支出、外方管理费用和外籍管理人员工资的支付，以及海外促销费用等，都可能导致外汇漏损的加剧。这些因素相互作用，共同影响着旅游外汇漏损的程度。

四、减少旅游收入漏损措施

1. 提高本国产品质量

通过不断改进和提高本国产品的质量，在旅游部门及企业中积极推广并优先采用本土制造的产品和设备，并优先考虑使用这些产品和服务。有助于减少对外国商品和服务的依赖，有效地遏制旅游外汇的流失，可以显著增强国家经济的自主性和稳定性，确保经济的可持续发展。

2. 强化旅游外汇收支的宏观监管

制定和完善经济法规与外汇管理制度，进一步优化税利机制，营造出一个公平竞争的市场环境，从而有效遏制低税企业通过削价竞争来扰乱市场的行为。对于违法经营、破坏市场环境的行为，必须给予必要的行政和法律制裁，以树立良好的市场秩序，并尽可能减少因非法或不正当行为所引发的外汇损失。

3. 培养旅游管理人才

积极培养旅游管理领域的专业人才，确保他们不仅能够熟练掌握现代管理方法，而且能够灵活运用各种高效的管理手段。此外，鼓励员工树立现代市场经营观念，通过持续不断的学习与实践，逐步减少对外部管理人员的依赖，显著提升本地员工的参与度和整体管理能力。通过努力，进一步提高旅游管理的效率和质量，为游客提供更加优质的服务体验。

4. 开发低漏损旅游产品

大力开发低漏损的旅游产品，例如生态旅游、自然旅游、探险旅游等。这些旅游产品往往依赖于当地环境和资源，需要较少的外部资源和支持，从而有效降低了对外部资源的依赖和外汇支出。通过推广这类旅游活动，不仅可以保护环境，还能促进当地经济的发展，同时减少对国际市场的依赖，提高旅游产业的可持续性。

通过实施上述一系列综合性的措施，有效地降低旅游外汇的流失，进而显著提高整个旅游业的盈利能力和收益水平。这些措施不仅有助于增加国家的外汇储备，还能促进旅游业的可持续发展，确保经济的稳定增长。

【拓展阅读】

减少云南旅游收入漏损的政策

从政策角度，减少云南旅游收入漏损可以从宏观和微观政策两方面着手。

1. 宏观政策

（1）主导产业扩散效应提高结构效益。云南旅游产业中，住宿、餐饮和交通部门创收高，且对旅游总收入的影响较大。建议从以下进行优化：一是保持住宿部门主导地位；二是结合地方特色发展旅游餐饮街；三是培养"以路兴旅"思路，加强旅游与交通融合；四是重视旅游衍生产业，发展综合旅游产业。

（2）继续提升产业科技含量，大力发展智慧旅游。信息技术目前已经广泛地运用在旅游产业中，信息资源本就是技术创新的重要组成部分。对于出游者来说，丰富的旅游信息有助于出游者了解目的地，减少信息不对称问题。云南应抓住"互联网+"机遇，推动旅游与信息产业融合。

（3）优化旅游产业结构。旅游经济收入漏损与经济结构有着密切的关系，与目的地经济的规模、结构和多样化程度有直接关系。经济规模大、多样化程度高，旅游业所需产品或消费品供应能力强，经济漏损低；反之则高。因此，优化云南省旅游产业结构，提升供应能力，可减少旅游经济漏损。

（4）规范产权管理。实现统一规划，通过购买、转移产权等方式整合旅游产业；规范产权管理，把消费限价和市场价格机制紧密结合起来，将文旅消费作为产权和供给侧改革的重要部分，提升旅游IP价值并增收。运用绿色、创新、协调、共享、共赢理念发展旅游经济，依托资源禀赋增强产业转型升级优势，以居民增收为提升经济实力的核心。

（5）提升金融市场资源配置作用，为旅游产业提供金融支持。云南省经济欠发达，政府财政支持有限，旅游业投资资金缺口大。政府设立的旅游发展基金少，资金规模小，运作机制不灵活。通过产业引导基金、PPP融资模式等，加强旅游基础设施建设的金融支持，提升当地旅游硬件配套环境。

2. 微观政策

（1）从产品生产维度遏制旅游漏损。从旅游产品及其相关产品的生产结构维度出发，提升与旅游产品服务相关的农业产出和加工能力，提升本地旅游企业相关产品的制造产出能力；扩大旅游业依赖产业的自给规模，加强本土旅游产品输出量；提升云南省旅游产品、旅游商品的经济发展水平。

（2）从市场流通维度遏制旅游漏损。流通维度关注地区间贸易及结构，政策多涉旅游，如进口规定、外汇管理等，影响旅游收入。通过优化旅游支出结构，减少进口设备及材料、消费品和旅游商品购买，采用地方产品替代，以减少旅游收入漏损。

（3）从旅游业后向经济联系出发遏制旅游漏损。云南省要尽量扩大旅游发展所带来的经济效益，加强旅游业的后向经济联系，比如说在酒店、景区等地更多地出售当地物产，以刺激地方农业和食品加工业等的发展。

（4）以旅游乘数效应遏制旅游漏损效应。旅游乘数与旅游漏损是旅游经济效应的两个方面。为最大化经济利益，应减少储蓄，多投入旅游收入于目的地经济体系，购买当地产品服务，减少进口商品服务。积极出台旅游消费政策，减少旅游漏损。

（5）提高云南省旅游企业经营管理人才水平。提高云南省旅游企业经营管理人才水平，减少旅游外企管理人员管理费返回本国；优化旅游行业的劳动力结构、流动性、素质和来源，完善工资支配方式等，可不同程度的减少经济漏损。

（6）优化提升旅游消费水平。结合云南省多元文化特点，创新优化国民生活方式，刺激本省旅游消费水平，为省内旅游休闲提供便利措施。提倡"云南人游云南"，鼓励省内游和购买本省旅游产品，吸引国内游。国际旅游合作中，彰显人数优势，减少出境游支出，减少经济漏损。

（资料来源：吕宛青，胡韬.减少云南旅游收入漏损的政策研究[J].旅游研究，2019，11（03）：2-5.）

[复习与思考]

一、重点概念

旅游收入　旅游收入分配　旅游乘数效应　旅游收入漏损

二、思考题

1. 简述旅游收入的作用。
2. 旅游收入的类型划分是怎样的？
3. 影响旅游收入的因素有些什么？
4. 旅游收入的初次分配与再分配如何展开？
5. 简述旅游乘数效应对国民经济的意义。
6. 旅游收入漏损的形式有哪些？如何减少旅游收入漏损？

三、案例分析与讨论

重塑"诗和远方"　走出特色之路

党的十八大以来，以习近平同志为核心的党中央高度重视旅游工作，引领我国旅游业加速发展，取得历史性成就。从推进旅游为民，到实施旅游带动；从推动文旅融合，到促进交流互鉴，旅游正不断发挥为民、富民、利民、乐民的积极作用，日益成为具有显著特色的幸福产业。

1. 美好生活新期待

假日旅游"热辣滚烫"，休闲街区人山人海，"网红"景点层出不穷……人们用动感的身影证明：旅游已是小康社会人民美好生活的重要内容。刚刚过去的"五一"假期，全国国内旅游出游合计2.95亿人次，同比增长7.6%；国内游客出游总花费1668.9亿元，同比增长12.7%，旅游成为"顶流"。顺应人民群众新期待，我国加大优质旅游产品供给力度。目前，全国已建成A级旅游景区1.57万家，其中5A级旅游景区339家。旅游景区类型从传统的自然山水、人文古迹，逐步拓展至乡村、冰雪、红色、主题公园等，产品体系更加完备，更好满足广大游客观光、休闲、度假，以及研学、教育等多层次立体化的需求。

2. 经济发展新引擎

今年以来，"尔滨"旅游火热"出圈"：春节假期8天，哈尔滨市累计接待游客1009万人次，日均同比增长81.7%；旅游总收入164亿元，按可比口径同比增长235.4%。亮眼的数字，展现出旅游业在经济社会发展过程中强大的带动作用。旅游业

日益成为新兴的战略性支柱产业。在乡村，旅游赋能乡村振兴，带动农村地区基础设施、公共交通、城乡环境改善和相关产业发展。1597个乡村旅游重点村镇示范引领，越来越多乡村通过发展旅游走上致富路、打开振兴门。在县域，旅游市场释放文旅消费新动能。全国A级旅游景区的县域覆盖率由2012年的73%提升至2023年的93%，旅游景区有力支撑旅游发展和县域经济发展。在城市，休闲旅游消费旺盛，休闲街区成为人们打卡休闲的好去处。345个国家级夜间文化和旅游消费集聚区因地制宜发展具有地方特色的夜游产品，夜间文化和旅游消费活力满满。在景区，旅游业的就业带动效应更加突出。2023年，全国A级旅游景区直接就业人数超过160万人，带动就业总数超过1000万人。一业兴、百业旺。旅游正在不断发挥综合带动作用，释放强大"乘数效应"，更好服务经济社会发展。

3. 文旅融合新天地

2023年，全国博物馆接待观众12.9亿人次，创历史新高，博物馆游"热度空前"、文创产品走红走俏。从循着博物馆去打卡，到跟着演唱会去旅行；从美食之旅、红色之旅，到非遗游、研学游，人们越来越注重旅游中的文化元素，"读万卷书，行万里路"成为重要的旅游方式。2012—2023年，活化利用中华优秀传统文化，传统文化类景区由2064个增加到4000余个，红色旅游类A级旅游景区数量和游客接待量分别实现年均增长19.52%和13.08%。推进国家文化产业和旅游产业融合发展示范区建设，推出国家工业旅游示范基地142个、体育旅游示范基地74家，打造智慧旅游沉浸式体验空间，发布全国旅游演艺精品名录……旅游与其他行业的跨界融合越发丰富成熟。如今，"村晚""村超""村BA"，演出、赛事、影视剧，都可以是旅游的目的。文旅融合这篇大文章，书写得越来越精彩。

4. 交流互鉴新贡献

2024年5月15日起，外国旅游团乘坐邮轮入境中国免签。入境旅游是一个国家文化软实力、国际吸引力和旅游竞争力的直接体现。近年来，我国加强双多边合作，举办中俄、中美、中法等旅游年活动，目前共设立48个海外中国文化中心、20个驻外旅游办事处和3个驻港台旅游办事机构，发起成立世界旅游联盟等国际组织，开展"你好！中国"国家旅游形象海外推广，推动中外游客互访、文明互鉴。中国已是国际旅游最大客源国，144个国家和地区成为中国公民组团出境旅游目的地，越来越多人化身中华文明使者，讲述中国故事。

文化是旅游的灵魂，旅游是文化的载体。行进在建设旅游强国之路上，中国旅游正向世界展示独特魅力，描绘"诗和远方"美好图景。

（资料来源：重塑"诗和远方" 走出特色之路——我国旅游发展驶上快车道．中国旅游报. https://mp.weixin.QQ.com/s/0EaeUsb11PKyZ-IDROBXYA，2024-05-16.）

思考：

1. 为什么说旅游收入是经济发展新引擎？
2. 联系实践，谈谈文旅融合对旅游业高质量发展的意义？

第八章

旅游产业发展

🔍 [学习目标]

1. 知识目标：掌握旅游产业的定义、特点、性质以及旅游产业结构的概念、特点和影响因素。了解旅游产业发展的基本概念、模式和战略，以及世界各国在旅游产业发展方面的实践案例。

2. 能力目标：培养学生分析和评估旅游产业发展模式的能力，提高学生在旅游产业规划、市场分析、产品开发和可持续发展方面的实践技能。

3. 思政目标：培养学生的国际视野和文化自信，理解旅游业在促进文化交流、增进国际友谊中的重要作用。强调可持续发展的重要性，培养学生的环保意识和社会责任感。

✓ [导入案例]

在遥远的南太平洋，有一个被称为"人间天堂"的地方——斐济。这个由332个岛屿组成的国家，以其清澈的海水、洁白的沙滩和独特的文化吸引了世界各地的游客。然而，随着旅游业的蓬勃发展，斐济也面临着一系列挑战：环境压力、文化同质化以及经济依赖性等问题逐渐显现。为了应对这些挑战，斐济政府和当地社区采取了一系列创新举措，旨在实现旅游业的可持续发展。

首先，斐济实施了旅游环保计划，鼓励酒店和度假村采用太阳能和风能，减少对化石燃料的依赖。同时，政府推动了"珊瑚礁保护项目"，通过教育游客和当地居民，提高他们对海洋生态保护的意识。这些努力不仅保护了斐济的自然美景，也为旅游业的长期发展奠定了基础。

其次，斐济注重文化传承和创新。当地政府支持传统手工艺品的生产，将这些手工艺品作为旅游纪念品，既保护了斐济的文化遗产，又为当地居民创造了收入。此外，斐济还推出了"文化体验之旅",让游客有机会深入了解斐济的历史、艺术和生活方式,这种深度的文化体验成为斐济旅游的一大亮点。

最后,在经济层面,斐济政府通过提供税收优惠和贷款支持,鼓励当地居民参与旅游业。这不仅促进了就业,还帮助当地社区建立了自己的旅游业务,减少了对外部投资的依赖。同时,斐济还积极拓展国际市场,通过与国际旅游组织的合作,提升了斐济作为旅游目的地的国际形象。

斐济的案例展示了旅游产业发展的多面性。它不仅关乎经济增长,更关乎环境保护、文化传承和社区参与。通过这些综合措施,斐济成功地将旅游业打造成了一个可持续发展的产业,为全球旅游业提供了宝贵的经验和启示。

(资料来源:Vatimosi Delailovu、Andrea Egan 、Vineil Narayan. 海洋保护和可持续利用:守护斐济的红树林、鲨鱼和珊瑚礁[EB/OL]. https://unsdg.un.org/zh/latest/stories/marine-conservation-fiji-coral-reefs-shark-mangroves,2022-10-27.)

【本章导读】

在全球化和信息化的背景下,旅游产业已成为推动世界经济增长的重要力量。旅游产业结构的优化与调整,对于提升旅游业的整体竞争力和可持续发展具有至关重要的作用。本章探讨了旅游产业发展的多维度内容,包括旅游产业的概念、特点、性质,以及旅游产业结构的概述、体系和优化。同时,分析了旅游产业发展的战略和模式,以及世界各国在这一领域的实践案例。通过学习,理解旅游业在推动经济增长、促进文化交流和保护环境方面的重要作用,以及如何通过创新和合作实现旅游业的可持续发展。

第一节 旅游产业概述

一、旅游产业的概念

旅游产业是一个涉及多个行业和领域的综合性产业,它是指与旅游活动相关的一系列经济行为和服务的集合。旅游产业的核心在于为游客提供全方位的体验和服务,满足其休闲、度假、商务、探险等多种需求。

从宏观层面看,旅游产业包括了旅游目的地的开发、旅游基础设施的建设、旅游产品和服务的提供,以及与旅游相关的各类产业链。这些产业链不仅包括了传统的旅游服务,如酒店、餐饮、交通和娱乐等,还包括了旅游咨询、旅游保险、旅游纪念品销售等多个细分领域。

从微观层面看，旅游产业包括餐饮、住宿、交通、娱乐等多个细分领域。这些领域不仅为游客提供了丰富多彩的旅游体验，还为当地经济带来了巨大的推动力。例如，餐饮业可以提供各种地方特色美食，住宿业可以提供各种类型的住宿设施，交通业可以提供便捷的出行方式，娱乐业可以提供各种娱乐活动。

旅游产业的概念进一步强调了旅游作为一种消费和休闲活动，与其他产业相辅相成。这种综合性的定义有助于更全面地理解旅游产业在经济中的地位，以及其对就业、投资和区域发展的重要性。旅游产业不仅能够带动相关产业链的发展，还能够促进就业，增加政府税收，提升地区形象，吸引更多的投资。因此，旅游产业在许多国家和地区都被视为重要的经济增长点。

二、旅游产业的特点

（一）综合性

旅游产业以提供旅游服务和产品为核心，涉及多个领域，包括交通运输、住宿、餐饮、娱乐、文化、体育等，它是一个跨行业、跨部门的综合性产业。这种综合性使得旅游产业的发展不仅能够带动地方经济的增长，还能促进文化交流和国际合作关系的建立。随着人们生活水平的提高和消费观念的转变，旅游产业呈现出蓬勃的发展态势，成为许多国家和地区的重要经济支柱。

（二）季节性和周期性

旅游产业展现出显著的季节性和周期性特点，这些特点主要由自然环境、文化习俗以及经济条件等多种因素共同影响。例如，夏季海滨地区成为旅游高峰期，而冬季则转变为滑雪旅游的旺季。同时，旅游产业的发展与经济周期紧密相联。在经济繁荣时期，人们更愿意参与休闲旅游活动；而在经济衰退时，旅游需求相应减少。因此，旅游企业必须根据这些季节性和周期性的变化，灵活调整资源配置，以确保能够有效应对市场需求的波动。

（三）地域性

旅游产业的发展深受地理位置、资源条件、文化背景和经济发展水平等区域性因素的影响，这导致了旅游产品和服务的差异性。例如，海滨城市可能更注重发展海滨度假旅游，而历史文化名城则可能更侧重于文化旅游。地域性使得旅游产业在不同地区具有不同的发展潜力和竞争优势。因此，在进行旅游规划和开发时，必须充分考虑这些地域特性，根据地域特点进行市场定位和产品开发，以便更好地发挥地方的独特优势。

（四）可持续性

可持续性是旅游产业发展的核心理念之一。随着人们对环境保护和文化传承意识的增强，旅游业的可持续发展成为全球关注的焦点。可持续旅游强调在满足当代人旅游需求的同时，不损害后代人满足其旅游需求的能力。这要求旅游产业在发展过程中必须重视环境保护、资源的合理利用以及社区的积极参与，从而达成经济、社会与环境的平衡发展。旅游产业不仅要推动经济增长，还应致力于维护生态环境，确保经济、社会与环境的和谐共进。

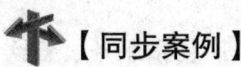

【同步案例】

巴厘岛的旅游可持续发展

巴厘岛，印度尼西亚的一个热门旅游目的地，以其独特的文化、美丽的海滩和豪华度假村而闻名。近年来，巴厘岛面临着旅游业快速发展带来的环境压力和文化冲击。为了应对这些挑战，当地政府和旅游行业采取了一系列措施，旨在实现旅游业的可持续发展。

（1）环境管理。巴厘岛实施了严格的环境保护政策，包括限制新建酒店的数量，以减少对自然环境的破坏。同时，推广绿色旅游和生态旅游，鼓励游客参与环保活动，如海滩清洁和珊瑚礁保护。

（2）文化保护。为了保护和传承当地文化，巴厘岛建立了文化保护区，限制商业活动对传统村落的影响。此外，当地政府支持文化节庆活动，让游客有机会体验和了解巴厘岛的传统文化。

（3）社区参与。巴厘岛鼓励当地社区参与旅游业的发展，通过提供培训和就业机会，使居民能够从旅游业中直接受益。这种参与不仅提高了居民的生活水平，也增强了他们保护当地环境和文化的动力。

（4）技术创新。巴厘岛利用现代技术，如在线预订系统和智能旅游应用，提高旅游管理效率，减少资源浪费。同时，通过数据分析，更好地理解游客需求，优化旅游产品和服务。

（5）政策支持。政府出台了一系列政策，如税收优惠、资金支持等，以促进可持续旅游项目的发展。同时，与国际组织合作，引入先进的可持续发展理念和技术。

思考：巴厘岛在旅游产业发展过程中如何平衡经济增长、环境保护和文化传承之间

的关系？

（资料来源：Karim S，Kusuma B J，Mahfud T. Aplication the development of Balikpapan Bay Indonesia based on sustainable tourism［J］. Geo Journal of Tourism and Geosites，2019，24（1）：29-38.）

三、旅游产业的性质

旅游产业的性质在很大程度上决定了其在经济中的角色和影响。深入理解旅游产业的性质有助于更好地制定政策和战略，推动其可持续发展。

（一）服务导向

旅游产业的本质是提供服务，这些服务包括信息服务、交通服务、住宿服务、餐饮服务等。服务质量的高低直接影响旅游者的满意度和旅游产业的竞争力。高质量的服务能够为游客带来愉悦和便利，从而提升他们的满意度，使他们在未来更有可能再次选择同样的旅游目的地或服务提供商。反之，低质量的服务则可能导致游客的不满和负面评价，进而影响旅游产业的整体竞争力。因此，提升服务质量是旅游产业发展的关键，也是增强其市场竞争力的重要手段。

（二）体验经济

旅游产业的核心在于为游客提供独特的体验。旅游者追求的不仅仅是物质享受，更有精神层面的满足。这种体验经济强调的是游客在旅游过程中的感受和回忆，而不仅仅是物质消费。为了满足游客对个性化和多样化体验的需求，旅游产品和服务的设计应注重创造难忘的体验，满足旅游者的个性化需求。

（三）创新驱动

创新是推动旅游产业持续发展的关键因素。为了适应不断变化的市场需求和竞争环境，旅游产业需要不断创新。这包括产品创新、服务创新、营销创新以及管理创新等，以保持产业的活力和竞争力。例如，运用虚拟现实技术为游客打造沉浸式体验，或者借助大数据分析来改进旅游产品的设计和营销策略。

第二节 旅游产业结构

一、旅游产业结构概述

（一）旅游产业结构的概念

旅游产业结构指的是旅游产业内部各组成部分之间的相互关联和比例配置的形式。具体来说，它的研究范围包括了旅游产业中的各个子行业，如旅行社、酒店业、交通运输业、餐饮业、娱乐业以及相关的旅游商品销售等，乃至它们之间是如何相互作用、相互依赖，并形成一个有机的整体的。此外，旅游产业结构还涵盖了这些子行业在整体旅游产业中所占的比重，以及它们之间的协调和平衡问题。一个均衡的旅游产业结构有助于促进资源的高效利用，提升旅游业的整体效率，并增强产业的适应力和创新能力。

（二）旅游产业结构的特点

1. 多元化与专业化并存

旅游产业结构呈现出多元化的趋势，包括旅游观光、休闲度假、商务会展、文化旅游等多种旅游形式。与此同时，随着市场需求的进一步细分，旅游业态也在持续地向专业化方向发展，形成了各自独特的服务模式和运营策略。这种多元化与专业化并存的现象揭示了旅游业能够提供丰富多彩的旅游产品和服务，以满足不同游客群体的特定需求。同时，各旅游业态的专业化发展，使得旅游业能够更精准地定位市场，提供高质量的服务。

2. 区域性与全球性相结合

旅游产业结构受到地域特征的影响，不同地区的旅游产业结构因其资源禀赋、文化背景和市场需求而异。然而，在全球化的推动下，旅游产业也在逐渐形成全球性的网络，国际合作和交流日益频繁，旅游产品和服务的全球流通成为常态。区域性与全球性的结合则展示了旅游业在保持地方特色的同时，也积极参与国际竞争和合作，形成了更加开放和互联的旅游市场。

3. 动态性与适应性

旅游产业结构具有明显的动态性，随着全球经济环境的变化、技术的进步以及消费者偏好的演变，旅游产业需要不断调整其结构以适应新的市场条件。这种适应性要求旅游业能够灵活应对外部环境的变化，及时调整资源配置和市场策略。动态性与适应性则

强调了旅游业必须具备灵活调整的能力，以应对不断变化的经济环境和消费者偏好，确保旅游业的持续发展和竞争力。

（三）影响旅游产业结构因素

1. 政策导向因素

政府的政策制定和实施在很大程度上决定了旅游产业的结构和发展方向。通过政策的支持和引导，政府可以有效地促进特定旅游业态的快速发展，进而优化整个旅游产业的结构。例如，政府对生态旅游、乡村旅游等新兴业态的扶持和鼓励，不仅有助于推动这些业态的繁荣，还能促进旅游业的可持续发展，实现经济效益与环境保护的双赢。

2. 市场需求因素

旅游者的需求是旅游产业结构变化的根本动力。随着消费者对旅游体验的个性化和多样化需求增加，旅游产品和服务需要不断创新，以满足市场的变化。为了满足旅游者对独特体验的追求，旅游企业必须不断探索新的市场细分领域，开发具有特色的旅游产品。

3. 技术创新因素

技术创新是推动旅游产业结构演变的重要推动力。运用新技术，如大数据、人工智能、虚拟现实等，可以提高产业效率，增强用户体验。同时，数字化、智能化的应用提高了旅游服务的效率和质量，促进了旅游产业结构的优化。例如，大数据技术可以帮助企业分析游客行为模式，从而制定更有效的营销策略；人工智能则可以应用于智能客服、个性化推荐等方面，提升游客满意度；虚拟现实技术则为游客提供了全新的沉浸式体验，使他们能够在出发前就对旅游目的地有一个直观的了解。技术创新在推动旅游产业结构演变的过程中，发挥了不可替代的重要作用。

4. 资源禀赋因素

自然资源、文化遗产等资源禀赋对旅游产业结构的形成和发展具有基础性影响。资源丰富的地区通过合理开发和利用这些资源，可以更好地发展特色旅游产业，形成独特的旅游经济结构。在发展旅游产业的过程中，不同地区会形成各自特有的旅游经济结构。例如，拥有壮丽山川和丰富生物多样性的地区，可以发展生态旅游和探险旅游；而拥有丰富历史文化遗产的地区，则可以发展文化旅游和历史遗迹观光旅游。

5. 国际合作因素

全球化背景下，国际合作为旅游产业带来了新的机遇和挑战。国际旅游合作项目、跨国旅游企业的发展等，对旅游产业结构产生了重要影响。国际合作使得各国之间的旅游资源得到了更广泛的共享和优化配置。通过跨国界的合作项目，各国可以共同开发和推广旅游资源，提升旅游产品的吸引力和竞争力。例如，不同国家可以联合打造跨国旅游线路，共同举办国际旅游节庆活动，从而吸引更多游客前来体验和消费。跨国旅游企业的发展进一步推动了旅游产业的全球化进程。这些企业在多个国家和地区设立分支机构，实现了全球范围内的资源整合和服务网络布局。它们不仅为游客提供了更加便捷和高效的旅游服务，还促进了各国旅游市场的互联互通，提升了整体产业的经济效益。

> **→ 同步思考**
>
> 　　2003年国务院就把海南三亚市列为对外开放的旅游城市之一。当时三亚旅游以外事接待为主，景区开发大多是市区游，服务较为单一，仅有十几家涉外饭店，接待能力严重不足。到2008年，三亚市接待旅客首次突破150万人次，全市共有旅游涉外饭店43家，运营客船118艘，空中航线15条。到2010年以后，三亚市的旅游业开始了核变，大东海、博鳌、亚龙湾、万泉河等一批人文景观逐步得到开发。到2013年年末，三亚市已经逐渐形成各类项目相辅相成的复合型旅游产品格局。近年来，随着海南国际旅游岛口号的提出，三亚市不断增加在国际市场上的亮相率，逐渐展露出现代化国际旅游城市的新风采。经过10多年的发展，三亚市旅游产业已经渐渐走向成熟，产业规模也达到了较高水平，产业素质得到快速提升。
>
> 　　三亚市旅游行业在建设海南国际旅游岛的大好契机面前，大力整合旅游资源，完善旅游软硬件设施，全面提升旅游产品质量和服务质量，深入实施"旅游兴市"战略举措。一系列工作使旅游经济效益显现，各项旅游经济指标得到不同幅度的增长。虽然三亚市旅游产业较以前有了长足的发展，但与旅游先进国家，如韩国、泰国、瑞士等国相比，目前的发展水平与建设世界级旅游城市的要求还相差较大，而且产业转型升级的速度不快导致对三亚市经济的拉动力不强，主要体现在以下方面。
>
> 　　首先，旅游产业结构不合理。三亚市的旅游产品开发长期停留在观光旅游产品的层次上，而商务、会展、生态、体育、保健康复、休闲度假等旅游产品所占市场份额不足30%。
>
> 　　其次，旅游经济增长方式粗放。旅游消费结构不合理，三亚市旅游产业所涉及的"食、住、游、行、购、娱"结构不合理，这六种要素之间的整合缺乏有效的产业政策。由于旅游娱乐、旅游购物不发达，游客在三亚市游览时间相对较短，导致在旅游营业收入中，商品性收入所占比重很低。
>
> 　　最后，城市形象整体营销乏力。主要表现在：一是缺乏整体包装；二是缺乏足够的旅游品牌的支撑；三是宣传促销的方式不够丰富。同时还存在交通、高档酒

店、高级会展中心等城市的硬件建设相对滞后，旅游管理和旅游综合服务水平不够高，产业集聚力不强等问题。

（资料来源：浅议旅游产业结构的优化和调整［ED/OL］．文旅平谷．https://mp.weixin.QQ.com/s/4GS2zY8GdQCtIfQ3cE_MOw，2019-12-09.）

思考：通过以上案例，讨论优化海南三亚旅游产业结构的措施。

二、旅游产业结构的内容

（一）旅游市场结构

旅游市场结构是指旅游市场中各个组成部分之间的相互关系和比例关系。它包括旅游产品的供给方、需求方以及中介服务机构等，广泛涉及旅游目的地、旅游企业、旅游者、旅游服务供应商以及政府监管机构等多个层面。旅游市场结构不仅反映了市场的竞争程度，还决定了市场的运行效率和资源配置的合理性。

在旅游市场结构中，旅游需求结构反映了旅游者的需求偏好、消费能力和行为模式。旅游需求结构的分析有助于旅游企业更好地定位市场，开发符合消费者需求的产品和服务。同时，旅游供给结构涉及旅游产品的种类、质量和价格等，是满足旅游需求的基础。中介服务机构在旅游市场结构中扮演着桥梁和纽带的角色，它们通过提供信息咨询、预订服务、旅游规划等，促进了旅游市场的有效运作。因此，一个健全的旅游市场结构应当是供给与需求相匹配，中介服务高效，政府监管得当，共同推动旅游市场的健康发展。

（二）旅游产品结构

旅游产品结构是指旅游产品的构成及各部分之间的结构比例关系。它包括了不同行业所提供的旅游产品间的结构比例，以及同一行业内不同旅游产品间的结构比例。在旅游业中，住宿、交通、餐饮、娱乐等不同行业所提供的产品之间存在着一定的结构比例关系。同样，在同一行业内，如住宿业，不同类型的住宿产品，如酒店、民宿、度假村等，也存在着各自的结构比例关系。这些比例关系的合理配置，对旅游产品的整体品质和市场竞争力具有显著影响。

旅游产品结构包括旅游产品的要素结构、旅游产品类型结构、旅游产品档次结构和旅游产品的组合结构等。旅游产品的要素结构涉及构成旅游产品的核心元素，如旅游资源、旅游设施和旅游服务等，这些要素共同决定了旅游产品的质量和吸引力。旅游产品类型结构反映了旅游产品根据其功能和用途的不同而进行的分类，如观光旅游、休闲旅游、商务旅游和探险旅游等。旅游产品档次结构则依据旅游产品的价格、服务水准和目标市场定位，将产品细分为经济型、中档型和豪华型等不同等级。旅游产品的组合结构是指不同旅游要素之间的搭配与组合方式，通过精心的组合，能够创造出多样化的旅游产品，以满足不同游客群体的需求。

（三）旅游地区结构

旅游地区结构是指一定范围内旅游业各要素的空间组合关系。它从地域角度反映的旅游市场、旅游区的形成、数量、规模及相互联系与比例关系，也称为旅游业的生产力布局。旅游地区结构对于提升一个地区的旅游竞争力、促进经济发展以及改善居民生活质量具有重要意义。

旅游地区结构包括旅游要素地区结构、旅游资源地区结构和旅游经济地区结构。旅游要素地区结构是指旅游业中不同要素在空间上的分布和组合关系。这些要素包括旅游资源、旅游设施、旅游服务、旅游交通等。旅游资源地区结构是指旅游资源的地理分布和开发程度，它决定了旅游目的地的吸引力和竞争力。旅游经济地区结构反映了旅游活动对当地经济的影响，包括旅游收入、就业机会、产业关联效应等方面。通过分析这些结构，可以更好地理解旅游地区的发展潜力和存在的问题，为旅游规划和管理提供科学依据。

（四）旅游企业结构

旅游企业结构是指旅游行业中各类企业的组织形式和相互关系。旅游企业结构包括了旅行社、酒店、航空公司、旅游景区、旅游交通公司等多种不同类型的企业。合理的旅游企业结构能够提高行业的整体效率，促进资源的合理配置，提升游客的满意度。

在旅游企业结构中，旅行社通常扮演着重要的中介角色，负责组织和安排游客的行程，提供预订服务。酒店则为游客提供住宿服务，满足不同需求和预算的客户。航空公司和旅游交通公司则负责游客的长途和短途交通需求，确保游客能够顺利到达目的地。旅游景点则是吸引游客的核心要素，提供各种娱乐和文化体验。此外，旅游企业结构还包括了这些企业之间的合作与竞争关系。例如，旅行社与酒店、航空公司之间通常会建立合作关系，通过打包销售等方式吸引游客。同时，这些企业之间也存在竞争关系，通过提升服务质量、创新产品和优化价格策略来争夺市场份额。

（五）旅游消费结构

旅游消费结构是指旅游者在旅游过程中所消费的各种类型旅游产品及相关消费资料的比例关系，包括餐饮、住宿、交通、游览、购物和娱乐等方面的消费。通过对旅游消费结构的分析，可以了解游客的消费偏好和需求，从而为旅游企业提供市场定位和产品开发的参考依据。

旅游消费结构按不同的标准分为不同的类型。例如，按照消费资料的不同，可以将其分为物质消费资料和精神消费资料两大类。物质消费资料主要涉及游客在旅游过程中对食物、住宿、交通等基本需求的消费，而精神消费资料则包括游客在游览、购物和娱乐等方面的消费，这些消费更多地满足游客的精神和文化需求。按照需求层次进行划分可以将旅游消费结构分为生存资料、享受资料和发展资料的消费。生存资料的消费主要指满足游客基本生存需求的消费，享受资料的消费则涉及游客在旅游过程中追求更高层次的享受和体验，发展资料的消费则更多地关注游客在旅游过程中的个人成长和自我实现等。通过对旅游消费结构的分析，旅游企业可以更准确地把握市场需求，进而设计出更贴合游客需求的产品和服务，以提高旅游体验的质量和游客的满意度。

（六）旅游投资结构

旅游投资结构指的是在特定时期内，旅游投资总额中各种不同类别投资所占的比重及其相互之间的联系。旅游投资结构反映了资金在不同旅游项目、地区、时间段以及投资者之间的分配模式。旅游投资结构的合理性对于旅游业的持续发展和经济效益最大化具有决定性影响。

一个合理的旅游投资结构有助于推动旅游业的均衡发展，防止资源的过度集中或无谓浪费。例如，若某地区的基础设施投资不足，可能会给游客带来交通和住宿上的不便，进而影响整体旅游体验。反之，若基础设施投资过剩，而其他旅游项目，如景点开发和文化活动的投资却相对不足，可能会导致游客体验单一，缺乏多样性，从而降低旅游目的地的吸引力。

（七）旅游组织结构

旅游组织结构是指旅游业中行业机构或旅游企业在其内部管理和运营过程中所形成的组织架构和管理体系。一个良好的旅游组织结构能够确保信息流畅、决策迅速、职责明确，并且有助于激发员工的积极性和创造力。

旅游组织结构包括旅游行业组织机构、旅游企业规模和旅游企业内部组织机构。旅游行业组织机构是指为了协调和管理整个旅游行业而设立的各种官方或非官方的旅游机构。包括行业协会、旅游局、旅游促进机构等，它们在行业内扮演着监管、指导和服务的角色，确保旅游行业的健康发展。旅游企业的规模是指企业在经营过程中所达到的规模大小，这通常可以通过企业的员工数量、资产总额、业务范围等因素来衡量。旅游企业内部组织机构是指企业在其内部所设立的各个部门和分支机构，这些部门和分支机构共同协作，以实现企业的经营目标。常见的内部组织机构包括市场部、销售部、客服部、财务部、人力资源部等，每个部门都有其特定的职责和功能，共同推动企业的整体运营。

【拓展阅读】

法国的旅游管理体制

1. 旅游管理机构

过去二三十年中，法国的旅游行政管理工作一直由经济、产业与数字事务部下所设立的企业管理总局（DGE）负责。2014年，随着国家旅游立法会的举行和旅游促销理事会的成立，法国旅游政策制定改由经济部和外交部负责。前者主要负责旅游人才培养、标准与假日管理，后者主要负责海外旅游营销。法国旅游政策的具体执行则由法国旅游发展署（Atout France）与国家度假支票管理局（ANCV）负责。前者主要负责法国旅游业增长及旅游目的地的海外营销，后者负责法国国民度假。此外，企业管理总局（DGE）与全球化、发展与伙伴关系总局（DGMDP）也提供相应服务。

2. 从中央到地方的三级管理体制

法国实行从中央到区域以及市镇三级旅游管理体制。其中，中央旅游管理部门负责：制定国家旅游政策；建立立法和监管框架；制定国际合作政策准则，并在相关国际组织中代表法国行使权力；促进公共和私营部门在旅游领域的合作；为各区域和地方政府旅游发展措施提供援助。在区域层面，每个地区或省都设立区域旅游委员会（RTC），负责促进旅游业发展。其职责具体包括：制定地方性法规；制定区域旅游发展中期目标；收集并分析旅游相关数据；该地区旅游协调；引导该区域内的公共部门和私人企业的旅游开发；相关信息传播和市场推广活动。在市级层面，市议会一般会成立一个地方旅游办公室，负责接待游客，提供信息，促进当地旅游业的发展。同时，根据法律许可，还可设立跨市镇办公室，以加强市镇旅游协调。

3. 跨部门协商与咨询机构

早在1910年，法国就建立了全国旅游理事会（CNT）。该机构作为总理的咨询部门，包括了300多位来自公共部门和私人机构的利益相关者。几乎所有旅游行业协会负责人都位列其中。由于该机构多年来没有真正有效发挥作用,有人建议,其职能由2014年成立的旅游促销理事会(CPT)替代。此外,20世纪90年代,法国还成立了旅游部际委员会,由23位相关部长和大臣组成。

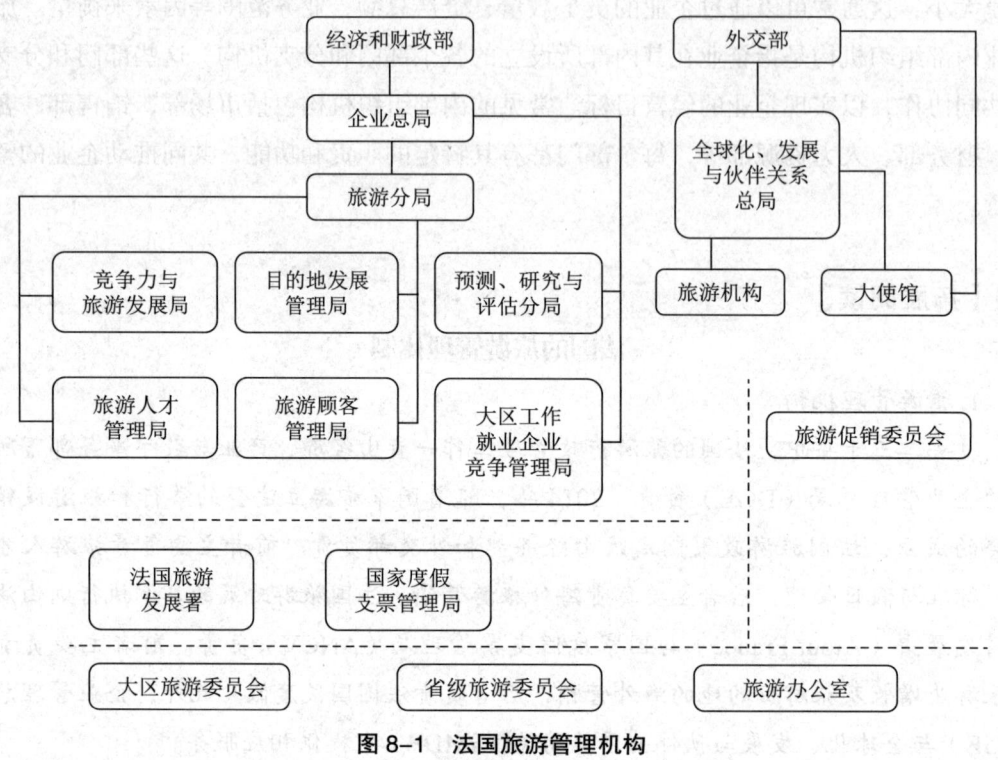

图8-1 法国旅游管理机构

(资料来源:宋瑞、王明康.各国旅游政策与发展战略系列连载(二):法国[ED/OL]. https://mp.weixin.QQ.com/s/wBetwnsX_Pi-EC1mcvdzwA,2018-09-06.

(八)旅游所有制结构

旅游所有制结构是指在旅游业中各种不同经济成分和产权形式的构成及其相互关系。它涉及国有、集体、私营、外资等多种所有制形式在旅游业中的分布和比重。这种结构反映了旅游业的产权归属和经营主体的多样性,决定了旅游业的发展模式和经营机制。我国现阶段的旅游所有制结构,包括国有经济、集体经济、私营经济、联营经济、股份制经济、外商投资经济、港澳台投资经济和其他经济。

旅游所有制结构的优化对于提升旅游产业的竞争力和促进旅游业的健康发展具有重要作用。例如,外资和合资旅游企业的引入,可以带来先进的管理经验和技术,促进旅游产品和服务的创新。此外，旅游所有制结构的多元化还有助于平衡区域发展，缩小地区间旅游发展的差距。

三、旅游产业结构优化

旅游产业结构优化是指通过一系列措施和政策，对旅游业的各个组成部分进行调整和改进，以提高其整体效益和竞争力。这包括对旅游产业链的各个环节，如住宿、餐饮、交通、娱乐等进行优化升级，同时注重环境保护和可持续发展，以确保旅游业的长期健康发展。

（一）旅游产业结构优化的意义

1. 有助于提高资源配置效率

有助于提升资源配置的效率，确保旅游业的投入与产出比例最大化，从而使经济效益和社会效益都能得到显著提升。通过优化资源分配，可以更好地满足市场需求，提高旅游目的地的吸引力和竞争力，进而推动整个行业的持续健康发展。同时，优化旅游产业结构还能促进就业，带动相关产业的发展，形成多元化的经济支撑体系，进一步推动地区经济的繁荣。

2. 促进旅游业的创新和升级

为了推动旅游业的创新与升级，必须优化旅游产业结构。这能为整个经济发展注入新的活力，从而提升整个行业的竞争力和可持续发展能力。具体来说，通过开发具有独特吸引力的新旅游产品，引入先进的技术手段，以提高游客的参与度和满意度。例如，运用虚拟现实技术为游客创造沉浸式体验，或利用大数据分析更精准地把握游客的需求和偏好，进而提供更加定制化的服务。此外，旅游业的创新与升级还将促进相关产业如酒店业、餐饮业、交通业的发展，形成良性循环，进一步推动经济繁荣。

3. 增强旅游业的抗风险能力

优化经济结构可以提升旅游业的抗风险能力，使其在面对经济波动和自然灾害时表现出更强的韧性。具体而言，经济结构的优化调整了各产业间的比例与相互关系，减少了旅游业对单一经济因素的依赖。这种多元化的发展策略将有助于分散风险，确保旅游业在面对各种外部冲击时能够保持稳定和持续的发展。此外，经济结构的优化还促进了旅游业与相关产业的协同进步，进一步强化了其整体的抗风险能力。这将使旅游业在未来面对经济波动和自然灾害时，能够展现出更强的适应性和恢复力。

（二）旅游产业结构优化的原则

1. 市场需求导向原则

旅游产业结构的优化应以市场需求为导向，紧跟旅游者的消费趋势，提供符合市场需求的产品和服务。这不仅需要旅游业不断进行深入的市场调研，还需要密切关注旅游者的需求变化，以便及时调整产业结构，确保旅游产业结构与市场需求保持高度的一致性，从而提升旅游行业的整体竞争力和吸引力。

2. 可持续发展原则

在优化旅游产业结构时，应坚持可持续发展原则，确保旅游业的发展不损害环境和文化遗产。具体而言，应当合理规划旅游项目，防止过度开发，以保护生态环境。同时，还应重视保护和传承历史文化遗产，避免因旅游开发而引发的破坏。在促进经济增长的同时，确保旅游业的长期健康发展，并实现经济、社会和环境的和谐统一。

3. 区域协调发展原则

考虑到旅游业的空间特性，优化结构时应注重区域协调发展，避免资源过度集中或分散。通过加强区域之间的合作，可以实现旅游资源的共享和优势互补，从而促进旅游业的整体繁荣和发展。同时，区域协调发展还要平衡不同地区旅游业的发展水平，缩小地区间的发展差异。这不仅能够确保旅游业的均衡发展，还能促进相关产业的共同提升，最终达成整个区域经济的可持续增长。

4. 创新驱动原则

旅游业应以创新为动力，推动产业结构的优化升级。这包括技术创新、管理创新、服务创新等，以提高旅游业的整体竞争力。通过持续的创新努力，不断推出具有新颖性和独特性的旅游产品与服务，以迎合旅游者不断增长的多样化和个性化需求。同时，利用现代信息技术，提高旅游服务的智能化水平和便捷性，从而提升旅游体验的质量和游客的满意度。

（三）旅游产业结构优化的措施

1. 政府政策的支持与引导

为了促进旅游产业结构的优化，政府应出台相关政策，为旅游产业结构的优化提供支持。这不仅包括财政补贴和税收优惠，以减轻旅游企业的经济负担，还包括信贷支持，帮助旅游企业获得更多的资金支持。此外，政府还应制定相应的法律法规，规范市场秩序，确保旅游市场的公平竞争和健康发展。

2. 加强基础设施建设

为了推动旅游业的发展，必须加强旅游基础设施的建设，包括交通、通信、公共服务等方面。这些基础设施的完善将为旅游业提供坚实的硬件支持，确保游客能够便捷地到达旅游目的地，并享受到高质量的服务。同时，提升旅游目的地的接待能力和整体服务水平，也是基础设施建设的重要方面，这将直接影响游客的体验和满意度。

3. 人才培养与引进

旅游业的发展离不开专业人才的支持。因此，加强旅游教育和培训，提高从业人员的专业素质是至关重要的。系统的教育和培训，可以培养出更多具备专业知识和技能的旅游人才，满足行业发展的需求。此外，吸引国内外优秀人才参与旅游业的发展，也将为行业注入新的活力和创新思维，推动旅游业的持续进步。

4. 品牌建设与营销推广

通过有效的品牌建设，可以显著提升旅游目的地的知名度和吸引力，吸引更多游客前来观光旅游。利用现代营销手段，如网络营销、社交媒体营销、内容营销等，可以扩大旅游市场的影响力，提高旅游目的地的知名度。通过精准的市场定位和创新的营销策略，可以更好地满足游客的需求，提升旅游产品的竞争力。

5. 国际合作与交流

加强与国际旅游组织的合作，积极参与国际旅游市场的交流与竞争，对于提升旅游业的国际竞争力具有重要意义。通过引进先进的管理经验和技术，可以提升旅游服务的质量和效率，增强旅游目的地的吸引力。同时，与其他国家和地区的旅游机构进行合作，可以共享资源，拓展国际市场，促进旅游业的全球化发展。

☑ 知识链接

旅游产业结构优化的国际实践案例

在国际层面上，许多国家和地区已经采取了一系列措施来优化其旅游产业结构，以促进旅游业的可持续发展。以下是一些成功的案例：

（1）哥斯达黎加的生态旅游。哥斯达黎加以其丰富的生物多样性和生态旅游而闻名。该国政府通过立法保护自然资源，同时鼓励私营部门投资生态旅游项目。这种模式不仅保护了环境，还创造了就业机会，促进了当地社区的经济发展。

（2）新西兰的冒险旅游。新西兰以其独特的自然景观和户外活动而成为冒险旅游的热门目的地。政府与私营部门合作，开发了一系列冒险旅游产品，如蹦极、漂流和徒步旅行。这些活动不仅吸引了大量游客，还带动了相关产业链的发展。

（3）泰国的文化旅游。泰国政府通过推广其丰富的文化遗产和传统艺术，吸引

了大量对文化体验感兴趣的游客。泰国的文化旅游项目不仅促进了旅游业的发展，还有助于保护和传承国家的文化传统。

（4）瑞士的冬季旅游。瑞士以其优质的滑雪胜地而闻名于世。政府投资于滑雪设施和相关基础设施，同时举办国际滑雪赛事，吸引了全球滑雪爱好者。这种以冬季旅游为核心的产业结构优化，使得瑞士在冬季旅游市场中占据了领先地位。

（5）新加坡的会展旅游。新加坡政府通过建设世界级的会展设施，如新加坡博览中心，以及提供便利的商务服务，成功地将新加坡打造成亚洲的会展旅游中心。会展旅游不仅为新加坡带来了直接的经济收益，还带动了酒店、餐饮和零售等相关产业的发展。

这些案例展示了不同国家和地区如何根据自身资源和优势，通过政策引导、市场开发和国际合作等手段，实现旅游产业结构的优化。这些经验为其他国家提供了宝贵的参考，特别是在寻求旅游业可持续发展和经济多元化的背景下。

第三节 旅游产业发展

一、旅游产业发展概述

旅游产业作为全球经济的重要组成部分，其发展不仅关系到国家和地区的经济繁荣，也是衡量一个地区生活质量和文化软实力的重要指标。随着全球化的深入发展和人们生活水平的提高，旅游产业的发展已经成为推动经济增长、促进文化交流、提升国民素质的重要途径。

（一）旅游产业发展的概念

旅游产业发展是指通过旅游业的繁荣和发展，带动相关产业链的发展，从而促进整个经济体系的扩张和提升。旅游产业发展涵盖了直接的旅游活动，例如住宿、餐饮、交通和娱乐等服务行业，还包括了间接相关的产业，如建筑业、农业、手工艺品制造业等。通过旅游业的强劲带动，这些产业得以相互促进、协同发展，共同为经济增长和进步做出积极的贡献。

旅游产业发展经历了初级阶段、成熟阶段和高级阶段。在初级阶段，主要任务是发现和利用各种旅游资源，如自然景观、历史遗迹和文化风俗等。这一阶段的重点在于打造旅游目的地的基础设施，吸引游客前来，从而为当地经济带来初步的收益。进入成熟阶段后，旅游业开始注重产品和服务的多样化，以满足不同游客的需求。这一阶段，旅游产品不再局限于传统的观光旅游，还包括度假旅游、生态旅游、文化旅游等多种形式。同时，旅游服务的质量也得到了显著提升，旅游产业链条进一步完善，从而推动了整个产业的蓬勃发展。到了高级阶段，旅游业的发展更加注重创新和可持续性。在这一阶段，旅游产业不仅仅追求经济效益，更注重环境保护和社会责任。创新成为推动旅游业发展的核心动力，包括新技术的应用、新产品的开发和新市场的开拓。同时，旅游业开始注重与当地社区的互动，力求实现经济效益、社会效益和环境效益的统一，追求更为高品质和有深度的旅游体验，以满足现代游客个性化和多样化的旅游需求。

（二）旅游产业发展的特点

1. 增长性

旅游业通常具有较高的增长潜力，尤其是在经济转型期，旅游业往往成为拉动经济增长的新引擎。随着人们收入水平的提高和休闲时间的增加，旅游需求持续增长，推动旅游业的快速发展。增长性表明旅游业是一个充满活力的行业，尤其在经济转型期，它能够成为推动经济增长的重要力量。

2. 带动性

旅游业的发展具有强大的带动性，能够有效促进交通、住宿、餐饮、零售等多个相关产业的蓬勃发展，形成一个完整的产业链效应。旅游业的繁荣不仅能够促进就业，为当地居民提供更多的工作机会，还能通过增加游客消费来提高税收收入，从而为政府提供更多的财政支持。随着旅游业的发展，居民的收入水平也会相应提高，生活质量得到改善。

3. 可持续性

在追求经济增长的同时，旅游产业发展强调可持续性，注重环境保护和文化传承。这意味着旅游业的发展需要在经济效益与生态保护、文化保护之间寻求平衡。旅游业可以在促进经济发展的同时，保护环境和文化资源，实现真正的可持续发展。

4. 地域性

旅游业的发展受到地域资源、文化背景、政策环境等因素的影响，不同地区的旅游业发展路径和模式各有特色。因此，在旅游产业发展的过程中，需要因地制宜，充分发挥地方的优势。例如，拥有丰富自然景观资源的地区可以重点发展生态旅游、探险旅游等项目，而拥有深厚历史文化背景的地区则可以重点发展文化旅游、历史遗迹游等项

目。通过这种方式，各个地区可以更好地发挥自身的优势，提升旅游业的竞争力，促进经济的发展。

二、旅游产业发展战略

在全球化和区域一体化的大背景下，旅游产业已成为推动世界经济增长的重要动力。各国政府和地区为了促进旅游业的长期发展和竞争力提升，纷纷制定了一系列旅游产业发展战略。这些战略不仅关注短期的经济利益，更着眼于旅游业的可持续发展，以及其在促进社会、文化和环境方面的综合效益。

（一）旅游产业发展战略的概念

战略是指一种系统性的规划和布局，是为实现长期目标而制定的行动计划。在旅游产业中，战略旨在引导产业结构的升级，提高服务水平，促进全产业链的协同发展，以应对不断变化的市场环境。旅游产业发展战略是指一个国家或地区为了促进旅游业的发展，提升其在国民经济中的地位和作用，而制定的一系列长远规划和措施。旅游产业发展战略的内涵包括了对旅游产业的整体定位、目标设定、资源配置以及市场开发等方面的详细规划。

（二）旅游产业发展战略的依据

旅游产业的发展战略制定是一个全面且深入的过程。为了确立一个科学且合理的旅游产业发展战略，必须综合考量市场需求、资源潜力、竞争环境、政策背景以及可持续发展原则等多个维度。

1. 分析旅游市场需求

市场需求分析是旅游产业发展战略制定的首要环节。通过对旅游市场的深入研究，可以了解游客的需求和偏好，从而为旅游产品的开发和市场营销提供科学依据。市场需求分析包括对游客数量、消费能力、旅游动机、旅游行为等方面的调查和研究。通过对这些数据的分析，可以揭示旅游市场的趋势和变化，为旅游产业的规划和发展提供有力支持。此外，市场需求分析还需要关注新兴市场和潜在需求，以便及时调整战略，抓住市场机遇。

2. 评估旅游资源条件

对旅游资源进行全面评估，包括自然景观、文化遗产、交通条件等多个方面的深入分析和研究，可以更好地了解旅游资源的潜力和优势，为旅游业的发展提供科学依据和指导，帮助制定合理的发展策略和规划。

3. 了解市场竞争态势

通过对国内外旅游市场的竞争态势进行深入分析，了解竞争对手的战略布局和优势，从而制定出更加精准和有效的差异化发展战略。分析竞争对手的产品和服务、营销策略和价格体系，对潜在竞争者的预测和监控等，关注旅游市场的动态变化，制定出适应市场变化的灵活战略，以保持竞争优势。

4. 依据国家政策环境

在制定旅游产业发展战略时，必须充分考虑国家的政策环境，包括经济政策、法律法规、国际合作等多个因素，确保旅游产业发展战略与国家整体发展战略相保持一致，从而在国家政策的引领下，促进旅游产业健康、有序地成长。

5. 遵循可持续发展原则

必须确保旅游产业的发展不会对环境和社会产生不良影响，积极倡导绿色旅游和生态旅游，以实现旅游业与环境保护的和谐共存。这包括采取措施减少碳足迹，保护自然资源，以及支持当地社区的经济发展，确保旅游活动不会破坏当地生态系统的平衡，同时为游客提供高质量的旅游体验。

（三）世界各国旅游产业发展战略

世界各国在旅游产业发展方面采取了各具特色的战略，这些战略的制定和实施充分反映了不同国情、文化背景和经济水平的影响。这些战略的制定和实施，不仅体现了各国政府对旅游业的重视程度，也反映了他们对旅游业未来发展的深刻理解和精准定位。

1. 发达国家的战略

发达国家通常注重提高旅游产品和服务的品质，强调文化体验和创新。其战略主要集中在高端旅游市场的拓展、旅游目的地的品牌打造以及独特文化资源的保护和传承上。这些措施不仅增强了旅游目的地国家的吸引力，还促进了文化的保存和传播，同时确保了旅游产业的可持续发展。

2. 发展中国家的战略

发展中国家一般通过开发本土资源、改善基础设施、拓宽市场渠道等途径来推动旅游产业的发展。这些国家特别注重提升整体旅游服务水平，通过培训专业人员和提高服务质量来满足国际游客的需求。通过这些努力，发展中国家希望能够吸引更多的国际游客，从而带动本国经济的快速增长，改善人民的生活水平。

3. 国际合作的战略

在全球化的今天，国际合作成为推动旅游产业发展的重要手段。通过国际间的旅游

资源共享、政策协调、市场合作等方式，各国的旅游产业能够携手应对全球性的挑战，共同促进旅游业的繁荣发展。这种合作不仅有助于各国旅游产业的相互学习和借鉴，还能够通过整合资源，提高旅游产品的质量和多样性，从而吸引更多的游客。最终，实现了各国旅游产业的互利共赢，推进了全球旅游业的持续健康发展。

世界各国在旅游产业发展战略上的多样性体现了全球化背景下旅游业发展的复杂性和多元性。这些战略不仅反映了各国的国情和经济水平，也展示了旅游业在促进国际交流、增进相互理解和推动全球经济一体化中的重要作用。

【拓展阅读】

世界各国旅游产业发展战略

（1）欧洲。欧洲国家如法国、意大利和西班牙等，依托丰富的文化遗产和自然景观，发展高端旅游市场，同时注重旅游产品的多样化和个性化，满足不同游客的需求。

（2）亚洲。亚洲国家如中国、泰国和日本等，通过发展乡村旅游、生态旅游等新兴业态，推动旅游业的多元化发展。同时，利用亚洲丰富的文化资源，打造特色旅游目的地。

（3）美洲。美国、加拿大等北美国家，通过发展商务旅游、会展旅游等，吸引国际游客。同时，注重旅游目的地的品牌建设，提升国际竞争力。

（4）非洲。非洲国家如肯尼亚、南非等，依托独特的野生动物资源和自然景观，发展生态旅游和探险旅游。同时，通过国际合作，提升旅游服务质量和基础设施水平。

（5）大洋洲。澳大利亚和新西兰等国家，利用其独特的自然风光和户外活动资源，发展户外探险和生态旅游。同时，注重旅游与当地社区的互动，推动旅游业的社区参与和可持续发展。

三、旅游产业发展模式

旅游产业发展模式在推动地区经济发展和社会进步方面具有重要的作用。不同的模式反映了旅游业在不同国家和地区的发展特点，是旅游业适应当地条件、实现可持续发展的重要途径。

（一）旅游产业发展模式的概念

模式是一种特定的经济行为和组织方式，体现了在一定条件下实现目标的路径和方法。旅游产业发展模式是指在特定历史条件、地理环境、文化背景和社会经济状况下，旅游业发展所采取的特定路径和方法。在旅游产业中，发展模式包括了对产业结构、经营管理、市场开发等方面的整体设计和规划。

旅游产业发展模式的灵活性、创新性和可持续性特征。灵活性体现在适应市场需求和变化的能力上，创新性则强调在模式中引入新技术、新理念，而可持续性关注在模式中融入环保、社会责任等元素，以确保产业的长期发展。在实践中，不同国家和地区根据自身特点，发展出多种多样的旅游产业发展模式，如资源驱动型、市场导向型、政策引导型和可持续发展型等。这些模式各有侧重，但都致力于实现旅游业与社会、经济和环境的和谐共生。

（二）旅游产业发展模式的类型

1. 资源驱动型

资源驱动型模式主要依赖于丰富的自然资源或深厚的文化遗产，通过开发和利用这些资源来吸引游客。例如，新加坡通过推广其丰富的文化遗产和现代都市生活，将文化和旅游紧密结合，通过推广特定的文化元素和活动来吸引游客；德国的"森林幼儿园"和"家庭小菜园"模式，将农业活动与旅游业相结合，通过提供独特的乡村旅游体验来吸引游客。

2. 市场导向型

市场导向型模式在经济发达的国家中尤为常见，例如美国和西班牙。这种模式特别强调对市场的深入调研以及对游客需求的细致分析，目的是能够根据市场的实际需求来设计和调整旅游产品和服务。在市场导向型模式的指导下，旅游业更加注重提升游客的体验和满意度，同时也在努力实现旅游产品的多样化和个性化，以满足不同游客的独特需求。

3. 政策引导型

政府引导型模式在许多发展中国家较为普遍，这些国家将旅游业作为外汇收入的重要来源和促进经济发展的手段。在这种模式下，政府通常会投入大量资金和提供各种补贴，以引导旅游业的发展方向，确保旅游业能够健康、有序地发展。例如，印度的旅游业就是以国有企业和私营企业共同发展为主，政府在其中扮演着积极的角色，通过制定政策、提供资金支持和基础设施建设等措施，积极推动旅游业的发展。

4. 可持续发展型

可持续发展型发展模式强调在旅游业发展过程中，必须保护环境、维护生态平衡，实现经济、社会和环境的和谐发展。在这种模式下，旅游业的发展与当地社区的福祉紧密相联，注重旅游活动的长期可持续性。可持续发展型模式不仅仅关注短期的经济利益，更注重长期的环境保护和社会责任。通过这种方式，旅游业可以成为推动社会进步和环境保护的重要力量。

（三）世界各国旅游产业发展模式

1. 欧洲模式

欧洲模式是指欧洲各国，尤其是像瑞士、奥地利等，普遍采用的一种结合资源驱动和市场导向的发展模式。这些国家依托其得天独厚的自然资源和文化遗产，同时注重旅游产品的创新和市场定位，成功吸引了众多的国际游客。例如，瑞士以其壮丽的阿尔卑斯山脉、清澈的湖泊和独特的瑞士手表等传统工艺闻名于世，而奥地利则以其优美的音乐、历史古迹和独特的维也纳咖啡文化吸引了众多游客。这些国家不仅注重保护和利用自身的自然资源和文化遗产，还不断推出新的旅游项目和服务，以满足不同游客的需求，从而在全球旅游市场中保持竞争力。通过这种模式，欧洲国家不仅促进了旅游业的发展，还带动了相关产业的繁荣，为经济增长做出了重要贡献。

2. 亚洲模式

亚洲许多国家通常采取政策引导型的发展模式，政府通过制定旅游政策和提供支持，推动旅游业的快速发展。例如，新加坡和韩国等国家，政府在这一过程中扮演了至关重要的角色。通过精心制定和实施一系列旅游政策，政府为旅游业的发展提供了强有力的支持和指导。同时，这些亚洲国家在追求旅游业发展的同时，也非常注重可持续性。政府和相关机构采取了一系列措施，以确保旅游业的发展与环境保护和文化传承相协调。通过这种综合性的政策引导型模式，亚洲国家不仅成功地提升了旅游业的经济效益，还有效地保护了其独特的文化和自然环境。

3. 北美模式

北美地区普遍采纳一种结合资源驱动与市场导向的旅游经济发展模式。在这种模式下，旅游业的发展呈现出多样性，不仅展示了该地区丰富的自然资源和多元化的市场需求，而且强调了创新和个性化服务的重要性。同时，环境保护和可持续发展的原则也得到了充分的考虑。北美国家如美国和加拿大，旅游业发展模式多样，既利用自然资源如国家公园吸引游客，也发展都市观光和商务旅游等满足市场需求的旅游形式。同时，特别注重创新和个性化服务，不断推出独特旅游产品和服务以保持国际竞争力。此外，北美国家在旅游业的发展中也极为重视可持续发展和环境保护，认识到只有合理利用和保护自然资源与环境，旅游业的繁荣才能得以持续。

4. 非洲模式

非洲模式是指非洲国家，例如肯尼亚、坦桑尼亚等，主要采取一种资源驱动型的发展模式。这些国家充分利用了它们独特的野生动物资源和壮丽的自然景观,致力于发展生态旅游。通过这种方式,非洲国家不仅能够展示其丰富的自然资源,还能吸引来自世界各地的游客,从而带动旅游业的发展。同时,这些非洲国家也在积极探索如何通过旅游业的发展来带动当地社区的经济增长和社会进步。此外,非洲国家还注重旅游业的可持续发展,许多非洲国家在发展旅游业的过程中,采取了一系列环保措施,以保护其独特的自然景观和野生动物资源。

世界各国根据自身的资源条件、发展阶段和战略目标,形成了各具特色的旅游产业发展模式。这些模式为全球旅游业的发展提供了宝贵的经验和启示,同时也指出了在全球化背景下,各国旅游业发展需要考虑的共同挑战和机遇。

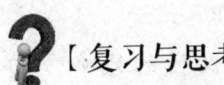
【复习与思考】

一、重点概念

旅游产业　旅游产业结构　旅游产业结构优化　旅游产业发展　旅游产业发展战略　旅游产业发展模式

二、思考题

1. 简述旅游产业的特点及性质。
2. 影响旅游产业结构的因素有哪些?
3. 如何理解旅游产业结构的多元化与专业化并存的特点?请结合实际案例进行分析。
4. 简述旅游产业结构的内容。
5. 在全球化背景下,旅游产业结构的区域性与全球性如何相互影响?请举例说明。
6. 旅游产业结构的动态性与适应性对于旅游业的可持续发展有何重要意义?
7. 试对不同类型的旅游产业发展模式进行比较。

三、案例分析与讨论

在泰国,旅游业是其经济的重要支柱之一,尤其是首都曼谷,以其丰富的文化遗产、美食和购物体验而闻名。然而,随着旅游业的快速发展,曼谷也面临着交通拥堵、环境污染和文化资源过度商业化等问题。为了应对这些挑战,泰国政府和旅游业界采取了一系列措施,旨在实现旅游业的可持续发展。

泰国政府推出了"绿色旅游"计划,鼓励酒店和旅游企业采用环保材料和节能技术,减少能源消耗和废物排放。此外,政府还设立了专门的基金,支持旅游目的地的生态修复和环境改善项目，如红树林的保护和恢复。

为了缓解交通压力，曼谷市政府投资建设了新的公共交通系统，包括地铁和轻轨，以减少私家车的使用。同时，推广自行车租赁服务，鼓励市民和游客选择更环保的出行方式。

在文化保护方面，泰国政府实施了严格的文化遗产保护法规，限制在历史遗迹附近的商业开发。同时，通过举办文化节庆活动，如宋干节和水灯节，让游客在参与中了解和尊重泰国的文化传统。

此外，泰国还注重旅游业的社区参与。政府支持当地社区发展乡村旅游，提供培训和资金支持，帮助居民开发特色民宿和手工艺品，使他们能够从旅游业中直接受益。这种模式不仅促进了当地经济发展，也增强了社区对文化遗产的保护意识。

（资料来源：泰国国家旅游局宣布2024年实现高质量和可持续性的战略方向［EB/OL］. http://www.amazingthailand.org.cn/Content/Index/shows/catid/92/id/350.html，2023-7-19.）

思考：

1. 分析泰国政府在推动旅游业可持续发展方面采取的主要措施，并讨论这些措施的效果和可能的改进空间。

2. 泰国如何平衡旅游业发展与文化遗产保护之间的关系？

3. 泰国的社区参与模式对其他发展中国家旅游业发展有何启示？

第九章 旅游投资与决策

【学习目标】

1. 知识目标：理解旅游投资的概念、特点和类型，掌握旅游投资的可行性研究方法，以及如何进行旅游投资的经济评价。了解旅游投资决策的程序和方法，以及如何规避旅游投资风险的策略。

2. 能力目标：培养学生分析和评估旅游投资项目的能力，提高学生在旅游投资决策、风险管理和项目实施方面的实践技能，并能够提出创新的旅游投资方案。

3. 思政目标：培养学生的国际视野和文化自信，理解旅游业在促进文化交流、增进国际友谊中的重要作用。同时，强调可持续发展的重要性，培养学生的环保意识和社会责任感。

【导入案例】

在旅游业蓬勃发展的背景下，各国政府积极投资于开发新的旅游胜地，以刺激经济增长和促进地方发展。为了科学决策，政府机构往往需要借助专业的旅游咨询公司进行市场研究和投资评估。以下是一个具体案例，展示了一国政府如何通过旅游投资与决策，成功推动了地方旅游业的繁荣。

某国政府决定在一片具有潜力的地区开发新的旅游胜地，以推动当地经济发展。为了确保投资的可行性和最大限度的利益，政府决定寻求专业旅游咨询公司的帮助。

政府委托了一家经验丰富的旅游顾问公司，负责进行全面的市场研究和投资评估。该公司首先展开目标市场的调查，深入了解潜在游客的需求、旅游趋势以及竞争对手的情况。通过调查，他们获取了关键的市场数据，为后续的决策提供了重要支持。

在市场调查的基础上，旅游顾问公司对地方进行了优势和劣势的评估，涵盖了基础设施、自然资源、文化遗产等多个方面。他们综合这些数据，撰写了一份详细的市场分析报告，为政府提供了全面的决策依据。

在投资决策阶段，政府考虑了投资金额、项目可行性、回报率等多个因素。与此同时，政府积极与当地社区进行沟通，确保项目在推进过程中能够获得社会的广泛支持。这种基于社会参与的决策方式，使得项目更具可持续性。

最终，政府依据旅游顾问公司提供的专业建议和市场分析报告，以及与社区的良好沟通，做出了决策并启动了旅游项目。该项目成功吸引了大量游客，推动了当地旅游业的繁荣，为地方经济注入了新的活力。

〔本章导读〕

在全球化和信息化的推动下，旅游业已成为世界经济中最具活力的产业之一。旅游产业的快速发展吸引了大量的投资，这些投资不仅推动了旅游业收入的增长，也为投资者带来了丰厚的回报。在进行旅游投资决策时，可行性研究扮演了至关重要的角色，为投资者提供了科学的决策支持，直接关系到投资项目的成功与否以及投资者的最终收益。本章探讨了旅游投资与决策的全过程，从旅游投资的概念和特点出发，讲解了旅游投资的可行性研究、融资模式、经济评价以及风险管理。通过学习旅游投资决策的程序和方法，投资者可以更好地理解旅游市场的复杂性，制定出符合市场需求和自身利益的投资策略。

第一节　旅游投资概述

一、旅游投资的概念

旅游投资是指为了获取旅游产业的长期收益，投资者对旅游相关项目或企业进行的资金投入。这种投资可以是直接的，如购买旅游地产或建设度假村；也可以是间接的，如通过股票市场投资旅游公司。旅游投资的核心在于识别和利用旅游业的增长潜力，实现资本的增值。

旅游投资的概念包括但不限于旅游基础设施建设、旅游产品和服务的开发、旅游目的地的营销和品牌建设等。这些投资活动对于旅游业的可持续发展至关重要，因为它们能够提升旅游目的地的吸引力，增强旅游体验，从而带动整个旅游产业链的发展。

二、旅游投资的特点

旅游投资具有其独特性，这些特点决定了投资者在进行旅游投资时需要考虑的因素。了解这些特点有助于投资者更好地评估投资风险和回报，制定有效的投资策略。

（一）高风险性

旅游业受多种因素影响，如经济波动、政治不稳定、自然灾害等，这些因素的任何变化都可能对旅游业产生显著的负面影响，进而对旅游投资产生不利影响。由于这些不确定性和潜在的风险，旅游投资往往需要面对较高的风险水平。例如，在经济衰退或不景气的时期，人们可能会减少旅游支出，选择更经济的旅游方式。政治动荡、社会冲突或战争等事件会导致旅游目的地的安全性下降，游客可能会因此避开这些地区，导致旅游收入大幅减少。自然灾害如地震、洪水、台风等，不仅会直接破坏旅游基础设施，还会对旅游目的地的自然环境和景观造成长期影响，从而降低其吸引力。这些外部因素的影响，使得旅游投资往往伴随着较高的风险。

（二）长期性

长期性是指旅游项目的建设和回报周期通常较长，这就要求投资者具备长远眼光和定力，在进行投资决策时，必须深思熟虑资金的流动性，确保在漫长的项目周期内能够灵活应对各种可能出现的财务风险和挑战。同时，投资者还需要密切关注市场环境的动态变化、政策法规的调整以及经济波动等外部因素，因为这些都可能对旅游项目的建设和最终的回报周期产生直接或间接的影响。只有充分认识到这些潜在的变数，并在投资策略中加以考虑，投资者才能在旅游项目中获得可持续的回报。

（三）地域性

旅游投资受到旅游目的地的地理位置、文化背景、自然资源等因素的影响。这些因素决定了旅游项目的吸引力和竞争力，投资者需要对目的地市场有深入的了解。地理位置决定了旅游目的地的可达性和交通的便利性；文化背景则涉及当地的历史、民俗、艺术等多个方面；自然资源包括自然景观、气候条件、生态环境等。这些因素共同作用，形成了旅游目的地的独特魅力和吸引力。因此，投资者在进行地域性旅游投资时，必须充分考虑这些因素，深入研究旅游目的地的市场环境，了解当地居民的需求和游客的偏好，以便制定出符合市场需求的投资策略。

【同步案例】

西湖区旅游业发展"十四五"规划

中国浙江省的西湖区,以其秀丽的自然风光和深厚的文化底蕴,成为国内外游客向往的旅游胜地。近年来,随着旅游业的快速发展,西湖区面临着如何在保护文化遗产和生态环境的同时实现旅游业可持续发展的挑战。为此,当地政府和企业共同投资了一系列旅游发展项目,旨在打造一个集文化体验、生态旅游和现代服务于一体的旅游目的地。西湖区的旅游投资项目涵盖了文化遗产保护、生态旅游开发和旅游基础设施建设等多个方面。

在文化遗产保护方面,政府投入巨资对西湖周边的古建筑进行了修复和保护,同时,通过举办各类文化节庆活动,如西湖国际音乐节和西湖国际博览会,增强了游客的文化体验。

在生态旅游开发方面,西湖区注重保护和利用自然资源,推广绿色旅游。例如,开发了环湖自行车道,鼓励游客骑行游览,以减少对环境的影响。同时,政府通过建立生态旅游示范区,如西溪国家湿地公园,展示了生态保护与旅游发展相结合的新模式。

旅游基础设施建设也是西湖区旅游投资的重点。政府投资改善了交通网络,提升了游客的可达性。同时,新建和改造了一批旅游服务中心和信息平台,提高了旅游服务质量和效率。

在投资策略上,西湖区强调政府引导和市场运作相结合。政府通过政策扶持和资金投入,为旅游项目提供支持。同时,鼓励私营部门参与,引入竞争机制,激发市场活力。这种模式既保证了旅游项目的公益性,又确保了项目的经济效益。

在可持续发展方面,西湖区注重旅游与当地社区的和谐共生。政府与当地居民合作,推动乡村旅游和特色手工艺品的发展,使居民从旅游业中直接受益。同时,通过教育和培训,提高居民的环保意识和旅游服务技能。

西湖区的旅游投资案例表明,通过综合运用文化遗产保护、生态旅游开发和基础设施建设等手段,可以实现旅游业的可持续发展。这一模式强调了政府、企业和社区的共同参与,以及旅游发展与环境保护、文化传承的和谐统一。西湖区的经验为中国乃至全球其他旅游目的地提供了宝贵的参考,展示了如何在全球化背景下,实现旅游业的绿色发展和文化传承。

(资料来源:西湖区旅游业发展"十四五"规划[EB/OL] https://www.hzxh.gov.cn/art/2021/9/3/art_1229346906_59012403.html,2021-09-03.)

思考:根据上述案例,总结西湖区旅游投资对其他拥有丰富文化和自然资源的地区的借鉴意义。

三、旅游投资的类型

旅游投资的类型多样，每种类型都有其特定的投资策略和回报模式。了解旅游投资类型有助于投资者根据自身的投资目标、风险偏好和市场洞察，做出明智的投资决策，以实现资本的增值和旅游业的发展。

（一）旅游直接投资

旅游直接投资是指投资者将资金直接投入到某个具体的旅游项目或旅游企业中，而不是通过购买股票、债券等金融工具进行间接投资。这种投资方式通常涉及对旅游企业的股权或债权的直接购买，投资者可以直接参与旅游企业的经营决策和管理，从而获得更高的回报。

旅游直接投资的形式多种多样，涵盖了从酒店建设、景区打造到旅游基础设施建设等多个方面。这些投资可以是私人企业或政府机构进行的，旨在促进旅游业的发展，提升旅游目的地的吸引力和竞争力。例如，投资者通过购买或租赁土地，建造酒店和度假村，并提供住宿、餐饮和其他相关服务，以满足不同游客的需求。投资者可以投资于主题公园、博物馆、水族馆、滑雪场等景点的建设和运营。这些设施不仅为游客提供娱乐和休闲体验，还能带动周边地区的经济发展。旅游基础设施建设则包括交通网络的改善、景点的开发和维护，以及公共服务设施的完善，确保游客能够便捷、舒适地游览目的地。通过以上各种形式的旅游直接投资，投资者可以积极参与旅游业的发展，带动经济增长，创造就业机会，并为游客提供更丰富、更优质的旅游体验。

旅游直接投资通常需要较大的资金投入，但潜在的回报也较高。同时，要求投资者具备较高的风险承受能力和专业知识，在投资时需要进行详细规划和市场调研，以确保投资的可行性和盈利性。此外，直接投资还需要考虑当地的政策法规、环境影响以及社会文化因素，以确保项目的顺利进行和可持续发展。

（二）旅游间接投资

旅游间接投资是指那些并不直接投入旅游企业或特定旅游项目，而是与旅游业的发展和运营紧密相联，能够推动整个旅游业发展的投资活动。这类投资通常涉及基础设施建设、交通系统改善、环境保护、教育培训等多个方面。例如，政府或私人投资者可能会投资于道路、机场、铁路等交通设施的建设，这些设施虽然不直接属于旅游企业，但

能够显著提升旅游目的地的可达性和游客的出行便利性，从而间接推动旅游业的发展。同样，投资于环境保护项目，如生态公园和自然保护区的建设，也能为旅游业提供可持续发展的资源和环境基础。

旅游间接投资是一种通过支持旅游相关行业和基础设施建设来促进旅游业发展的投资方式。间接投资能够为旅游业提供更广泛的支持，从而带动整个地区的经济发展。

（三）旅游风险投资

旅游风险投资是指对那些处于初创阶段或拥有创新项目的旅游相关企业的资金注入。这种投资通常涉及较高的风险，但也有可能带来较高的回报。风险投资者通过提供资金支持，帮助这些企业实现其商业计划和业务扩展，从而推动整个旅游行业的发展和创新。

旅游风险投资主要关注那些具有独特商业模式、创新产品或服务的旅游企业，这些企业可能包括新兴的在线旅游平台、特色民宿、旅游科技公司等。尽管这些企业面临诸多不确定性，如市场接受度、竞争压力和技术变革等，但它们也具备巨大的成长潜力和市场前景。风险投资者通过深入的市场调研和严格的项目评估，选择那些具有独特竞争优势和可持续发展能力的企业进行投资。这种方式，不仅为旅游企业提供资金支持，还为其带来宝贵的管理经验、市场资源和行业网络资源，进一步提升企业的竞争力和市场地位。因此，旅游风险投资在推动旅游行业创新和发展方面发挥着至关重要的作用。

第二节　旅游投资可行性

一、旅游投资可行性研究

（一）旅游投资可行性研究的概念

可行性研究是在项目启动前进行的一项全面而系统的分析与评估工作，旨在判断项目是否具备投资和实施的价值。旅游投资可行性研究是指在资金投入之前，对旅游项目进行全方位的分析和评估，以确认其在经济、社会和环境层面的可行性。

旅游投资可行性研究的核心在于全面评估项目的潜在价值、风险和收益。这包括对目标市场的深入分析，了解游客的需求和偏好，以及对竞争对手的评估。此外，研究还需考察项目的地理位置、交通便利性、旅游资源的丰富程度以及基础设施的完善情况。通过对这些因素的综合考量，投资者可以判断项目的可行性和盈利前景，从而做出明智的投资决策。

（二）旅游投资可行性研究的内容

旅游投资可行性研究是一个全面评估项目可行性的过程，它不仅仅局限于对项目的初步审查，而是深入地涵盖了多个关键方面。主要包括市场分析、财务分析、技术分析、资源分析、风险分析以及法律和政策分析等。

1. 市场分析

市场需求分析是可行性研究的重要内容之一，主要包括研究目标市场的规模、增长潜力、消费者需求和偏好，以及竞争对手的情况。通过对旅游市场趋势的深入分析，评估项目的市场需求和潜在客户基础。

2. 财务分析

财务分析是评估旅游项目经济可行性的关键，它直接关系到投资的盈利能力和风险。财务分析是通过计算旅游项目的投资成本、运营成本、收入和利润等财务指标，评估项目的旅游经济效益。通过财务模型分析项目的旅游经济可行性和旅游投资回报率。

3. 技术分析

评估项目所需的技术、设备和人力资源，以及这些资源的可获得性和成本。技术可行性决定了项目能否顺利实施。

4. 资源分析

主要考察项目所在地的自然资源、文化资源和社会资源等，评估这些资源是否能够支撑项目的开发和运营。例如，对于一个海滨度假村项目，需要评估海滩的质量、周边的生态环境以及相关的基础设施建设情况。

5. 风险分析

关注项目可能面临的政治风险、市场风险、财务风险、技术风险等，评估这些风险对项目的影响程度，并提出相应的风险应对措施。同时，考虑项目对当地环境的影响，包括自然资源的利用、生态保护以及可能产生的环境问题。

6. 法律和政策分析

法律和政策的合规性是项目顺利进行的前提。研究与项目相关的法律法规，包括土地使用权、建设许可、税收政策等。例如，政府对旅游业的扶持政策、环保法规等都会对项目的可行性产生重要影响。

可行性研究是旅游投资决策过程中的关键步骤，它涉及对投资项目的全面评估，确保投资决策的科学性和合理性。上述内容共同构成了可行性研究的框架，为投资者提供了决策的宏观视角，协助他们在错综复杂的旅游市场中作出明智的投资抉择。

> **➡ 同步思考**
>
> 问题：在旅游投资项目的实施与建设过程中，投资者如何确保项目能够顺利进行并达到预期目标？在面对项目实施过程中可能出现的不确定性和挑战时，投资者应采取哪些策略来优化项目管理和风险控制？

二、旅游投资的融资模式

在旅游项目的投资过程中，融资模式的选择对于项目的顺利实施和长期发展至关重要。一个合适的融资模式不仅能够为项目提供必要的资金支持，还能够降低投资风险，提高资金使用效率。

（一）融资主体的确定

融资主体的确定是旅游投资融资模式的基础。它涉及谁将承担投资风险，以及谁将负责项目的管理和运营。在旅游投资中，融资主体可能包括政府、私营企业、金融机构以及国际投资者等。

1. 政府融资

政府通常在基础设施建设、公共服务和大型旅游项目中扮演重要角色。政府融资的优势在于能够提供长期、低成本的资金支持，同时通过政策引导和税收优惠，吸引更多的私人投资。

2. 私营企业融资

私营企业在旅游项目中通常追求较高的投资回报。他们可能通过自有资金、银行贷款、股权融资等方式筹集资金。私营企业的灵活性和创新能力是其在旅游投资中的重要优势。

3. 金融机构融资

银行和其他金融机构是旅游项目融资的重要渠道。他们提供多样化的融资产品，如项目融资、租赁融资等，为旅游项目提供资金支持。

4. 国际投资者融资

国际投资者，如跨国公司和国际金融机构，可以为旅游项目带来资金和先进的管理经验。他们的参与有助于提升项目的国际竞争力和品牌影响力。

（二）资金来源的渠道与筹措方式

资金来源的渠道和筹措方式直接关系到旅游项目的融资成本和资金的稳定性。在旅游投资中，投资者需要根据项目的特点和市场条件，选择最合适的融资方式。

1. 自有资金

投资者通过运用其个人资金进行投资，这种方式风险较低，但资金规模受限，通常适用于小型或初期项目。尽管自有资金投资风险较低，它却限制了项目的规模和潜在发展。

2. 银行贷款

银行贷款是旅游项目融资的主要方式之一。它提供了相对稳定的资金来源，但可能伴随着较高的利息成本和严格的还款要求。

3. 股权融资

通过发行股票或引入战略投资者，企业可以筹集到大量资金，有助于项目的快速扩张。这种方式可以分散投资风险，但可能会导致原有股东权益的稀释。

4. 债券融资

企业通过发行债券向投资者募集所需资金。相较于银行贷款，债券融资的成本往往更低，但前提是企业必须拥有较高的信用评级。

5. 众筹

近年来，众筹作为一种新兴的融资模式，为旅游项目提供了更多元化的资金来源，尤其适合于具有社会影响力和创新性的项目。它通过互联网平台，吸引众多小额投资者参与，为项目提供资金支持。

资金来源的渠道与筹措方式是旅游项目融资的关键环节，它们直接影响到项目的财务健康和长期发展。投资者在选择融资方式时，需要综合考虑项目的特点、市场条件、成本和风险，以确保资金的稳定供应和项目的顺利实施。

（三）旅游投资中创新的融资模式

随着金融市场的发展和旅游产业的创新，出现了多种创新的融资模式，这些模式为旅游投资提供了新的资金来源和风险管理工具。

1. 绿色债券

针对环保和可持续发展项目，发行绿色债券可以吸引那些关注社会责任的投资者。绿色债券的发行不仅为环保和可持续发展的旅游项目提供了资金支持，还增强了项目的社会责任形象。这些债券通常被用于资助清洁能源、节能技术、污染控制、可持续水资

源管理以及生态友好型交通系统等项目。通过这种方式，绿色债券不仅促进了环境的改善，还推动了经济的绿色转型，为投资者提供了一个既能实现财务回报又能支持环境保护的金融工具。

2. 旅游发展基金

由政府或私营部门设立的旅游发展基金，专注于投资旅游产业。这种基金通常具有政策导向性，可以为旅游项目提供政策优惠和资金保障。旅游发展基金的设立，旨在促进旅游业的持续健康发展，通过资金的注入，支持旅游基础设施的建设，提升旅游服务的质量，以及推动旅游产品的创新。此外，这些基金还可能提供技术援助和专业培训，帮助旅游企业提升竞争力，从而带动整个旅游产业链的繁荣。

3. 公私合作（PPP）模式

政府与私营企业合作，双方共同投资和运营旅游项目。通过这种合作方式，政府可以利用私营企业的资金和管理经验，而私营企业则可以借助政府的政策支持和市场准入优势。PPP模式能够有效地结合政府的宏观调控能力和市场的微观运作效率，从而实现资源的优化配置和风险的共同承担。这种模式不仅有助于提高旅游项目的运营效率，还能促进旅游业的可持续发展，为当地经济带来积极影响。

4. 旅游信托基金

通过设立信托基金，将旅游资产证券化，为投资者提供稳定的收益。这种创新的金融模式不仅有助于提升旅游资产的流动性，使其更容易在市场上进行交易，而且还能为旅游业的长期发展提供一个坚实的财务基础和稳定的资金支持。通过这种方式，旅游项目能够吸引更多的投资，促进整个行业的繁荣和增长。

随着旅游业的迅猛发展和金融市场的创新，传统的融资方式已无法完全满足旅游投资的需求。新兴的融资模式为旅游业带来了更加多元化的资金渠道和风险管理策略。这些创新融资模式的引入，不仅解决了旅游投资的资金难题，还为旅游业的可持续发展注入了新的活力。

三、旅游投资的经济评价

旅游投资的经济评价是评估旅游项目是否值得投资的重要工具。它通过量化分析项目的经济效益，帮助投资者和决策者理解投资回报，识别潜在风险，并为投资决策提供科学依据。

（一）旅游投资经济评价的概念

旅游投资经济评价是对旅游项目在经济层面上的价值进行系统分析和评估的过程。它不仅关注项目本身的财务表现，还重视项目对当地经济、社会和环境的综合影响。旅游投资经济评价的最终目的是确保投资决策的合理性和科学性，从而实现资源的有效配置和最大化利用。

旅游投资的经济评估涉及成本、收益、风险和不确定性的分析。投资者需从宏观和微观角度评估项目的经济可行性，包括对地区经济的影响和财务绩效指标。同时，旅游投资的经济评估还要求投资者全面考虑项目的可持续性和长期发展潜力，确保投资不仅带来经济效益，还能对社会和环境产生积极影响。例如，项目是否有助于推动当地社区的发展，是否有助于保护和传承文化遗产，以及是否有助于实现环境保护和生态平衡。通过这种全面的评估，投资者可以确保其投资不仅能够实现预期的经济收益，还能对社会和环境产生积极且持久的影响。

（二）旅游投资经济评价的内容

旅游投资经济评价的内容主要包括对旅游项目在经济方面的全面分析和评估，涉及的内容广泛，主要包括以下方面。

1. 成本效益分析

投资成本的评估是旅游投资经济评价的基础。包括对项目初期投资的直接成本、间接成本和全部收益进行详细的计算。直接成本包括土地购置费用、建筑施工成本、设备采购费用以及其他相关的初始投入。间接成本包括项目启动前的市场调研费用、规划设计费用、行政管理费用以及可能的融资成本等。项目带来的全部收益包括直接收益和间接收益，包括旅游项目运营期间的门票收入、住宿收入、餐饮收入以及其他相关服务收入。通过对这些成本的详细评估，可以更全面地了解项目的经济可行性，为项目的整体预算提供准确的依据。

2. 敏感性分析

敏感性分析是一种重要的财务分析工具，它主要研究旅游项目收益对关键变量变化的敏感程度。这些关键变量通常包括游客数量、旅游运营成本以及其他可能影响项目收益的因素。通过细致地进行敏感性分析，投资者能够更深入地了解旅游项目在不同市场条件下的风险承受能力和韧性。敏感性分析有助于揭示哪些变量对项目收益的影响最大，从而为投资者提供决策支持。通过识别和量化这些关键变量的影响，投资者可以更好地预测和应对市场波动，确保旅游项目的可持续发展和盈利能力。

3. 风险评估

风险评估是旅游投资经济评价的重要组成部分。旅游项目在运营过程中可能面临各种风险，如市场风险、政策风险、自然灾害风险、汇率风险等。通过对这些风险因素进行详细而全面的调查，可以为旅游项目的抗风险能力提供深入的分析和评估。风险评估不仅有助于识别和量化潜在的风险，还能为投资者提供更为科学和客观的决策依据，确保投资的安全性和收益的稳定性。

4. 社会和环境影响评估

社会和环境影响评估旨在识别和评估某个项目或政策对社会和环境可能产生的各种影响。不仅关注项目的直接和间接影响，还涉及对受影响群体的广泛咨询，确保评估结果的全面性和准确性。社会和环境影响评估有助于减少项目实施过程中可能出现的社会矛盾和环境风险，还能增强项目的社会接受度和环境友好性，最终实现经济、社会和环境的协调发展。

旅游投资经济评价的内容是确保投资决策科学性和合理性的关键。这些评价内容共同构成了旅游投资决策的全面框架，指导投资者在追求经济效益的同时，也考虑到项目的社会责任和环境可持续性。

（三）旅游投资的经济评价

在进行旅游投资的经济评价时，需要关注一系列重要的指标，来全面了解旅游项目的经济效益和投资回报情况。旅游投资常用的评价方法主要有以下几种。

1. 净现值（NPV）法

净现值（Net Present Value，简称 NPV）是指项目在一定时期内现金流入与现金流出的差额，经过折现处理后的总和。净现值法（NPV）是一种评估投资项目经济效益的财务分析方法。该方法通过计算项目未来现金流的现值，并减去初始投资成本，来评估项目投资效益。

净现值的计算公式为：

$$NPV = \sum_{t=1}^{n} \frac{R_t}{(1+i)^t} - C$$

式中：NPV 表示旅游投资项目的净现率；

C 表示旅游投资项目的投资总额；

R_t 表示旅游投资项目在未来 t 年的净收益。

净现值的计算结果可以用来评估项目的投资效益，如果净现值为正，则表明项目的投资回报超过了资本成本，项目在财务上是可行的，具有投资价值；如果净现值为负，则表明项目的投资回报低于资本成本，项目在财务上不可行，不具有投资价值。因此，通过计算净现值，可以评估项目的整体经济效益。

净现值法的优点在于其综合考虑了资金的时间价值和项目的风险性，能够较为全面地评估项目的经济效益。然而，该方法也存在一些局限性，如对未来现金流量和折现率的预测存在不确定性，且难以处理非财务因素的影响。尽管如此，净现值法仍然是目前广泛使用的一种投资项目评估方法。

2. 内部收益率（IRR）法

内部收益率（Internal Rate of Return，简称IRR）是指使得项目净现值等于零的贴现率，也即项目现金流入和现金流出的折现率。内部收益率法是一种评估投资项目盈利能力的财务分析工具。它通过计算项目现金流的现值，反映项目自身的盈利能力。

内部收益率的计算公式为：

$$\sum_{t=1}^{n} \frac{R_t}{(1+r)^t} - C = 0$$

式中：C 表示旅游投资项目的投资总额；

R_t 表示旅游投资项目在未来 t 年的净收益；

r 表示旅游投资项目的内部投资收益率。

在使用内部收益率法进行投资决策时，通常会设定一个基准收益率或折现率，称为资本成本。如果项目的内部收益率高于资本成本，那么项目被认为是可行的，因为它能够带来超过资本成本的回报。相反，如果项目的内部收益率低于资本成本，则被认为是不可行的，因为它无法覆盖其资本成本，从而无法为投资者带来足够的回报。

内部收益率法的优点在于它能够直观地反映项目的盈利能力，并且在比较多个投资项目时，可以较为方便地进行排序。然而，内部收益率法也存在一些局限性。例如，当项目现金流的分布不规则时，可能出现多个内部收益率值，导致决策困难。此外，内部收益率法没有考虑项目规模的大小，有时可能会导致对大规模项目的偏好。总的来说，内部收益率法是一种广泛应用于投资决策的财务评估工具，尽管存在一些局限性，在实际操作中仍然具有重要的参考价值。

3. 投资回收期（Payback Period）法

投资回收期（Payback Period）是指收回某项投资所需的时间。投资回收期法是一

种评估投资项目可行性的财务分析方法，它主要关注的是项目投资成本在多长时间内能够通过项目产生的现金流来回收。具体来说，投资回收期越短，说明项目的现金流回收速度越快，投资风险相对较低；反之，投资回收期越长，则意味着投资者需要越长的时间才能收回成本，项目的风险相对越高。

投资回收期的计算公式为：

$$T_{iv} = \frac{IV}{NCF}$$

式中：T_{iv} 表示旅游投资项目的回收期；

IV 表示旅游投资项目总量；

NCF 表示旅游投资项目每年的净现金流量。

这种方法简单直观，易于理解，特别适用于那些对资金流动性要求较高的企业或项目。然而，投资回收期法也有其局限性，它没有考虑回收期之后的现金流，因此可能会忽略项目的长期收益。尽管如此，作为一种快速评估项目可行性的工具，投资回收期法仍然在实际应用中具有重要的参考价值。

4. 利润指数（PI）法

利润指数（Profitability Index，简称 PI）是指在某一时期内，企业所获得的净利润与投资总额的比值。利润指数法是一种用于评估投资项目盈利能力的财务分析方法。如果利润指数大于 1，说明项目的盈利能力较强，值得投资；如果利润指数小于 1，则说明项目的盈利能力较弱，可能不适合投资。

$$PI = \sum_{t=1}^{n} \frac{R_t}{(1+i)^t} \div C$$

式中：PI 表示旅游投资利润指数；

R_t 表示旅游投资项目在未来 t 年的净现金收益；

i 表示旅游投资项目的资金成本率；

C 表示旅游投资项目的投资总额。

利润指数法能够直观地反映净利润与投资总额之间的关系，从而评估项目的盈利状况。需要注意的是，利润指数只是评估投资项目的一个方面。投资者在做出最终决策时，还应综合考虑其他因素，如市场前景、项目风险、资金成本等，以确保投资决策的全面性和准确性。

☑ 知识链接

旅游投资项目实施的最佳实践

在旅游投资项目的实施与建设过程中,最佳实践可以帮助投资者提高效率、降低风险并确保项目的成功。以下是一些关键的最佳实践:

1. 参与式规划:在项目规划阶段,鼓励当地社区和利益相关者的参与,这有助于确保项目符合当地需求,同时增强社区对项目的认同感和支持。

2. 环境影响评估:在项目开始前进行全面的环境影响评估,确保项目对当地生态系统的影响降到最低,并采取相应的缓解措施。

3. 可持续设计:采用绿色建筑和可持续设计原则,如使用可再生能源、节水设施和本地材料,以减少项目的环境足迹。

4. 文化敏感性:在项目设计和运营中融入当地文化元素,尊重和保护当地传统,提升旅游体验的同时,促进文化传承。

5. 技术创新:利用现代技术,如建筑信息模型(BIM)、项目管理软件等,提高项目管理效率,确保项目按计划进行。

6. 风险管理框架:建立全面的风险管理框架,包括风险识别、评估、监控和应对,确保项目能够应对各种潜在风险。

7. 质量保证体系:建立严格的质量保证体系,确保所有施工和运营活动都符合既定标准,提升项目的整体质量。

8. 持续监测与评估:项目实施过程中,定期进行监测和评估,确保项目目标得以实现,并根据反馈进行必要的调整。

9. 培训与能力建设:为项目团队提供必要的培训,提升他们的专业技能和项目管理能力,确保项目团队能够有效地执行项目任务。

10. 利益共享机制:建立利益共享机制,确保项目带来的经济利益能够惠及当地社区,促进社会和谐与可持续发展。

11. 通过实施这些最佳实践,旅游投资项目不仅能够实现经济效益,还能够在社会、文化和环境层面产生积极影响,实现可持续发展目标。

(资料来源:2023全球旅游业投资报告出炉:谁在投资,投向哪里?[EB/OL].https://www.traveldaily.cn/article/176644,2023-9-25.)

第三节　旅游投资决策

一、旅游投资决策的程序和方法

（一）旅游投资决策的概念

旅游投资决策是指在旅游项目开发、运营和维护过程中，投资者基于对市场、资源、风险等信息的分析，选择最佳投资方案的过程。这一决策过程涉及对旅游项目的可行性、盈利能力、风险承受能力等多方面的评估。

旅游投资决策的核心在于平衡预期收益与潜在风险，确保投资能够带来最大的经济回报，同时考虑到社会、文化和环境的可持续性。这要求投资者具备前瞻性思维，能够准确把握市场动态，合理配置资源，有效管理风险。

（二）旅游投资决策的程序

1. 信息收集

在决策之前，首先需要收集旅游市场、目标区域、竞争环境、法律法规等方面的信息。这些信息的收集工作为后续的分析和评估打下了坚实的基础，确保了决策过程的全面性和准确性。

2. 可行性分析

在项目启动之前，对收集到的信息进行深入分析，评估项目的可行性。这一步骤通常包括多个方面的评估工作，如市场分析、财务分析、技术评估、环境影响评估等。这些综合性的评估，可以为项目的决策提供全面、客观的依据，从而降低项目失败的风险，确保项目的顺利进行和成功实施。

3. 风险评估

在项目管理过程中，有必要识别项目可能面临的风险，如市场风险、财务风险、政策风险等。通过深入分析这些风险因素，项目团队可以评估它们对项目目标、进度、成本和质量的潜在影响。评估结果将有助于制定相应的风险应对策略，以减轻或避免这些风险对项目的负面影响，确保项目的顺利进行。

4. 方案选择

基于可行性分析和风险评估的结果，制定多个投资方案，以便于从中挑选出符合项目需求的最优方案。在这一过程中，必须综合考虑项目的经济效益、社会效益以及环境效益，确保所选方案能够在经济上可行，对社会有积极贡献，并且对环境的影响降到最低。

5. 实施与监控

在决策方案确定后，进行项目的实施，并在实施过程中进行持续的监控和评估，确保项目按计划进行，并及时调整策略以应对可能出现的问题。实施阶段的持续监控和评估是确保项目成功的关键，它允许投资者及时发现并解决实施过程中的问题，从而提高投资的成功率。

（三）旅游投资决策的方法

旅游投资决策的方法多种多样，每种方法都有其特点和适用场景。投资者应根据项目的具体情况选择合适的决策方法。

1. 定量分析

运用数学模型和统计工具，如净现值（NPV）、内部收益率（IRR）、敏感性分析等，对项目的财务表现进行量化评估。定量分析提供了一种基于数据和模型的客观评估方式，帮助投资者从财务角度量化项目的价值和风险。

2. 定性分析

通过专家意见、市场调研、案例研究等方法，对项目的非财务因素进行评估，如市场趋势、文化适应性、政策支持等。定性分析则侧重于项目的非财务因素，这些因素往往难以用数字量化，但对项目的成功同样至关重要。

3. 综合决策

结合定量和定性分析的结果，采用多标准决策分析（MCDA）等方法，综合考虑项目的多方面因素，做出全面决策。综合决策方法则将定量和定性分析的结果结合起来，采用多标准决策分析等工具，以全面考虑项目的各个方面，确保决策的全面性和平衡性。

4. 风险管理

在决策过程中，采用风险管理工具，如风险矩阵、风险缓解策略等，以降低不确定性和潜在风险。风险管理工具的应用为投资者提供了一套系统的风险识别、评估和应对策略，以降低投资过程中的不确定性。

二、旅游投资的风险与规避

（一）旅游投资风险的种类

旅游投资风险的种类繁多，涵盖了市场、政治、经济、环境和法律等多个方面。以下是旅游投资中常见的几种风险类型。

1. 市场风险

市场风险主要与旅游需求和竞争状况相关，影响着旅游项目的收益稳定性。这些风险因素包括需求波动、竞争加剧、消费者偏好变化等。这些因素可能导致旅游项目的收入不稳定，从而影响投资回报。需求波动可能由于经济环境、季节性因素、突发事件或旅游者偏好的改变而产生。竞争加剧可能源于新进入者的加入、现有竞争者的策略调整或价格战等。消费者偏好的变化可能受到文化趋势、技术创新或社会事件的影响。因此，旅游项目管理者需要密切关注市场动态，灵活调整营销策略，以应对这些市场风险，确保项目的长期收益和投资的稳定回报。

2. 政治风险

政治风险通常与政策的变动以及国际关系的状况紧密相联。这些风险因素可能包括政策的频繁调整、政治局势的不稳定，以及国际关系的紧张状态等。这些政治因素都可能对旅游投资产生深远的影响。例如，一个国家或地区如果调整了签证政策，就可能直接影响到国际旅游流量，进而影响到旅游投资的回报。因此，投资者在进行旅游投资决策时，必须密切关注政治环境的变化，以规避可能的风险。

3. 经济风险

经济风险主要涉及与宏观经济相关的各种因素，这些因素包括汇率的波动、通货膨胀的上升，以及经济衰退等现象。这些宏观经济因素可能对旅游投资产生显著的影响。例如，汇率的不稳定可能会导致旅游目的地的成本上升，从而增加旅游投资的总体成本。同时，通货膨胀的加剧可能导致旅游相关商品和服务的价格上涨，进一步压缩旅游投资的利润空间。此外，经济衰退期间，消费者的旅游消费意愿和能力往往会下降，这可能导致旅游需求的减少，从而降低旅游投资的收益。因此，投资者在进行旅游投资决策时，必须充分考虑这些宏观经济因素所带来的潜在风险，以确保投资的稳健性和可持续性。

4. 环境风险

环境风险涵盖了多种可能对旅游目的地产生负面影响的因素，这些因素包括自然灾害、气候变化、环境污染等。自然灾害如地震、洪水、台风等，都可能对旅游目的地造成严重的破坏，降低其吸引力。气候变化，包括全球变暖、极端天气事件的增加等，也可能对旅游目的地的自然景观和生态系统产生长期的负面影响。此外，环境污染，无论是空气污染、水污染还是土壤污染，都可能对旅游目的地的环境质量造成损害，进而影响游客的旅游体验和旅游项目的持续性。因此，环境风险是旅游规划和管理中不可忽视的重要因素，需要通过科学的评估和有效的管理措施来减轻其对旅游目的地和旅游项目的潜在威胁。

5. 法律风险

在商业运营和项目管理中，法律风险是一个不容忽视的重要因素。这些风险包括但不限于法律法规的变动、合同纠纷、知识产权问题以及其他各种法律因素。这些风险的存在可能引发一系列的法律问题，从而导致额外的法律成本和项目延误，甚至可能对企业的正常运营造成严重影响。因此，企业必须对法律风险保持高度警觉，并采取相应的预防和应对策略，以确保企业能够在一个稳定和可预测的法律环境中持续运营。

（二）旅游投资风险的原因

旅游投资风险的成因多种多样，涉及市场动态、信息获取、外部事件、管理实践和法律环境等多个方面。以下是导致旅游投资风险的一些主要原因。

1. 市场的不确定性

旅游市场的需求和供给受到多种因素的影响，如季节性变化、节假日安排、经济周期波动以及其他各种不可预测的事件等，这些不确定性增加了风险。季节性变化可能导致某些时间段内旅游需求的显著增加或减少，例如，在春季或秋季，气候宜人，许多人会选择在这个时候出游，这通常会带来旅游高峰。相反，在冬季或夏季，极端的气候条件可能使一些人选择待在家里，从而减少旅游需求。此外，某些地区的特定节日或活动也可能吸引大量游客，导致旅游需求在这些时间段内激增。经济繁荣时期，人们有更多的可支配收入用于旅游消费，而经济衰退时期，旅游需求则可能大幅下降。市场的不确定性使得旅游市场充满了挑战，但也为那些能够灵活应对的企业提供了更多的机遇。

2. 信息不对称

信息不对称是指在市场交易中，一方拥有比另一方更多、更准确的信息，这种情况可能导致市场参与者在做出决策时面临不公平的条件。具体来说，信息不对称可能导致投资者在缺乏关键信息的情况下做出决策，从而增加了投资失败的可能。

3. 外部冲击

外部冲击是指那些来自旅游目的地外部的、不可预测的事件，这些事件可能对旅游业产生重大影响。常见的外部冲击包括政治动荡、自然灾害、经济危机、疫情暴发等。这些因素往往具有突发性和不可控性，使得旅游项目和目的地面临极大的不确定性。

4. 管理不善

管理不善包括但不限于规划不当、运营效率低下以及财务管理不善，会直接对项目的盈利能力产生负面影响，并且削弱项目的可持续性。具体来说，规划不当可能导致项目在初期就偏离正确的方向，无法有效地实现既定目标。运营效率低下则意味着在项目

执行过程中，资源无法得到充分利用，导致成本增加和时间延误。而财务管理不善则可能导致资金链断裂、预算超支等问题，进一步加剧项目的财务风险。

5. 法律环境变化

法律法规的变动可能对旅游项目的运营产生不利影响。例如，税收政策的调整可能增加运营成本。这不仅会影响旅游项目的盈利能力，还可能迫使企业重新评估其商业模式和定价策略。此外，法律法规的变化还可能涉及环境保护、消费者权益保护、劳动法等方面，这些都可能为旅游项目的运营带来额外的合规要求和成本压力。

（三）旅游投资风险的规避

有效的风险规避策略可以帮助投资者降低潜在损失，提高投资成功率。以下是一些常用的风险规避方法：

1. 多元化投资策略

为了有效地分散风险并减少单一项目或市场波动带来的负面影响，投资者可以采取多元化投资的策略。通过投资不同类型的旅游项目或在不同地区进行投资，分散风险，减少单一项目或市场波动的影响。旅游投资不局限于一种类型的旅游项目，而可以将资金投入到多种类型的旅游项目中，例如酒店、度假村、旅游景点、旅游服务公司等。此外，投资者还可以选择在不同的地区进行投资，这样可以进一步降低因地区性经济波动或自然灾害等因素带来的风险。通过这种多元化的投资方式，投资者可以在不同项目和不同地区之间实现风险的平衡，从而提高整体投资组合的稳定性和收益。

2. 市场研究的重要性

深入进行市场研究对于旅游投资的成功至关重要。投资者需要了解消费者的需求和偏好，以便更好地满足他们的期望，并提供符合市场需求的旅游产品和服务。此外，通过市场研究，投资者可以掌握市场趋势，预测未来的市场变化，从而提前做好准备，抓住市场机遇。市场研究还可以帮助投资者了解竞争对手的情况，分析他们的优势和劣势，以便制定出更有针对性的竞争策略。总之，通过深入的市场研究，投资者可以更好地应对市场变化，提高投资的成功率。

3. 政治和经济分析的重要性

政治和经济环境的变化可能会对旅游投资产生重大影响。例如，政策的调整、经济的波动、汇率的变化等都可能对旅游市场产生影响。因此，投资者需要密切关注这些动态，并评估其对旅游投资的潜在影响。通过及时调整投资策略，投资者可以应对这些变化，减少潜在的负面影响，甚至利用这些变化带来的机遇。

4. 风险管理计划的制订

为了确保旅游投资项目在面对各种风险时能够迅速反应并采取有效措施，制订详细的风险管理计划是必不可少的。风险管理计划应包括风险识别、风险评估、风险监控和风险应对措施。通过制订风险管理计划，投资者可以更加主动地管理风险，提高旅游投资项目的成功率和投资回报。

5. 法律合规的必要性

在进行旅游投资时，确保项目遵守当地法律法规至关重要。投资者必须密切关注相关法律法规的变动，并及时调整合同和协议，以适应法律环境的演变。这不仅涉及与合作伙伴签订的合同，还包括与员工订立的劳动合同、与供应商签订的采购合同等。通过维护法律合规性，投资者能够规避因违反法律法规而产生的法律风险和财务损失。

【拓展阅读】

国家发展改革委关于印发投资项目可行性研究报告编写大纲及说明的通知

发改投资规〔2023〕304号

全国人大常委会办公厅，国务院各部委、各直属机构，全国政协办公厅，最高人民法院，最高人民检察院，中直管理局，各省、自治区、直辖市及计划单列市、新疆生产建设兵团发展改革委：

为着力推动高质量发展，巩固和深化投融资体制改革成果，进一步提升我国投资项目前期工作质量和水平，根据《政府投资条例》《企业投资项目核准和备案管理条例》等规定，在2002年《投资项目可行性研究指南（试用版）》基础上，我委研究制定了《政府投资项目可行性研究报告编写通用大纲（2023年版）》《企业投资项目可行性研究报告编写参考大纲（2023年版）》和《关于投资项目可行性研究报告编写大纲的说明（2023年版）》（以下分别简称《通用大纲》《参考大纲》和《编写说明》）。现印发给你们，请按照执行，并就有关事项通知如下：

一、加强项目可行性研究，提升投资决策科学化水平

党的二十大报告指出，要着力推动高质量发展，增强投资对优化供给结构的关键作用。高质量发展需要高质量的投资，高质量的投资需要高质量的决策。可行性研究是投资决策的核心环节，加强投资项目可行性研究是提升投资决策科学化水平的必然要求。《通用大纲》《参考大纲》和《编写说明》是指导有关方面开展投资项目可行性研究工作的指南，也是加强和改进投资项目决策管理的载体。要以可行性研究报告编写大纲实施为契机，推动各有关方面高度重视项目可行性研究工作，更加注重项目全生命周期管

理,更加注重把握可行性研究的重点,更加注重防控项目建设实施风险,切实提升投资项目前期工作和投资决策的质量,为扩大有效投资,促进高质量发展提供有力支撑。

二、区分项目性质,实施好可行性研究报告编写大纲

可行性研究报告编写大纲适用于我国境内各行业各类投资项目的可行性研究工作,是投资项目决策的重要依据。其中,政府投资项目可行性研究报告原则上应按照《通用大纲》进行编写,并作为各级政府及有关部门审批政府投资项目的基本依据。《参考大纲》主要是在落实企业投资自主权基础上,引导企业重视项目可行性研究,加强投资项目内部决策管理,促进依法合规生产经营,实现健康可持续发展。《编写说明》是对大纲的解释和阐述。在编写、审核项目可行性研究报告时,应同时借鉴和参考使用大纲及说明有关内容。

在编写具体项目的可行性研究报告时,可结合项目实际情况对大纲所要求的内容予以适当调整。对于建设内容单一、投资规模较小、技术方案简单的项目,可按照国家有关规定简化大纲中的有关内容。对于重大或复杂项目,可在可行性研究报告正文之前形成摘要,综述项目概况、可行性研究过程、主要结论和建议等内容。

三、兼顾行业特点和要求,细化优化可行性研究报告编写大纲

《通用大纲》和《参考大纲》是对投资项目可行性研究报告编写内容和深度的一般要求和基础指引。为更好适应不同行业领域的特点和要求,有关行业主管部门可参照编写大纲,在征求我委意见、反映行业特殊性,并根据实际需要对编写大纲有关内容进行合理调整的基础上,制定适用具体行业或领域的可行性研究报告编写大纲或实施细则。

四、加强跟踪反馈,建立可行性研究报告编写大纲动态调整机制

各方面对《通用大纲》《参考大纲》和《编写说明》的意见建议,请及时收集、认真整理并反馈我委。我委将建立可行性研究报告编写大纲动态调整机制,根据新形势新要求并结合各方面反馈意见,适时予以修订。

本通知有关内容由国家发展改革委负责解释,自5月1日起施行。此前有关规定与本通知要求不一致的,以本通知为准。

国家发展改革委

2023年3月23日

(资料来源:国家发展改革委关于印发投资项目可行性研究报告编写大纲及说明的通知[EB/OL]. https://www.ndrc.gov.cn/xxgk/zcfb/ghxwj/202304/t20230407_1353356.html, 2023-3-23.)

三、旅游投资的实施与建设

旅游投资项目的实施与建设是将投资决策转化为实际成果的关键阶段。这一过程涉及项目的立项、规划和建设,每个阶段都对项目的最终成功至关重要。

(一)旅游投资项目立项

项目立项是旅游投资的起始点,它标志着投资决策的正式实施。在这一阶段,投资者需要明确项目的目标、范围和预期成果,为后续的规划和建设奠定基础。

1. 项目目标设定

明确项目的主要目标,如提升旅游目的地吸引力、促进当地经济发展或保护文化遗产。目标设定应与投资者的战略意图和市场定位相一致。

2. 项目范围界定

确定项目的具体内容,包括投资规模、建设地点、主要设施和服务。范围界定应考虑资源可用性、市场需求和环境影响。

3. 可行性研究

在立项阶段,应进行初步的可行性研究,评估项目的经济效益、市场前景和潜在风险。这有助于投资者做出明智的投资决策,并为项目规划提供依据。

(二)旅游投资项目规划

旅游投资项目的规划阶段对于确保项目的成功实施至关重要。在这个阶段,投资者必须对项目的构思、资源配置以及时间规划进行周密的安排。

1. 设计与布局

依据项目的目标和范围,进行周详的设计与布局规划。这涵盖了建筑设计、景观规划、交通流线等方面,必须全面考虑其功能性、审美价值以及对环境的友好性。

2. 资源配置

对项目所需的人力、财力、物力等资源进行详尽规划。资源配置应当保证项目在预算范围内完成,并且具备足够的灵活性以适应可能出现的任何变化。

3. 时间管理

制订项目的时间表,明确各阶段的起始和终止时间。时间管理应当综合考虑项目的复杂性、资源的可用性以及外部因素,以确保项目能够按时完成。

(三)旅游投资项目建设

旅游投资项目的建设阶段是将前期规划转化为实际行动的关键时期,这一阶段要求投资者具备高效的项目管理和协调能力。在此阶段,投资者必须确保项目依照规划顺利推进,同时严格控制成本和保持质量。

1. 施工管理

负责监督施工过程,确保工程质量达到设计标准。施工管理应当涵盖质量控制、进度监控以及成本管理。

2. 风险控制

在建设过程中,持续地识别并应对可能出现的风险。风险控制措施应包括制定应急预案、进行风险评估以及保持风险沟通。

3. 项目验收

项目竣工后,进行详尽的验收工作,确保所有设施和服务满足预期标准。项目验收是确保项目成功的关键环节,它将直接影响项目的市场表现和投资者的收益。

【复习与思考】

一、重点概念

旅游投资　可行性研究　旅游投资决策　旅游投资经济评价

二、思考题

1. 简述旅游投资的特点。
2. 举例说明直接投资和间接投资的区别。
3. 在进行旅游投资可行性研究时,为什么市场分析、财务分析、技术分析和环境影响评估是关键领域?
4. 绿色债券在旅游投资中的作用是什么?它如何帮助投资者实现可持续发展目标?
5. 旅游投资决策的程序是怎样的?
6. 如何规避旅游投资风险?

三、案例分析与讨论

在南美洲的"翡翠之地",一家名为"绿野仙踪"的国际旅游投资公司计划开发一个生态旅游项目。该项目旨在利用该地区的丰富自然资源和生物多样性,打造一个世界级的生态旅游目的地。项目的核心理念是实现旅游业的可持续发展,同时保护当地生态和文化。

项目立项阶段,绿野仙踪公司首先与当地社区进行了深入的沟通,确保旅游开发计划得到居民的支持。公司聘请了生态学家和文化专家,对"翡翠之地"的生态系统进行了全面评估,确保旅游活动不会对当地环境造成破坏。同时,公司还进行了市场调研,分析了潜在游客的需求和偏好,以及他们对可持续旅游的接受程度。

在可行性研究中,绿野仙踪公司重点关注了以下几个方面:

1. 市场分析:研究了全球生态旅游市场的趋势,以及"翡翠之地"在市场中的定位。

2. 财务分析:评估了项目的成本效益,包括建设成本、运营成本和预期收益。

3. 技术分析:确定了所需的技术和设备,以及这些资源的可获得性和成本。

4. 环境影响评估:评估了项目对当地环境的潜在影响,并制定了相应的缓解措施。

5. 法律和政策分析:研究了与项目相关的法律法规,确保项目合规。

绿野仙踪公司还提出了创新的融资模式,包括发行绿色债券和采用公私合作(PPP)模式,以吸引更多的投资者和资金。此外,公司计划建立一个旅游发展基金,专门用于支持当地社区的可持续发展项目。

项目实施过程中,公司采用了严格的质量控制和风险管理措施,确保旅游设施和服务达到国际标准。同时,公司还注重培训当地居民,提升他们的旅游服务技能,使他们能够从旅游业中直接受益。

经过几年的努力,"翡翠之地"生态旅游项目取得了巨大成功。游客数量稳步增长,当地社区的经济状况得到了显著改善,同时,这片珍贵的自然遗产得到了有效保护。

思考:

1. 在"翡翠之地"生态旅游项目中,绿野仙踪公司如何确保旅游开发与环境保护的平衡?

2. 绿野仙踪公司在进行市场分析时,采取了哪些策略来吸引生态旅游市场的潜在游客?

3. 在项目的经济评价中,公司如何评估长期生态保护的成本,并将其纳入财务分析?

4. 绿野仙踪公司采用了哪些风险管理措施来应对旅游投资过程中可能遇到的风险?

第十章 旅游经济效益与评价

🔍 【学习目标】

1. 知识目标：掌握旅游经济效益的概念、构成要素以及评价方法。了解旅游对一个国家或地区经济、区域发展和全球经济一体化的贡献与挑战。

2. 能力目标：培养学生分析旅游企业、项目和目的地经济效益的能力，提升学生在旅游经济效益评估、风险管理和可持续发展策略制定方面的实际操作技能。

3. 思政目标：培养学生的国际视野和文化自信，理解旅游业在促进文化交流、增进国际友谊中的重要作用。同时，强调可持续发展的重要性，培养学生的环保意识和社会责任感。

☑ 【导入案例】

西江千户苗寨，坐落在苗族聚居的青山绿水之间，长期以来一直是一个传统的苗族聚居地。然而，随着国家乡村振兴政策的实施，当地政府与村民共同决定将苗寨打造成一个集旅游、文化传承、手工艺品展示为一体的旅游胜地。

在微观经济效益方面，西江千户苗寨的村民通过开发旅游业，不仅实现了个人经济收入的增加，还带动了当地手工艺品、特色美食的销售。通过深入分析苗寨的旅游企业，可以看到其成本与收益的合理平衡，以及通过提升竞争力吸引游客的成功经验。

随着乡村旅游的崛起，西江千户苗寨经历了经济结构的深刻变革。传统的农业生产方式逐渐与旅游服务相融合，村民通过提供民宿、导游服务等参与到旅游业中。这不仅为村庄注入了新的活力，也使得当地居民的生活水平得到提高。

在宏观经济效益方面，西江千户苗寨的成功经验不仅仅是一村之例，也在宏观层面上带来了显著的经济效益。该地的旅游业不仅在当地GDP中占有重要地位，还通过吸引游客为国家创造了可观的外汇收入。在国家宏观经济调控中，乡村旅游成为推动区域发展的新引擎。

除了经济层面，西江千户苗寨的成功还体现在社区层面。通过旅游业的推动，当地居民积极参与苗族文化的传承，使得传统文化焕发新生。同时，对生态环境的保护成为当地发展的重要理念，确保了乡村旅游的可持续发展。

（资料来源：西江千户苗寨［EB/OL］. http://www.xjQhmz.com/，2024-02-23.）

[本章导读]

在全球化和信息化的今天，旅游业已成为推动世界经济发展的重要力量。旅游经济效益不仅体现在经济层面，还涉及社会、文化和环境等多个维度。本章深入探讨了旅游经济效益的定义、构成要素、评价方法以及在国家、区域和全球层面的作用。同时，本章强调了旅游业在促进经济、社会和环境可持续发展中的关键角色，以及在全球化背景下，如何通过国际合作与竞争实现旅游业的共同繁荣。

第一节　旅游经济效益概述

一、旅游经济效益的概念

旅游经济效益是指旅游业在运营过程中所产生的经济收益和相关经济活动的综合效果。这不仅包括直接的经济收益，如旅游者的消费、旅游企业的收入、就业机会的增加等，还包括间接的经济效益，如相关产业链的带动、基础设施的改善、地方财政收入的增加等。

旅游经济效益强调了旅游业对经济的多方面贡献，包括旅游收入的增加、税收的提高、就业机会的创造、相关产业链的繁荣以及对技术进步的推动。这些效益不仅体现在经济数据上，还包括旅游业对提升目的地形象、促进文化交流和增强社会凝聚力的重要作用。

二、旅游经济效益的构成要素

旅游经济效益是一个多维度的概念，它不仅包括直接的经济收益，还涉及间接的经济影响以及社会文化层面的积极作用。了解这些构成要素对于全面评估旅游业对经济的贡献至关重要。

（一）直接经济效益

直接经济效益指的是旅游业直接带来的经济收益，包括旅游收入、税收和就业创造等方面。这些要素直接反映了旅游业的经济活力和对国家或地区经济的直接影响。因此，直接旅游经济效益是衡量一个地区旅游业发展水平和经济贡献的重要指标。

1. 旅游收入

旅游收入是衡量旅游业经济贡献的关键指标，它涵盖了游客在旅游目的地的消费总额，包括住宿、餐饮、交通、购物、娱乐等。旅游收入的增长不仅增加了目的地的经济总量，还提高了当地居民的生活水平。

2. 税收

旅游业的发展为政府带来了稳定的税收收入，包括旅游税、酒店税、机场税等。这些税收是政府用于公共服务和基础设施建设的重要财政来源，对于提升公共服务水平和改善居民生活质量具有重要作用。

3. 就业创造

旅游业是劳动密集型产业，其发展能够为当地居民提供大量的就业机会。这些就业机会不仅包括直接的旅游服务岗位，如导游、酒店员工等，还包括间接的就业，如建筑、交通、零售等行业。旅游业的就业创造对于缓解就业压力、促进社会稳定具有显著作用。

（二）间接经济效益

间接经济效益是指那些不直接体现在旅游活动本身，但与旅游业发展密切相关的经济收益。这种效益通常通过旅游产业链的延伸和技术创新来实现和推动。间接经济效益是旅游业对整个经济体系产生广泛影响的重要体现，它不仅推动了旅游业自身的发展，还促进了相关产业和整个社会经济的繁荣。

1. 相关产业链的发展

旅游业的发展带动了交通、酒店、餐饮、零售等相关产业的增长。这些行业虽然不直接参与旅游活动，但它们的发展和繁荣在很大程度上依赖于旅游业的兴旺。这些产业为旅游业提供了必要的支持和服务，同时也从旅游业的发展中获得了巨大的经济利益。产业链的延伸和完善，提高了整个经济体系的效率和竞争力。

2. 技术进步与创新

旅游业对新技术的需求推动了科技创新和应用。例如，在线预订平台、智能导游系统、虚拟现实旅游体验等技术的应用，不仅提升了游客的体验质量，也提高了旅游服务的效率和管理水平，也为其他行业提供了发展新思路。技术创新还有助于提高旅游业的运营效率，降低成本，增强竞争力。

（三）社会文化效益

旅游社会文化效益是指旅游活动在社会和文化层面上所产生的积极影响和价值。这些效益包括文化交流、社会稳定与和谐等方面。旅游业作为文化交流的桥梁，对于促进社会稳定和文化多样性具有重要作用。

1. 文化交流

旅游业促进了不同文化之间的交流与理解。游客在旅行过程中体验和学习其他文化，这种文化交流有助于增进国际友谊，促进世界和平与发展。同时，旅游业的发展也为当地文化传承和创新提供了平台，使文化资源得以更好地被保护和利用。

2. 社会稳定与和谐

旅游业的发展为当地居民提供了就业和收入，有助于缓解社会矛盾，提高社会稳定性。旅游业的繁荣能够带动公共服务和基础设施的改善，提升居民的生活质量，促进社会和谐。此外，旅游业的持续发展还能够促进社会公平，能够促进社区居民对自身文化价值的认识和自豪感，从而进一步增强社会的和谐与稳定。

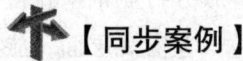

【同步案例】

希腊圣托里尼岛

位于地中海沿岸的希腊圣托里尼岛，以其独特的蓝顶教堂、悬崖上的白色建筑和迷人的日落而闻名于世，每年吸引着数百万游客。近年来，圣托里尼岛的旅游业经历了快速增长，对当地经济产生了显著影响。然而，随着旅游业的蓬勃发展，岛上也面临着一系列挑战，包括环境压力、基础设施不足和季节性就业问题。

思考： 圣托里尼岛的旅游经济效益如何？旅游业对当地经济的贡献是否可持续？在旅游业的快速发展中，如何平衡经济效益与环境保护？

分析： 圣托里尼岛的旅游业直接经济效益显著，旅游收入是岛上经济的主要来源。旅游业的发展带动了酒店、餐饮、零售等相关产业的繁荣，创造了大量的就业机会。然而，这种依赖旅游业的经济模式也带来了风险，如季节性波动可能导致就业不稳定，过度开发可能对环境造成损害。

为了实现旅游业的可持续发展，圣托里尼岛需要采取一系列措施。首先，应加强基础设施建设，如改善交通网络和公共服务，以提高旅游接待能力。其次，推广绿色旅游

和生态旅游，保护岛上的自然美景和文化遗产。此外，鼓励当地居民参与旅游业，通过培训提升他们的服务技能，确保旅游业的发展能够惠及更广泛的社区。

在评价圣托里尼岛的旅游经济效益时，应采用综合评价方法，不仅关注直接经济指标，还要考虑旅游业对环境、社会和文化的影响。通过定量分析旅游收入和就业数据，同时进行定性分析，了解旅游业对当地居民生活质量的影响，可以更全面地评估旅游业的经济贡献。

结论：圣托里尼岛的旅游业虽然带来了显著的经济收益，但也面临着可持续发展的挑战。通过科学的评价方法和合理的政策引导，圣托里尼岛可以实现旅游业与环境保护、社会和谐的共赢发展。

（资料来源：圣托里尼［EB/OL］. https://baike.baidu.com/item/%E5%9C%A3%E6%89%98%E9%87%8C%E5%B0%BC%E5%B2%9B/1499304，2024-01-27.）

三、旅游经效益的特点

（一）旅游经济效益是微观经济效益与宏观经济效益的统一

旅游经济效益不仅体现在微观层面，即单个企业或个体的经济收益，而且还体现在宏观层面，即整个国家或地区的经济收益，它是旅游微观经济效益与旅游宏观经济效益的统一。在微观层面，旅游活动能够为酒店、餐饮、交通、旅行社等服务行业带来直接的经济收入，还能带动相关产业链的发展，从而进一步扩大经济效益。在宏观层面，旅游业的发展能够增加国家或地区的外汇收入，改善国际收支状况，同时还能创造就业机会，提高居民的收入水平，促进社会稳定与和谐。因此，旅游经济效益是微观经济效益与宏观经济效益的有机结合，两者相互促进，共同推动经济的全面发展。

（二）旅游经济效益的衡量标准是多方面的

在评估旅游经济效益时，不能仅仅关注单一的指标，如旅游收入、旅游就业率或旅游外汇收入等。实际上，衡量旅游经济效益的标准是多方面的，涉及多个维度。除了上述提到的直接经济指标，还应该深入考虑旅游业对相关产业的带动效应，例如它如何促进当地交通、住宿、餐饮、零售等行业的发展。此外，旅游业对环境的影响，包括自然资源的消耗和环境质量的变化，以及对社会的可持续性影响，如文化遗产的保护、社区发展和居民生活质量的提升，都是重要的衡量标准。只有综合考虑这些多方面的衡量标准，才能全面评估旅游经济效益的实际影响，从而确保旅游业的健康和可持续发展，为社会带来长远的利益。

(三)旅游经济效益具有质和量的规定性

旅游经济效益不仅具有质的规定性,还具有量的规定性,旅游经济效益不仅仅体现在其质量和品质上,还体现在其数量和规模上。具体来说,旅游经济效益的质的规定性涉及旅游活动所带来的各种正面效应,如文化传承、环境保护、社会和谐等方面的积极影响。这些正面效应不仅丰富了人们的精神生活,促进了不同文化的交流与理解,还对维护生态平衡、推动可持续发展起到了重要作用。而量的规定性则关注旅游经济效益的数量指标,例如旅游收入、就业机会、外汇收入等可量化的经济指标。这些指标能够直观地反映出旅游业对经济的贡献程度,以及它在国民经济中的地位和作用。只有当旅游活动在质量和数量上都达到一定的水平时,才能真正实现其经济效益的最大化。这要求旅游目的地在发展旅游业时,既要注重提升旅游服务的质量,确保游客的满意度和体验感,又要注重扩大旅游规模,增加旅游产品的多样性和丰富性,从而吸引更多的游客,提高旅游收入和相关产业的经济效益。

☑ 知识链接

轻资产不夜城实现文旅项目的"大客流"和"大营收"!

锦上添花文旅集团打造的轻资产不夜城,结合城市历史文化和中国传统文化,实现了传统与现代步行街的融合。集团将多元文化元素如民间艺术、特色美食、非物质文化遗产和表演融入街区,形成独特魅力的文化街区。集团成功打造近20个此类项目,每个项目开业后迅速走红,带动游客数量增长,显著提升了土地价值、城市宣传效应、住宿业、房产价值、税收、产业发展和品牌影响力。

1. 土地效益

"轻资产不夜城"模式,注重通过提升土地效益来实现文旅项目的可持续发展。在"轻资产不夜城"模式下,土地效益的发挥不再仅仅依赖于大规模的建设和资金的堆砌,而是更加注重土地资源的合理利用和高效运营。随着项目的不断发展,项目所在位置以及周边的土地价值不断提升,土地效益也随之增加。

2. 住宿效益

轻资产不夜城项目促进了周边酒店和民宿的发展,提供舒适的住宿体验。若当地无住宿产业,项目运营会吸引客流,促使酒店和民宿投资建设,形成集聚效应。项目与住宿业联动,形成旅游产业链的良性互动,如酒店与不夜城合作推出优惠套餐,提供旅游咨询等服务,促进当地旅游产业链的扩展。

3. 房产效益

轻资产不夜城的吸引力和客流量增长，推动了周边房产价值和房价提升，为开发商带来新发展机会。通过开发更多住宅和商业地产项目，实现更高收益。随着影响力和知名度提升，增加了房产升值潜力，吸引更多投资者和购房者。此外，项目与当地企业合作，推动文旅地产发展，融合文化、旅游、房地产元素，提升房产附加值，促进城市经济增长。

4. 税收效益

轻资产不夜城项目吸引了众多游客，促进了消费和税收增长。项目的开发运营为当地创造了就业机会和税收。项目规模的扩大激活了文旅产业，推动了经济的持续发展。这些项目通过创新商业模式和运营方式，吸引了更多游客和投资者，提升了地区知名度和美誉度，推动了地方文化的传承和发展，为政府提供了多元化的税收渠道。

5. 产业效益

文化旅游产业迅速发展，成为推动地区经济增长的关键。以"象州梦幻夜"为例，它不仅带来经济收益，还深刻影响社会文化。这个项目的开发管理为当地居民创造就业，促进相关服务行业增长，吸引人才。同时，它还推动了表演艺术、文化产业和商业等产业的繁荣，为文化旅游区提供资源和支援，利用品牌效应扩大市场份额，推动产业链共同进步。

6. 媒体效益

作为轻资产不夜城的代表，"象州梦幻夜"文旅街区因其独特魅力和文化深度，受到媒体的广泛关注。自开放以来，通过媒体报道和社交媒体等渠道的传播，街区知名度和公众曝光度显著提升。这吸引了大量游客和投资者的关注，使"象州梦幻夜"迅速成为业界新亮点，并成为体验民俗、传统与现代科技融合的全国首个国风科技文旅街区。

7. 品牌效益

轻资产不夜城项目不仅为当地带来了经济效益，还提升了城市的品牌形象。通过打造具有独特魅力的文化街区，轻资产不夜城成为城市的新名片，彰显了城市的文化底蕴和魅力。随着项目的知名度和影响力的提升，城市的品牌形象亦得到了提升，为城市的长远发展奠定了坚实基础。

锦上添花文旅集团策划运营的轻资产不夜城项目，成为文旅产业亮点和典范。这些项目不仅带动当地经济，还促进城市文化传承。随着文旅产业创新，轻资产模式将助力城市经济增长。

（资料来源：轻资产不夜城综合效益"七大方面"！以效益为导向，实现文旅项目的"大客流"和"大营收"！［EB/OL］. https://mp.weixin.qq.com/s/9r8iCgTCuJJSen3t7OnGIw，2024-06-13.）

四、旅游经济效益的评价方法与指标

旅游经济效益的评价是指对旅游业所带来的经济收益和影响进行全面、系统的分析和评估。这不仅包括直接的经济收益，如旅游收入、就业机会的增加和相关产业的发展，还包括间接的经济效益，评价旅游经济效益是确保旅游业健康发展的重要环节。通过科学的评价方法和准确的指标，可以全面了解旅游业的经济贡献，为政策制定和资源配置提供依据。

（一）旅游经济效益的评价方法

旅游经济效益的评价方法多种多样，选择合适的评价方法对于准确反映旅游业的经济贡献至关重要。评价方法的选择应基于评价目的、数据可用性、评价对象的复杂性等因素。

1. 定量分析法

定量分析法侧重于使用统计数据来衡量旅游经济效益。这种方法包括计算旅游收入、税收、就业创造等具体数值，通过对比分析来评估旅游业的经济影响。定量分析法的优势在于其客观性和可比性，但可能无法完全捕捉到旅游业对经济的间接影响。

2. 定性分析法

定性分析法侧重于描述和解释旅游业对经济、社会和文化的影响。这种方法通过案例研究、专家访谈等方式，深入探讨旅游业的非经济效益。定性分析法有助于理解旅游业的深层次影响，但可能缺乏普遍性和精确性。

3. 综合评价法

在实际应用中，通常需要结合定量和定性分析，以获得更全面的评价结果。综合评价方法能够平衡两种方法的优势，提供更为丰富和准确的评价视角。

（二）关键经济指标

关键经济指标是评价旅游经济效益的重要工具。这些指标能够量化旅游业的经济贡献，为政策制定和资源配置提供依据。

1. 旅游收入

旅游收入是指游客在旅游过程中产生的所有消费，包括住宿、餐饮、交通、购物等。这一指标反映了旅游业的市场规模和经济活力。

2. 旅游就业率

旅游就业率衡量旅游业对劳动力市场的贡献。它包括直接就业（如酒店员工、导游）和间接就业（如建筑、交通、零售等行业的就业）。旅游就业率的提高有助于促进社会稳定和经济发展。

3. 旅游外汇收入

对于依赖旅游业的国家而言，旅游外汇收入是衡量旅游业经济贡献的重要指标。它反映了旅游业对国家外汇储备和国际收支平衡的影响。

➡ 同步思考

问题：在进行旅游目的地经济效益评估时，如何确保评估结果的全面性和准确性？在面对旅游目的地的多元化和复杂性时，应如何平衡不同利益相关者的需求和期望？

理解要点：

（1）全面性。旅游目的地经济效益评估应涵盖经济、社会和环境三个维度。这意味着评估不仅要关注直接的经济收益，如旅游收入和就业创造，还要考虑社会文化影响和环境可持续性。

（2）准确性。为了提高评估的准确性，应采用多种数据来源和分析方法。这包括定量分析（如统计数据、财务报表）和定性分析（如专家访谈、游客满意度调查），以及综合评价方法，以确保评估结果的客观性和可靠性。

（3）平衡利益。在评估过程中，应充分考虑不同利益相关者的需求，如政府、企业、当地社区和游客。这要求评估者具备良好的沟通和协调能力，能够在促进经济发展的同时，保护当地文化和环境，确保旅游业的公平和包容性。

（4）动态调整。旅游目的地的经济效益评估是一个动态过程。随着市场环境、政策变化和社会发展，评估指标和方法应不断更新，以适应新的情况和挑战。

通过深入理解这些要点，旅游目的地管理者和政策制定者可以更好地进行经济效益评估，为旅游业的可持续发展提供科学依据。

第二节　旅游微观经济效益与评价

一、旅游微观经济效益的概念

旅游微观经济效益是指在旅游活动中，各个参与主体如旅游企业、游客、当地居民等所获得的直接经济收益和利益。旅游微观经济效益强调的是个体层面的经济收益，通过对旅游微观经济效益的分析，可以更好地理解旅游业对各个参与主体的具体影响，从而为旅游业的可持续发展提供决策支持。

旅游业微观经济效益受到多种因素的综合作用。这些因素包括旅游目的地的吸引力、基础设施的完善程度、服务质量的高低、旅游产品的多样性和创新性，以及市场营销的有效性等。只有综合考虑并优化这些因素，才能最大化地提升旅游业的经济效益。

二、旅游微观经济效益评价

旅游微观经济效益评价是对旅游活动在个体或企业层面上所产生的经济效益进行系统的分析和评估。旅游微观经济效益评价是一个多维度、多层次的分析过程，通过对旅游企业、旅游项目和旅游目的地的经济效益进行系统分析，可以为相关利益方提供重要的决策支持，推动旅游业的健康发展。

（一）旅游企业经济效益分析

旅游企业经济效益是指旅游企业在其经营活动中所取得的经济收益和效益的总和，它包括企业在提供旅游产品和服务过程中成本、收益、利润以及对社会和经济发展的贡献。

1. 旅游企业的成本、收益和利润分析

（1）旅游企业成本分析。旅游企业的成本是指企业在提供旅游服务过程中所发生的各种经济资源的耗费。这些成本包括直接成本和间接成本两大类。直接成本是指直接用于旅游服务的费用，如交通费用、住宿费用、餐饮费用、景点门票等。间接成本则是指企业在运营过程中发生的各种管理费用、营销费用、员工工资、办公设备折旧等。旅游企业在进行成本分析时，需要全面审视其经营活动中的各项开支，以便更好地控制成本和提高经济效益。

（2）旅游企业收益分析。旅游企业的收益，指的是该企业在特定时期内，通过参与旅游经济活动所累积的利润与税收总额。它是衡量企业在旅游市场中经营成果的重要指标之一。旅游企业的收益不仅包括其直接从旅游业务中获得的经济收入，如门票销售、住宿服务、餐饮服务、旅游商品销售等，还包括间接收益，如通过广告宣传、品牌推广等方式获得的经济效益。通过深入分析这些收益构成，旅游企业能够更好地理解其在经济活动中的作用和影响，从而制定出更有效的经营策略和市场定位。

（3）旅游企业利润分析。旅游企业利润是指旅游企业在一定时期内通过提供各种旅游相关服务和产品所获得的全部收入减去其总成本和费用后的净收益。旅游企业的利润不仅反映了企业的经济效益，还体现了其市场竞争力和可持续发展能力。通过对利润的分析，企业可以评估自身的经营状况，调整经营策略，优化资源配置，从而在激烈的市场竞争中保持优势，实现长期稳定的发展。

2. 旅游企业竞争力评估

在激烈的市场竞争中，旅游企业的竞争力决定了其生存和发展。评估企业的竞争力，有助于企业制定有效的竞争策略，提升市场地位。旅游企业竞争力评估主要从市场定位、产品和服务质量以及品牌影响力三方面进行。

（1）市场定位。旅游企业必须明确自身的市场定位，这包括高端奢华、中端舒适或经济实惠等多种选择，以满足不同消费者群体的多样化需求。市场定位的准确性直接决定了旅游企业在市场中的吸引力和能够占据的市场份额。一个明确且精准的市场定位能够帮助旅游企业更好地理解目标客户，从而制定出更有效的市场策略，提升旅游企业的竞争力。

（2）产品和服务质量。高质量的旅游产品和服务是提升旅游企业竞争力的关键所在。旅游企业应不断改进服务流程，提升游客体验，确保游客在每一个接触点上都能感受到旅游企业的专业和用心。同时，旅游企业还应注重产品创新，紧跟市场变化，不断推出符合旅游者需求的新产品，以保持旅游企业的竞争优势。

（3）品牌影响力。品牌是旅游企业的重要资产，强大的品牌能够为旅游企业带来忠实客户和市场认可。旅游企业应通过有效的品牌推广和公关活动，提升品牌知名度和美誉度，从而在旅游者心中树立良好的品牌形象。此外，旅游企业还应注重品牌故事的传播，通过各种渠道讲述品牌背后的故事，增强游客与品牌的情感纽带，进一步提升品牌的影响力。

3. 旅游企业风险管理

旅游企业在运营过程中面临多种风险，如市场风险、汇率风险、政策风险等。旅游企业风险管理包括风险识别、风险评估和风险应对，有效的风险管理有助于旅游企业降低潜在损失，保障经营稳定。

（1）风险识别。为了确保企业的稳健运营，旅游企业应建立风险识别机制，包括定期评估市场、政策、汇率等外部环境的变化，以及内部管理、财务状况等内部因素，及时发现潜在风险。通过这种内外结合的评估方式，旅游企业可以更好地识别出可能对其运营产生负面影响的风险因素，从而采取相应的预防措施，确保旅游企业的长期稳定发展。

（2）风险评估。对识别出的风险进行评估，旅游企业需要对这些风险进行详细的评估，以确定其可能对企业造成的具体影响程度和发生的概率。通过这种评估，旅游企业可以更好地了解哪些风险是需要优先关注的，哪些风险的影响相对较小。风险评估的结果有助于旅游企业制定更加有针对性和有效的风险应对措施，从而在面对不确定性时能够迅速做出反应，最大限度地减少潜在损失，确保旅游企业的稳健运营。

（3）风险应对。为了有效应对这些潜在的风险，旅游企业需要进行详细的风险评估，以识别和量化各种可能的风险因素。在此基础上，企业可以制定相应的风险应对策略，以确保在面对各种不确定因素时能够保持稳定运营。

（二）旅游项目经济效益评价

旅游项目的经济效益评价是确保项目成功实施和持续运营的关键。通过对旅游项目的投资决策、生命周期内的经济效益以及对当地社区经济的影响进行深入分析，可以为项目的设计、实施和优化提供科学依据。

1. 旅游项目投资决策分析

旅游项目的投资决策分析是项目成功与否的前提。这一过程涉及对项目可行性的全面评估，包括旅游项目市场潜力、财务可行性、风险评估等。

（1）市场潜力分析。为了确保旅游项目能够在市场上取得成功，需要对目标市场进行深入的需求评估、竞争状况分析以及增长趋势预测，确保项目能够满足市场需求并具有竞争力。市场分析应涵盖潜在游客的偏好、消费能力和旅游动机等多个方面。通过调查和数据分析，可以更好地理解游客的期望和需求，从而设计出符合市场需求的旅游产品和服务。

（2）财务可行性分析。在进行旅游项目财务可行性分析时，需要计算项目的预期收入、成本和投资回报率，以确保项目在财务上具有可行性。这包括对项目成本的详细估算，如建设成本、运营成本、维护费用等，以及对收入的预测，如门票收入、商品销售、酒店住宿等各项收入来源。此外，还需要考虑项目的资金筹措方式，包括自有资金、贷款和投资者资金等。通过全面的财务分析，我们可以评估项目的经济效益，确保

项目的投资回报符合预期目标。

（3）风险评估。在旅游项目开发过程中，识别和评估项目可能面临市场风险、政策风险、环境风险、技术风险等。通过对这些风险的评估，可以了解它们对项目的影响程度，并制定相应的风险管理策略。风险管理策略应包括风险缓解措施，如制定应急预案、建立风险预警机制等，以确保项目在面临不确定因素时能够迅速应对，降低潜在损失。通过有效的风险管理，可以提高项目的成功率，确保项目的顺利实施。

2. 旅游项目生命周期内的经济效益评估

旅游项目在其生命周期内，经济效益会经历不同的阶段。对这些阶段进行评估，有助于项目管理者优化资源配置，实现经济效益最大化。

（1）建设期经济效益。在旅游项目的建设阶段，主要关注的是成本控制和资金筹措这两个方面。首先，需要对建设成本进行严格的评估，确保其在预算范围内，避免不必要的超支。其次，资金的筹集也是项目建设期的关键环节，需要确保资金的顺利到位，以保证项目的顺利进行。通过对成本和资金的双重控制，可以有效提高项目建设期的经济效益。

（2）运营期经济效益。旅游项目进入运营阶段后，重点转向收入管理和成本控制。通过对游客流量的分析，可以了解项目的受欢迎程度和市场需求；通过研究消费行为，可以发现游客的消费习惯和偏好，从而制定更有效的营销策略；客户满意度的调查则有助于了解游客对项目的整体评价，为改进服务提供依据。同时，运营成本和收入之间的关系也需要进行细致的分析，以确保项目的盈利性和可持续发展。通过对这些关键因素的综合管理，可以有效提升项目运营期的经济效益。

（3）衰退期经济效益。随着项目生命周期的推进，旅游项目可能会面临游客数量下降和收入减少的困境。在这一阶段，评估如何通过产品创新、市场拓展或转型来延长项目的生命周期显得尤为重要。产品创新可以通过增加新的旅游项目或改进现有项目来吸引游客；市场拓展则可以通过开拓新的市场或增加宣传力度来提高项目的知名度；转型则可能涉及改变项目的经营方向或引入新的合作伙伴。通过对这些策略的综合运用，可以有效应对项目衰退期的挑战，延长项目的生命周期，保持其经济效益。

3. 旅游项目对当地社区经济的影响

旅游项目不仅对投资者有经济效益，还对当地社区产生深远影响。通过评估和分析这些影响，可以更好地理解旅游项目对社区的具体作用，确保旅游项目与当地社区能够实现和谐共生，共同发展。

旅游项目能够为当地社区创造就业机会、能够带动当地经济的增长，改善当地居民的生活条件。然而，旅游项目也可能带来一些负面影响。例如，大量游客的涌入可能会对当地的环境造成破坏,可能会导致物价上涨,增加当地居民的生活成本。因此,在发展旅游项目时,必须充分考虑这些潜在的负面影响,并采取相应的措施加以应对。

为了实现旅游项目与当地社区的和谐共生,需要进行全面的评估和规划。首先,要对旅游项目可能带来的经济效益进行科学的预测和评估,确保项目的可持续发展。其次,要关注旅游项目对当地社区的影响,特别是对环境和社会的影响,采取有效的措施进行保护和管理。最后,要加强与当地社区的沟通和合作,充分听取居民的意见和建议,确保旅游项目能够真正造福当地居民,实现共赢。发挥旅游项目对当地社区经济的积极作用,同时避免或减少其负面影响,实现旅游项目与当地社区的和谐共生,共同推动旅游业的可持续发展。

(三)旅游目的地经济效益评估

旅游目的地的经济效益评估是衡量其旅游业整体表现的关键。通过对目的地的吸引力、收入与支出平衡以及经济效益的可持续性进行分析,可以帮助目的地管理者优化资源配置,提升旅游竞争力,实现旅游业的长期繁荣。

1. 目的地旅游吸引力与竞争力分析

旅游目的地的吸引力和竞争力是吸引游客和促进旅游业发展的基础。评估这些因素对于目的地的市场定位和策略制定至关重要。

(1)吸引力分析。旅游目的地的吸引力包括自然景观、文化遗产、服务质量等多个方面。在评估一个旅游目的地的吸引力时,需要综合考虑其独特性、多样性以及游客的满意度。通过市场调研和游客反馈,可以深入了解目的地在游客心中的形象和吸引力,从而为旅游目的地的进一步发展提供参考。

(2)竞争力分析。竞争力分析涉及旅游目的地在国际和国内市场的地位。这包括与其他目的地的比较,如价格、服务质量、交通便利性等,还包括对目的地整体形象和品牌的评估。竞争力分析有助于目的地识别优势和劣势,从而制定出更加有效的市场策略。通过全面的竞争力分析,旅游目的地可以更好地定位自己,制定出有针对性的发展策略,提升其在国际市场和国内市场中的地位。

2. 目的地旅游收入与支出的平衡

旅游目的地的收入与支出平衡是评估其经济效益的关键。合理的收入结构和成本控制对于目的地的财务健康和可持续发展至关重要。

(1)收入结构分析。旅游收入结构分析是指对旅游目的地在一定时期内所获得的经济收益进行详细分类和研究的过程。旅游收入主要分为直接收入和间接收入两大类。直接收入通常包括游客在旅游过程中直接支付的费用,例如门票、住宿费、交通费、餐饮费以及其他各种服务费用。这些费用直接进入旅游目的地的经济体系，是旅游收入中最直观的部分。而间接收入则涉及更广泛的经济活动，包括与旅游业相关的产业链所产生的经济效益，如旅游纪念品的生产与销售、旅游相关的交通运输服务、旅游保险业务等。通过对旅游收入结构的分析，旅游目的地可以更好地了解各收入来源的比重和贡献度，从而有针对性地优化收入来源，提高收入的多样性和稳定性，促进旅游业的可持续发展。

（2）支出管理。旅游支出管理是指对旅游目的地在运营过程中所产生的各种费用进行有效控制和合理规划的过程。旅游目的地的支出主要包括基础设施建设、市场营销、公共服务、人力资源管理、环境保护等多个方面。有效的支出管理要求旅游目的地在预算规划时充分考虑各项支出的必要性和优先级，合理分配资源，确保资金的有效利用。同时，还需要对各项开支进行严格的监控和评估，及时发现和纠正不必要的开支，避免资源浪费，从而实现旅游目的地的经济效益最大化。

3. 目的地旅游经济效益的可持续性

旅游业的可持续发展是目的地长期繁荣的保障。评估旅游经济效益的可持续性，有助于目的地实现经济、社会和环境的和谐发展。

（1）经济可持续性。评估旅游业对当地经济的贡献，包括就业创造、税收收入和产业链发展。同时，考虑旅游业对当地经济结构的影响，确保旅游业的增长不会对其他产业造成负面影响。

（2）社会可持续性。旅游业的发展应促进当地社区的福祉，包括提供就业机会、提升居民生活水平。同时，应注重文化传承和社区参与，确保旅游业的发展与当地居民的利益相协调。

（3）环境可持续性。旅游业应尽量减少对自然环境的破坏，保护生态系统。评估环境可持续性时，应考虑目的地的生态承载力，以及旅游业消耗资源和影响环境的程度。

旅游目的地经济效益评估是确保旅游业健康发展的重要工具。通过对吸引力与竞争力、收入与支出平衡以及可持续性进行综合评估，目的地管理者可以更好地理解旅游业的经济表现，制定有效的发展策略，实现旅游业的长期繁荣。

> ☑ 知识链接
>
> **旅游目的地经济效益评估的国际实践**
>
> 在国际层面上，多个旅游目的地已经实施了经济效益评估的实践，这些实践为其他地区提供了宝贵的经验和启示。以下是一些成功的案例：
>
> （1）哥斯达黎加的生态旅游。哥斯达黎加通过发展生态旅游，实现了旅游业与

环境保护的和谐共生。该国政府和私营部门合作，开发了一系列生态旅游项目，如雨林徒步、野生动物观察等。这些项目不仅吸引了大量游客，还为当地社区创造了就业机会，同时保护了生物多样性。

（2）新西兰的冒险旅游。新西兰以其独特的自然景观和户外活动而成为冒险旅游的热门目的地。政府与私营部门合作，开发了一系列冒险旅游产品，如蹦极、漂流和徒步旅行。这些活动不仅吸引了大量游客，还带动了相关产业链的发展，如装备租赁、导游服务等。

（3）泰国的文化旅游。泰国政府通过推广其丰富的文化遗产和传统艺术，吸引了大量对文化体验感兴趣的游客。泰国的文化旅游项目不仅促进了旅游业的发展，还有助于保护和传承国家的文化传统。

（4）瑞士的冬季旅游。瑞士以其优质的滑雪胜地而闻名于世。政府投资于滑雪设施和相关基础设施，同时举办国际滑雪赛事，吸引了全球滑雪爱好者。这种以冬季旅游为核心的产业结构优化，使得瑞士在冬季旅游市场中占据了领先地位。

（5）新加坡的会展旅游。新加坡政府通过建设世界级的会展设施，如新加坡博览中心，以及提供便利的商务服务，成功地将新加坡打造成亚洲的会展旅游中心。会展旅游不仅为新加坡带来了直接的经济收益，还带动了酒店、餐饮和零售等相关产业的发展。

这些案例展示了不同国家和地区如何根据自身资源和优势，通过政策引导、市场开发和国际合作等手段，实现旅游目的地经济效益的最大化。这些经验为其他国家提供了宝贵的参考，特别是在寻求旅游业可持续发展和经济多元化的背景下。

第三节 旅游宏观经济效益与评价

一、旅游宏观经济效益的概念

旅游宏观经济效益指的是旅游业对一个国家或地区整体经济带来的深远影响和贡献。这种效益体现在直接的经济效益、间接的经济效益和社会文化效益等方面。旅游业的发展不仅能为一个国家或地区带来经济上的直接收益，还能通过各种间接途径和文化影响，促进整个社会的繁荣与进步。

旅游业的宏观经济效益受到多种因素的影响，其中包括旅游经济的发展模式、管理体制以及宏观决策等方面。旅游经济的发展模式对宏观经济效益有着直接的影响。不同的发展模式，会带来不同的经济效益。一个高效、透明、规范的管理体制能够为旅游业的发展提供良好的环境，促进旅游业的健康发展。同时，正确的宏观决策能够引导旅游业的健康发展，促进旅游业与其他产业的协同发展，提高旅游业的经济效益。只有在科学的发展模式、高效的管理体制和正确的宏观决策的共同作用下，旅游业才能实现健康、可持续的发展，从而提高其宏观经济效益。

二、旅游宏观经济效益与评价

（一）旅游宏观经济效益评价指标

1. 旅游创汇收入和旅游总收入

旅游创汇收入是指一个国家或地区通过旅游业的发展，吸引外国游客前来旅游消费，从而获得的外汇收入。通常是以年度内旅游产业内部各部门（如旅行社、酒店等）的创汇总计来表示，货币单位统一使用美元。

旅游总收入是指在一定时期内，一个地区或国家通过旅游业所获得的所有经济收益的总和。该指标不仅体现了旅游产业发展的总体规模和收益水平，而且是评估旅游宏观经济效益的关键指标。

2. 旅游提供就业能力

旅游提供就业能力是指旅游业通过其广泛的产业链和相关服务，能够为社会创造大量的就业机会。该指标反映了旅游产业发展过程中，为社会提供的劳动就业人数的总量。

3. 旅游投资效果系数

旅游投资效果系数是指旅游投资所获得的年利润额与投资总额的比值。它是反映旅游投资效益的重要指标，又称旅游投资利润率或旅游投资回收率。

$$旅游投资效果系数 = 投资年利润额 / 投资总额$$

旅游投资效果系数值越高，说明投资的效益越好，回收期越短，反之则说明投资效益越差，回收期越长。通过对旅游投资效果系数的分析，投资者可以更好地评估旅游项目的投资价值，从而做出更为明智的投资决策。

4. 旅游投资回收期

旅游投资回收期是指完成一项旅游投资并收回成本所需的年限，是旅游投资效果系数的倒数，也是反映旅游投资效益的重要指标之一。

$$旅游投资回收期 = 投资总额 / 投资年利润额$$

旅游投资回收期的长短直接影响投资者的决策，因此，投资者在进行旅游项目投资时，通常会将回收期作为一个重要的参考指标，以确保投资的合理性和安全性。

5. 旅游带动系数

旅游带动系数是指旅游直接收入的增加对国民经济各部门收入增加的促进作用。具体来说，当旅游业的直接收入增加时，它会通过各种渠道和机制，带动其他相关产业和部门的收入增长。例如，旅游业的发展会增加对酒店、餐饮、交通、导游等服务的需求，从而带动这些行业的收入增加。旅游带动系数不仅反映了旅游业对经济的直接贡献，还揭示了其对整个国民经济的间接推动作用。

（二）旅游宏观经济效益的评价

旅游宏观经济效益的评价是一个复杂而多维度的过程，它涉及对旅游业、对整个国家或地区经济发展的综合影响进行系统性的分析和评估。这一过程主要从旅游对经济的贡献、旅游与区域经济发展以及旅游经济效益的国际比较与合作三方面分析。

1. 旅游对经济的贡献

（1）旅游的地位与作用。旅游作为全球增长最快的行业之一，在旅游目的地国家和地区 GDP 中的地位日益凸显。旅游业的发展不仅直接贡献于经济增长，还通过促进相关产业的发展，间接推动了旅游目的地国家和地区经济的整体繁荣。

①对 GDP 的直接贡献。旅游业通过吸引来自世界各地的游客，刺激了游客在旅游目的地的消费行为。这些消费行为涉及旅游相关的服务和商品销售，从而直接增加了旅游目的地国家和地区的经济产出。随着旅游业的蓬勃发展，旅游相关的服务和商品销售为旅游目的地国家和地区 GDP 的增长提供了强劲的动力。此外，旅游业还通过创造大量的就业机会和促进税收收入的增加，间接地提高了旅游目的地国家和地区的 GDP 水平。

②带动产业发展。旅游业的发展不仅仅局限于旅游活动本身，它还具有强大的辐射效应，能够带动旅游目的地国家和地区的交通、酒店、餐饮、零售以及其他相关产业的蓬勃发展。这些相关产业的发展，进一步促进了旅游目的地国家和地区经济的多元化发展，使得经济结构更加均衡和稳定，也提高了整个旅游目的地国家和地区经济的抗风险能力，使得经济在面对外部冲击时能够更加稳健地应对和恢复。

③提升国际形象。旅游业的繁荣有助于提升旅游目的地国家和地区的国际形象，吸引更多的外国直接投资。一个具有吸引力的旅游目的地能够成为国家软实力的象征，增

强国家和地区在全球舞台上的影响力。随着旅游业的发展，旅游目的地国家和地区的知名度和美誉度得到显著提升，吸引了更多的国际游客。这不仅促进了国际间的交流与合作，还为旅游目的地国家和地区的外交政策和国际合作提供了有力的支持。

（2）旅游对外汇收入的影响。旅游业是许多旅游目的地国家和地区外汇收入的重要来源。通过吸引来自世界各地的国际游客，旅游业不仅为旅游目的地国家和地区带来了可观的外汇收入，还对平衡国际收支、稳定汇率起到了至关重要的作用。

①外汇收入来源。国际游客在目的地的消费，如住宿、餐饮、购物等，直接转化为旅游目的地国家和地区的外汇收入。这些收入对于那些高度依赖旅游业的旅游目的地国家和地区来说尤为重要，因为它们可以显著增加旅游目的地国家和地区的外汇储备，从而支持旅游目的地国家和地区经济的稳定和发展。

②汇率稳定。旅游业所带来的外汇收入对于旅游目的地国家和地区外汇储备的增加具有显著贡献。随着外汇储备的增加，旅游目的地国家和地区在国际市场上拥有了更大的调控能力，能够有效地稳定本国货币的汇率。这种稳定性有助于抵御外部经济冲击，减少汇率波动对国内经济的负面影响。

③国际收支平衡。旅游业的发展对于改善旅游目的地国家和地区的国际收支状况具有重要意义。通过吸引更多的国际游客，旅游目的地国家和地区可以增加旅游收入，减少对外部资源的依赖，从而实现经济的自主发展。国际收支的平衡不仅有助于旅游目的地国家和地区经济的稳定，还能增强旅游目的地国家和地区在国际贸易中的地位和竞争力。

（3）旅游政策对宏观经济的调控作用。旅游政策是国家宏观经济调控的重要工具。通过制定和实施旅游政策，政府可以引导旅游业的发展方向，优化资源配置，促进经济的稳定增长。具体而言，旅游政策在政策引导、资源配置和经济稳定等方面发挥着显著的作用。

①政策引导。政府可以通过税收优惠、财政补贴等政策，鼓励旅游业的发展。这些政策有助于降低旅游企业的运营成本，提高其竞争力。例如，政府可以对旅游企业提供税收减免，减轻其财务负担，或者提供财政补贴，支持其进行技术创新和市场拓展。这些措施能够激发旅游企业的活力，推动整个行业的繁荣发展。

②资源配置。资源配置在旅游政策中起着至关重要的作用。合理的政策引导可以确保资源更多地向旅游业倾斜，从而推动该行业的快速发展。具体来说，旅游政策可以通过基础设施建设、人才培养和市场营销活动等多种旅游政策的科学制订和有效实施，可以实现资源在旅游业中的合理配置，进而促进整个行业的繁荣发展。

③经济稳定。在经济波动时期，政府可以通过调整旅游政策来稳定宏观经济。例

如，在经济低迷时期，政府可以通过推广旅游促销活动，刺激消费，提振经济。通过推出各种优惠措施，如打折门票、特价酒店等，可以吸引更多的游客前来旅游，从而带动相关产业的发展，增加就业机会，促进经济的复苏。

旅游业对旅游目的地国家和地区经济的贡献是多方面的，它不仅直接推动了GDP的增长，还通过外汇收入的增加和宏观经济的调控，为旅游目的地国家和地区的经济发展提供了重要支撑。随着全球化的深入发展，旅游业在全球经济中的作用将更加凸显，其经济效益的评估和管理将对旅游目的地国家和地区经济的长期繁荣具有重要意义。

2. 旅游与区域经济发展

旅游业作为全球经济的重要组成部分，对区域经济的发展具有深远影响。通过促进区域经济结构的优化、协调发展以及在区域经济一体化中发挥作用，旅游业成为推动地区经济增长和社会发展的重要力量。

（1）旅游对区域经济结构的优化。旅游业的发展对区域经济结构的优化起到了关键作用。它不仅促进了传统产业的升级，还催生了新的经济活动，为区域经济注入了新的活力。

①产业结构调整。旅游业的发展带动了服务业的增长，特别是住宿、餐饮、交通等与旅游直接相关的行业。这种产业结构的调整有助于提高区域经济的整体竞争力和抗风险能力。服务业的崛起使得区域经济更加多元化，减少了对单一产业的依赖，从而降低了经济波动的风险。

②新兴产业发展。随着旅游业的深入发展，一系列新兴产业应运而生，如生态旅游、文化旅游、健康旅游等。这些产业的发展为区域经济提供了新的增长点，促进了经济的多元化。这些新兴产业的崛起，不仅为当地居民提供了更多的就业机会，还吸引了更多的投资，进一步推动了区域经济的繁荣。

③技术创新与人才培养。旅游业对服务质量的要求推动了相关技术的创新，如在线预订系统、智能导游服务等。同时，旅游业的发展也促进了旅游管理和服务人才的培养，为区域经济的长期发展提供了人力资源支持。这些专业人才不仅能够提升旅游服务质量，还能够为其他相关产业的发展提供智力支持，从而推动整个区域经济的持续进步。

（2）旅游促进区域协调发展的作用。旅游业在促进区域协调发展方面发挥着重要作用。旅游业的辐射效应可以缩小地区间的经济差距，实现资源的合理配置和区域经济的均衡发展。

①区域经济互补。旅游业的发展有助于实现区域间的经济互补。例如，资源丰富但经济欠发达的地区可以通过发展旅游业吸引投资，而经济发达地区则可以提供资金、技

术和管理经验，实现互利共赢的局面。

②基础设施建设。旅游业的繁荣带动了基础设施的建设和改善，如交通网络、公共服务设施等。这些基础设施的完善不仅服务于旅游业，也为其他产业的发展创造了条件。例如，交通网络的改善可以促进人员和物资的流动，提高区域间的联系和合作效率。公共服务设施的完善则可以提升居民的生活质量，吸引更多的人才和投资，进一步推动区域经济的发展。

③社会文化交流。旅游业促进了不同地区之间的文化交流和理解，有助于增进地区间的相互认同和合作，为区域协调发展营造良好的社会氛围。通过旅游业的发展，不同地区的居民有机会接触和了解其他地区的文化、风俗和生活方式，从而增进相互之间的理解和尊重。这种文化交流不仅有助于消除地域间的偏见和隔阂，还可以促进不同地区之间的合作与交流，为区域协调发展奠定坚实的社会基础。

（3）旅游在区域经济一体化中的角色。在区域经济一体化的背景下，旅游业成为连接不同地区经济的重要纽带。通过促进区域间的旅游合作，旅游业有助于实现资源共享、市场整合和政策协调。

①旅游合作机制。在区域经济一体化的过程中，通常会伴随着旅游合作机制的建立，例如成立旅游联盟、创建共同市场等。这些机制的建立有助于整合各个区域内的旅游资源，使得各个地区能够共享资源，优势互补，有效提升旅游产品的整体竞争力，进一步推动区域经济的共同发展。

②市场整合。旅游业的发展促进了区域市场的整合。通过统一的旅游推广和营销策略，各个地区能够携手合作，共同打造更具吸引力的旅游目的地。这种整合不仅有助于提升整个区域的知名度，还能吸引更多国际游客，从而提高整个区域的旅游吸引力。

③政策协调。在推进区域经济一体化的进程中，旅游业的政策协调显得尤为关键。为了促进旅游业的发展，各国或地区需要在税收政策、环境保护、安全保障等多个方面进行协调与合作。这些政策的协调，可以为旅游业的发展营造一个更加有利的环境，进而推动整个区域经济的繁荣与进步。

旅游业在区域经济发展中扮演着多重角色，它不仅优化了区域经济结构，促进了区域协调发展，还在区域经济一体化中发挥着重要作用。制定合理的旅游政策和发展战略可以充分发挥旅游业在区域经济发展中的积极作用，实现区域经济的可持续发展。

【拓展阅读】

Destination management: a perspective article

目的地是旅游活动的焦点，因此也是旅游研究的焦点。然而，众所周知，由于其复杂的利益相关者系统，它们难以管理。这种复杂性意味着目的地受到其内部和外部环境中各种力量的驱动。

目的地的研究仍然是一个活跃的研究兴趣领域，目的地内部和外部出现的许多挑战为它们作为游客的可行、可持续和有竞争力的旅游场所的寿命提供了许多值得思考的东西。对于未来来说，将目的地视为更广泛系统的一部分的需求至关重要，因为它们不可避免地与关于城市规划、经济不平等、交通和住房以及所有"智能"事物无处不在的辩论有关。这种辩论需要将游客和居民社区都包括在内，因为在许多目的地，特别是世界各地遗产和文化丰富的城市目的地，这两个群体的福祉和生活质量都受到威胁，在这些目的地，"过度旅游"一词越来越多地被听到。

展望未来，目的地需要被视为更广泛系统的一部分，该系统包括城市规划、经济不平等、交通和住房以及"智能"举措等。最重要的是，需要考虑旅游和居民社区的意见，并将其纳入目的地层面的未来规划中，使用福祉和生活质量指标来确定旅游业对各方的真正好处。

随着技术的指数级增长，以及在目的地层面管理知识和数据交流的需要，综合和整体形式的目的地管理是前进的方向，这对未来长期保持竞争力的目的地的可持续性至关重要。

（资料来源：Fyall, A., & Garrod, B. Destination management: a perspective article [J]. Tourism Review, 2020, 75 (1): 165-169.）

3. 旅游经济效益的国际比较与合作

在全球化的背景下，旅游业已成为国际经济合作与竞争的重要领域。通过比较不同国家的旅游经济效益，分析国际旅游合作与竞争的影响，以及探讨旅游在全球经济一体化中的角色与挑战，可以更好地理解旅游业在全球经济中的地位和作用。

（1）不同国家旅游经济效益的比较分析。各国旅游业的发展水平和经济效益存在显著差异，这些差异反映了各国资源禀赋、政策导向和市场环境的不同。比较分析可以揭示旅游业发展的成功经验和潜在问题，从而为各国旅游业的进一步发展提供有益的参考和借鉴。

①资源禀赋与市场定位。不同国家的自然景观、文化遗产和地理位置决定了其旅游业的资源禀赋。这些资源禀赋的优劣，直接影响到各国旅游业的吸引力。这些资源如何转化为旅游吸引力，以及如何根据市场定位进行有效开发，是影响旅游经济效益的关键因素。

②政策支持与市场环境。政府政策对旅游业的支持程度，包括税收优惠、基础设施

建设、市场推广等，对旅游经济效益有着直接影响。政府可以通过提供税收优惠、加强基础设施建设、加大市场推广力度等方式，为旅游业的发展创造有利条件。此外，市场环境的开放程度以及法律法规的完善性，也是影响旅游业发展的重要因素。一个开放、规范的市场环境，能够为旅游业的发展提供更加广阔的空间。

③旅游收入与支出结构。比较各国旅游收入的构成，如国际游客消费、国内游客消费的比例，以及旅游支出的结构，可以更深入地了解旅游业对各国经济的贡献和依赖程度。旅游收入的高低，不仅反映了旅游业的发展水平，也反映了旅游业在各国经济中的地位。同时，通过对旅游支出结构的分析，可以了解各国旅游业在运营、投资和人力资源等方面的投入情况，从而为各国旅游业的可持续发展提供参考依据。

（2）国际旅游合作与竞争对经济效益的影响。国际旅游合作与竞争是推动旅游业发展的重要动力。通过合作，各国可以共享资源、互补优势；通过竞争，可以激发创新、提高服务质量。

①合作机制。国际旅游合作机制，例如区域旅游联盟、国际旅游组织等，为成员国提供了一个共同合作的平台。这些机制的存在有助于各国整合旅游资源，统一服务标准，并共同进行市场推广活动。通过这种方式，可以显著提高整体旅游吸引力，进而带动经济效益的增长。

②竞争策略。在国际旅游市场中，各国通过差异化竞争策略来吸引游客。这些策略包括特色旅游产品开发、品牌建设、价格竞争等。通过这些有效的竞争策略，各国能够提升自身的旅游竞争力，从而增加旅游收入，促进经济发展。

③合作与竞争的平衡。在国际旅游合作与竞争中，平衡各方利益，实现共赢，是各国面临的挑战。为了达到这一目标，各国需要进行外交谈判、市场调研和政策协调。只有在合作与竞争之间找到恰当的平衡点，才能实现旅游业的可持续发展，为各国带来长期的经济效益。

（3）旅游在全球经济一体化中的作用、挑战与应对。在全球经济一体化的进程中，旅游业扮演着桥梁和纽带的角色。它不仅促进了国际间的经济交流，也带来了一系列挑战。

①旅游在全球经济一体化中的推动作用。旅游业的发展促进了国际间的资本流动、技术转移和文化交流。这些活动有助于缩小国家间的经济差距，推动全球经济一体化。旅游业的繁荣不仅为东道国带来了大量的外汇收入，还创造了大量的就业机会，从而促进了当地经济的发展。此外，旅游业的发展还带动了相关产业的发展，形成了一个庞大的产业链，进一步推动了全球经济的一体化进程。

②旅游在全球经济一体化中面临的挑战与应对。全球经济一体化也带来了挑战，如

市场波动、汇率变动、政治不稳定等因素，这些都可能对旅游业产生负面影响。旅游业需要灵活应对这些挑战，通过多元化市场、风险管理等策略来保障经济效益。同时，旅游业还需要加强与政府、企业和其他相关机构的合作，共同应对全球经济一体化带来的挑战。

③旅游业的可持续发展。在全球经济一体化的背景下，旅游业的可持续发展尤为重要。这要求旅游业在追求经济效益的同时，注重环境保护、文化传承和社会福祉。旅游业的发展不应该以牺牲环境为代价，而应该采取环保措施，减少对自然资源的消耗和污染。同时，旅游业还需要尊重和保护当地的文化传统，避免文化同质化现象的发生。此外，旅游业还需要关注社会福祉，通过提供更多的就业机会和改善当地居民的生活条件，实现旅游业的可持续发展。

旅游经济效益的国际比较与合作揭示了旅游业在全球经济中的重要性。通过合作与竞争，各国可以共同推动旅游业的发展，实现经济一体化。同时，旅游业也面临着全球经济一体化带来的挑战，需要采取有效措施，确保旅游业的可持续发展。

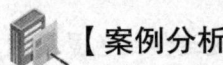【案例分析】

江西省红色旅游发展成效显著

1. 红色旅游经济效益突出

江西省以国家和省政府出台的政策文件为指导，发展中国红色旅游推广联盟，推进红色旅游高质量发展，红色教育培训领跑全国，加强红色讲解员队伍建设，发挥扶贫富民作用，取得了良好的政治效益、社会效益和经济效益。2016—2020年，江西红色旅游接待总人数和总收入约占江西省总量的25%，其中，2021年赣州共接待红色旅游总人数6348.7万人次，同比2020年增长56.4%；红色旅游总收入达613.5亿元，同比2020年增长70.4%。

2. 红色旅游品牌影响显著

1999年，江西省提出"红色旅游"概念，推出主题口号，制定发展纲要，成立推广联盟，打造红色旅游品牌，成为全国首选地。江西还发起"红博会"，已举办11届，29个联盟成员参与，形成全国知名红色节庆活动品牌。江西有五条红色旅游线路入选"建党百年红色旅游百条精品线路"，并推出12条"建党百年红色旅游精品线路"，展示红色文化与自然美景的融合，提升了江西省红色旅游品牌。

3. 红色旅游赋能乡村振兴

为了最大化红色旅游在社会脱贫方面的效益，首先，实施了《旅游扶贫三年行动方案（2018—2020）》和《文化脱贫攻坚三年行动方案》，并开创了井冈山、瑞金、安源、南昌等红色旅游的新模式。其次,发挥红色旅游对推动乡村全面振兴有积极作用。红色旅游的蓬勃发展不仅促进了乡村产业的繁荣,还推动了与生态、康养、民俗等多种业态的深度融合,为乡村的兴旺发达提供了有力支持。通过建设红色文化小镇或名村,进一步推动了生态宜居乡村的建设进程。红色教育、研学培训、文创产品开发以及文艺作品的创作,有效促进了红色文化与乡村生活的深度融合。红色旅游还提升了乡村治理的效能,党员干部发挥了模范带头作用,推动了农村面貌的持续更新。此外,引导农民参与产业发展,显著提高了他们的生活水平。最后,自2020年以来,打造了210个红色名村,成立了专门的旅游开发公司,并建立了红色教育培训中心,从而拓展了产业链。

4.红色旅游"圈粉"年轻人

江西省推动红色文旅融合,创新开发新产品和业态,设计特色文创产品,促进了红色旅游成为年轻人出游新风尚。根据同程发布《红色传承·"Z世代"红色旅游消费偏好调查报告2021》显示,井冈山、南昌、赣州、瑞金是"Z世代"最喜爱的红色旅游目的地,其中井冈山和南昌分别位列第三和第五。

5.红色旅游交通网络密布

根据江西省"十三五"规划,进一步完善红色旅游交通配套,加速连接红色景区的道路建设,包括广(昌)吉(安)高速公路(吉安绕城高速公路)等高速公路。提升了15条红色旅游公路的便捷性,建成了昌吉赣高铁,完成了井冈山机场的改扩建,并开通了赣州红色旅游专列和包机。通过中央苏区红色旅游联盟、海西区域红色旅游协作区、湘赣边红色旅游共同体等跨区域合作联合体,推出赣州—韶关—郴州、龙岩—梅州—赣州、铜鼓(萍乡)—文家市—井冈山、浏阳—万载—上栗—湘东—醴陵等红色旅游精品线路。同时,推动了"南昌-井冈山-兴国-于都-瑞金"等经典红色旅游航空线路,促进了江西红色旅游与通航产业的协同发展。红色旅游交通网络日益完善,效益持续增长。

6.红色旅游教育培训功能凸显

江西省大力推动红色文化"进教材、进课堂、进头脑",已形成国家、省(区、市)、设区市、县四级爱国主义教育基地网络。2018年弋阳县建设方志敏干部学院,2019年鹰潭红旗干部学院揭牌成立。赣州、上饶、吉安等地建立红色文化研究机构,修缮革命旧址,设立展示馆和文化活动室,促进村民接触红色文化。编写全国首套大、中、小、幼红色教材,开展《红色家书》阅读活动、秋收起义90周年爱国主义教育巡展,上映《浴血广昌》等优秀红色影视作品,编写《红色旅游理论与实践探索》等红色旅游培训教材。

(资料来源:肖刚,邹勇文.江西红色旅游发展报告(2022):红色旅游赋能乡村振兴效果亮眼［EB/OL］. https://mp.weixin.qq.com/s/2jC1tXndCEZWGEph_vXKbg，2023-01-06.）

问题：

1. 结合江西红色旅游产业发展案例，谈谈如何充分利用和挖掘红色资源，生动讲述红色故事，最大化地发挥红色旅游产业效益？

2. 当代大学生肩负着传承红色基因、弘扬革命精神的重要使命。我们应以何种实际行动来推动红色旅游产业的繁荣发展呢？

［复习与思考］

一、重点概念

旅游经济效益　旅游微观经济效益　旅游宏观经济效益

二、思考题

1. 简述旅游经济效益的构成要素。
2. 旅游企业经济效益分析的内容有哪些方面？
3. 在旅游项目生命周期内的经济效益评估中，建设期、运营期和衰退期各阶段的经济效益有何不同？
4. 旅游宏观经济效益评价的指标有些什么？
5. 简述旅游宏观经济效益评价的内容。

三、案例分析与讨论

丽江，这座位于中国云南省西北部的古城，以其独特的纳西族文化、历史悠久的古城风貌和壮丽的自然景观而闻名于世。丽江古城，作为世界文化遗产，吸引了无数国内外游客前来探索其深厚的历史底蕴和自然美景。旅游业的蓬勃发展，为丽江带来了前所未有的经济活力，同时也带来了一系列挑战。

直接经济效益方面，丽江旅游业的繁荣显著提高了当地居民的收入水平。旅游收入的增加，不仅体现在门票销售、住宿和餐饮服务上，还包括了手工艺品销售和文化体验活动。据统计，丽江旅游业每年为当地创造数十亿元的收入，成为丽江市乃至云南省的重要经济支柱。此外，旅游业的发展还带动了相关产业链的快速增长，如交通运输、建筑、零售和服务业等，这些产业的发展进一步促进了丽江经济的多元化。

然而，旅游业的快速增长也给丽江带来了环境压力。古城区的过度商业化和游客的大量涌入，对古城的原有风貌和周边的自然环境构成了威胁。为了保护丽江的自然和文化资源，当地政府采取了一系列措施。首先，政府对古城区的商业活动进行了严格的规划和控制，限制了可能破坏古城风貌的新建项目。同时，政府投资于古城的维护和修复工作，确保历史建筑得到妥善保护。此外，丽江还实施了环境整治项目，如改善污水处理设施，减少旅游活动对自然环境的影响。

在文化传承方面，丽江市政府支持纳西族文化的保护和传承。政府资助了一系列文化项目，如纳西古乐的演出、东巴文化的教育和研究，以及纳西族传统手工艺的保护。这些项目不仅丰富了游客的旅游体验，也为当地居民提供了展示和传承自己文化的机会。同时，政府还鼓励当地居民参与旅游业，通过提供培训和创业支持，帮助他们开设家庭旅馆和特色餐厅，从而直接受益于旅游业的发展。

丽江旅游业的发展还面临着社区参与的挑战。为了确保旅游业的收益能够惠及更广泛的社区，丽江市政府采取了一系列措施。政府通过提供小额贷款和税收优惠，鼓励当地居民参与旅游业。同时，政府还与非政府组织合作，开展了一系列社区发展项目，如乡村旅游和生态旅游，这些项目旨在提高当地居民的生活水平，同时保护和利用当地的自然资源。

然而，丽江旅游业的发展也面临着一些挑战。例如，季节性游客的波动可能导致当地就业的不稳定，而过度依赖旅游业也可能使当地经济面临风险。此外，如何在保护传统文化的同时，满足游客的现代需求，也是一个需要解决的问题。

思考：

1. 丽江旅游业的快速发展对当地经济产生了哪些直接和间接的经济效益？
2. 丽江如何在旅游业发展中平衡经济效益与环境保护、文化传承的关系？
3. 丽江在促进社区参与旅游业方面采取了哪些措施，这些措施的效果如何？

参考文献

[1] 罗明义.旅游经济学[M].第2版.北京：北京师范大学出版社，2017.

[2] 田里，牟红.旅游经济学[M].北京：清华大学出版社，2007.

[3] 李沐纯，吴志才.旅游经济学原理与实务[M].第2版.北京：清华大学出版社，2023.

[4] 罗明义.现代旅游经济学[M].第4版.昆明：云南大学出版社，2008.

[5] 普国安，王静等.旅游经济学[M].北京：中国旅游出版社，2016.

[6] 韩勇，丛庆.旅游市场营销学[M].北京：北京大学出版社，2006.

[7] 魏敏.旅游学概论[M].北京：对外经济贸易大学出版社，2008.

[8] 安应民.旅游学概论[M].北京：中国旅游出版社，2007.

[9] 张超广.旅游学概论[M].北京：冶金工业出版社，2008.

[10] 李伟清.旅游经济学[M].上海：上海交通大学出版社，2011.

[11] 邓爱民.现代旅游发展导论（课程思政版）[M].武汉：华中科技大学出版社，2022.

[12] 吴国清.旅游资源开发展与管理[M].上海：上海人民出版社，2010.

[13] 李云霞，李洁，董立昆等.旅游学概论：理论与案例[M].北京：高等教育出版社，2008.

[14] 傅云新，蔡晓梅.旅游学[M].广州：中山大学出版社，2007.

[15] 宋伟良.旅游经济学[M].武汉：华中师范大学出版社，2006.

[16] 甘巧林.旅游经济学[M].广州：华南理工大学出版社，2008.

[17] 田里.旅游经济学[M].第2版.北京：科学出版社，2021.

[18] 陈扬乐，谢祥项.旅游学概论[M].哈尔滨：哈尔滨工程大学出版社，2011.

[19] 朱孔山.旅游市场营销[M].青岛：中国海洋大学出版社，2010.

[20] 谷慧敏.旅游市场营销[M].第2版.北京：旅游教育出版社，2006.

[21] 张玉明，陈鸣.旅游市场营销[M].广州：华南理工大学出版社，2005.

［22］后东升，樊丽丽主编.旅游经济学［M］.咸阳：西北农林科技大学出版社，2007.

［23］田孝蓉.旅游经济学［M］.郑州：郑州大学出版社，2023.

［24］贺小荣.现代旅游经济学［M］.武汉：华中科技大学出版社，2022.

［25］魏鹏，杜婷.旅游经济学［M］.北京：北京大学出版社，2018.

［26］陈玉英.旅游经济学［M］.北京：经济管理出版社，2022.

［27］吴文智，冯雪钢，王丹丹.旅游项目投资与管理［M］.上海：华东师范大学出版社，2019.

［28］康忠慧.生态文明视角下的旅游经济发展模式研究［M］.北京：中国书籍出版社，2023.

［29］张红，朱玉荣，张淑秋.旅游产业经济分析［M］.北京：经济管理出版社，2022.

［30］马勇.旅游接待业（第三版）［M］.武汉：华中科技大学出版社，2024.

［31］杨连升.旅游经济学［M］.北京：中国出版集团现代教育出版社，2011.

［32］周丽丽.旅游经济学（课程思政版）［M］.武汉：华中科技大学出版社，2023.

［33］王静.旅游经济学（第二版）［M］.北京：中国旅游出版社，2024.

［34］Hayitboyeva, D.& ShakhobiDDinova, S. TOURISM ECONOMICS AND MANAGEMENT［J］. International Bulletin of Applied Science and Technology，2023，3（6），279-283.

［35］Nawaz, Muhammad A., and SallahuDDin HaSSan. Investment and Tourism：Insights from the literature［J］. International Journal of Economic Perspectives，2016，10（4）：581-590.

［36］Olimovich,Davronov Istamkhuja. Role of investment in tourism development［J］. Academy，2020，5（56）：7-9.

［37］Zheng, Chengting, et al. Natural resources, tourism resources and economic growth：A new direction to natural resources perspective and investment［J］. Resources Policy，2023，86（2）：104134.

［38］赵福祥."三全育人"下旅游经济学课程思政教学改革研究［J］.赢未来，2023，（03）：99-102.

［39］单钢新，陈怡宁.新时期我国旅游需求侧管理的内涵与实现路径探讨［J］.决策与信息，2022，（10）：24-36.

［40］陈绍友，卢晓雨.国内旅游产业结构研究态势——基于文献分析［J］.重庆科技学院学报：社会科学版，2022，（1）：37-46.

［41］Calero，C.，& Turner，L. W. Regional economic development and tourism：A literature review to highlight future directions for regional tourism research［J］. Tourism Economics，2020，26（1），3-26.

［42］Khan，A.，Bibi，S.，Lorenzo，A.，Lyu，J.，& Babar，Z. U. Tourism and development in developing economies：A policy implication perspective［J］.Sustainability，2020，12（4），1618.

项目策划：段向民
责任编辑：高　俐
责任印制：钱　晟
封面设计：武爱听

图书在版编目（CIP）数据

旅游经济学 / 赵福祥主编；谢洪忠，尹戟，陈中科副主编 . -- 北京：中国旅游出版社，2025.6. -- （国家级一流本科专业建设配套精品教材）. -- ISBN 978-7-5032-7602-6

Ⅰ . F590

中国国家版本馆 CIP 数据核字第 2025TB1052 号

书　　名	旅游经济学
主　　编	赵福祥
副 主 编	谢洪忠　尹　戟　陈中科
出版发行	中国旅游出版社
	（北京静安东里 6 号　邮编：100028）
	https://www.cttp.net.cn　E-mail:cttp@mct.gov.cn
	营销中心电话：010-57377103，010-57377106
	读者服务部电话：010-57377107
排　　版	北京旅教文化传播有限公司
经　　销	全国各地新华书店
印　　刷	北京明恒达印务有限公司
版　　次	2025 年 6 月第 1 版　2025 年 6 月第 1 次印刷
开　　本	787 毫米 × 1092 毫米　1/16
印　　张	20
字　　数	378 千
定　　价	49.80 元
ISBN	978-7-5032-7602-6

版权所有　翻印必究
如发现质量问题，请直接与营销中心联系调换